16	3	2	13
5	10	11	8
9	6	7	12
4	15	14	1

David E. Neves

TELÉGRAFO VISUAL
Crítica amável de cinema

Organização e introdução
Carlos Augusto Calil

editora■34

EDITORA 34

Editora 34 Ltda.
Rua Hungria, 592 Jardim Europa CEP 01455-000
São Paulo - SP Brasil Tel/Fax (11) 3816-6777 www.editora34.com.br

Copyright © Editora 34 Ltda., 2004
Textos de David E. Neves © Alayde Maria Eulalio Neves, 2004
"O jardim particular de David" © Carlos Augusto Calil, 2004
"Autoconstrução do Cinema Novo" © Goffredo da Silva Telles Neto, 1966
"Morreu o Cinema Novo" © Arnaldo Carrilho, 1994
"Cinema de delicadeza" © Arnaldo Jabor, 1994

A FOTOCÓPIA DE QUALQUER FOLHA DESTE LIVRO É ILEGAL, E CONFIGURA UMA
APROPRIAÇÃO INDEVIDA DOS DIREITOS INTELECTUAIS E PATRIMONIAIS DO AUTOR.

Capa, projeto gráfico e editoração eletrônica:
Bracher & Malta Produção Gráfica

Revisão:
Beatriz de Freitas Moreira

1ª Edição - 2004

Catalogação na Fonte do Departamento Nacional do Livro
(Fundação Biblioteca Nacional, RJ, Brasil)

    Neves, David E.
N423t   Telégrafo visual: crítica amável de cinema/David
    E. Neves; organização e introdução de Carlos Augusto
    Calil. — São Paulo: Ed. 34, 2004.
    384 p.

    ISBN 85-7326-298-2

        1. Neves, David E. 2. Coletâneas. I. Calil,
    Carlos Augusto. II. Título.

CDD - 791

TELÉGRAFO VISUAL
Crítica amável de cinema

Introdução: O jardim particular de David 9

À GUISA DE PREFÁCIO

O filme e a crítica 29
Nossos sistemas 32

PRIMEIROS PASSOS

A música e o cinema: artes que se entendem 37
Hegel, precursor de Marx 39
A sátira plástica e literária de Al Capp 41
Duas peças de Bach 50
A versatilidade de Julien Duvivier 52
Colette, Lautrec e Vincente Minnelli 56
A técnica de Orson Welles 60
Tudo azul com o cinema nacional? (*Fronteiras do inferno*) 62
A propósito de uma pré-estréia 64
Para suspense... 66
Esboço de uma evolução 69
O primeiro passo 71

CRÍTICO DE CINEMA

Hulot, Mon oncle 75
Ingmar Bergman 78
Max Ophüls: cinco filmes 80
A via-sacra da cortesã Lola Montès 86
Relações internas 89
Retrospecto 1959 93
Hiroshima-Nevers: um itinerário 95
La dolce vita, um filme redundante 99
Dois filmes nacionais 102
Afinal, o realismo? 106

O medo da beleza ou a beleza do medo	110
Doce pássaro da juventude	112
O arquiteto Antonioni	114
Clichês do insólito	118
Gosto de mel	122
Uma história moderna	124
A súmula da depressão	126
O Encontro	128
Patologia britânica	130
Cartouche	133
Fellini na praça	135
As atualidades	137

Construção do Cinema Novo

O Mestre e o Poeta	141
Arraial do Cabo, um documentário premiado	145
Os moleques e os bichanos de *Couro de gato*	149
Mandacaru vermelho	153
Concessão é conformismo	156
União e censura cultural	158
O testemunho de Marcorelles	161
A Palma de Anselmo Duarte	164
O *dégradé* impossível	168
A média aritmética	171
A *Revisão* de Glauber Rocha	173
A verdade do Nordeste	177
Ganga Zumba, rei dos Palmares	181
Garrincha decalcado?	185
A velha a fiar	190
Uma fecunda criminalidade	192
Noite vazia	196
"Prelúdio do êxtase"	199
A campânula mineira	200
Introdução ao Cinema Novo	204
Da chanchada ao Cinema Novo	207
Um obstáculo a transpor: o público	210
Poética do Cinema Novo	213
Autoconstrução do Cinema Novo, por Paulo Emilio Salles Gomes	217

Curta-metragem, ponto de partida	219
Um novo clube	223
Idiotas da subjetividade	225
Glauber x Godard	227
Por uma estética cinematográfica brasileira	231
Vale quanto pesa, ou: não compre gato por lebre	241
A Lua vista da Terra	244
No país de são Saruê	248
Bye bye Brasil	254
Feu follet	259
Cinema-Novo rico, Cinema Novo-rico	261

FRAGMENTOS DO DISCURSO CRÍTICO

Minoria sentimental	267
A oitava arte	270
Um cineasta fala de quadrinhos	280
Crônica de um industrial	283
Diário da província	286
Caminhos para a liberdade	290
Sem pressa	294
Há uma gota de sangue em cada poema	301
Madame Butterfly	305
Assim na tela como no céu	311

A MORTE ENFEITADA

Carta ao amigo morto (Nelson Pompéia)	315
Guimarães Rosa e o cinema	318
Novaes Teixeira	322
Ao mestre com carinho (Paulo Emilio Salles Gomes)	323
Orfeu desce ao inferno (Vinicius de Moraes)	330
Mauro, Humberto	333
Morte de um silencioso eletricista (Ulisses Alves Moura)	334
Batalhador solitário (Marcos Farias)	336
Nello Melli e o Cinema Novo	339
Primos, primas (Alexandre Eulalio)	341
Inesquecível *amico* Gianni	344
Morreu o Cinema Novo, por Arnaldo Carrilho	346

À GUISA DE POSFÁCIO

A vida como rascunho 351

Curriculum vitæ 355
Sobre David E. Neves 357
Filmografia 358
Índice bibliográfico 361
Índice onomástico 365

"Caricatura imaginária" publicada por David no
Suplemento Dominical do *Jornal do Brasil* (RJ) em 1958.

O jardim particular de David
Carlos Augusto Calil

> "Em cinema, no onipotente cinema, quero tudo menos a onipotência. Alívio."
>
> David E. Neves, *"Teoria e prática"*, O Pasquim, Rio de Janeiro, 6 a 12 nov. de 1986, p. 7.

David Eulalio Neves (1938-1994) iniciou sua aproximação com o cinema pela crítica. Jovem estudante do curso de Direito da PUC, disponível e curioso, publicou suas primeiras resenhas em *Opinião Estudantil* (RJ), na coluna "Falando de filmes", em 1957.

Por essa época seus interesses eram múltiplos: a filosofia de Hegel, quadrinhos, a música religiosa de Bach. O cinema, é claro, estava entre eles, mas não ocupava posição proeminente. Foi sua ligação com o grupo do jornal *O Metropolitano*, da União Metropolitana dos Estudantes, composto entre outros de Paulo Alberto Monteiro de Barros (futuro Artur da Távola), Carlos (Cacá) Diegues e Arnaldo Jabor, que definiu sua vocação. Designado para escrever sobre cinema, este se tornou seu tema principal, a partir de 1959.

Pouco antes, envolvia-se na produção do curta-metragem de um amigo — *Perseguição*, de Paulo Perdigão. Curiosamente essa participação se deu pela fotografia, na construção da imagem. Não se sabe qual a motivação, mas, na verdade, David sempre foi talentoso caricaturista e apurado aquarelista, de traços firmes e cores precisas.

Em 1960, David fotografou dois curtas de Carlos Diegues — *Fuga* e *Domingo* — e acompanhou, como assistente de fotografia de Mario Carneiro, a produção de *Couro de gato,* de Joaquim Pedro de Andrade. Estava traçada a sua trajetória no cinema: de assistente passaria a fotógrafo e, ao mesmo tempo, experimentaria outras funções — foi assistente de direção, montador, coordenador de produção, até chegar a diretor, no premiado curta *Mauro, Humberto*, de 1968. Num pulo passou ao longa-metragem com *Memória de Helena*, de 1969.

Nesse filme, conjuga com habilidade a visão mítica da cidade de origem da família materna — os Eulalio, de Diamantina — com seu amor pelo cinema da intimidade e dos baixos tons, que reconhecia nos filmes de Bresson, Truffaut e Rohmer.

Formação

No período de formação, David conviveu com três personalidades marcantes: o primo Alexandre Eulalio, Joaquim Pedro e Paulo Emilio Salles Gomes. Outra influência, à distância, seria exercida pelo intelectual francês Edgar Morin, autor de *Le Cinéma ou l'homme imaginaire*, e, com Jean Rouch, do documentário *Chronique d'un été*.

Alexandre Eulalio, mais velho apenas seis anos, era na verdade primo de Alayde, mãe de David. Mas as afinidades entre eles, ambos destinados ao mundo da cultura, os aproximou e tornou-os cúmplices, embora mantida certa hierarquia. Alexandre era cioso de seu papel de introdutor de David no mundo intelectual brasileiro e internacional e o primo Davizinho se deixava gostosamente conduzir. A relação dos dois era mais afeita à de irmãos, que a de primos.

Figura dominadora, Alexandre exercia discreta tutela sobre David nas leituras, nos escritos, nas amizades, no preito a Diamantina das férias da infância, e, por certo, no culto a Minas e à família Eulalio. Durante muito tempo o primo assinou David E. Neves, como para lembrar-se desse legado, embora suspenso num enigmático ponto de abreviação. Não por acaso a primeira obra de fôlego de David, o longa-metragem *Memória de Helena*, passa-se em Diamantina e no Rio, e alude secretamente a outra Helena, a Morley, de *Minha vida de menina*, cuja edição Alexandre Eulalio prefaciava desde 1959.

O manuscrito de "A sátira plástica e literária de Al Capp", de 1958, que permaneceu inédito até a presente antologia, guarda anotações à margem e mesmo correções com a letra redonda do primo Alexandre. Foi ele quem apresentou David a Joaquim Pedro e a seu grupo, fato decisivo na sua carreira de cineasta. O rigor intelectual que David atinge em algumas críticas do início de sua carreira traz a marca vigilante do exigente Alexandre.

Joaquim Pedro foi o mestre de cinema de David, quem imantou a sua sensibilidade e possibilitou-lhe uma aproximação concreta com a profissão. A ironia rascante, apenas sussurrada, a desconcertante falta de cerimônia, a coragem de inventar-se um estilo colado à pele das personagens, o radicalismo manso, a malícia na entrelinha, entre imagens, em tudo e por tudo Joaquim Pedro assombrava um David tímido, inseguro, diletante, reprimido, por desabrochar.

David convenceu-se de que era crítico de cinema quando publicou, em janeiro de 1960, "O Mestre e o Poeta", sobre *O mestre de Apipucos e o poeta do Castelo*, e assegurou-se de sua inclinação para a realização acompanhando, como assistente de fotografia, o processo de criação de *Couro de gato*, filme em que o político irrompe pela veia insuspeita do lirismo. O Cinema Novo fundava-se nesse filme curto, pela absorção e superação da herança de *Rio 40 graus*, de Nelson Pereira dos Santos.

Uma das características mais salientes da biografia de David E. Neves é sua associação automática com o Cinema Novo, movimento no qual exerceu função relevante. Segundo Carlos Diegues, "sua liderança era sentimental e estilística, criadora de uma maneira política e cultural de ser confidente e conselheiro de todos os partidos, tecendo a delicada teia afetiva de um fenômeno artístico que deve muito à amizade entre seus militantes".[1]

A conversão do jovem David ao cinema, concomitante ao surgimento do Cinema Novo, tornou-o automaticamente testemunha e cronista de sua evolução, e fatos de sua vida permearam a trajetória do movimento. Não terá sido por outro gênero de associações que Arnaldo Carrilho, íntimo de David, pranteou o seu desaparecimento num artigo intitulado "A morte do Cinema Novo".

A influência de Edgard Morin sobre David tem duas vertentes. A primeira confere nobreza intelectual e artística, além de atualidade, ao exercício do documentário de intervenção, realizado segundo a técnica então recente do *cinéma-vérité* (cinema-verdade). A segunda completa o serviço, pois mira o cinema pelo viés antropológico, e franqueia a entrada da universidade a uma linguagem até então tida como impura e espúria.

No centro do círculo de ascendências e afinidades encontra-se Paulo Emilio Salles Gomes, que David não hesitou em chamar de "o meu guru cinematográfico". O fascínio que Paulo Emilio exercia sobre seus discípulos — diretos e indiretos — freqüentemente o encabulava. E David fazia o tipo fã, que recortava e colecionava os artigos do Suplemento Literário de *O Estado de S. Paulo*, lidos — e decorados — como se fossem portadores da palavra revelada de Javé.

Imagine o leitor uma palestra animada entre mestre e discípulo: em meio à lenta formulação de um pensamento mais elaborado do mestre, o discípulo sai em seu socorro com argumentos do próprio, sacados dos textos publicados. O fã condena alegremente o guru à doce prisão de sua concepção imutável. Paulo Emilio sabia ser afetuoso e severo com seus amigos. David

---

[1] Carlos Diegues, orelha, em *Cartas do meu bar*, de David E. Neves. Rio de Janeiro, Editora 34, 1993.

foi beneficiário de ambos sentimentos. Quando pediu a Paulo Emilio que analisasse os originais de seu futuro livro *O Cinema Novo no Brasil* como se já tivesse sido publicado, decerto não esperava a reação forte do crítico. No texto "Autoconstrução do Cinema Novo", inédito até a presente antologia, este aponta o caráter endógeno do movimento, que o realimenta, ao mesmo tempo em que o isola.

Na camaradagem conquistada na escrita conjunta do roteiro de *Memória de Helena*, David pôde observar de perto o seu herói, e munido de uma suspeita provocada pela leitura cifrada de alguns dos artigos de Paulo Emilio chegou a interrogar-lhe sobre seu "para-misticismo". Paulo Emilio era um intelectual marxista e democrático, o que o afastara da militância partidária. Fascinado pela figura do Cristo, talvez se considerasse, de algum modo, cristão. Mas é provável que tivesse dificuldade de lidar com o assunto, recolhido ao mais íntimo dos foros.

A abordagem de David nada tinha de provocação. Era natural que ele, um católico cuja confissão se fortalecera no contato com a dimensão intelectual, buscasse outro campo de afinidades com o seu mestre.

Previsível ainda que David, de modo mais ou menos consciente, imitasse Paulo Emilio nos seus escritos. Um, iniciante nas artes e manhas da crítica de jornal; o outro, em pleno apogeu de um estilo aprimorado de ensaísmo breve. Vista hoje, essa relação retém sintomas de uma simbiose que oscila entre a imitação acrítica e a incorporação do método.

Na resenha do filme *Noite vazia*, de Walter Hugo Khouri, o dilema de David era equilibrar o reconhecimento de raras (entre nós) qualidades profissionais no cineasta paulista com a constatação de sua afetação universalista, justamente o cavalo da batalha que se travava entre duas correntes principais da crítica.

A corrente universalista, herdeira do cinema da Vera Cruz, e com fortes ramificações cariocas, acreditava que o cinema brasileiro deveria contribuir para a expressão dos grandes temas universais, comuns à humanidade. Seus parâmetros eram o cinema clássico americano e os então jovens Antonioni e Bergman. Do outro lado, na esteira do neo-realismo, alinhava-se o Cinema Novo, com seus "jovens turcos", defensores de um cinema de intervenção, do cinema como ação política, de tomada de consciência da questão contemporânea. Não se tratava absolutamente de desinteresse do crítico pelo cinema de Bergman ou Antonioni, o que esta antologia com artigos sobre ambos se encarrega de esclarecer, mas de constatar que São Paulo não era nem Milão nem Estocolmo, como Khouri tentava fazer crer, e não somente do ponto de vista estético.

Diante da obra do cineasta universal paulista, David arma-se do melhor estilo paulemiliano. Aproxima-se do seu objeto com sincero respeito, analisa-o de vários pontos de vista, ressaltando os aspectos relevantes, e dá o bote pelo lado imprevisto. Comparando o cinema de Khouri com o de Sucksdorff, na época morando e filmando no Rio de Janeiro, inverte os pólos com habilidade e demonstra que, ao praticarem ambos o panteísmo, Khouri é o sueco, isto é, estrangeiro, e Sucksdorff, brasileiro.

Um dos pontos mais evidentes da imitação da maneira de Paulo Emilio se dá pelo uso do recurso que Zulmira Ribeiro Tavares identificou como uma constante em sua obra: o biografismo.[2] Para Paulo Emilio a anedota biográfica era um recurso poderoso de convencimento que, com freqüência, deslizava para a farsa e a impostação. David a utilizou principalmente como testemunho de um envolvimento caloroso com o seu assunto. Como prova de solidariedade. No texto "Assim na tela como no céu", esse efeito atinge a máxima potência, pela perfeição — e consciência — da paródia.

No balanço dessas ascendências, sublinhando a característica visionária de sua própria recepção, David anotou:

> Morin e P. E. Salles Gomes são dois humanistas pesquisadores da natureza humana que vêem *o que é* sob um prisma de compreensão *do que é* e *porque é*. São reformistas e progressistas na medida em que conseguem, em nos revelando a realidade exterior, afastar dela seus ideais particulares, isto é, partem da realidade para amoldá-la ao que *deve ser* e não em sentido inverso.

Estilo

Em David, a leveza de estilo corresponde à leveza da alma, em termos de seu repertório. Quem viveu a vida como rascunho e preferia o xerox ao original elegeu a informalidade como atitude e a câmera Polaroid, como bloco de anotações. Seu progressivo desinteresse pelo intelectualismo reforçava o aspecto lúdico de explorador de sensibilidades. E o cinema lhe fornecia o álibi: "Desenvolvi a tendência de considerar a curiosidade uma virtude, uma vez que foi através dela que cheguei ao cinema." A acrescentar apenas a assimilação pessoal da displicência como traço do caráter nacional.

A aproximação do crítico com os diversos filmes estava naturalmente

---

[2] Zulmira Ribeiro Tavares, "Biografismo em Paulo Emilio (simplicidade e ardil)", em *Paulo Emilio um intelectual na linha de frente*, São Paulo, Brasiliense/ Embrafilme, 1986, pp. 343-48.

condicionada à crescente importância dada ao cinema de autor. E a identificação do estilo de cada cineasta passa a ser a pedra de toque da boa crítica. David apurava os sentidos para a abordagem cuidadosa dos universos particulares. Em Max Ophüls identificou o romantismo galante, oriundo de certo anacronismo. Em Buñuel, a dialética entre o insólito e a rotina. Em Carlos Diegues, a tendência à contemplação, em detrimento da ação. Em Marco Ferreri, o excesso de personalismo. Em Antonioni, o predomínio da arquitetura, da geometria e das naturezas-mortas.

A eficácia desse inventário crescia na medida em que o crítico associava o estilo do cineasta em tela com um fenômeno próximo. É notável como ele compreendeu, por exemplo, a profunda natureza da divergência entre o cinema canastrão praticado no Brasil e por Buñuel, na sua fase mexicana.

> Façamos agora uma distinção entre os métodos de abordagem, de Buñuel de um lado, e do cinema brasileiro de outro. Podemos dizer, de imediato, que, enquanto no cinema brasileiro a "canastronice" foi o resultado de uma falha inicial de perspectiva, em Buñuel, ela provém da utilização deliberada dessa mesma perspectiva. No cinema industrial brasileiro eram muitos os estímulos de criação e entre eles não havia lugar para a nossa própria realidade. [Ver "Clichês do insólito", reproduzido neste volume.]

No modo particular como David exercia a crítica, o seu conhecimento técnico de fotografia, perspectiva, formas e cores emprestava um diferencial na objetividade de certas avaliações. Desse modo, sentia-se perfeitamente seguro ao afirmar a maestria com que Ophüls utilizou-se do formato *cinemascope* em *Lola Montès*. Ou celebrar a técnica de Orson Welles, onde predominam a linguagem do som e o efeito das teleobjetivas. A análise de *Fronteiras do inferno*, de Khouri, incide pelo uso incorreto da cor, em vista da imperícia no trato com a película Eastmancolor. Isso só era possível em função da familiaridade do crítico, duplo de fotógrafo, com lentes e emulsões.

> Tive e creio ter ainda o vício da observação, cujo florescimento se deve em grande parte talvez à minha natureza algo retraída. Em geral ouço mais que falo, vejo mais do que sou visto. Esse defeito como o considero permitiu durante minha experiência no cinema brasileiro elaborar uma visão específica das diversas funções da equipe cinematográfica.[3]

---

[3] David E. Neves, anotação manuscrita.

No "Retrospecto 1959", essa abrangência, englobando música, fotografia em branco-e-preto, fotografia em cores, atores coadjuvantes, além dos principais, está perfeitamente caracterizada. O balanço do ano fala ainda das escolhas da época, do sentimento do crítico naquele particular momento. Só este poderia justificar sua preferência por Duvivier em detrimento de Hitchcock, Bresson, Kazan, Welles e Tati.

A impregnação do religioso é então determinante. No artigo "A propósito de uma pré-estréia", David, que ainda não vira *Le désert de Pigalle*, antecipa seu julgamento e absolve o filme pelo que conhece da obra anterior do autor, Léo Joannon. No entanto, na comparação com Fellini, este sobressai por sua vocação lírica. "Em ambos porém existe sempre o intuito de serem religiosos, livres dos moldes 'totalitários' de uma igreja." O catolicismo de David era moderno, já alinhado com o futuro concílio de João XXIII.

A dimensão espiritual do crítico assume, por vezes, uma aura de sincera mística, que favorece a aproximação com certos temas e obras. Com propriedade, disse ele de *Lola Montès*:

> Estamos diante de uma versão metafísica da acrobacia, do ritmo e do esforço físico. Cada imagem, cada "anjo caído" breugheliano encarnado num anão ou num *clown* tem uma função altamente espiritual: o *Mammoth circus* é a reconstrução terrestre do Purgatório.

David era versado no mundo dos quadrinhos, numa época em que essa linguagem ou era associada às crianças ou solenemente desprezada como manifestação menor da indústria cultural. Os artigos sobre *historietas*, como se chamavam na época, reunidos nesta antologia, são sofisticados, ambiciosos e, sobretudo, precursores. Sua primeira elaboração remonta a 1958, dez anos antes do estudo de fôlego empreendido por Francis Lacassin, que se tornaria o livro hoje clássico, *Pour une neuvième art: la bande dessiné*.

A mesma ordem de interesses presidiu o impulso na direção do desenho animado presente no artigo "Esboço de uma evolução", de maio de 1959. A grande familiaridade demonstrada pelo crítico no trato do assunto, então exclusivo de especialistas, advinha do conhecimento dos quadrinhos.

Ecletismo, sedução da técnica, gosto pelos gêneros e formatos menores (curta-metragem, 16 mm) ou raros, eis algumas das facetas da "curiosidade" do crítico, que não esgotam seu arsenal de recursos. Em "A versatilidade de Julien Duvivier", de março de 1959, artigo ainda sem assinatura, sob a rubrica "interino", David navega com tranqüilidade no oceano profundo da psicanálise, utilizando-se da estrutura dos sonhos para estudar, com interesse, a manifestação tardia de surrealismo em *Marianne de ma jeunesse*.

O período de intensa atuação de David como crítico durou de 1959 a 1969. Nesse intervalo firmou reputação em jornais — *O Metropolitano*, *Correio da Manhã*, *Diário Carioca* (em que herdou a coluna de cinema de Glauber Rocha), *Jornal do Brasil*, todos do Rio de Janeiro, e em *O Estado de S. Paulo* (no seu Suplemento Literário), e nas revistas *Módulo* e *Cultura*. Com a evolução da carreira de cineasta, cuja culminância foi *Memória de Helena*,[4] e a absorção pelo trabalho político de promoção internacional do Cinema Novo, David tornou-se cronista pouco metódico, e passou a escrever esporadicamente. São dessa época as contribuições a *Filme Cultura* e *O Pasquim* (RJ).

Em "Madame Butterfly", título inspirado para a crônica algo fragmentária, dedicada a *Inocência*, de Walter Lima Jr., David já defende outra postura, dependente de um fluxo natural entre representação e vida vivida.

> Essa elaborada insistência na relação vida real-fantasia explica, de certa forma, este artigo que não chega a ser propriamente uma crítica, mas uma aferição. Há já algum tempo venho perseguindo essa forma de abordagem de um filme e acho que isso deve vir de algum processo pessoal de apreciação introvertida, cuja origem deve remontar à minha infância. Por outro lado, cada vez mais me convenço que o cinema e a vida, atores e personagens, mantêm um longo e inextinguível intercâmbio.

Na verdade, essa estratégia servia à valorização de uma idéia poética, que o crítico-cronista cultivou com zelo: como Fernanda Torres respirasse pela boca, "da boca de Inocência, pode, a qualquer momento, sair voando uma borboleta".

Mesmo na fase heróica, o crítico amável já surpreendia pelo humor e pela fantasia poética. "Para bem compreender *Mon oncle* é preciso conhecer com perfeição as crianças e os cães". Ou em *Gigi*, de Minnelli, em que David reprova o papel pouco transcendental das refeições. A adaptação do livro de Colette trai o seu original pela perda do "caráter *gourmand*".

---

[4] *Memória de Helena*, o filme de estréia de David no longa-metragem, venceu o Festival de Brasília de 1969, batendo concorrentes como *Macunaíma*, de seu mestre Joaquim Pedro de Andrade, e obteve, em 1970, os prêmios "Coruja de Ouro" do Instituto Nacional do Cinema, como Melhor Filme, e "Golfinho de Ouro", do Museu da Imagem e do Som do Rio de Janeiro, como Melhor Diretor.

O uso de palavras estrangeiras, sobretudo francesas, é outra característica que emerge na escrita de David. Essa afetação é, no entanto, de caso pensado: quando iniciava sua colaboração no *Diário Carioca*, ao analisar *Le feu follet*, de Louis Malle, que o aborrecia pelo tom deprimido, menciona "a exibição de um intelectualismo *snob* (aliás, Glauber Rocha diria esnobe)". O crítico tinha pois perfeita consciência de sua descrença nos neologismos.

O rigor no julgamento, presente principalmente nos textos de juventude, destinado aos colegas, contraria o temperamento bonachão e tolerante de David, que se sente na obrigação de criticar para educar, "revelando" a obra ao próprio autor.

A obra do crítico, que antecede à do cineasta e com ela convive, é a resposta, num ambiente reprimido, que um menino tímido, que se acreditava inferiorizado pela asma, procurou dar a um estímulo que o transportava a um universo de fantasias promitentes e perturbadoras.

> Eu me recordo nitidamente: na época em que eu cursava os primeiros anos do ginásio, em um colégio religioso, os alunos eram obrigados a freqüentar a missa dominical, e logo após iam para as sessões matinais de cinema. Foi quando eu vi *Robinson Crusoé*, de Luis Buñuel. E esse filme, debaixo da balbúrdia estudantil, me deixou uma marca, uma ferida que até hoje não cicatrizou.

Antologia

A presente antologia partiu da constatação de que David E. Neves em algum momento de sua breve existência teve a intenção de publicar uma antologia de suas críticas. Esse fato é comprovado pela presença em seu arquivo de inúmeras transcrições de artigos impressos em papel de pauta, usado, até a recente revolução da informática, para preparar os textos que seguiam para a gráfica. Esse desejo não foi suficientemente firme para gerar uma edição. Numa entrevista concedida a Alex Viany, David diz a certa altura:

> Tenho muitas anotações. Muita coisa. Deixei de publicar, mas tenho uma pilha de folhas avulsas anotadas à mão, que vou transformar não num livro... Vou bater à máquina para deixar como informação.[5]

---

[5] Entrevista transcrita em *O processo do Cinema Novo*, Rio de Janeiro, Aeroplano, 2000, pp. 271-82.

Em função possivelmente dessa hesitação, não se encontrou o projeto de livro elaborado pelo próprio David. Mas dele certamente participariam "Nossos sistemas", "O primeiro passo", "Max Ophüls: cinco filmes", "A via sacra da cortesã Lola Montès", "Dois filmes nacionais", "Doce pássaro da juventude", "O Encontro", "O Mestre e o Poeta", "*Arraial do Cabo*, um documentário premiado", "*Mandacaru vermelho* (com correções manuscritas do autor)", "Concessão é conformismo", "*Ganga Zumba, rei dos Palmares*", "*A velha a fiar*", "Uma fecunda criminalidade", "*Noite vazia*", "Prelúdio do êxtase", "Um novo clube", "Idiotas da subjetividade", "*No país de são Saruê*", "*Bye bye Brasil*", "Minoria sentimental", "*Crônica de um industrial*", "*Diário da província*", "Caminhos para a liberdade", "Sem pressa", "Há uma gota de sangue em cada poema", "Madame Butterfly", "Assim na tela como no céu", "Ao mestre com carinho", "Orfeu desce ao inferno", "Morte de um silencioso eletricista", "Batalhador solitário", "A vida como rascunho".

Muitos dos títulos desses textos, incluídos neste volume, foram no entanto alterados por iniciativa do organizador (ver Índice bibliográfico), que buscou igualmente um eixo curador para a composição da estrutura da antologia. Entre os critérios utilizados, pesou a convicção de não inserir textos reunidos em *Cartas do meu bar*, livro que David publicou em 1993, apesar da tentação de repetir os necrológios de Joaquim Pedro e Leon Hirszman, além do saboroso "Uma aventura malgaxe".

A organização de antologias pede o convívio demorado com a massa confusa dos textos até que, por um natural processo de decantação, o material solicita um arranjo, se movimenta, e começa a falar. A estrutura encontrada, entre muitas combinações, privilegiou a perspectiva de narrar por dentro a história do Cinema Novo, desde sua irrupção ao ocaso melancólico. Tal hipótese tornou-se viável em vista do paralelismo evidente entre a obra do crítico e a trajetória do movimento.

Os textos de David foram agrupados em capítulos: "Primeiros passos", "Crítico de cinema", "Construção do Cinema Novo", "Fragmentos do discurso crítico", "A morte enfeitada"; e arrematados por anexos: à guisa de prefácio, de posfácio; biografia, filmografia.

No suposto prefácio, o leitor toma conhecimento das ambições, limitações e do método crítico adotado, em que reina o impressionismo, balizado pelos mecanismos da memória e da sensibilidade. Dessa nebulosa inicial, emerge a consciência inelutável da necessidade de estabelecer um sistema crítico particular para as obras brasileiras. Segundo David, é preciso evitar a todo custo o automatismo, que julga e exclui. "Todo crítico deve se tornar íntimo deste elemento [o nosso *caráter*] para julgar filmes, com o mínimo de imparcialidade."

"Primeiros passos"[6] relata a hesitação inicial do jovem crítico, em que os esforços de compreensão dispersavam-se entre música, filosofia, quadrinhos, animação, cinema estrangeiro e cinema nacional. A conversão se deu quando deparou com o processo de realização de um curta-metragem — *Caminhos*:

> Paradoxalmente, aquilo que mais nos agradou no filme de Paulo Saraceni foi o seu lado amadorista: as experiências devem ser tomadas sempre como buscas, jamais como descobertas consumadas. ["O primeiro passo", junho de 1959]

Estabelecia-se uma identidade entre crítico e objeto. A reflexão demandava uma linguagem próxima, ainda que precária, para afastar o alheamento e o descompromisso causados pela crítica dos filmes estrangeiros ou simplesmente profissionais. Neste exato momento surgia no crítico a necessidade de adotar determinado grupo, ou cineasta, e tê-lo como seu, para acompanhar, influir e, de certo modo, poder falar em nome de um movimento que também lhe pertencia.

No capítulo seguinte, "Crítico de cinema", observamos o gradual fortalecimento dos recursos intelectuais do jovem escritor, que exerce a ronda analítica em várias direções: Jacques Tati, Bergman, então em plena ascensão, Ophüls, os fenômenos *Hiroshima, mon amour*, *La dolce vita*, *Chronique d'un été*, e *8½*, Antonioni, Buñuel, Vadim, Tony Richardson, Ferreri, Malle, Karel Reisz. David posiciona-se muitas vezes como espectador comum, que reage sem preconceitos, com maior ou menor simpatia pelos filmes. E, nesse quesito, Vadim leva o prêmio do público.

Em "Dois filmes nacionais", David se detém sobre dois filmes menores e apresenta arguta análise comparativa entre *Mulheres e milhões* (Jorge Ileli, 1961) e *Quanto mais samba melhor* (Carlos Manga, 1961). Entre Ileli e Manga, contrariando expectativas, o crítico prefere o último, mais espontâneo, pois se deixa levar pelos atores, que nesse filme estão à vontade, em seu meio natural. Ileli busca certo status de arte pelo cineclubismo, pela imitação dos grandes, e sucumbe na estilização. Diz ele:

---

[6] Os títulos atribuídos pelo organizador a textos ou capítulos foram, sempre que possível, pinçados de frases ou expressões do autor.

Assim, o pior vício encontrado em *Mulheres e milhões* não é, como querem muitos, a alienação provocada por influências epidérmicas de realizadores estrangeiros (americanos), mas, justamente, a abstração destas influências.

"O Encontro" é um dos textos mais pessoais, em que o cinema é apenas subterfúgio para uma "crônica dissipada acerca da casualidade e de seu elemento primordial. Quem de nós já não experimentou essa estranha sensação de coincidência descobrindo ou encontrando coisas ou pessoas nos lugares mais bizarros?". O aspecto pessoal aí se sobrepõe a uma suposta objetividade, guardada convenientemente na gaveta do crítico.

Tal disposição permite um olhar desarmado em *Cartouche*, de Philippe De Broca. Mirada que apreende num relance o material de que é feito o irresistível cinema de ação: a mistura explosiva de liberdade com beleza selvagem.

> A grande arma de *Cartouche* é a simpatia, a displicente simpatia que emana de sua personalidade. A grande beleza do filme reside na sua harmonia e na maneira em que ele assimila, à anarquia, a beleza feroz, porém, impassível da cigana Claudia Cardinale. É ela que necessariamente ordena toda a sua diversidade.

A chave pessoal fornecerá ao crítico um caminho exclusivo de relacionamento com certos filmes. Na análise de *Gosto de mel*, quem fala é o asmático, antes do cinéfilo.

> Na verdade o que falta à fita de Richardson é ar. Eis um filme sufocante, exaustivo, viciado por falta de *circulação* (e isso de circulação em cinema é fundamental). [...] Tony Richardson parece ter-se livrado dele especialmente em *Tom Jones* — filme que é todo ele hipertenso, com excesso de estímulos dinâmicos e dramáticos.

"Fellini na praça" comenta o lançamento de *8 $^1/_2$*. O bom crítico é o que, no calor da hora, e sob a névoa do imediato contingente, sabe distinguir a novidade, seu alcance, e o que a enforma e abastece. David, armado com o sentimento católico e o viés psicanalítico, em poucas linhas chega ao âmago da obra mais pessoal de Fellini.

> *8 $^1/_2$* é a transfiguração desse complexo processo psicanalítico de auto-análise. Por outro lado, sua formação religiosa — talvez o núcleo de sua neurose de fundo místico — através de momentos como o seminário, os padres, e a própria tradição familiar, fazem com que se confunda a própria noção de psicanálise com a de confis-

são. [...] Tudo é importante nesse filme incansável, absorvente. O espectador que desejar divertimento não deve aventurar a ir vê-lo. Os mais exigentes que se preparem, psicologicamente, para um estranho inquérito, no qual uma só pessoa argúi e responde como se sua vida fosse indispensável àqueles que vêem e ouvem. Eis aí: $8^1/_2$ é um dos poucos filmes onde um cabotinismo original se destrói através de uma forma, diríamos cristã, de masoquismo exibicionista.

Convencidos de que David foi crítico de respeito, passemos ao capítulo "Construção do Cinema Novo". Nesses textos o tom inevitavelmente muda. Torna-se testemunhal, participativo, de defesa de posições ou de obras nem sempre suficientemente maduras, mas importantes no processo de afirmação do Cinema Novo, entendido por seus membros — David incluído — como o cinema nacional por excelência.

A "construção" é revelada pela trajetória do movimento, que assinala a sua evolução impressionante a partir de *Couro de gato*, *Arraial do cabo*, *Os cafajestes*, quando ainda não se conhecia o seu fôlego, até o apogeu dos pontos de inflexão com *Deus e o Diabo*, *Vidas secas* e *Terra em transe*; a consolidação e o reconhecimento geral, os estilos pessoais dos realizadores definindo-se e cristalizando-se, as tensões oriundas das disputas políticas esgarçando o tecido da solidariedade, e a inevitável perda da vitalidade, quando o que era rico e Novo torna-se Novo-rico.

David é o agente discreto e contemporizador entre personalidades vulcânicas, algumas conciliadoras, outras intolerantes, irrealistas de um lado, modestas, de outro, envolvidas todas num projeto político tão ambicioso quanto utópico, mas deixando-se consumir generosamente no ardor da juventude. O Cinema Novo foi um movimento produzido por jovens em seus primeiros vinte anos de idade.

Os textos escolhidos permitem ao leitor usufruir do talento de David no desenho dos temperamentos artísticos de seus colegas. Em Joaquim Pedro, "a utilização válida da subjetivação, os enquadramentos pouco rebuscados, ensinam a arte da clareza que é o cinema". Em Nelson Pereira dos Santos, a "estranha" personalidade cinematográfica abriga a "mais modesta das genialidades", ao lado da "mais ingênua concessão". E o crítico foi um dos poucos a falar da cisão que existe entre o "Nelson-como-ele-é" e o "Nelson-como-esperava-que-ele-fosse". Figura de transição, a sua obra inicial, ao mesmo tempo em que anuncia o futuro, contém "o canto do cisne da chanchada".

Ruy Guerra "é um homem que se dispõe a fazer do cinema um instrumento de transmissão de suas idéias mais íntimas sobre os homens e as coisas. Uma espécie de telégrafo visual.[7] Cabe aos interessados aprender o Código". Em Glauber Rocha, a aparente gratuidade das atitudes tem matriz sartreana. E a abordagem psicanalítica revela a fonte de sua violência: "a força criadora de um realizador jovem, ainda sujeito ao jogo fascinante das manifestações da infância."

Na "Poética do Cinema Novo", um dos seus textos mais conhecidos, David investe na aproximação do Cinema Novo com o samba improvisado, "o samba-na-caixa-de-fósforos", com seu "despojamento". Daí emana a "poesia do real, da crueza, do drama, da pobreza, da infelicidade". "Todas essas manifestações que transtornam nosso espírito, no fundo, existem da forma a mais brasileira possível, isto é, displicente, balbuciante, tímida ainda". De quem está falando o crítico? De si, ou do Cinema Novo?

Essa perfeita simbiose por ser apenas parcialmente verdadeira não dura muito. Em "Idiotas da subjetividade", dos anos 1970, David defende-se da suposta falta de originalidade de seus filmes combatendo a solenização do "relacionamento do autor com o filme". E a responsabilidade é imputada a Glauber. "Fomos o tempo todo idiotas da objetividade, sejamos pelo menos idiotas da subjetividade", propõe numa corajosa inversão. David já está abandonando a corrente para refugiar-se na contracorrente, flerta com o cinema marginal, onde pensa encontrar mais conforto para sua personalidade improvisadora e modesta.

Nesse relato dos embates do Cinema Novo, não pode faltar referência às difíceis relações com o público. Quando *Os cafajestes* foi exibido, os produtores cortaram o filme para "facilitar a sua compreensão", uma vez que o seu diretor — Ruy Guerra — não fizera "concessão alguma". David, veemente, critica a atitude dos produtores afirmando que isso seria "dar mais uma oportunidade aos ociosos". No livrinho *Cinema Novo no Brasil*, de 1966, o público é visto pelo seu autor como "um obstáculo a transpor". Essa incompatibilidade de gênios entre o Cinema Novo e o público foi responsável por um equívoco que ainda perdura em nossa comunidade cinematográfica. Com o aval da crítica paternalista, boa parte dela ainda se considera vítima da incompreensão do espectador.

Em "A Lua vista da Terra", escrito para o leitor italiano, David tenta bravamente negar os fatos e perde o foco. Não lhe parece conveniente reconhecer que o Cinema Novo se não estava já esgotado vivia seus estertores, situação que a iminente morte de Glauber iria sinalizar sem equívoco.

---

[7] Retiramos o título da presente antologia dessa feliz expressão do autor.

O necrológio do Cinema Novo é formulado por um filme extraordinário: *Cabra marcado para morrer*. Sua realização inscreve no corpo da obra o tempo decorrido entre sua concepção inicial e a retomada do projeto em 1981, isto é, uma elipse exatamente do tamanho do ciclo que encerra. David constata: um filme brasileiro é como um fogo-fátuo.

O capítulo "Fragmentos do discurso crítico" inaugura nova fase: a do cineasta que eventualmente escreve. O texto é solto, feito de idéias alinhavadas ao sabor do pensamento que flutua, e assume sem culpa uma liberdade que dispensa prévias expectativas.

O repertório é calculado: David escolhe aqueles filmes que podem servir de modelo a uma reflexão abrangente sobre os rumos do cinema brasileiro. Ou que estabeleçam um laço afetivo. O elogio de *Crônica de um industrial* serve para fustigar o pretenso cinema comercial que, em nome dessa intenção, abocanha mais recursos da estatal Embrafilme, enquanto fracassa na bilheteria. Em *Gaijin*, anota a filiação a Nelson Pereira dos Santos e a remanescência atávica de filme japonês.

Em "Sem pressa", dedicado aos filmes *Ato de violência* e *Terror e êxtase*, a afinidade dele com o gênero policial é que não tem pressa. O crítico imerge no subjetivismo total, tece e recria, com desembaraço, uma teia de alusões entre o prosaico e o erudito. Denise Dumont, atriz do filme de Antônio Calmon, aprendeu em casa a ler Aldous Huxley. E o seu erotismo guarda semelhanças com o de Virgínia, personagem do romance *O cisne também morre*. Na obra de Eduardo Escorel, o erotismo reprimido atinge outra dimensão: o filme tem "alma". David reconhece que tateia no "labirinto" do texto e lamenta a ausência de humor — nos filmes...

O capítulo "A morte enfeitada", cujo título foi emprestado de uma referência à morte coreografada dos *cowboys* nos filmes desse gênero, enfeixa os obituários dos queridos e admirados de todas as épocas. Pertencem a essa galeria democrática o amigo de juventude Nelson Pompéia, Guimarães Rosa, Vinicius de Moraes, o crítico Joaquim Novaes Teixeira, Humberto Mauro, Marcos Farias, Ulisses Alves Moura, Nello Melli, Alexandre Eulalio, Gianni Amico e Paulo Emilio Salles Gomes. Ilustres e humildes, como o eletricista Ulisses, profissionais admirados e amigos íntimos, como Gianni Amico, o primo e o guru.

De Humberto Mauro, cujo verbete David ajudou a escrever com seu filme amoroso, evoca o humor especial, a poética, a visão de mundo, ao mesmo tempo ingênua e maliciosa. Mauro foi eleito por David e Glauber o patrono do Cinema Novo num processo unilateral, sob a conveniência de inventar-se um ancestral na aura mítica de uma origem tão nobre quanto remota.

A morte de Ulisses, discreto eletricista estrábico, provoca em David a corrente das associações, que engloba, na confraria do olhar enviesado, Rudá de Andrade, Paulo Emilio, David Niven, Sandra Bréa, Lucélia Santos, Karen Black...

Na evocação da memória de Marcos Farias, companheiro dos primórdios, David relembra o último encontro num trem noturno, que desperta nele recordações proustianas. Em Nello Melli, ressalta a generosidade. De Alexandre Eulalio, retém o orgulho do primo intelectual e a velada ameaça da tutela. De Gianni Amico, a fraternidade e a gratidão.

Em "Ao mestre com carinho", David acerta contas com seu maior, em afeto e admiração. Celebra a capacidade de Paulo Emilio de situar os filmes em meio à vida, sem abstrações. Recorre sem pejo à imitação e ao espelhamento do seu modelo. Vislumbra com clareza a qualidade da prosa então ainda recente de *Três mulheres de três pppês*. Conhece a obra de Paulo Emilio como poucos, e a conserva como se fosse também sua.

> Umas poucas peças importantes de sua lavra estão alinhadas junto ao presente artigo. Recorram a elas, seja por busca de referência, seja por simples curiosidade. Fazem parte de meu jardim particular.

Conforme seu método, aplicado à obra de Paulo Emilio, no jardim particular de David colhemos alimentos e adornos — delícias do sentimento — que merecem ser distribuídas entre seus inúmeros amigos, passados e futuros. Desfrute-se.

Maio de 2004

À guisa de prefácio

INSTANTÂNEO

Fica-se então estático,
Esculpido no ar,
palpáveis apenas os contornos.
Gelado.   Gelo,
Triturado que jorra.
Repuxo: água dura (cristalizada) em água.
Num segundo imóvel, como espectro que
                                    reflito.
O tempo nem chega a passar,
Sussurros silenciosos, pausados, ecoam.
                Mais adiante:
Suspiros (já inaudíveis).

(Poema de David E. Neves)

O filme e a crítica

A elaboração do presente artigo foi provocada pelo exame que fazíamos da proposição de Edgar Morin: "... *de même que les états d'âme sont des paysages, les paysages sont des états d'âme*",[1] enquanto pensávamos na crítica trabalhosa de *Arraial do Cabo*, documentário brasileiro de Mario Carneiro e Paulo Saraceni que já logrou obter três consagradores prêmios internacionais. A dificuldade de criticá-lo objetivamente sem cair em ociosos lugares-comuns nos levou a elucubrações as mais variadas, todas elas com pontos de contato na feliz expressão do sociólogo francês. A indiscutível clareza de propósitos do curta-metragem aludido era antes um empecilho ao desenvolvimento de nossas idéias, porque, apesar da atração que nutrimos para com a análise das causas, no terreno em questão tal mister se torna — para quem não quer invadir os domínios do impressionismo crítico — impraticável.

Uma idéia leva à outra. E ficamos como que à borda de um precipício. Torna-se difícil fugir a uma comparação de subjetivismos, no caso, o nosso e o dos realizadores[2] num simples ensaio sobre uma obra de arte caracterizadamente definida como é *Arraial do Cabo*. Mesmo o cinéfilo habituado (requisito mínimo para o exercício da crítica) e afim ao estilo de um realizador, não esgotará, por maior que seja o rigor empregado num trabalho esclarecedor, a vertente que originou a obra visada e terá, em último recurso, de apelar para a síntese difusa dos elementos que não puderam aflorar à zona arejada das idéias definidas. Isto porque é o cinema uma máquina inigualável de sugestões, de evocações inconscientes e, sobretudo, de impressões.

---

[1] "... assim como os estados da alma são paisagens, as paisagens são estados da alma", em *Le cinéma ou l'homme imaginaire*. Paris, Les Editions de Minuit, 1956, p. 113.

[2] Esta comparação de subjetivismos define bem o que entendemos por impressionismo, no presente artigo.

No cinema em geral, o impressionismo decresce na proporção em que aumenta o número de planos. Vamos exemplificar: um tipo de filme caracterizadamente não-impressionista é o documentário. Mas, nada impede que os planos que lhe constituam as seqüências dele estejam saturados.[3] Qual o papel do crítico? Julgar a obra em seu todo. Suponhamos que ele o faça e não se dê por satisfeito. Ela lhe agradara, não pelo "conjunto cinematográfico uno", mas pelo "conjunto diversificado", como certos arranjos harmônicos de planos, ou mesmo pela perfeição artística destes, distribuídos espaçadamente.[4] Ora, a não ser o realizador ninguém poderá descrever objetivamente a fonte real desses elementos. E mesmo assim o fazendo, não produzirá uma (auto)crítica, e sim um testemunho que se reverterá em impressionismo quando, ao tentar justificar sinceramente tal ou qual passagem, disser simplesmente: "Eu a filmei porque a achei bela".

Além do impressionismo resultante, que se refere mais diretamente ao crítico, há aquele que está sempre imanente ao espírito do realizador e que se sublimará gradativamente (é comum fazê-lo, mas nunca nos termos desejados) durante a realização. Assim, uma obra cinematográfica idealizada não passará de um arcabouço difuso e dialeticamente dinâmico antes de sua primeira conformação no argumento e da segunda, no roteiro (quando ambos partem da mesma pessoa, é claro). Existirão, naquelas fases, apenas resíduos que não passam de átomos da obra consumada. Essa gestação paraabstrata de uma entidade necessariamente concreta leva caracteres típicos de impressionismo, e se transportados para o domínio da pintura, através desta escola seriam exteriorizadas. O cinema, porém, não pôde suportar que se deixasse de ultrapassar um conceito mínimo de objetividade e tal reação se verificou na sua própria história, com o desprezo progressivo de obras como as de Man Ray, algumas delas adotando diretamente os principais recursos caracterizadores da linha de Auguste Renoir (o *flou*,* no cinema, é herança direta do impressionismo). Nossa tese não é definitiva. Relaciona-se aos que tendem à realização partindo de desejos indefinidos, desenvolvidos de elementos concretos ou não. A situação da crítica, se não é tão grave quanto a de certos realizadores, necessita de algumas outras palavras de esclarecimento. O tipo

---

[3] Vide nota anterior. Não se deve entender o vocábulo impressionismo *lato sensu*. Trata-se, aqui, de uma saturação de elementos que são constantes particulares de cada realizador.

[4] Como analisar, senão impressionisticamente, o *quid* estético de uma seqüência na qual não se empregou nenhum outro recurso cinematográfico além daquele da beleza dos planos que a constituem?

* Em francês: imagens de contornos imprecisos.

de impressionismo formal é válido e pode ser encontrado sem dificuldades. Não nos cansamos de apreciar a justeza empregada por P. E. Salles Gomes no seu escrito sobre *As noites de Cabíria*.[5] O que sobrenada no ensaio faz parte da essência mesma do filme. Isto pode ser sentido já no período inicial: "Sabemos que os inquéritos promovidos por Federico Fellini quando do preparo de seus filmes não têm sentido de documentação social. Deles retém no máximo uma atmosfera, uma conversa, uma frase; o que procura são as confirmações, ou seja, as coincidências entre a realidade e o seu mundo interior". O crítico atinge então sua função precípua: mostrar ao público o reflexo vital que presidiu a criação da fita e que por motivos já demonstrados não conseguiu afluir à zona dos elementos visíveis. Ele, então, não descreve nem desmembra o filme ou muito menos lhe atribui valores ou tendências diversas da verdadeira, mas, simplesmente, num movimento que dá preferência à verdadeira causa e não ao efeito, procura explicar ao espectador o caminho trilhado por Fellini. Estamos diante de *Le notti di Cabiria* ainda em estado latente e deste ponto se pode com mais facilidade compreender o "porquê" de alguns impressionismos fellinianos... É interessante notar que o articulista chega justamente aos extremos que tanto almejamos, àquele limite onde se verifica a transformação de um amontoado de idéias de semelhante valor qualitativo num elemento fílmico de rara adequação, quando fala dos "anjos" que circundam Cabíria, na seqüência final do filme. Por este subsídio pode-se compreender os antecedentes pictóricos que obsessionavam o realizador até a sua transformação plástica, forjada nos moldes "realistas" italianos. Diz ele: "A fonte dos anjos de Fellini é provavelmente uma profunda e viva religiosidade, a mesma dos de Fra Angelico ou Piero della Francesca".

Pararemos nestas divagações, retornando ao que inicialmente dizíamos sobre *Arraial do Cabo*. Ou talvez seja melhor nada dizer acerca desta jóia do novo cinema brasileiro. Guardemos para nosso íntimo os louvores que procurávamos de maneira impressionista, não para o filme, mas para os espíritos lúcidos que o elaboraram com tamanha intensidade,[6] para (outra vez com Morin) falar de modo nebuloso e transmitir aos leitores condescendentes esta migalha de nossa impressão.

---

[5] "Uma aventura religiosa?", Suplemento Literário de *O Estado de S. Paulo*, 22/11/1958.

[6] "*Elle* [a câmera] *peut toujours focaliser en fonction de la plus haute intensité.*" Edgar Morin, *op. cit.*, p. 105.

Nossos sistemas

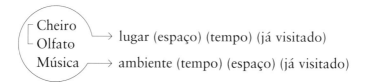

O olfato denuncia imediatamente o lugar passado e não uma emoção relacionada a este lugar. O sentido, portanto, é objetivo e não se utiliza de símbolos ou de fórmulas afetivas diferentes. Por que a música não age da mesma maneira? É coisa sabida que uma melodia pode evocar muito facilmente um momento vivido anteriormente. A diferença que logramos descobrir entre ambos os sentidos, numa observação grosseira e sem caráter científico, é que a audição produz uma memória com a prioridade do tempo (no sentido metafísico) sobre o espaço. O lugar é definido *por aquilo que fazíamos ali*, quando o fizemos. Neste momento passado a mesma melodia devia estar sendo executada por algum meio e através de um delicado sistema de adequação dos acordes aos nossos atos, atos e sons tornaram-se subitamente coisas *afins*. Um dependendo do outro. Resta saber se nossa consciência padroniza (ou simboliza generalizadamente) tais acordes (ou seus harmônicos) para tais atos (e seus sucedâneos).

A música do cinema viveria então desta interdependência inconsciente que a manifestaria sempre através de emoções situadas mais ou menos no mesmo degrau de valores.

* * *

Quando medito sobre minhas ações, aquelas que maior enlevo me trazem e mais profundamente demonstram meus anseios internos, sinto claramente, num momento de repentina volta à consciência, que meu *alter ego* ideal está ali, perto de mim, e que bastaria cruzar a barreira de passividade para que um ato contemplativo se torne pleno de atividade. O pensamento que me aflui à mente neste momento é o seguinte: "Ora, tudo se passou (ou passaria) *aqui mesmo*, a dez passos de minha verdadeira posição!!!".

Este *alter ego* foi gerado por uma série de complexos de inferioridade que me atingiram desde a infância, e, também, pela minha antiga assiduidade ao cinema. Nossos sistemas de projeções-identificações não passam de criações constantes e interessantes destes *gênios utópicos* que encarnaram o nosso *caráter* mais desejado.

Todo crítico deve-se tornar íntimo deste elemento para julgar filmes, com o mínimo de imparcialidade.

***

Há de haver um sistema para a crítica de filmes brasileiros. É inadmissível que os mesmos padrões que se adotam para com a produção estrangeira sejam dirigidos, tal e qual, para os rebentos que brotam de uma cinematografia que apenas toma pé. Tal procedimento define uma *crítica* segundo o verdadeiro sentido da expressão, com cunho pessimista e desencorajador. Quando se fala que a benevolência para com as fitas brasileiras pode indicar ou esconder um fatalismo funesto, não se pensa que a recíproca também se arma de elementos negativos, talvez muito mais perniciosos.

Para um primeiro esclarecimento devemos dizer que a crítica *tout court* das fitas que nos chegam já de *per se* contém muito de automatismo e de padronizado. Adotar tal sistema no nosso produto significa transportar dados *subjetivos* de um pólo a outro e, portanto, partir de premissas que além de falsas são indefinidas.

Primeiros passos

Grandeza do homem em face do progresso arquitetônico
(tão alto que não lhe vemos a face!)

A música e o cinema: artes que se entendem

Desde que surgiu o cinema falado, abriu-se diante dos produtores cinematográficos uma porta que os levaria a um mundo de possibilidades. Daí, a sensível escala existente entre o cinema falado e o mudo. E o número extraordinário de dificuldades aparecidas na compilação de um filme sonoro. Nem por isso desmerece-se o valor do filme mudo, como arte.

Com o advento do som na cinematografia, a música obteve um lugar de destaque nas grandes películas — coisa estranha, pois jamais se poderia imaginar juntas atividades (a arte musical é tão ativa quanto o cinema) tão diversas. Ela porém é parte importante no êxito de uma película, ou serve, pelo menos, como atrativo, quando as qualidades plásticas desta não estão em grande evidência.

Pode-se dizer que há filmes para músicas e músicas para filmes. Avalie o leitor a que altura chega a sua importância. A música faz com que uma produção se torne densa ou pouco profunda, poética ou prosaica. Em Hollywood, o músico de cinema é elemento ativo do *staff* destinado à produção. Com o decorrer do tempo, nomes ficaram famosos e composições musicais passaram ao grupo das grandes obras, graças à difusão do cinema.

Creio que Alfred Hitchcock não estaria em tamanha ascensão se não houvesse feito o magistral *Spellbound* (*Quando fala o coração*), cuja música, composta pelo húngaro Miklos Rosza, é considerada "clássica" e, a cada dia que passa, é apresentada em novas e vibrantes orquestrações. Rosza ficou credenciado por esta obra, aparecendo seu nome também nos letreiros de *Farrapo humano*, *Ivanhoé*, *Quo vadis* etc. Foi em *Spellbound*, porém, que mostrou toda a sua magia em ministrar a música psicológica, que acompanhasse o drama de um médico desmemoriado atacado por um complexo de culpa, num assassinato. A vantagem é que, na tela, a música parece viver e faz com que vivamos mais ainda — uma vida angustiada —, e isto não deixa de ser a característica de "suspense" como queria o próprio Hitchcock.

Como Rosza, vários outros estrangeiros vieram a Hollywood. Dimitri Tiomkin, russo de nascimento, é um deles. De Dimitri, ouvimos com prazer temas de grandes películas: *Duelo ao sol*, *Fio de esperança*, *Disque M para matar* (e aqui, utilizado pelo mesmo Hitchcock) etc. Max Steiner, que nos deu o espetacular fundo de *Gone with the wind* (*E o vento levou...*), completa o trio de grandes compositores da meca do cinema. Não esqueçamos os compositores modernos, das "revistas" cinematográficas; filmes em torno de cujo *score* musical roda todo o seu interesse. Sobre estes nomes — Cole Porter, Gershwin, Rodgers, Hammerstein II —, nós vamos falar mais tarde. Deixaremos para outros artigos a evolução da música cinematográfica na Europa. E trataremos também separadamente do "fenômeno" Charles Chaplin — compositor e diretor.

Hegel, Precursor de Marx

Em seu livro *Lógica*, Hegel procura analisar não os métodos de raciocínio, mas os conceitos usados para realizá-lo. As categorias do sistema de Kant formam estes conceitos dos quais sobressai a Relação. De todas estas, Hegel aponta como preponderante aquela da contradição ou oposição. Da oposição onipresente, surge o sistema dialético de Hegel. Esta onipresença se encontra tanto no pensamento como nas coisas. Tudo possui uma contradição que o desenvolvimento progressivo do tempo deve resolver numa unidade reconciliadora. As oposições sendo progressivas (criando solução às anteriores) geram inicialmente as categorias lógicas do pensamento, depois as forças da natureza e finalmente as grandes funções espirituais da humanidade: consciência, sociedade, arte, filosofia etc.

A filosofia hegeliana após sua evolução se biparte em dois grupos, segundo as concepções espirituais ou materiais dela tiradas: os grupos da Direita e da Esquerda. Neste último está Karl Marx, inventor do materialismo econômico, que procura incitar, dando força ao grupo do proletariado, um conflito de classes, princípio indispensável à renovação da humanidade. Mas o marxismo nada mais será que uma tradução sobre o plano de ação do hegelianismo. E Marx reconhecerá que esta doutrina é verdadeira como filosofia (e aqui, não se sabe a intenção do articulista), *"mais qui aura le tort de n'être que philosophie"*[1]. O aparecimento do Estado hegeliano, que nada mais é do que "Razão em ação", baseada na liberdade do homem que reconhece no Estado o seu "campo de ação racional" e vive mediante seu trabalho e por "ele se apropria da natureza", vem criar um sério problema políti-

---

[1] "Mas que tem o defeito de não passar de filosofia." H. Niel, "De Hegel a Marx", em *La vie intellectuelle*, março de 1953.

co. Há inevitavelmente neste Estado indivíduos que visam a sua destruição. Com os bens produzidos pelos meios de produção, a sociedade do trabalho cria o proletariado, cuja existência é necessária ao acúmulo dessas riquezas. Esta massa "adota um ponto de vista inverso ao Estado". Ela lhe constitui uma oposição. Nada mais é do que a antítese de todo um sistema bem planejado que procurava o bem de seus membros, racionalmente. Entre tese (riquezas de produção do Estado) e antítese há proporcionalidade (proletariado).

Hegel propõe, para solucionar a questão, o aparecimento da administração, do "corpo de grandes funcionários", mas ele não observa que esta mesma administração poderia fazer corpo comum com uma das partes em conflito. É justamente neste ponto que Marx rompe com Hegel e vê "uma luta contra a administração e a classe dominante". O seu partido, a elite revolucionária, os quadros, desempenharão o mesmo papel da administração anterior.

No fundo, ambas as doutrinas derivam do mesmo ponto de partida, essencialmente no que se refere ao homem e ao trabalho. A revolução marxista prejudicaria a evolução estatal hegeliana. Novamente a antítese opondo-se à tese. Qual será a síntese?...

A sátira plástica e literária de Al Capp

Um dos esteios da criação satírica de Capp está no ponto que concerne ao matriarcado. A predominância da *mater familias* em *Dogpatch* é marcante: o sobrenome Yokum (Buscapé) provém nitidamente de Pansy (Chulipa) (Mammy Yokum) e não de Lúcifer (Pappy). Daisy Mae (Violeta) antes de tudo amedronta Li'l Abner (Ferdinando) por esta razão. O assunto não é original, naturalmente, mas em todo caso é desenvolvido por Capp com uma sutileza que seus antecessores não conheceram. George McManus, por exemplo, com o *Bringing up father* (*Vida apertada*, ex-*Educando o papá*), cronista das vicissitudes de Maggie e Jiggs (Marocas e Pafúncio) foi, no plano social, um dos iniciadores da sátira à questão da supremacia feminina. Porém, Al Capp, mais do que McManus, se apega à sua criação e vislumbra novos rumos, dando ao matriarcado certo destaque no plano político, que também implica o social. Não há prefeito em *Dogpatch*. Lá, no eterno sistema consuetudinário, manda a sábia, a rígida, a bondosa, a visionária Chulipa. Esta não passa do protótipo caricaturado da mãe americana. Para ela convergem as linhas de força inconscientes dos que — entre tantos na América — vivem sob o eterno fluxo das fixações maternas e contribuem para a "progressiva amazonização" da mulher *yankee*, como quer Vianna Moog.[1] Pansy, em suma, não passa do último termo desta sensível progressão.

De outro lado há em Capp uma vida em comum com a história (como há nos leitores). Ela lhe permitiu dar aos personagens — filhos adotivos, talvez — nomes e funções tão pitorescos, e, também fez que criasse um universo único em todo o *métier** das historietas. Daí podermos ver como Al Capp

---

[1] Vianna Moog, *Bandeirantes e pioneiros*, Ed. Globo, p. 349.

* Em francês: a profissão.

se distancia das críticas generalizadas aos *comics*, feitas por G. Legman num artigo ("Psychopathologie des comics"), originalmente publicado nos Estados Unidos e traduzido para o francês: *"Tous les* comic books, *sans exceptions, sont essentiellement, sinon complètement, consacrés à la violence..."*.[2] O Li'l Abner abstém-se da utilização expressa da violência. Os atos violentos aí verificados provêm de causas as mais diversas, e não intrinsecamente vingativas, mas, em especial, satíricas. (A sátira em Al Capp é polivalente.) E a violência escassa que ali se encontra é uma caricatura da violência *tout court*.

Das muitas qualidades do Li'l Abner sobressai aquela relacionada à parte pictórica na qual vemos reflexos de influências do desenho animado. Apesar de não se dedicar expressamente à arte cinematográfica, a atividade de cartunista em Capp beira a do realizador da sétima arte. (Não a daquele simples *metteur en scène*, de função restrita à mera intermediação entre a matéria-prima e a obra terminada.) Ele cria a história e os diálogos. Sua obra (no cinema, temos como equivalentes os *serials*) é uma seqüência interminável onde alguns períodos são antológicos.

Possuímos uma exemplar de *The world of Li'l Abner*,[3] compilação de alguns dos melhores episódios dessas aventuras, e dele nos servirmos para melhor ordenação dos tópicos do presente trabalho. O volume aludido contém uma introdução aos *comics*, e em especial o alcappiano, por John Steinbeck, que tece não contidos elogios à obra do cartunista. Acompanhando a introdução, há um prefácio de Charles Chaplin que, apesar de não tocar na característica cinematográfica de Capp, fala *"of the great appeal to me of Al Capp's work — the* outré *invention that sets the imagination to work"*.* Mas, quem vai falar da sátira de Al Capp é o próprio Steinbeck, quando afirma: *"I think Capp may, very possibly, be the best writer in the world today. I am sure he is the best satirist since Laurence Sterne"*.** A primeira afirmação é irônica e pode ser um pouco exagerada, em seu aspecto categórico. A outra traduz, pelo menos, uma meia verdade, lembrando um parentesco com as fantasias gráficas tão ao gosto do autor de *Tristam Shandy*.

---

[2] "Todos os *comic books*, sem excessões, são essencialmente, senão completamente, consagrados à violência...", em "Psychopatologie des comics", G. Legman, *Les Temps modernes*.

[3] *The world of Li'l Abner*, Farrar, Straus, Young ed.

* Em inglês: "da grande atração para mim da obra de Al Capp — da invenção inesperada que põe a imaginação para trabalhar".

** Em inglês: "Acho que Capp pode ser, muito provavelmente, o melhor escritor no mundo hoje. Tenho certeza, no entanto, de que é o melhor satirista desde Laurence Sterne".

Dir-se-ia que a sátira de Capp é universal, apesar de ter sido circunscrita quase que aos limites de *Dogpatch*, com algumas ligeiras evasões para outras plagas, mormente as grandes metrópoles. E toda a estrutura social, política e econômica americana é examinada nos mínimos detalhes, com espírito burlesco. Esta busca insaciável do mais simples, este desejo da essência das coisas dão a Capp a supremacia sobre todos os demais criadores de histórias em quadrinhos.

Entre as suas invenções mais célebres está o Sadie Hawkin's Day (Dia de Maria Cebola), talvez o maior feriado do universo de Capp, sendo este dia, 15 de novembro, comemorado festivamente em algumas partes da América. Apesar de sempre repetido, é ainda uma das melhores idéias para evitar a monotonia de *Dogpatch* (e o celibato...). E neste dia Li'l Abner segue um ritual obrigatório, em sua opressão, quando vislumbra a *triste* possibilidade de casamento. O ritual começa com a predição anual do Ole Man Mose (Velho Moisés). (Na introdução à qual já nos referimos, há o seguinte comentário: *"Ol' Man Mose is a beautiful example of all the prophets in the world — always right, but always understood too late"*.* No primeiro capítulo da antologia, cedo também começa a sátira de Capp: Ole Man Mose, doente e enfastiado de tantas profecias perfeitas, resolve dar uma chance a um jovem profeta amador, o "aprendiz" Drew Pearson...)

As situações mais banais do dia são focalizadas com pureza e profunda sinceridade. Acreditamos que aí reside o segredo do mais comunicativo *sense of humor*. Os diálogos disputam às figuras a melhor atenção do leitor. Tudo é bem encaminhado para que no fim a profecia (mesmo a do aprendiz), de tristes proporções a princípio, venha a se realizar, sempre a favor do herói.

A figura de Daisy Mae é a de puro conformismo em relação ao desprezo quase total de Li'l Abner. Mas um conformismo esperançoso. A indiferença daquele não é, realmente, como aparenta, total. Há em Li'l Abner um longínquo interesse por Daisy Mae. O que permite, até certo ponto, uma convivência contínua entre os dois. Existe prova disto, também, no capítulo quatro (*Dumpington Van Lump*), no qual Daisy Mae é forçada a casar-se com um milionário retardado, mas logra escapar. Li'l Abner, tomando conhecimento da notícia da fuga pelos jornais mais recentes (*two week old...*), exulta, aliviado: *"Ah don't hafta feel rotten no more!!!"*.**

---

* Em inglês: "Ol' Man Mose é um belo exemplo de todos os profetas do mundo — está sempre certo, embora compreendido sempre tarde demais".

** Em inglês: "Ah não preciso me sentir imprestável mais não!!!".

Telégrafo Visual

Além dos rostos extravagantes de *Dogpatch* — e raras são aí figuras apresentáveis —, é obrigatória a presença de Marrying Sam (Samuel Casamenteiro), sujeito de bons instintos, cujo único defeito é uma ganância pecuniária acentuada. A despeito disso, as "leis" do lugarejo são respeitadas, numa bela demonstração de obediência jurídica... especialmente quando haja necessidade de Pansy interferir...

Da noção de idealismo de Capp estão imbuídos quase todos os capítulos. O ideal feminino é representado por Daisy Mae, que Li'l Abner, aparentemente, tanto evita. Eis como Steinbeck a classifica: "*... innocent, stupid, beautiful, constant, virginal and naked — and built like you know what* [é a figura que ultrapassa a linguagem] — *in a word, every adolescent's dream girl*".* E quem mais adolescente e inconformista do que Al Capp? Outra prova de seu idealismo está na crítica que faz à vida atual (e aqui abrimos um parêntese para citar outro livro: *The life and times of the shmoo*,[4] uma condensação das aventuras deste simpático animalzinho imaginário, que, interpoladas, substituem de vez em quando as atribulações de Li'l Abner), usando de sua vasta imaginação num sentido intencionalmente político. É marcante a intenção social nesta sátira veemente ao regime *yankee* — só mesmo um Al Capp para disfarçá-la tão bem. Traz-nos à memória a intenção idêntica de Swift em *Gulliver's travels*, na escolha e emprego tão adequado do *nonsense*. O fuzilamento dos *shmoos* (ximus), contingência imediata da situação, nos confirma a consciência do autor para com a pseudo-incoerência da utopia.

O absoluto altruísmo do *shmoo* e a simpatia que infunde nos circunstantes talvez simbolizem, ainda, um aspecto do ideário liberal-democrático. O direito à propriedade parece diluir-se na multiplicidade dos graus que atinge. Capp quis criar uma noção concreta da civilização na qual o capitalismo, pela identificação progressiva dos seus domínios (com o *shmoo* todos os verdadeiros valores econômicos tenderiam a igualar-se), chegaria ao campo do socialismo. Não estaríamos, então, numa situação intermediária?...[5]

---

* Em inglês: "... inocente, burra, linda, fiel, virginal e nua — e bem-feita você sabe como [...] — numa palavra, a garota dos sonhos de todo adolescente".

[4] *The life and times of the shmoo*, Pocket Books Inc., nº 621.

[5] Vale a pena frisar que tentativas semelhantes de criações idealistas se repetem comumente entre os membros das camadas intelectualistas. Lendo, há pouco, alguns trechos a respeito de Coleridge, tivemos conhecimento de uma fase de sua vida, dedicada às meditações de fundo social. Mentalmente relacionamos o vale de Susquehanna (onde situou o estabelecimento de doze cavalheiros *of good education and liberal principles* [de boa educação e princípios liberais] e doze damas) com a finalidade, também utópica, de fundar um regime a

The life and times of the shmoo — notem-se os propositais *Life* e *Times* — é um livrinho maravilhoso, do início (em sua primeira página aparece o lema irônico *Shmoobless oblige*) às *footnotes* finais. Um dos mais interessantes tratados satírico-filosóficos de um mundo aparentemente inconcebível.

O tema central do Li'l Abner gira em torno da progressão do amor feminino e do desdém masculino. Ou melhor, girava até 1951. Com o casamento do herói, "o casamento do século", diriam os cronistas sociais, talvez o fato mais inesperado daquele ano, o antigo desdém do *male* passou à submissão — dois aspectos de um problema muito aceso num país com inegável tendência para o matriarcado. Eis a facilidade com que Capp inverte ou desordena as situações: no seu mundo há liberdade absoluta dos fenômenos. E das criaturas. Principalmente no que se relaciona aos seus ofícios. Available Jones, pau-para-toda-obra de *Dogpatch*, entre outros, anuncia: *"Do you have an inferiority complex? Punch me in the nose for 5 cents"*.*

Capp usa de um artifício bem interessante para nos introduzir na sua concepção do universo, pelo qual, também, demonstra sagacidade. Amplia nossos hábitos até que atinjam proporções grotescas, que não passam daquelas mesmas vicissitudes, vistas através de vidros de aumento. Nesta ampliação consiste a arte do caricaturista, para Bergson. Ele detecta no físico certas tendências à deformação, naturais, quase imperceptíveis, e no-las coloca ao alcance da vista. *"Si regulière que soit une physionomie, si harmonieuses qu'en en suppose les lignes, si souples les mouvements, jamais l'équilibre n'en est absolument parfait. On y démêlera toujours l'indication d'un pli qui s'annonce (l'esquisse d'une grimace possible), enfin une déformation préférée où se contournerait plutôt la nature."*[6] Portanto, fiel a tais princípios bergsonianos, ele começa a fazer a ampliação na figura, aumentando-nos o nariz, alargando-

---

que chamou de *Pantisocracy* (cujo fundamento, segundo o poema homônimo, parecia ser a Esperança) com o *Valley o' the Shmoon*, de onde surgiu o mais famoso espécime do bestiário de Capp. (O *Shmoo*, numa analogia indireta, não se fundaria na Caridade?)

A influência da utopia alcappiana parece ter provocado alguma reação, ou, pelo menos, melindrado espíritos mais rigorosos das altas esferas norte-americanas, porque, se não, desconhecer-se-iam as causas de outro assunto politizado desta historieta. Referimo-nos aqui às aventuras na *Lower Slobovia*.

* Em inglês: "Você tem um complexo de inferioridade? Me dê um soco por 5 centavos".

[6] Henri Bergson, *Le Rire*, Ed. Presses Universitaires de France, p. 20. Em francês: "Por mais regular que seja uma fisionomia, por mais harmoniosas que vislumbremos as suas linhas, mais dóceis os movimentos, jamais o equilíbrio é absolutamente perfeito. Nela se distinguirá sempre o indício de uma ruga que se anuncia (esboço de uma possível careta), enfim uma deformação preferida da qual se acentuará a natureza."

nos as orelhas ("... *he has pulled a nose a little longer, made outstanding ears a little more outstanding*",* segundo Steinbeck). Num piscar de olhos tudo está exagerado. Até mesmo as nossas conclusões.

Como dissemos, a sátira de Capp abrange todo o vasto mundo da vida social, política e econômica, espelhada em *Dogpatch* e adjacências. Não podia Al Capp abster-se de introduzir a sua crítica universal no próprio círculo de suas atividades: a historieta. Para isso utiliza-se dos *comics* de um contemporâneo, que, apesar de serem de outro gênero ("... *the same citizen, however, who read Chester Gould's magnificent* Dick Tracy, *didn't laugh when he reached the last panel of that strip — he moaned or gasped*",** palavras do próprio Al Capp, no prólogo de *The world of Li'l Abner*), alcançam na América e em todo o mundo, até hoje, um êxito formidável. Poderíamos dizer que equivale, numa história de fantoches, ao "drama no drama" de *Hamlet*. Pois bem, o *Dick Tracy* de Gould é ridicularizado por Capp em seu formalismo policial rigoroso, desde o estilo gráfico à rubrica com que Gould assina a sua história. Esta última, Capp modifica, firmando, em caligrafia semelhante, *Lester Gooch*. Surgem então as historietas em historietas, com a criação de Fearless Fosdick (Joe Cometa), herói fictício de outra ficção, que vai ser um dos problemas opostos a Li'l Abner. A questão do herói, do ídolo personificado, é encarada muito amiúde por Al Capp. Com isto ele simplesmente satiriza esta tendência sempre viva no povo americano (e que dia-a-dia se propaga além das fronteiras dos EUA, como podemos ver no sexto capítulo — *El Passionato* — com o sul-americano que igualmente venera a Fearless Fosdick). Mas não é só Li'l Abner que possui um ideal. Daisy Mae o encarna no próprio Li'l Abner. No capítulo três — "Zoot Suit Yokum" — está implícito um ensaio do autor sobre este mito do herói, cujo aparecimento se deve ao desejo da parte do admirador em reproduzir suas façanhas. (O herói, no caso o próprio Li'l Abner, está vestido com o Zoot Suit e difunde extraordinariamente, pelos seus feitos, a nova linha de elegância.) A capacidade de ser idolatrado liga-se intrinsecamente à popularidade. A sátira reside, então, no fato do ídolo também ser funesto ao admirador. Li'l Abner extasia-se diante de Fosdick. E será justamente este último, amigo imaginário e verdadeiro de Li'l Abner, que o levará ao matrimônio, epílogo quase necessitado por uma

---

* Em inglês: "... ele esticou o nariz um pouco mais, tornou as orelhas salientes um pouco mais salientes ainda".

* Em inglês: "... o mesmo cidadão, entretanto, que leu o magnífico *Dick Tracy* de Chester Gould, não riu quando chegou ao último quadrinho daquela tira — ele grunhiu ou engasgou".

série de fugas miraculosas. Nisto Capp foi genialmente fatalista. Evitou que Li'l Abner se casasse no Sadie Hawkin's Day — por ser tão banal, quem sabe? — e deixou-o ser traído pelo melhor amigo. Mesmo o Joe Btfsplk, por ser tão popular, não deixa de ser um herói (negativo, no caso). Com isso, não procuraria Al Capp colocar no ridículo os seus próprios admiradores mais calorosos?

O primeiro prenúncio do casamento é dado por Future Yokum, parente dos Yokum de *Dogpatch*, outro previsor em potencial. Sovina, mas não eremita como Ole Man Mose. O velho aluga, com dias contados, um terno de casamento. Dá a notícia aos familiares e Li'l Abner, acostumado com suas fugas a todas as profecias, ri, zombando da firmeza do velho, irredutivelmente condicionado à previsão.

O casamento imprevisto. Rompe-se o único laço de estabilidade e constância verdadeira das aventuras de Li'l Abner (e ele é justamente a última barreira a cair). Quanta divergência a respeito! A princípio a surpresa foi agradável, pelo inesperado. Depois, aguardava-se de Capp uma explicação, uma nova surpresa. Mas, o inesperado permanece.

No antepenúltimo capítulo, intitulado *Target fo' tonight*, está abordado o problema da morte: primeiramente através de um caráter de inexorabilidade, e, depois (com a interferência do Marrying Sam), no seu lado comercial. Al Capp apresenta os moradores de *Dogpatch* conformados com a morte de Li'l Abner, marcada para alguns dias depois, quando *the boys* viriam para liquidá-lo. E com o desaparecimento iminente do herói, as despedidas se fazem como para uma longa viagem. Somente que não se voltará ao convívio de todos. Mas, este retorno não é desprezado; ficará para sempre a lembrança do doce Li'l Abner (*Farewell sweet Li'l Abner* — alusão satírica ao *Hamlet: Farewell sweet prince*, quinto ato) e tal lembrança substitui a volta material. A oportunidade aparece e eis-nos defronte da solução do problema pecuniário, tão vultoso e permanente em *Dogpatch*. Há, então, a organização de um seguro de vida estimado em cem mil dólares. E Marrying Sam, anunciando a possibilidade de enriquecimento, troca os estados de alma, da tristeza disfarçada à alegria incontida: *hooray for Li'l Abner: — Namely $ 100,000*. Diz ele à turba: "Não sei por que 'os rapazes' vão aniquilar Li'l Abner na véspera de Ano-Bom — e francamente *não me importo* — o mais importante é que se não segurarmos sua vida em $ 100.000 esta morte será *uma perda horrível para nós*".

No dia marcado Li'l Abner comparece ao lugar determinado e ali se posta durante toda a noite. Nada lhe acontece. Daisy Mae é realmente a única a se preocupar, e através de todo o capítulo aparece quase sempre isoladamente e em prantos. Capp reconhece e situa aí o amor puro e interminável. O sentimento acerca da morte só repercute mesmo quando Li'l Abner se vê livre da dúvida que pairava sobre seu destino: confirmando-se o erro dos "rapazes" (tomando-o por outro), ele se mostra exultante. Um comercialismo absurdo é apresentado no presente capítulo, como em outros precedentes. No já referido "Zoot Suit Yokum", é clara a noção apresentada por Vianna Moog,[7] do "valor místico do dinheiro" (por meio dos *one dollar men*) e da universalidade de suas inversões, pois, de acordo com o ensaísta (e com Capp), na América, até as idéias são vendidas. *To sell an idea** é a ocupação primeira de J. Colossal Mc Genius, e suas meditações mercenárias relacionadas ao processo típico de mimetismo social trarão ao país, como já vimos, novo herói e nova moda masculina.

Al Capp fixa os movimentos dos personagens no momento exato, obtendo portanto o auge do humor. Vamos particularizar, dando como exemplo a própria capa do livro aludido — à ocasião do matrimônio, Li'l Abner é despertado, tendo Daisy Mae, à sua esquerda, em incontida expectativa, de véu e grinalda. Marrying Sam está sentado sobre o leito nupcial... (aqui, caprichosamente, na verdadeira acepção da palavra...). Dir-se-ia, abordando o lado cinematográfico de Capp, que há *suspense* hitchcockiano na cena e nossa comparação será ainda melhor admitida se explicarmos que se trata do tipo atual do *suspense* de Alfred Hitchcock, aquele genericamente sofisticado e tendente ao humorismo.

A honra literária de Capp está intimamente ligada ao regionalismo. Capp enriqueceu o folclore americano. Inversamente, o folclore americano enriqueceu Capp. Ele parte desta interdependência para chegar ao que é hoje. Tomemos o Sadie Hawkin's Day, que é hoje um mito regional nos Estados Unidos. Outro mérito literário seu é a acessibilidade a todos os níveis. Mesmo deformada ortograficamente, a linguagem de *Dogpatch* é simples, inocente, sintética e até pedante, quando necessário. (Um belo exemplo deste espírito displicente, mas sincero, da linguagem, nos é dado por Steinbeck, transcrevendo um prospecto — *perspectus* — do Marrying Sam para um casamento de oito dólares.) A narração é substituída pela imagem, essencialmente descritiva, mas os diálogos são fluentes e naturais. A ânsia da descrição é portanto uma constante do setor pictórico de Al Capp, que, por vezes, desvirtua em seu benefício a noção mais tradicional de perspectiva, luz e

---

[7] Vianna Moog, op. cit., p. 214.

* Em inglês: vender uma idéia.

proporcionalidade adotada, como no caso do monte sobre o qual se coloca Li'l Abner à espera de seus algozes, no capítulo oito, já abordado. No primeiro capítulo (ao qual também já nos referimos), a essencialidade descritiva da imagem atinge, por duas vezes, o grau máximo, quando Capp nos dá gráficos elucidativos, interrompendo a continuidade do capítulo. Um, do panorama geral da corrida de Maria Cebola, e, o outro, um corte anatômico de corpo de Li'l Abner e da reação em cadeia que ali se efetua.

Do casamento de Li'l Abner aos nossos dias, o prestígio de Capp desceu bastante. Realmente, tudo parecia começar como em 1935. E por isso o pouco interesse das histórias atuais: Capp iniciara novamente a sua evolução satírica. Agora, o principal obstáculo é o perigo de recair em moldes semelhantes aos anteriores (em parte ele não o tem podido ultrapassar). Se conseguir superar este adversário de todo, teremos muito em breve uma *Dogpatch* no estilo mais adequado à fase e um novo Al Capp, na sua mais fina farsa plástica e literária.

Duas peças de Bach

Uma coisa suave que existe ainda neste mundo de rispidez e desconforto é este coral sublime de J. S. Bach: "Jesus alegria dos homens". E outra, o "Siciliano", da Segunda sonata para cravo e flauta. Aliás, Bach prima pela suavidade (mais do que Mozart, outro apaziguador nosso) fluente que lhe jorra das composições tanto explícita como implicitamente. A primeira peça traz-nos uma estabilidade interna tão grande que nos leva às mais variadas meditações, podendo também nos conduzir a maravilhosas transformações. A segunda, além desta estabilidade — em intensidade menor —, faz-nos meditar sobre o gênio do compositor de Eisenach. Ambas são estreitas variações sobre um pequeno tema, o que, se não evita a redundância, causa um efeito imprevisível, resultante direto dessa mesma redundância. Mas o principal sintoma, causado pela primeira peça, é o do sentimento de *fraternidade* a que ele nos incita. Este é o ponto de partida para outros, nele refletidos, que do ponto de vista cristão é mais útil do que uma verdadeira catequese. O coral "Jesus alegria dos homens" é de uma pureza que nos toca os sentidos. Sua melodia comove e exalta, recoloca-nos dentro de nós mesmos. Seu tema nos induz à caridade, ao amor; nos rememora a mesma infância cuja simplicidade vai até o exagero. Outra característica essencial é a celestialidade que ele proclama.

O "Siciliano", por sua vez, restringe-se mais ao terreno (no sentido em que não é celestial) do que ao metafísico. Apesar do andamento ser acelerado, é dolente o desenrolar da melodia. É então que nos comove a genialidade de Bach. Parece-nos mais um pranto do compositor. Ele nos força à introspecção pela tristeza evocada e assim ficamos concentrados até que, de volta em volta, um acorde diferente, mas típico, nos adverte que despertemos; porque realmente, daí a pouco, esvai-se a última sílaba musical. Se acordamos de uma letargia triste e comovente, quase chegada às lágrimas, se nos havíamos recolhido o mais possível para captar esta mensagem invisível, mas tão bela, ficamos chocados com a realidade. Há agora um silêncio material, seco e ríspido. Não como havia antes, aquela profundidade silenciosa de Bach.

"*After silence, that which comes nearest to expressing the inexpressible is music. (And, significantly, silence is an integral part of all good music...)*"*, nos ensina Aldous Huxley no ensaio (que eu chamaria artigo) "The rest is silence". A própria música é uma experiência interna, auxiliada, naturalmente, pelo exterior. Sendo, então, a música "expressão do inexpressível", em Bach podemos, nos dois exemplos aludidos, ver a que ponto lhe era sincero e franco, simples e cordial este "inexpressível". Nosso espírito faz o possível (e o impossível) para adaptar-se à música ouvida. Ao fim do coral bachiano, voltamos ao mundo ensurdecedor, vindos como que de um outro universo. Bach nos enleva e nos conduz à mais profunda experiência interna. Temos a intuição, desde o início, do seu convite à meditação.

---

* Em inglês: "Depois do silêncio, o que mais chega perto de expressar o inexprimível é a música. (E, significativamente, o silêncio é parte integral de toda boa música...)".

A versatilidade de Julien Duvivier

Na história do cinema francês há sempre um "promotor de sonhos", título acertado de Henri Agel, no prático livrinho *Esthétique du Cinéma* (Ed. Presses Universitaires de France). Desde os primeiros surrealistas (Gance, Buñuel-Dalí, Cocteau), passando pelos dadaístas (Clair-Picabia) ou pelos para-surrealistas (Carné), nós os temos acompanhado.

Hoje é Julien Duvivier que adere a uma escola estabelecida há muito. O versátil cineasta em cuja obra se estendem filmes dos mais diversos estilos. O magnífico comediógrafo do melhor *Don Camillo*, do estupendo *La Fête à Henriette*, talvez o mais original ensaio francês contemporâneo do gênero, deste recente e despretensioso *L'Homme à l'Imperméable* (*Minha mulher vem aí*). E de tantos outros sucessos como o histórico *Un carnet de bal*.

Vai ser com este surpreendente *Marianne de ma jeunesse* (*Mulher dos meus sonhos*), último programa do Cinema de Arte, que Duvivier penetrará no mundo do surreal. Seu filme se filia à linha de *La belle et la bête*, de Cocteau, ou de *Night of the hunter* (*O mensageiro do Diabo*), de Charles Laughton, porém de conteúdo formal sempre mais confuso, o qual não parece conduzir com facilidade, como naqueles, o espectador às conclusões finais. O ritmo cinematográfico é, por outro lado, semelhante ao de certas obras de Marcel Carné, como *Les visiteurs du soir* e, queremos crer, principalmente ao inédito e elogiado *Juliette ou la clef des songes*.

Uma análise de *Marianne de ma jeunesse* só teria êxito se executada com cautela, unindo elemento por elemento, como num jogo de quebra-cabeça. Aliás, para fazê-la, temos que utilizar um processo idêntico ao usado na interpretação dos sonhos. Sendo uma variação entre real e irreal, o filme comportaria, então, a crítica formal cinematográfica, relacionada ao exterior, ao arcabouço em ambos os mundos por ele encarnados, mormente o da realidade absoluta. A outra, não seria crítica na acepção da palavra, mas uma dissecação.

O universo do argentino Vincent é, fora de dúvida, de difícil explicação. Desde a chegada ao colégio, com aquela enigmática despedida através da janela do carro, ficamos intrigados, e ainda mais se nos reportarmos às palavras do narrador. Mais tarde, quando nos familiarizarmos com a intimidade do novo aluno-hóspede, não demoraremos a descobrir nele a tendência quase mística à meditação, a ousadia insólita de um romântico introvertido. Assemelha-se às pessoas que dificilmente se apegam a outra e quando o fazem, a este apego dedicam quase toda a existência. Amigo dos animais, Vincent parece só neles encontrar seus interlocutores.

Da vida anterior ao colégio, pelo que fala, pouco se conhece. Nutre, isso sim, uma paixão distante da qual nada sabemos. Além disto é a atração exagerada que o prende à mãe.

De imaginação fértil, desde logo cativa os companheiros. Por ele é que o "Conselho dos Cruéis" organiza a "tomada" do Castelo, lugar onde viverá seu grande drama.

Como compreendê-lo? O jogo de símbolos, as variações entre consciente e subconsciente (e inconsciente) se sucedem. Na maior parte do tempo, estamos vivendo uma imaginação. Quem é Marianne? Por que um encontro tão breve proporcionaria a um espírito contemplativo — imediatamente — este amor tão violento? Só temos uma alternativa. Marianne é uma imagem ou da moça ausente a quem o argentino quis ou então, imagem de sua mãe.

Optamos pela segunda, pelo encadeamento de provas anteriores e posteriores, fornecidas pelo drama. Podemos sentir que o drama se reforça com a notícia da chegada a Heiligenstadt do futuro padrasto de Vincent. O complexo de Édipo se caracteriza na reação e no desprezo que demonstra ao capitão. Estão aqui perfeitamente relacionados: Capitão e Cavaleiro. A seqüência da chegada daquele à estação, com as cenas iniciais longamente objetivadas nas suas botas, disso é uma prova cabal. (Só mais adiante veremos seu rosto.)

Num sonho como o filme se propôs a fazer, de acordo com a teoria freudiana, existem fenômenos variados e estranhos. A condensação é um deles, pelo qual o inconsciente aproveita-se de vários elementos e funde-os num só. ("*Le rêve unit en un tout les allusions à deux évènements de la veille, capables de le provoquer.*"*) (No nosso caso: o amor ausente de Vincent e Lise. O casamento representado no Castelo etc.).

Vínhamos falando sobre a condensação onírica levada em relação a *Marianne de ma jeunesse*. Além deste elemento, o sonho também comporta

---

* Em francês: "O sonho reúne num todo as alusões a dois acontecimentos da véspera, capazes de provocá-lo".

outros, como a transposição: a censura do consciente, não permitindo a revelação direta de certos desejos reprimidos, força o inconsciente a manifestar-se por vias indiretas.

Como identificar a mãe de Vincent a Marianne? Pelas coisas de seus hábitos; como os carros, idênticos — o que trouxe o rapaz ao colégio e aquele, surgido na cidade durante os festejos dos quais participam os estudantes. (Voltando à película, vamos descobrir aí um dos melhores achados do realizador. Vendo Marianne à janela do automóvel, quando esta aí chega a fim de apanhar os sorvetes, Vincent se apressa a ir encontrá-la, mas tudo lhe é adverso, inclusive o aglomerado de pessoas. Como no mundo onírico, a ansiedade se revela pela dificuldade de movimento: por alguns segundos Duvivier o faz correr, e à roda que o cerca, na câmera lenta mais angustiante do cinema desde o andamento do sonho imaginado por Salvador Dalí para Alfred Hitchcock em *Spellbound*. O que se passa num instante, parece durar séculos. É claro, o carro se vai, antes do argentino alcançá-lo.)

Quanto à censura, esta fica simbolicamente representada na pessoa do coxo. Os cães (Ali e Falk) provam-na não muito firme, dada a intensidade dos desejos do rapaz.

O setor plástico é muito bem realizado. Duvivier mostra-se intelectualizado, dirigindo-se à platéia de nível mais elevado, completamente diverso daquele diretor popular e acessível de *Voici le temps des assassins* (*Sedução fatal*).

A região fornece um *décor** natural perfeitamente adequado ao desenvolvimento da história. (Ela nos relembra as paisagens suecas de *La Sorcière*, de A. Michel.) A sublimação dos sentimentos internos dos personagens parece ter lugar em relação à natureza. A tempestade tanto fora como dentro do colégio dá margem a cenas de impressionante dramaticidade e beleza. Fica também uma menção à cenografia de Jean D'Eaubonne e aos efeitos estupendos obtidos por Duvivier na magnificação dos ruídos externos, em especial daqueles emitidos pelos pássaros.

No que tange aos atores, a *mise en scène* é ousada, crua, fazendo-nos, por vezes, em espírito, confundir o sonho com o pesadelo.

Depois de assistir a um filme como *Marianne de ma jeunesse*, para o qual fizemos projetos de visões posteriores que serviriam para completar este artigo analítico (infelizmente postergadas pela sua estranha retirada de cartaz), ficamos pensando numa característica especial do realizador, manifestada de

---

* Em francês: cenário.

tempos para cá: o amor à experiência. Acreditar nela, pela evidência demonstrada hoje, é a única maneira de compreender a variada mescla de gêneros a que se apega Duvivier.

Tomemos, por exemplo, *La Fête à Henriette*. A sua originalidade provém da qualidade intrínseca da experiência. Experiência ou exercício: "Como evitar o melodrama"... A história seguida pela comédia é um simples guia, porque nela invertem-se os papéis, o continente passa a conteúdo. Aqui a experiência é total, e dialética. Não se pode negar a *La Fête à Henriette* a qualidade de *filme didático*.

Em *Don Camillo* entra a experiência religiosa. Ela atinge a adaptabilidade de um livro conhecido universalmente.

Marianne por sua vez é a tomada de conhecimento da comunhão de dois mundos. É a influência da psicologia sobre o cinema.

Não é preciso dizer da habilidade artesanal que será proveniente de tais exercícios. Segundo o ensaísta e crítico P. E. Salles Gomes, é justamente pela falta deles que o cinema brasileiro não evolui em progressão mais avantajada. Será, também, através destas variadas experiências, que Julien Duvivier possuirá amanhã, na lista das antologias, obras dignas, verdadeiramente consumadas.

Colette, Lautrec e Vincente Minnelli

Depois de *An american in Paris*, ficou provado o bom gosto de Vincente Minnelli nas coisas de França, pelo modo alegre e quase latino com que ele nos revelou os ares da Cidade Luz.

Gigi é um retorno. E, quem sabe? — uma comprovação. Inicialmente tratava-se de uma tarefa mais simples: acompanhar, com imagem rítmica, a partitura musical de George Gershwin.

Agora, ela se dificulta. Vai ser necessário um apego a estilo literário bem definido. Agarrar-se a ele e levá-lo a cabo, uniformemente.

O caráter de *divertissement* é constante do realizador e, para conciliar fidelidade e alegria, o único recurso foi a estilização. E Colette estilizada se uniu a Toulouse-Lautrec, na junção harmônica de um duo, cuja afinidade, à flor da pele, parece ser descoberta pela primeira vez, no cinema. Lautrec é o complemento de Colette.

A música, num caso como este, está longe de comprometer a obra da autora de *Le Blé en herbe*. Como se sabe, ela esteve sempre ligada às peças musicais e aos *vaudevilles*, chegando mesmo, por volta de 1906, a aparecer no Moulin Rouge, sob a direção de Georges Wague, num mimodrama. (E existe uma obra sua de caráter autobiográfico, que se refere nominalmente aos espetáculos: *L'Envers du Music-Hall*.)

A ligação com Toulouse-Lautrec corresponde ao fato de serem ambos coetâneos. E a familiaridade de Minnelli com este existe desde *An american in Paris*. Numa das seqüências finais do balé que dá título ao filme, aparece um quadro do pintor do Moulin Rouge e dos cabarés parisienses. Na balbúrdia musical da cidade, passam pessoas exibindo-o (é um desenho a guache, mostrado à guisa de *affiche* — "Chocolat dansant", 1896). Nele está estampada a figura de Chocolat, personagem dos ambientes freqüentados por Lautrec (e Colette). O *travelling* adiante ocasiona a fusão para a mesma cena, agora real, em que Gene Kelly personifica o negro que dança, dando continuidade aos movimentos trazidos à imaginação pelo desenho.

Em *Gigi*, Lautrec não está tão objetivamente presente mas preside a reconstrução dos ambientes e dos fatos. A inspiração direta provém dos desenhos de fundo dos letreiros, que são da autoria de Sem, um caricaturista da época, apegado à escola do aludido pintor. (Conhecemos, de Sem, uma interessante caricatura de Santos Dumont, pessoa de muito destaque daquela *belle époque*). Com esta base, e, de inspiração em inspiração, Minnelli vai criando a estrutura plástica de seu filme. Estando formado o arcabouço, basta preencher as lacunas com o essencial — o roteiro proveniente da novela de Colette —, uma história romântica na qual a autora foge um pouco do determinismo materialista que acompanha os amantes em sua obra. Nesta novela, Colette parece moralizar-se.

O roteiro toma, porém, somente em certos momentos (com a dose de exagero de que foi impregnada) a atmosfera coletteana. Tais momentos são distribuídos uniformemente pela película, mas sem noção de continuidade. Na proporção em que se acham, porém, não burlam a uniformidade.

Senão, vejamos. São elementos evocadores da obra original: o personagem (Gigi), em especial nas passagens iniciais. Nas cenas em que se aborrece com a única preocupação — a idéia fixa de conquistar toda Paris pelo amor — e sai a correr pelo parque sob as estátuas, a figura, pelo seu traje, nos lembra a Claudine da própria Colette. Com a ressalva importante: em *Gigi*, a mentalidade é outra. A semelhança portanto reside única e exclusivamente no físico. Outro ponto de contato: as refeições. O gênio de Colette primava pelo profundo apego aos alimentos. Não de um modo vulgar, mas orientado sabiamente para as refeições, soberbas, como são as de *Duo*, e que se perpetuam aqui, em *Gigi*.

Maria Le Hardouin, num ensaio sobre Colette (Ed. Universitaires), frisa este ponto (p. 39): "*Pour elle l'acte de manger est, comme pour ses personnages, générateur d'autant d'énergie morale que d'énergie physique*".* Na película, em todo o tempo aparece uma idéia de refeição: a camomila de Gaston, as balas de Gigi (rebaixadas, então, à qualidade de simples confeitos). Colette faz questão de tê-las como *réglisse* (alcaçuz), o queijo de Honoré, as hortulanas.

É bom não esquecer que o caráter *gourmand* espalha-se por toda sua bibliografia. Minnelli, por sua vez, apesar de repetir as refeições inúmeras

---

* Em francês: "Para ela o ato de comer é, como para seus personagens, gerador tanto de energia moral como física".

vezes, não atingiu com isso o valor máximo, talvez em virtude de ter feito delas não o ponto central das cenas em que aparecem, mas meros contrapontos.

Por este lado, vale acrescentar a existência de filmes muito mais coletteanos, como *Sait-on jamais* (*Aconteceu em Veneza*), de R. Vadim (o caviar), *Bonjour tristesse*, de O. Preminger (as refeições matinais). É curioso notar que Françoise Sagan segue Colette de longe, neste particular.

Em suma, para Colette o conforto físico é primordial. É preciso, nas transposições de suas obras, saber explorá-lo com maestria.

O gato também não deixa de lembrar a autora, cuja predileção pelos animais domésticos é incrível, contando-se na lista de seus livros inúmeros que lhes são dedicados. Inclusive um romance, *La chatte*, o qual reputamos muito interessante.

Por fim, a vida mundana de Paris, cujas passagens fílmicas são extraídas diretamente da novela, como a reabertura do Pré-Catalan. No livro, vai ser aí o lugar da união de Colette a Lautrec quando fala da incoerência dos atos de Gaston, depois do suicídio de Liane d'Exelmans: "... *et fit, pour un souper, ouvrir le restaurant du Pré-Catalan, 15 jours avant la date habituelle. Footit et Chocolat y jouèrent un intermède*".*

Da parte exclusiva de Minnelli, vamos reencontrar o bom gosto acompanhante das suas obras, a qualidade de alguns enquadramentos como os da seqüência em que Gigi vagueia pelo Bois de Boulogne e a maneabilidade do elenco.

Cinematograficamente, os melhores momentos correspondem às cenas movimentadas do restaurante, quando campo e contracampo andam juntos numa rigorosa relação.

Nas passagens românticas o realizador mostra-se sobriamente elegante, como havia feito em *Tea and simpathy* (*Chá e simpatia*), seu ensaio, não musical, recente.

Os acompanhantes da equipe técnica mostram apego e adequação aos princípios da direção. Cecil Beaton, com o *décor*, está num plano superior, junto a Joseph Ruttenberg, responsável pela fotografia. O *score* musical de Frederick Loewe agrada, mas, sendo fluido, não é das melhores coisas já feitas no gênero.

O problema da adaptação de obras literárias para o cinema tem aqui mais um elemento. Depois de *Bonjour tristesse*, exemplo recente, onde o fil-

---

* En francês: "... e fez, para um jantar, abrir o restaurante do *Pré-Catalan*, quinze dias antes da data habitual. Footit e Chocolat aí representaram um interlúdio".

me se revela superior à obra de que provém, mas onde a adaptação é real e não virtual, *Gigi* faz voltar à tona a questão da liberdade, na qual o roteiro modifica o livro (a nosso ver esta é bastante válida).

Apesar do bom gosto estético de Vincente Minnelli, continuamos preferindo o livro. Este, superior ainda à peça (cujo sucesso tem obrigado a sua permanência em cartaz).

Na verdade, o espírito anglo-saxão do americano que, nas palavras de Vianna Moog,[1] está de olhos sempre voltados para o futuro imediato, não poderá tão cedo captar com precisão as preciosidades de um passado (não muito remoto) francês, tão minuciosamente descrito.[2]

Mas, valeu a boa intenção.

---

[1] *Bandeirantes e pioneiros*, Ed. Globo.

[2] Deve-se ressaltar, porém, a origem italiana de Vincente Minnelli.

N.B.: É bom que se leve em consideração: das obras de Colette vertidas para a tela pelo cinema francês (*Le Blé en herbe*, *Minne*, *L'Ingénue libertine* etc., a primeira tida como a melhor pela crítica [Claude Autant-Lara]), não assistimos a uma sequer. Não podemos, por isso, fazer um estudo comparativo.

A técnica de Orson Welles

Com *Citizen Kane* foram alterados os métodos "estáticos" — o termo aqui se aplica em relação à película de Welles — da linguagem cinematográfica. A revolução wellesiana abrangeu quase toda a gama de atividades concernentes à realização. Depois de *Kane*, não houve transformações superiores na técnica cinematográfica no terreno do filme comercial. O próprio Orson Welles, em filmes subseqüentes, não conseguiu superar-se totalmente. O seu *Confidential report* (*Grilhões do passado*, 1955), filme mais recente já exibido, não passa de velha parábola de Charles Foster Kane, transportada no tempo e no espaço.

Somos ainda da opinião de que a vitória maior de *Citizen Kane* tenha sido a da confirmação do som na sétima arte, como elemento básico na constituição do ambiente, e exponencial no acompanhamento daquela reação visual.

Welles nos conta em parte um dos seus segredos, no número 84 da revista *Cahiers du Cinéma*, quando os questionadores (André Bazin e Ch. Bitsch) insistem sobre o fato de ele utilizar constantemente objetivas de 18,5 mm.[1] E as respostas do cineasta mostram especialmente um desejo de originalidade, explicando ao mesmo tempo a sua concepção prática de cinema.

O emprego de tais objetivas se traduz pelo desprezo a elas manifestado por outros realizadores. Esta finalidade não oculta, porém, a causa eficiente

---

[1] Uma objetiva de 18,5 mm, ou grande-angular, é a que mais se aproxima do olho humano, numa tosca comparação. Através dela são definíveis tanto os planos mais próximos como os mais remotos. Acarreta, porém, aberração na imagem, caracterizada pela idéia de *fuga*, nas perspectivas. Deste desvio, Welles tomou ótimo partido em *Citizen Kane*. Na entrevista de que falamos acima, o realizador afirma só existirem boas objetivas desta espécie de uns cinco anos para cá.

deste uso desmesurado, ou seja, a adequação das grandes angulares à teoria que fez Welles sobre o cinema, na qual ele visa a tomar sempre o melhor partido de uma extrema profundidade de campo.

Diz ele, ainda, que, se todos lidassem com tais objetivas, por certo ele se apegaria às teleobjetivas (75 mm),[2] nas quais acredita sobremaneira. Nestas palavras vai um pouco de ironia, pois o uso de objetivas de grande comprimento focal acarretaria uma série de problemas anticomerciais. Que nos lembremos agora, a sua utilização foi feita de modo esparso por R. Flaherty (nas cenas de mar, especialmente), em *Moana*, em *White shadows of the south seas* e depois em *The man of Aran*.

A construção de tal emprego é fácil pois tais lentes acarretam um sensível decréscimo na definição dos planos. (Consideramos porém um achado o seu uso por Flaherty — a todo instante o mar parece querer invadir a sala de projeção.)

Se Welles delas se utilizasse, talvez não tivesse hoje a mesma situação no cenário da cinematografia mundial. A teleobjetiva tiraria do autor de *The magnificent Ambersons* aquelas noções de *foreground* e de *background* que lhe são tão peculiares.

Não permitiria, também, ao realizador, as constantes *trouvailles*, provenientes da posição da câmera.

Mas, sendo a iniciativa de Orson Welles um elemento tão imprevisível, *não restam dúvidas sobre a possibilidade de* aparecer, da mesma forma, uma outra revolução...

Notas:
Com o provável lançamento para breve de *Touch of evil* (*A marca da maldade*), último filme de Orson Welles, damos abaixo as cotações do "Conselho dos dez", da revista *Cahiers du Cinéma*:

Henri Agel	***	André Bazin	****
R. Benayoun	****	Ch. Bitsch	****
Pierre Braunberger	****	J. D-Valcroze	***
Jean-Luc Godard	***	Jacques Rivette	****
Eric Rohmer	***	Georges Sadoul	**

---

[2] A teleobjetiva é o inverso da grande-angular. É uma lente de extrema aproximação.

Tudo azul com o cinema nacional?
(*Fronteiras do inferno*)

Quando da exibição, aqui no Rio, de *Rebelião em Vila Rica*, em outubro do ano passado, um dos pontos mais combatidos pela crítica carioca foi o emprego da cor, façanha cujo resultado se condenou quase unanimemente. Alex Viany permaneceu sozinho do lado do filme inicial dos gêmeos José Renato e Geraldo Santos Pereira. Agora, este *Fronteiras do inferno*, realizado em Eastmancolor, trouxe novamente à ordem do dia a questão do uso do colorido nas fitas nacionais. A crítica, desta feita, paradoxalmente — pois o resultado, nós o reputamos pior que o de *Rebelião* — só fez racionalizar esta falha lamentada.

Uma especulação mais fria poderia mostrar que, em ambos os casos, a causa primordial dos defeitos plásticos foi a revelação dos negativos, realizada, para um, em Buenos Aires e, para outro, em Nova York. Mas, então, só se viram palavras ríspidas a respeito de *Rebelião*, culpando a irresponsabilidade de seus autores, e, agora, doces e simpáticas consolações dirigidas ao filme de Walter H. Khouri. Se atentarmos bem, poderemos sentir a inexplicável injustiça. Admitiríamos, quando muito, um paralelismo crítico.

O pior de tudo foi mesmo a decepção trazida por WHK aos que dele esperavam uma obra superior a *Estranho encontro*. Pois bem, em *Fronteiras* está ausente até mesmo aquela discutida influência de Ingmar Bergman, tão marcante no primeiro filme. As falhas são básicas: a história, a solução esgotada de terminar cada período (os que são dialogados — a dois) por um *travelling*, adiante visando ao *close-up* de um dos interlocutores (sem o abuso verificado, este achado poderia funcionar — se fossem significativas as expressões faciais dos atores), as cenas ridículas como a de Bárbara Fazio correndo pelo campo num longo traje vermelho e a cor.

Neste último caso, por mais defeituosa que tenha sido a revelação americana, a culpa deve ser imputada em grande parte à realização. Sente-se durante o desenrolar da película a intimidade do Eastmancolor ao azul, cuja presença pode muitas vezes não ser detectada visualmente, por fazer parte também das emissões ultravioleta da luz solar. Não sabendo compensar esta invisível saturação azul da natureza, o diretor não evitou — chegou a aumentá-lo pela tonalidade dos *décors* e dos costumes — o fato dela decorrente, ou seja, a saturação azul da película. São raros os equilíbrios cromáticos. E, na realidade, o efeito cinematográfico só melhora quando na tela entram cores como o vermelho e o amarelo, fato raro, aliás. Teria sido aconselhável uma compensação proveniente das fontes de iluminação. (Lembremos aqui os efeitos conseguidos por John Alton em *Brothers Karamazov*.) Há, inclusive, cenas exteriores nas quais sente-se ter sido a filmagem realizada em horas impróprias.

Fronteiras do inferno ainda assim não desmerece *in totum* o "cinema latente" (com este último exemplo, para nós, mais "latente" do que "luminoso") de WHK. Porém sugerimos ao jovem realizador um retorno imediato ao branco-e-preto. Mais tarde, quando no Brasil estivermos ambientados com os profundos mistérios da emulsão colorida e o realizador se afeiçoar mais àquela utilizada aqui (que ele veja e reveja *Sait-on jamais*, *Lola Montès*, *Bonjour tristesse*, filmes modernos, consagradores do processo), talvez lhe recomendemos uma outra experiência. Mas que volte de braços com Ingmar Bergman...

A propósito de uma pré-estréia

Com *Le desert de Pigalle* (*Pigalle, o bairro do vício*) está completa a trilogia que Léo Joannon iniciou em *Le défroqué* (*Desespero d'alma*) e seguiu de *Le secret de soeur Angèle* (*O segredo de irmã Angélica*). Dos três, o primeiro deve manter, ainda hoje, a supremacia, por causa do impacto oriundo da ousadia com que o tema foi abordado. A constante mantida pelo realizador (ao que tudo indica, inclusive em *Le désert de Pigalle*) é a de um tratamento profano — com orientação catequética — de assuntos religiosos; individualizada nos dois primeiros e abrangendo um problema coletivo neste último.

(A semelhança entre Joannon e Fellini reside no fato de que a mística está presente na temática de ambos. Mística, cuja diferença é notória: o primeiro aparece com uma tendência a dirigir-se de modo mais grosseiro, enquanto o segundo, incomparavelmente mais acima, depois de *Le notti di Cabiria*, dilui suas idéias espirituais através de um profundo lirismo. Em ambos porém existe sempre o intuito de serem religiosos, livres dos moldes "totalitários" de uma igreja.)

A preocupação de Léo Joannon em fazer obras de cunho moral preponderante se tem estendido em seus filmes recentes, desde *L'Homme aux clefs d'or* (*Vingança diabólica*), no qual, entretanto, não estão presentes, de modo formal, os representantes da religião. Este faz reviver o problema da consciência moral reagindo contra os instintos. O professor, rebaixado por uma vil traição à condição de porteiro, vai personalizá-la habilmente, contra os jovens. Neste particular, *L'Homme aux clefs d'or* foge aos princípios católicos onde, numa fraternidade, a vingança não é permitida. Nem por isso deixa de estar presente um sentimento cristão que clama pela reciprocidade de bons sentimentos.

Cinematograficamente não há, na série de filmes enumerados, nenhum que sobressaia mais do que *Le défroqué*. Assim mesmo, deste último (do seu conteúdo latente: a sentimentalidade por ele proposta) partem em maior número os vetores do interesse da obra. Pode-se dizer que *Le défroqué* é uma película com um roteiro bem cuidado. Joannon faz questão de tornar o mais insólito possível o ambiente do apostolado religioso. A comunhão de vinho, no clube noturno, se tinge com nuances de blasfêmia que nunca chegam a sobrepujar a sinceridade do jovem e o espanto das expressões dos espectadores ante a sua auto-afirmação. Dir-se-ia que a seqüência (desde a consagração do vinho) está sob um halo de manifestação da divindade. Originária do roteiro ou da inventiva do diretor, nós a colocamos no grupo das cenas mais ilustrativas da parcela de um tema (ou de uma irredutibilidade), no cinema moderno. Muitos, talvez, culpem *Le défroqué* de cair no melodrama. Isto, porém, não chega a acontecer nunca. Pode haver, quando muito, uma desproporcionalidade rítmica entre algumas passagens.

Le secret de sœur Angèle, se não é uma versão feminina de *Desespero d'alma* (note-se que aqui não há um abandono dos votos religiosos), possui situações similares, participadas, desta feita, não por um padre ou um seminarista, mas por uma freira. Fica flutuante a idéia de aparecimento do amor entre a religiosa e seu protegido, procurado pela polícia. Mas o diretor, mantendo a constante dos filmes anteriores, adapta uma possível paixão individualizada na noção cristã do "amai-vos uns aos outros".

Resumindo, se a direção, no cômputo geral, não é bastante expressiva, sobressai na dramaticidade de *Le défroqué*, quando o clima é, todo ele, tenso, definido especialmente através de uma magnífica interpretação do elenco do qual faz parte o grande Pierre Fresnay.

Esperemos agora a pré-estréia deste *Le désert de Pigalle*, que o cineclube da Faculdade de Direito da Pontifícia Universidade Católica vai promover no auditório de *O Globo* na próxima quarta-feira, dia 29, às 21 horas. Se a crítica não lhe render as homenagens a propósito de seus valores cinematográficos, restarão o consolo e o mérito de ter Léo Joannon a consciência tranqüila por quatro ações, moral e sinceramente bem-feitas.

Para suspense...

Em *Les diaboliques* (*As diabólicas*), Clouzot se firma no seu gênero especial de *thriller*, no qual o suspense se traduz numa tortura (e aqui, não reencontraríamos o espírito sádico?...) do espectador, o qual já se achara oprimido algum tempo antes, pelo clima hipertenso do discutido *Le salaire de la peur* (*O salário do medo*).

Foi tão grande a repercussão da película aludida, e inédito o impacto da sua narrativa de um crime (quase) perfeito, que Alfred Hitchcock, até então o inatingível mestre do suspense, sentiu abalada a sua posição.

Este *Vertigo* (*Um corpo que cai*) é o resultado da afronta clouzotiana. Surgiu quando Hitchcock pediu uma história aos mesmos argumentistas de *Les diaboliques*, a dupla francesa Boileau e Narcejac (autores, também, do enredo de *Les louves* — *Alma satânica* — filme de Luis Saslavsky). De tal *plot*, inicialmente chamado *D'entre les morts*, originou-se o último (e notável) filme do realizador de *Spellbound*.

Não se pode negar que a vitória hitchcockiana foi completa, mas agora, a propósito dela, negar os méritos da obra de Clouzot seria uma grande injustiça. Admitamos que a inventiva, ou a versatilidade temática do cineasta radicado na América, seja superior à do francês. No gênero a que se apegaram, porém, uma supremacia só seria apreciada através de um estudo frio e minucioso.

Clouzot, por exemplo, tem em mira, atrás de uma filosofia pessimista (que incita à piedade), obter toda a participação do espectador, manejá-lo como faz com os personagens e, sempre que possível, deprimi-lo até a falta de ar. Assistamos a *Le salaire de la peur*, ensaio exclusivo de suspense, no seu roteiro linear de um arriscado transporte de explosivos. Sairemos da sala de projeções num estado de estafa semelhante ao dos únicos sobreviventes da aventura. O ritmo tem função primordial. Cada fotograma parece ter sido planejado: sofremos cada segundo da destruição da pedra que bloqueia a estrada.

Tal filme não chegaria a impressionar Hitchcock, pela história sem encruzilhadas. Em *Les diaboliques*, porém, a originalidade do *script* é um dos principais atrativos.

Aliás, este último condiz perfeitamente com a inspiração do realizador francês. O plano urdido pelo diretor do internato para eliminar sua esposa cardíaca é desenvolvido inversamente. O interessante é que, para tal morte, os verdadeiros assassinos acreditavam não ser necessário o golpe final (uma das seqüências mais fantásticas do cinema). O coração da vítima (e Clouzot aqui não deveria esquecer — o coração de qualquer espectador sensível) poderia não resistir a tantos golpes "suspensivos". Isto se comprova, depois de consumado o crime, nas palavras que o assassino dirige à amante, falando da inesperada resistência da morta.

Além da ininterrupta série de sustos, Clouzot emprega a tática de uma estupefação generalizada, pois até quase o fim de *Les diaboliques* fica-se sem saber qual a causa justa.

Vertigo segue a mesma linha estrutural, com a ressalva de possuir requintes que compõem o *Hitchcock's touch*. Estes requintes, na sua maioria, são plásticos. (A função da cor, o gosto estético, os achados, como o ophulsiano beijo no hotel.) O suspense agora se biparte em duas espécies: na primeira parte, predomina a ânsia de se descobrir uma significação para o mistério. Depois, volta-se ao velho estilo e ficamos angustiados pelo bom término da aventura de Scottie. Aquilo que os críticos hitchcockianos, Eric Rohmer e Claude Chabrol, chamaram de *échange* ou *transfert de culpabilité*,[1] não aparece aqui (pelo menos na primeira parte) de modo objetivo. Mas vai configurar-se na hora do julgamento. (Como não há suspeitos, este *transfert* não pode aparecer na sua verdadeira acepção, como em *To catch a thief* [*Ladrão de casaca*]. Nós, particularmente, olhamos o marido com certa desconfiança, quando este chama Scottie em particular.) É bom que frisemos o fato de Clouzot não utilizar, também, formalmente este processo. O *transfert* age, então, visando às interpretações das possíveis soluções do enredo. Trata-se da mesma mudança de orientação do suspense que nasce na primeira parte de *Vertigo*. Outra vez a sofisticação está de volta, ela que desaparecera em *The wrong man* (*O homem errado*), um dos filmes mais sisudos do realizador, mas que fora a principal atração de *The trouble with Harry* (*O terceiro tiro*).

---

[1] "troca ou transferência de culpa", em *Hitchcock*, Eric Rohmer & Claude Chabrol, Editions Universitaires.

Vertigo é um dos filmes mais atraentes de Hitchcock e um dos êxitos cinematográficos do ano. Plasticamente, é uma das provas cabais da fertilidade do realizador. A atenção que ele mantém para com os detalhes, a função dos símbolos (inclusive os cromáticos) estão aqui presentes como nos seus melhores dias.

Achamos tola esta disputa que se procura fazer entre os dois nomes — Alfred Hitchcock e H. Georges Clouzot — quando ambos são exponenciais no atual cinema.

Antes de toda a preferência, merecem elogio os verdadeiros e incólumes vitoriosos desta competição: os roteiristas Boileau e Narcejac.

Esboço de uma evolução

O *cartoon* foi, no Festival do Cinema Americano, um gênero mal representado. As amostras exibidas (*Gertie, the dinosaur, Plane crazy, Steamboat Willie, The band concert*) eram apenas marcos do progresso deste importante setor da cinematografia.

O desenho de Winsor Mac Kay, o melhor, valeu mais pelo seu conteúdo histórico: ele parte da aposta, feita pelo autor, que se propunha a movimentar seu personagem. É interessante observar o fato de que, nos primórdios, os heróis dos *cartoons* provinham das historietas em quadrinhos, cuja receptividade começa a se fazer sentir na América. Assim, Winsor Mac Kay, antes de "dinamizar" *Gertie*, já o produzia, estático, para as páginas dos jornais. A aposta é aceita por uma roda de autores de *comics*, intrigados com a novidade anunciada pelo colega. O pagamento no fim do filme é realizado por Geo McManus, o gordo autor (e modelo) do antigo *Bringing up father*, hoje *Maggie and Jiggs* (*Vida apertada*).

Gertie, the dinosaur traz também a sensível atmosfera de contato permanente do autor com o personagem (Mac Kay, por vezes, interfere ele próprio na progressão do animal).

Plane crazy, Steamboat Willie, The band concert, os três filmes de Disney, nada mais têm de importante, além do pioneirismo técnico. O segundo e o terceiro, mais que o primeiro.

Pelo progresso por que passou, o *Animated cartoon* tem tido momentos de apogeu com o nascimento de várias escolas de temática diferente. O estilo básico, mantido por Walt Disney durante quase uma década, foi quebrado pelo não-conformismo de antigos artistas seus que, rompendo com o chefe, criaram inicialmente a U.P.A. (United Productions of America), cuja influência ainda hoje se encontra em grupos recém-formados. A U.P.A., porém, não conseguiu uma perfeita estabilização econômica e o resultado foi uma produção intermitente (pelo menos o é a distribuição no Brasil). *Mister Magoo* ou *Gerald Mc Boing Boing* só chegam até nós em doses homeopáticas. Assim mesmo, fora da série dos dois ídolos aludidos, conseguimos ver e rever duas obras-primas desta companhia: *A Unicorn in the garden* e *The Tell-Tale heart*.

Atualmente, depois de *Flebus*, de Ernest Pintoff, e *The juggler of Our Lady* (*O malabarista de Nossa Senhora*), de Al Kousel, projetados no ano passado, até hoje não vimos um só desenho apresentável.

As produtoras parecem ter limitado a criação artística em favor da realização comercial. Paul Terry e Walter Lantz estão neste último grupo. Do primeiro (depois do antigo *Mighty Mouse*), a série *Heekle an'Jeckle* está na ordem do dia. Do segundo, *Woody Woodpecker* não saiu ainda dos antigos moldes.

As *Looney Tunes*, da Warner, conseguem, às vezes, com *Bugs Bunny*, coisas estupendas como o desprezado *The widblown hare*. Limitam-se todavia a êxitos esparsos. Fred Quimby ainda produz a dupla *Tom & Jerry*, de William Hanna e Joseph Barbera, porém estes já tiveram dias mais inspirados.

No grupo popular, a Paramount, através dos Famous Studios, subvenciona a produção de *Popeye*. A novidade, por outro lado, é o fantasma *Casper*, de irritante vulgaridade. As perspectivas para o desenho americano são, apesar de tudo, alvissareiras pelo desejo latente ou expressões de renovação. Felizmente a U.P.A. voltou a trabalhar e produzir em boa hora um desenho de longa duração: *Magoo's Arabian nigths*. Aguardemos.

O primeiro passo

Já faz algum tempo que assistimos a *Caminhos*, mas a impressão agradável que sentimos permanece até hoje. O bom lado desta impressão foi significativa e despertou-nos o desejo de revê-lo.

Paradoxalmente, aquilo que mais nos agradou no filme de Paulo Saraceni foi o seu lado amadorista: as experiências devem ser tomadas sempre como buscas, jamais como descobertas consumadas.

O C.E.C. [Centro de Estudos Cinematográficos] talvez venha a exibi-lo e então os interessados poderão conhecer a atração cinematográfica animadora de grupos isolados, em nossa capital. Outro mérito de *Caminhos* reside no fato de ser uma realização baseada numa história fictícia. Como os iniciados em literatura fundam seus primeiros alicerces na poesia, no cinema é o documentário o gênero dos principiantes. Talvez nos enganemos, mas acreditamos ser falha esta orientação, pois o filme de documentação restringe em muito a capacidade imaginativa do realizador. O progresso alcançado por cineastas franceses da "velha guarda" se deve à excelente sedimentação que tiveram através dos exercícios vanguardistas, os quais primavam pelas estranhas incursões ao irreal...

Outra vantagem das experiências de cinema puro reside na familiarização no manejo da câmera e da montagem. A objetiva permite ao iniciado uma série de assuntos de estudo. A técnica do corte age como elemento introdutor à verdadeira linguagem de cinema.

A rigidez do documentário apresenta-se avessa a essas facilidades. Quando muito o gênero permite aprofundamentos na noção de ritmo e aguça o espírito observador dos que se apegam à arte cinematográfica. Poderá haver um documentário com uma dinâmica mais desenvolvida, porém o arcabouço de tal filme nunca ultrapassará certa norma predeterminada.

De tudo o que dissemos (aguardamos uma segunda visão para completar nossas idéias), *Caminhos* é um exemplo cabal.

Crítico de cinema

Hulot, Mon oncle

Para quem, como nós, não possuía conhecimento anterior da pequena, porém substanciosa, obra de Jacques Tati, talvez tenha sido esta apresentação de *Mon oncle* de um proveito e de uma repercussão muito maiores.

Travar conhecimento com um realizador, por intermédio de um filme no qual ele vem exibir profundo e definitivo domínio sobre a linguagem cinematográfica, é um sistema, se não interessante, pelo menos portador de surpresas, forçando também o aparecimento de uma série de incógnitas, possivelmente solucionadas em visões posteriores, seja deste *Mon oncle*, como de filmes cronologicamente anteriores (*Jour de fête* e *Les Vacances de M. Hulot*).

A repercussão verificada depois da exibição do filme de Tati (falamos aqui da sessão de pré-estréia do Festival do Cinema Francês) mostra o caráter de novidade de que é portador (uma nova técnica de impacto, onde se origina todo aquele *bouleversement*, característica das mais importantes, a nosso ver, para fazer que um filme seja bom). Aliás, as maiores reprovações a Tati devem ser alicerçadas no ponto concernente à impenetrabilidade (no sentido etimológico) do mundo do realizador. Ora, é justamente esta não-acessibilidade o fator que faz de *Mon oncle* uma comédia acima do comum. Ela vai verificar-se através da automatização do elemento humano, e nos evocou imediatamente num paralelo com o teatro, algumas criações de Ionesco (*v.g.* o diálogo entre a vizinha dos Arpel, com Gérard). A lógica do diálogo parece dar lugar à influência do mero reflexo. O ponto de partida da presente comédia reside na sátira. Esta se desenvolve em todas as seqüências, mistura-se, confunde-se, camuflada ou cinicamente clara. Ela visa especificamente ao estado atual da humanidade, prostrada sob a onda avassaladora do progresso. (Eis aí o paralelo, a influência descoberta entre Tati e Chaplin. Na realidade, formalmente, esta relação inexiste. O cinema satírico de Charles

Chaplin está repleto de um sentimentalismo, de uma acessibilidade — mérito ou demérito — que Tati desconhece.)

Em sua forma, *Mon oncle* é um filme moderno, repleto de inovações sintáticas. A fixação dos planos é permanente e quase todos os *takes* se realizam de uma determinada distância (plano médio). Tanto esta constante é obedecida que, por vezes, alguns movimentos importantes se mostram justamente na extremidade do quadro (como no momento em que surgem as cabeças dos Arpel nas janelas circulares, durante a noite da sorrateira "visita" de Hulot).

No fundo, a verdadeira técnica de Tati vai-se resumir no seu apurado senso de *mise-en-place* e o centro de gravidade do filme está nas figuras apresentadas (animadas ou não), cada uma delas lembrando uma idéia de generalidade. Destas, os garotos são os mais interessantes (para não citar Hulot, o *meneur du jeu*). A fonte inspiradora do humor do diretor está fundada numa remota origem infantil. E a pequena gangue formada imediatamente após a saída do colégio está bem no estilo *Katznjammer kids*,[1] pela engenhosidade (também relacionada ao progresso?) das estripulias urdidas.

Um ponto que representa a automatização dos personagens em *Mon oncle* é a ausência de diálogos. Mesmo quando estes estão presentes, surgem através de uma linguagem balbuciante e quase incompreensível.

A reação do público fornece dados interessantes. Ouvimos por diversas vezes as exclamações de um espectador que dizia estar a família Arpel num estado de insanidade mental (ou quase). O curioso é que nós também experimentamos a mesma sensação de angústia em relação à aridez da sua vida familiar. A impossibilidade que sentimos de penetrar no universo de Tati se baseia numa reação, numa falta de condicionamento a este mesmo universo.

O mundo de Jacques Tati está então regido por um rígido determinismo (*v.g.* as ferramentas cairão sempre do caminhão do verdureiro, o carro deverá estacionar sempre no quadrilátero determinado etc. — e tal determinismo traumatiza a mente). Não parece haver campo para a noção de livre-arbítrio, e é por isso que o varredor jamais terminará a sua função. Os garotos de M. Hulot são os únicos a quebrar este ritmo de vida. Sua lição, em parte, poderá ser definida como uma elevação da força de vontade. Uma reação contra a mecanização do homem: em resumo, uma completa infantilização do pseudo-espírito adulto dominante. Para bem compreender *Mon oncle* é preciso conhecer com perfeição as crianças e os cães.

---

[1] *Os sobrinhos do capitão*, famosa historieta de Rudolph Dirks.

Música e festival

O Festival de Pré-estréias mostrou até agora, numa interessante coincidência, a atração despertada nos realizadores pela música erudita. Dois filmes dela se utilizam integralmente: *Les Amants*, sublinhando a seqüência romântica com um quarteto de Brahms, e *Un condamné à mort s'est échappé*, que rememora a música de Mozart. Por sua vez, *Montparnasse-19* inicia a segunda metade — parte na qual estão situados os verdadeiros valores do filme — com o solo de órgão de uma bela cantata de Bach (*Jesus, alegria dos homens*).

Estes exemplos são dignos de nota e mostram a arte dos extremos que é o cinema. Se são justamente estas partituras clássicas fatores exponenciais no êxito das películas de que fazem parte, num outro plano vai ser a vibrante trilha musical do pistonista Miles Davis um dos melhores elementos de *Ascenseur pour l'échafaud*.

O acompanhamento aparentemente comum e pouco estilizado de *Mon oncle* (apesar de algumas tentativas de variações, à moda das improvisações jazzísticas) funciona como o elemento mais acessível do rígido cosmos de Jacques Tati.

Ingmar Bergman

Sommarnattens Leende (*Sorrisos de uma noite de amor*), filme de Ingmar Bergman ora em exibição, vem provar que este cineasta é um dos raros exemplos do cinema atual que sofreram uma clara progressão técnica e artística, da qual *Sommaren med Monika* (*Mônica e o desejo*) constitui, a nosso ver, o primeiro marco.

Bergman é também um dos poucos da atualidade que podem receber o nome de autor de filmes. Sua presença sendo detectada em quase todas as etapas de cada filme da vasta bagagem cinematográfica que possui. O fato mais interessante é, ainda, que, apesar de ser igualmente um hábil *metteur en scène* de teatro (função a que ainda dedica grande parte de seu tempo), seus filmes estão despojados da menor influência teatral, menos daquela mestria na direção dos atores cuja necessidade se impõe tanto na tela como no palco.

Sendo seu filme mais recente mostrado no Brasil, *Sommarnattens Leende* também é formalmente o melhor. O progresso técnico que sentíramos em *En Lektion i Karlek* (*Uma lição de amor*), aqui então se faz mais fascinante. A apresentação da temática do realizador — sempre aquelas constantes: vida, amor, tempo, transportadas a outros prismas — surge sob uma atmosfera insólita, por meio de uma perfeita adequação da imagem.

Este foi um dos primeiros filmes a nos dar uma perfeita idéia climática através da fotografia. Poucas vezes havíamos visto anteriormente período tão longo de uma fita, no qual se verifica uma hipertonia de sentimentos semelhantes, perfeitamente sublimada na tela (*v.g.* todas as cenas do fim de semana na residência de Naima Wifstrand). Sobre esta característica, manifestou-se Erik Ulrichsen: "*Although Bergman is no Ophüls, the images often have true glamour*".[1]

---

[1] "Embora Bergman não seja nenhum Ophüls, as imagens frequentemente têm verdadeiro encanto", em: Erik Ulrichsen, "Ingmar Bergman and the Devil", *Sight and Sound* (nº 5), Summer, 1958, p. 229.

Em *Sommarnattens Leende* o *flashback* deixa de ser a principal arma cinematográfica de Bergman e cede lugar ao plano como forma (luz, enquadramento, *mise au point* etc.). Além de *Sommarnattens*, só *Gycklarnas Afton* (*Noites de circo*) e *Det Sjunde Inseglet* (*O sétimo selo*) se desenrolam *in totum* no presente. Por sua vez, *Sommaren med Monika* utiliza simplesmente o recurso de variação temporal. (O auge do emprego das constantes mudanças de época aparecerá em *Kvinnors Vantan — Quando as mulheres esperam —* onde inclusive encontramos um desdobramento de *flashbacks*.)

Há um amoralismo total neste mais recente filme de Ingmar Bergman mas, pela coerência com que ele se manifesta, não existe o mínimo sinal de obscenidade. Pode-se falar, quando muito, de um erotismo todo especial, dependente de outras categorias (a amargura tira o atrativo das coisas) como o medo, o auto-sacrifício etc. O hedonismo nunca foi uma constante do diretor. Sempre, a um prazer, se adicionará certa porção de infelicidade.

Apesar de procurarmos insistentemente, torna-se bastante difícil descobrir as influências que agiram sobre o cineasta sueco. Suas declarações, de modo especial, nos fazem desanimar da empresa, uma vez que ele admite certo apego à obra de Renoir dos períodos de antes e durante a guerra (e que nos são desconhecidos).

Acreditamos ser superficial este apego. (Algumas declarações parecem mostrar um desejo de passar como autodidata.) Deverá existir também uma forte tendência de seguir os passos dos grandes conterrâneos do passado. A atração pela escola germânica que também teve o seu tempo (e serviu para intitular o estilo bergmaniano de neo-expressionismo), parece ter desaparecido agora totalmente.

Max Ophüls: cinco filmes

Se somente a fase contemporânea da obra de Max Ophüls nos é conhecida, agradecemos o fato a algumas sessões de cineclubes ou exibições especiais. Temos conhecimento de apenas cinco dos 27 filmes que dirigiu o realizador austríaco•. Felizmente, a parcela conhecida da obra ophulsiana basta para enaltecê-lo e situá-lo no cosmos cinematográfico. Dono de um estilo próprio e inconfundível, Ophüls é aquele que colaborou para a definitiva caracterização da sétima arte, sem fugir do tema que lhe é tão caro: o amor. As críticas a seu respeito e os ensaios retrospectivos, todos evocam a paixão desenfreada, o afeto arrebatador cuja origem remonta à Viena aristocrática, cuja romântica sugestão coletiva é provocada pela disseminação do ritmo compassado das valsas imperiais.

Embora burlando a linha tradicional do cinema, que funda suas premissas na montagem clássica, Ophüls, apesar de trazer à tona um novo estilo, não pode ser chamado de revolucionário, porque seus filmes não têm o valor insólito existente em uma fita de Orson Welles. A comparação nada tem de gratuita. O problema da maior ou menor influência da montagem no ci-

---

• Engano comum entre os críticos. Na verdade, Max Oppenheimer (futuro Ophüls) nasceu em Sarrebruck, uma cidade industrial do vale do Reno. "Minha cidade natal, Sarrebruck, teve o privilégio de mudar várias vezes de nacionalidade. Foi tanto francesa como alemã, ao sabor da história, circunstância que explica sem dúvida a minha posição algo ligeira perante certas considerações políticas", escreveu Ophüls em suas memórias. O Sarre é uma região rica em minas de carvão, situando-se Sarrebruck quase na fronteira com a França. De 1919 a 35, o Sarre permaneceu ocupado pelos franceses, sob a bandeira da Sociedade das Nações. Em 1935, mediante plebiscito, foi devolvido à Alemanha. A partir de 1945, a região voltou a ser controlada pelos franceses, sendo devolvida à Alemanha em 1º de janeiro de 1957, novamente em conseqüência de um plebiscito. (N.O.)

nema complica-se e toma outro vulto, em nossos dias. E podemos torná-lo mais palpável, através do método dialético de comparação dos contrários.

Ophüls é o inverso de Welles. Diverge deste, a princípio, pela preferência mantida com os planos-seqüência (há uma quase abolição total dos cortes). Uma cena encandeia-se noutra através de um *travelling* ou um *pan-shot*. No seu modo de ver, a montagem funciona como retocador da obra terminada: secciona-lhe os excessos, corrige, define, não criando nunca. O acento tônico cai sobre a câmera e os atores.

A panorâmica ou o *travelling*, por outro lado, se fundam na ânsia de observação presente em toda tentativa de percepção visual (desejo que pode ser mono ou polivalente, isto é, particular ou restrito e universal, como é o do diretor abordado). Um objeto percebido isoladamente não nos satisfaz; é mister situá-lo no espaço, em relação às coisas de sua periferia. A função precípua deste efeito cinematográfico constitui-se na definição e ilustração de um objeto ou um ente, a propósito de outro.

O cinema para Ophüls resume-se nisto. Quase podemos dizer, mais na ambientação do que nos personagens. Se não há uma atmosfera material, a ação não se determinará.

Orson Welles, entretanto, admite o contrário. A vibrante atividade (movimentação) do cinema, ou mesmo a da atualidade, não permite divagações espaciais gratuitas. Há objetivismo (ou deve haver) em todas as ações e percepções. Por isso o corte aproxima-se mais da verdade. (E ainda os planos de curta duração superam os demais por sua economia.) Duas técnicas opostas e válidas.

O plano-seqüência é a segunda forma mais comum de evolução da narrativa cinematográfica e possui, como sucedâneo recente, a técnica fotográfica de profundidade de foco, com a qual mantém íntimas relações. A posição de William Wyler, com *The best years of our lives*, está situada entre Ophüls e Welles, como dá perfeitamente a entender André Bazin: "Le découpage même, en tant qu'esthétique de la rélation entre les plans, est singuliérement réduit, *le plan et la séquence tendent à s'identifier*".[1]

Podemos então confirmar a originalidade de Max Ophüls. Os filmes atuais estão tecnicamente enquadrados numa destas escolas, ou entrelaçam os elementos de cada uma. A influência direta de Ophüls manifesta-se de modo

---

[1] "A própria decupagem, enquanto estética da relação entre os planos, é particularmente reduzida, *o plano e a seqüência tendem a se identificar*". André Bazin, "William Wyler ou le Janséniste de la mise en scene", *Révue du Cinéma*, nº 11 (nova série), março, 1948, p. 54.

especial no emprego abusivo de movimentos de câmera, porém, pára neste ponto particular. A própria temática ophulsiana não é muito procurada, pelo menos da forma nobiliárquica com que o faz.

O diretor de *La Ronde* é, portanto, o utilizador perspicaz da funcionalidade cenográfica e do gosto inconfundível pelos lustres e candelabros. Até *Lola Montès*, encarávamos com desprezo a tendência barroca de Ophüls, e a insistência sobre os problemas de um romantismo saudoso, *démodé*. Foi o último filme o causador de um recenseamento valorizador do resto de sua bagagem cinematográfica.

A primeira, cronologicamente, das cinco fitas assistidas por nós, é a terceira em qualidade, quase num mesmo plano que *La Ronde*, reputado o melhor filme, depois de *Lola Montès*, com o qual apresenta alguns pontos de contato. Trata-se de *Letter from an unknown woman* e é, igualmente, a terceira fita realizada na América, datando de 1948 (baseia-se num conto do mesmo nome, de Stefan Zweig). Nessa época, o artesanato do diretor ainda não estava completamente definido, mas o filme agrada imensamente pela correção (e domínio) do tratamento. O conhecido *glamour* plástico está presente em dose sensível (e serve para caracterizar a fase final da carreira de Ophüls).

Digna de registro é a atmosfera criada pela música de Danielle Amfitheatrof, cujos temas centrais em piano sublinham a presença do personagem principal, Stefan Brand (Louis Jourdan). O original de Zweig foi abrandado por Ophüls,[2] restando, no filme, o ambiente afetivo de inspiração musical. *Letter from an unknown woman* é um dos seus filmes mais sinceros, sendo muito comovente o desempenho de Joan Fontaine (Lise Berndle).

La Ronde (1950) é o primeiro filme que Ophüls realiza na França, depois do regresso da América (constitui-se também no retorno à essência da variação temática preferida, na qual o amor é tratado como num ensaio irônico, mas didático...). É a consagração da tipicidade do estilo do diretor vienense [sic]. O fotógrafo Christian Matras incorpora-se à equipe técnica que só deixará com a glória de uma consagração máxima, proveniente de *Lola Montès*. Está também levada ao extremo a influência da música e surge pela primeira vez o método narrativo a ser acumulado no último filme: o paralelismo.

De *La Ronde* até *Le Plaisir*, caímos num círculo vicioso e estamos de novo no tema anterior. Neste último, o paralelismo é episódico. *La Ronde*, porém, origina-se da peça *Reigen* de Arthur Schnitzler, que provocou também, durante a adaptação cinematográfica, uma modificação atenuadora das

---

[2] Dados recolhidos em *Max Ophüls — an Index*, Richard Roud, publicado pelo British Film Institute (1958), p. 29. Ficha crítica de *Letter from an unknown woman*.

situações (o ponto de ligação dos diversos amantes, não era, primitivamente, o carrossel).[3]

Le Plaisir (1951) não reeditou, como era esperado, o sucesso de *La Ronde*. Seu entrecho provém de Guy de Maupassant, autor cuja adaptação cinematográfica é fato até hoje estudado e discutido. Ophüls não possui características afins ao estilo singelo de Maupassant, mas, em toda a seqüência campestre de *La Maison Tellier* (segunda história), cai um pouco na atmosfera esfuziantemente bucólica e risonha de *Une partie de campagne* ou da terceira aventura (*Mouche*) de *Trois Femmes*, de André Michel. Nos outros episódios, a leveza de estilo, proporcionada pelos movimentos de aparelho, dilui um pouco a amarga objetividade satírica dos escritos do autor. Prólogo e epílogo de *La Maison Tellier*, bem como a passagem do *Palais de la dance*, em *La Masque*, apresentam uma interminável mescla de *travellings* e panorâmicas. Ainda assim, *Le Plaisir* não é o mais fraco dos filmes da fase moderna de Ophüls, porque suporta, em parte, uma comparação com *Madame de...* (1953).

Neste último, voltamos ao clima da honorífica seriedade de *Letter from an unknown woman*. Talvez pela saturação do assunto abordado, o resultado atingido não é de todo convincente. Estamos outra vez na presença da protocolar valorização da imagem. Há a cena típica e vulgar de definição do plano-seqüência, logo no início, na joalheria, quando *Madame de...*[4] (exemplo da psicológica discrição de que trataremos, a propósito de *Lola Montès*) sobe uma escada em espiral que a leva ao avaliador. Toda a subida é acompanhada pela câmera, também em movimento ascensional. O mesmo se dá, em *Lola Montès*, quando o *écuyer* (Peter Ustinov) narra os acontecimentos que sucederam após a libertação de Lola pelo embaixador francês, subindo escada semelhante. A função do processo, é, naturalmente, a supervalorização do *décor* (na nova fase francesa, todos do consagrado Jean D'Eaubonne). O barroco em Ophüls provoca, como já vimos, certa depreciação inicial do elemento humano, que, em seguida, surge em sua verdadeira posição.

A exibição da versão deturpada de *Lola Montès* levou-nos a indagações e estudos a fim de fazermos uma idéia da versão original. Isto porque, mesmo truncada, a cópia projetada no Brasil causou uma profunda impressão, deixando-nos ainda mais exasperados pelo fracionamento criminoso de uma primeira provável obra-prima cinemascópica.

---

[3] Idem, p. 53. Ficha crítica de *La Ronde*.

[4] Interpretada por Danielle Darrieux.

Agora, porém, o Festival do Cinema Francês nos permitiu a sua visão integral[5] e, das duas vezes a que o assistimos, fomos descobrindo novas minúcias do gênio estético de Max Ophüls.

Com a adoção do *cinemascope*, parece ter variado também a *aparente* passividade e a constância ophulsiana. A película é, por um lado, exuberante demonstração da versatilidade do diretor e a confirmação da funcionalidade da tela ampla (os críticos estrangeiros, em geral, classificaram-no filme de *avant-garde*).

A decupagem já é, ela própria, revolucionária, especialmente nas passagens circenses, que superam facilmente as similares de *The greatest show on Earth* ou *Trapeze*. O resultado maravilhoso obtido logo de início com a monumental *ouverture* no *Mammoth Circus* (solenemente o mestre de espetáculos anuncia que o programa completo consistirá na descrição da vida da "*Comtesse Maria Dolorès...*" e já nos introduzimos num mundo que não o nosso, no qual vivem e movimentam-se duendes, anões, gigantes; onde sobem e descem ciriais, lustres e símbolos ao som de melodia aprazível e de um abafado retinir de triângulos) proveio da visualização de uma imagem requintada que Ophüls deve ter-se feito juntando o sonho com a realidade; concordando-os, de maneira a nos impossibilitar a localização do limite entre ambos. Tudo ali é dinamismo e excentricidade. Mais expressiva (entre tantas) é a seqüência na qual o *écuyer*, a uma pergunta do auditório, começa a enumerar os amantes da heroína. Passamos a um ambiente rubro (inicialmente a imagem de Lola, de perfil, gira até ficar de frente para os espectadores; depois num movimento brusco, a câmera procura um lustre e inicia-se a contagem) sob o dilúvio de personagens estranhíssimos (fantoches e mascarados), num esboço de balé acrobático que rememora as figuras de Bosch, ou *les anges tombés*, de Breughel. O aparelho avança e recua numa pulsação rítmica que sobrepuja a simples idéia de corte.

O tamanho do picadeiro atinge dimensões infinitas. Quase nunca temos consciência de nossa verdadeira posição (as exceções são poucas, mas existem, como o majestoso *finale*).

Nas demais passagens, os *flashbacks*, a técnica narrativa de Max Ophüls se aprimora. Na tela predomina sempre aquele excesso de adornos e de móveis, cuja existência (só em *Lola Montès* viemos a descobrir) está longe de ser gratuita. Eles definem os planos, servem de contraponto visual.

---

[5] Já havíamos tomado conhecimento superficial da ordem anacrônica da versão original através do opúsculo citado, da página 38 em diante.

Em certas passagens, somente por meio das reações de alguns personagens (*v.g.* a dança andaluza de Lola, quando o rei, acompanhando-a com os dedos, nos dá a entender as suas evoluções no palco) Ophüls se utiliza de um importante artifício, qual seja o de incitar a curiosidade do público. No circo, também a platéia inquisidora está escondida. Esta é uma oportuna discrição, traduzida cinematograficamente em termos de elipse e está relacionada com aquele excesso cenográfico do qual acabamos de falar.

A via-sacra da cortesã Lola Montès

Quando *Lola Montès* foi feito, em 1955, nós brasileiros ainda tínhamos os olhos voltados para a Europa. Era um momento em que, no geral, só os filmes estrangeiros interessavam à crítica e aos cinéfilos daqui. O filme, na sua versão integral, passou no Brasil na segunda metade de 1959, durante o Festival História do Cinema Francês. Só hoje, dezoito anos depois, ele se oferece à totalidade do nosso público. Façamos, para essa obra-prima, uma breve homenagem nostálgica.

O realizador Max Ophüls caracterizou-se sempre por uma fixação em temas "eternos", coisa que, discutida ou cogitada hoje em dia, dá a impressão de mofo ou decadência.

Um filme de época, um clássico de Cinemateca, para ser visto como tal, tem de conter alguns e abster-se de outros elementos típicos, como o som e a cor. Um filme mudo e reproduzido num preto-e-branco imperfeito desfruta de maiores oportunidades de ser visto como um fenômeno arqueológico ou mesmo artístico. O caso de *Lola Montès* é intermediário: sofre do mal de ser muito moderno e muito desatualizado. Ele bordeja, para certo público, a fronteira do academicismo com a vanguarda.

A missão de decodificar o romantismo ophulsiano para o espectador de nossos dias não é fácil. Requer uma dose razoável de interesse pelo cinema. O tema abordado é, para começar, anacrônico. Ophüls fala de amor, mas visto sob um ângulo especial. Em geral, seus filmes agem sobre um subproduto do amor: a prostituição. Mas é como se não agissem. O realizador procura redimir pelo romantismo as (aparentes) baixezas da carne. O conflito resultante é óbvio e nele se situa o núcleo da provocação e do anacronismo de Max Ophüls.

Sua morte, em 1957, foi atribuída à intervenção dos produtores na montagem original do filme; mas talvez ele tenha morrido apenas de amor. A mistura de uma inspiração altamente carregada de eletricidade e inteligência com a sua derramada reflexão romântica (falo das cenas do circo e dos *flashbacks*, respectivamente) provocaram no seu coração um tipo particular de curto-circuito.

O filme, entretanto, não perdeu muito nesta refrega: consegue assumir o caráter híbrido que a personalidade do diretor lhe incutiu nesta derradeira aventura artística.

É, para começar, uma súmula da obra anterior do cineasta com os acréscimos modernizantes do som, da cor e do *cinemascope*.

A permanente integração dos temas da vida da cortesã com os quadros circenses dá a *Lola Montès* sua grandeza maior. O cinema francês (e em muitas particularidades o filme é tão francês quanto alemão), que sempre dirigiu algumas das preocupações teóricas para o que se podia chamar de "teatro filmado", descobre agora um filão novo: o "circo filmado". O uso do picadeiro transcende de muito a visão simplória do "filme de circo". Não se trata aqui de um *O maior espetáculo da Terra* (*The greatest show on Earth*) com a objetiva grandiosidade de um Cecil B. de Mille. Estamos diante de uma versão metafísica da acrobacia, do ritmo e do esforço físico. Cada imagem, cada "anjo caído" breugheliano encarnado num anão ou num *clown* tem uma função altamente espiritual: o *Mammoth Circus* é a reconstrução terrestre do purgatório.

O processo anamórfico foi inventado na França. É justo que o melhor filme filtrado por uma lente dessas tenha vindo de lá. Conta-se que, em 1929, Claude Autant-Lara realizou *Construire un feu* utilizando a *Hypergonar* do professor Henri Chrétien, a quem devemos o aperfeiçoamento definitivo das objetivas *cinemascope* (os franceses patentearam com o nome *Dialyscope*). Nenhum filme até hoje superou *Lola Montès* nessa particularidade visual.

Foi o veterano Ophüls o causador de uma renovação técnica das mais vibrantes, unindo ao modernismo do *cinemascope* as idealizações dos antigos pioneiros da técnica. Entre estas, as emoldurações provenientes dos escurecimentos da tela, que o grande D. W. Griffith parece ter sido um dos primeiros a usar praticamente. Em *Intolerance*, por exemplo, toda cena marcante sofre um acréscimo no valor emocional através do brusco menosprezo de suas partes pouco importantes.

Existe, em *Lola Montès*, uma seqüência sensível arrematada com o escurecimento lateral. Depois da perseguição de Lola através das galerias da Ópera pelo tenente James, quando este decide esposá-la, a câmera estaca, tendo acompanhado toda a corrida e, de um ponto mais ou menos distante, visa a cena amorosa entre ambos. Neste momento a tela parece fechar-se em cortina e só permite que os vejamos, fora da sala, no centro, ainda, da moldura natural criada pela porta de saída para um dos pátios. No navio que transporta Lola para a Europa há momentos em que o sentido de enquadramento do diretor chega aos extremos da perfeição. Evitada pela mãe, Lola retira-se e, ao cruzar o convés, situamos sua tristeza quando percebe, pelo vidro das escotilhas do salão, o interesse daquela pelo oficial que as "escolta". Durante sua travessia podemos ver o baile, primeiro à frente, depois atrás de si. Há um requinte especial nesta apresentação onde o enquadramento surge com dupla intenção. A amplidão lateral da tela toma o sentido da interiorização e estamos, então, próximos da noção vulgar de profundidade focal. O formato das escotilhas sendo semelhante ao da tela comum de projeção, chegamos, também, às imediações do processo polivisual de Abel Gance.

Na obra passada de Ophüls essa marcada atração formal não era tão evidente. A mistura da constante temática, quase sempre de difícil manuseio, com a efervescência das valsas vienenses, logrou sempre produzir efeitos curiosos e o uso reiterado dos longos *travellings* deram a seus filmes uma idéia de fluência que permitia uma aproximação direta das audiências com o enredo propriamente dito. *Lola Montès*, filme derradeiro, partiu-se em duas vertentes: conserva, nos *flashbacks*, a antiga paixão descritiva do autor e revoluciona, no circo, o estilo cinematográfico de narrar, deixando rico legado aos fundadores da *Nouvelle Vague*, então prestes a eclodir.

O público brasileiro tem hoje a possibilidade de ver esse filme para o qual a palavra *histórico* não é de todo adequada. A fina brisa da inspiração e do bom gosto soprando suavemente na praça Nossa Senhora da Paz.

Relações internas

Embora surjam, invariável e intermitentemente, processos que visam à tridimensionalização do cinema, seu período vital é insignificante porque, conhecida a novidade, o interesse geral retorna aos moldes clássicos e constantes da tela plana. De todas as tentativas modernizadoras, o *cinemascope* foi o único que manteve (e, ao que parece, não mais perderá) um atrativo mais intenso (talvez pela facilidade de adaptação ao grande público).

Tudo isto se explica por uma razão muito simples: o cinema já é, em si próprio, uma arte tridimensional. E estas freqüentes investidas nada mais desejam do que inserir-lhe uma nova (e acessória) dimensão — a da sensação palpável de profundidade.

Tal tridimensionalidade inerente ao cinema, de que falamos, refere-se, claro está, às três medidas geralmente difundidas e, na última idéia de profundidade, agrupam-se ainda inúmeras outras que, não fora a síntese proposta, trariam à sétima arte um caráter polidimensional.

Incluem-se, portanto, nesta noção, inicialmente sua principal característica, aquela de proporcionar o cinema ao espectador uma verdadeira universalidade de lugares, que varia unicamente de acordo com a vontade do realizador, ou com as necessidades da obra filmada. Semelhante latência espacial é importantíssima e, através dela, o cinema cria as mais diversas atmosferas, no mais exíguo dos ambientes. À guisa de exemplo, lembramos os efeitos magistrais obtidos por Bresson e Hitchcock em *Un condamné à mort s'est échappé* e *The wrong man*, respectivamente. A noção típica de profundidade faz parte também do grupo principal dos acessórios desta latência. O efeito acarretado pelas objetivas de foco curto requer, para sua definição mais adequada, certa largueza espacial (sua difusão provém, como já vimos, de Orson Welles e William Wyler).

Há, igualmente, atrás da variabilidade das extensões cinematográficas, um profundo desentendimento com o real. Mesmo nos filmes ditos realistas, a relação espacial através de uma ordem de planos é produto direto dessa capacidade cinematográfica. Não se tem nunca, nem mesmo nos planos gerais, a noção fiel das diversas relações espaciais. A intenção do cinema funda-se na fixação a um determinado local. A correlação entre dois ou mais ambientes corre por conta da imaginação (nossa percepção fica determinada pelas normas da lógica *tout court*) do espectador. Por exemplo: nada haveria de anormal (para os desconhecedores) se, num filme, um indivíduo subisse à torre Eiffel e de lá vislumbrasse o Pão de Açúcar e todo o contorno da baía de Guanabara. A funcionalidade cinematográfica neste ponto realiza-se, não objetivamente na tela, mas na pessoa do assistente.[1] O cinema realista começa, portanto, de um pressuposto falso de realidade. Porque, de um modo geral, o seu realismo espacial não é verdadeiro e tem caracteres de virtualidade. Para haver comprovação de uma ordem legítima e lógica de lugares, durante a movimentação dos personagens numa película, seria necessária minuciosa seqüência elucidativa de planos gerais e de grandes planos que nos dessem, dela, uma idéia segura. Mas isto é quase impossível.

A montagem influi na questão, pois facilita o reconhecimento mais completo (e até repetido) através da sucessão de planos. Vai ser, porém, pelos movimentos de câmera que mais nos aproximaremos de uma tomada de consciência da realidade. Acreditamos sinceramente nesta capacidade dos *travellings* e panorâmicas, por meio da qual um lugar é reconhecido em relação a outros, quando a verificação se faz meticulosa. Mesmo neste setor, porém, estamos reduzidos à constatação de gênero particular. Quase todos os filmes de Max Ophüls exemplificam nossas palavras. Nos casos em que a discrição espacial torna-se necessária, apela-se então para planos fixos e curtos.

No *cinemascope*, a atração do processo ainda reside na amplidão longitudinal da tela. Desde o seu primeiro êxito — *Bad day at black rock* de John Sturges — este fascínio tem-se mostrado cada vez mais sensível. A *ouverture* do filme, à qual se sobrepõem os títulos, é o prenúncio do predomínio da envergadura cinemascópica.[2]

As primeiras utilizações em profundidade, válidas, do sistema anamór-

---

[1] Seria interessante lembrar aqui a relação que o exemplo mantém com os resultados da famosa experiência de Kuleshov.

[2] Tomada do alto, em plano afastado, a cena de um trem correndo pelo deserto. A câmera acompanha o avanço da composição. A linha férrea corta a tela de um lado a outro.

fico, deram-se com *Sait-on jamais* e *Lola Montès*, havendo, também, a rigor, certo virtuosismo em *Forty guns* e *House of bamboo*, de Samuel Fuller.[3] Este último filme é menos um policial (o tema é banal e "originaliza-se" com o transporte das ações para Tóquio) do que interessante *advertissement* turístico. A tela ampla favorece, por outro lado, sintetizações espaciais que evitam a presença constante e obrigatória da elipse. O insignificante *Cette sacrée gamine*, de Michel Boisrond, apresenta nos momentos finais, em que são convocados diversos amigos para exterminarem uma quadrilha de ladrões, todos os chamados telefônicos subseqüentes no mesmo plano, com a progressiva iluminação de diversas partes do *écran*.[4] O enquadramento colabora amiúde para uma transcendência do mero valor estético da imagem, dando-lhe funções outras, como a psicológica. Em decorrência, veremos que geralmente a câmera em *plongée* pode fazer uma subjetivação evocadora de superioridade (de maneira inversa, a posição de *contre-plongés* significa subserviência etc.).

É muito comum a identificação dos dois conceitos bastante diferentes que são tempo e espaço. (Ouve-se aqui e ali a expressão espaço de tempo, e esta talvez seja a prova "popular" de sua permanente confusão.) No cinema ela existe e se subordina a certos fatores cuja essência lhe necessita a presença invariável. Em filmes de suspense não se pode distinguir um do outro. Voltemos outra vez a *Un condamné*. É incontestável o fato de contarmos, no íntimo, em termos de espaço (aquele que o separa do último muro), os minutos de que necessita para libertar-se. E vice-versa.

Disto, deduzimos que o suspense cresce na razão direta do acréscimo espacial. Mas esta variação é simplesmente quantitativa.[5]

De toda descrição minuciosa de um lugar decorre sua integração no conteúdo da trama. Filmes típicos de introspecção podem ser realizados por meio de um apoio na funcionalidade da influência do espaço. Sua utilização mais poderosa está neste paradigma superior de filme intimista que é *La*

---

[3] Outros filmes nos quais revela-se a utilidade do *cinemascope*: *Oh! For a man* e *The girl cant' help it*, de Frank Tashlin, *Bonjour tristesse*, de Otto Preminger, *East of Eden*, de Elia Kazan etc.

[4] Feuillade já havia feito, em 1912 com *Le Nain*, repartição semelhante da tela, por ocasião de um chamado telefônico.

[5] Tratamos, no momento, de relacionar o suspense ao espaço cinematográfico. Há outros elementos, que não nos interessam aqui, colaboradores para o acréscimo do efeito suspensivo angustiante: obstáculos, imprevistos etc.

Passion de Jeanne d'Arc, de Carl Dreyer, onde todo o caráter de extensão se encontra fundido no de intensidade. (Espacialidade facial significando a temporalidade do espírito.)

As fusões ou sobre-impressões são processos com os quais também se visa à exploração dos âmagos anímicos e, por isso, temporais. Um fundido encadeado precede sempre a manifestação da memória, nas evocações do passado. Memória, para nós, não passa de um meio de realização indireta da (porque certas rememorações nos produzem em primeiro lugar, efeitos afetivos) *recherche* do tempo. Existem porém fusões que não têm este valor retroativo e se constituem em meros processos retóricos para a passagem de um plano a outro.[6]

---

[6] O uso disseminado da solução temporal através das fusões causou alguma discussão na época em que *God's little acre* foi exibido. No filme de Anthony Mann há uma passagem em que a investida do personagem (Aldo Ray) sobre uma das filhas (Tina Louise) do proprietário do rincão (Robert Ryan) é levada a cabo por meio de sucessivas fusões, cujo efeito não confere com o que se deduz após a complementação da seqüência. Sobre o emprego extratemporal das fusões, vale lembrar os nomes Orson Welles e *Citizen Kane*.

Retrospecto 1959

Os dez melhores (ordem cronológica):
a) *Il bidone* (*A trapaça*), de Federico Fellini
b) *Marianne de ma jeunesse* (*A mulher dos meus sonhos*), de Julien Duvivier
c) *Vertigo* (*Um corpo que cai*), de Alfred Hitchcock
d) *A face in the crowd* (*Um rosto na multidão*), de Elia Kazan
e) *Touch of evil* (*A marca da maldade*), de Orson Welles
f) *Le notti di Cabiria* (*As noites de Cabíria*), de Federico Fellini
g) *A man is ten feet tall** (*Um homem tem três metros de altura*), de Martin Ritt
h) *Mon oncle* (*Meu tio*), de Jacques Tati
i) *Les Aventures d'Arsène Lupin* (*As aventuras de Arsène Lupin*), de Jacques Becker
j) *Un condamné à mort s'est échappé* (*Um condenado à morte escapou*), de Robert Bresson

Fotografia (P&B)
a) Russel Metty (*Touch of evil*)
b) L. H. Burel (*Marianne de ma jeunesse*)
c) Robert Burks (*The wrong man*)
d) Henri Deacae (*Les Amants*)
e) Aldo Tonti (*Le notti di Cabiria*)

Fotografia (cor)
a) Armand Thirard (*Les Bijoutiers du clair de lune*)

---

* O *Dicionário de cinema: os diretores*, de Jean Tulard, dá o título original deste filme como *Edge of the city* (1956). (N.O.)

b) Robert Burks (*Vertigo*)
c) Joseph Ruttenberg (*Gigi*)
d) Edmond Séchan (*Les Aventures d'Arséne Lupin*)
e) Jean Bourgoin (*Orfeu negro*)

Música
a) Nino Rota (*Le notti di Cabiria*) (*Il bidone*)
b) Mario Nascimbene (*Vikings*)
c) Gerald Fried (*Terror in a Texas town*)
d) Henry Mancini (*Touch of evil*)
e) Bernard Hermann (*Vertigo*) (*The wrong man*)

Atores
a) Andy Griffith (*A face in the crowd*)
b) Sidney Poitier (*A man is ten feet tall*)
c) Orson Welles (*Touch of evil*)

Atrizes
a) Patricia Neal (*A face in the crowd*)
b) Giulietta Masina (*Le notti di Cabiria*) (*Il bidone*)
c) Jeanne Moreau (*Les Amants*)

Coadjuvantes (masculinos)
a) Akim Tamiroff (*Touch of evil*)
b) Buddy Hacket (*God's little acre*)
c) Richard Basehart (*Il bidone*)

Coadjuvantes (femininos)
a) Barbara Bel Geddes (*Vertigo*)
b) Isabelle Pia (*Marianne de ma jeunesse*)
c) Franca Marzi (*Le notti di Cabiria*)

Dedicamos uma menção especial a dois filmes exibidos no Rio durante 1959 e que constituíram dois dos maiores êxitos cinematográficos do ano:
   a) *La corrida interdite*, de Denys Coulomb de Daunant, curta-metragem premiado durante a série de pré-estréias do Festival do Cinema Francês.
   b) *O mestre de Apipucos e o poeta do Castelo*, de Joaquim Pedro de Andrade, documentário brasileiro.

Hiroshima-Nevers: um itinerário

O *bouleversement** provocado por *Hiroshima, mon amour* é, em todos os aspectos, distinto daquele que se origina nas manifestações da emoção estética pura. O clima de choque participa constantemente das diversas seqüências, fazendo lembrar certas produções inconseqüentes da *avant-garde*, de pretexto meramente sensacionalista. Este clima, porém, visa a finalidades outras, provocando, inclusive, no "espectador médio", reações que variam da desaprovação às interpretações mais desconcertantes.

Hiroshima se classifica entre os filmes fundamentados na montagem, apesar de o aspecto formal não facilitar, à primeira vista, esta impressão. O sistema adotado aqui sofre influência dos processos da criação mental, mais especialmente daqueles nos quais as emanações do *id* influem no *ego* (através de associações livres). Baseia-se, por outro lado, no trabalho da memória, levando ao paroxismo a técnica especificamente cinematográfica do *flashback*. Isto pode ser verificado em várias passagens em que a fita comprova sua semelhança com as *rêveries éveillées* que obedecem a um sistema rígido e determinista de solicitação inconsciente das *images-souvenirs*,** geralmente desconexas.

O mérito da fita é devido, entretanto, mais à rigidez e coerência adotadas, do que propriamente à criação da "nova linguagem cinematográfica", segundo querem alguns. A revolução wellesiana de 1940-41, foi, usando um termo mais adequado, condicionada às feições e aos anseios de uma nova era. *Grosso modo*, podemos mesmo detectar semelhanças superficiais entre as evocações fragmentadas da heroína de *Hiroshima* e os testemunhos da vida conjugal

---

* Em francês: agitação, subversão.

** *Rêveries éveillées*: sonhos acordados; *images-souvenirs*: imagens-lembranças.

de Kane com Emily, feitos por Leyland, em *Citizen Kane*. Aqui, porém, estas parcelas do passado têm função superior à de pura exibição estilística. E a cena abrupta, na qual se divisa o balção de onde partiu o tiro que mata o amante de Nevers — um dos elementos básicos para a compreensão da trama — pode ser, igualmente, comparada a uma passagem de *Le Rideau cramoisi*, de Alexandre Astruc, filme em que a rememoração se torna inverossímil pelo exagero, tanto da quantidade quanto da qualidade da matéria evocada.

Comme pour lui, l'oubli commencera par l'œil...*

Pedimos emprestados os pensamentos da heroína, que afluem à medida que vagueia pelas ruas já desertas de Hiroshima, seguida do amante prestes a desesperar-se. A caminhada é longa e constitui um dos achados do filme, principalmente nas tomadas em que a câmera substitui o personagem e avança, hesitante, divisando ora edifícios e construções postados dentro do campo visual (quando a ação se desenrola nos momentos de lucidez), ou, interiorizando-se mais ainda e focalizando em paralelo cenas de outros prédios, de outra arquitetura, migalhas conservadas de algum passeio por Nevers (a montagem paralela equivale perfeitamente ao fluxo de associações determinadas objetivamente pela atualidade).

Comme pour lui, l'oubli commencera par l'œil...

A função visual prepondera em *Hiroshima, mon amour*. Esta constatação está comprovada na frase epigrafada, incluída no monólogo interior de Emanuelle Riva, que é, a nosso ver, o *leitmotiv* da construção interna e externa da fita. Todo processo interior de criação tem fundamento na capacidade intrínseca de imaginar. (O próprio vocábulo encerra sua origem.) O cinema, aqui, atinge pela primeira vez o ápice, nas investidas em busca da melhor exposição de nossos âmagos anímicos.

Os pensamentos que se desenvolvem internamente em palavras, mesmo estes, possuem um *background* figurativo. Os diálogos e os solilóquios interiores de *Hiroshima*, nada mais fazem do que trazer à luz uma cena já relembrada ou por relembrar.[1] A maior constante é, portanto, o paralelismo — fonte primeira de associação subsistente nas relações palavra-imagem —, e as demonstrações mais claras desta proeminência se oferecem claramente ao observador. Exemplo sugestivo, o corte brusco da cena que focaliza, ainda no início, o japonês semi-adormecido com os dedos da mão em ligeiros

---

* Em francês: "Como para ele, o esquecimento começará pelo olhar...".

[1] A alternância desta prioridade varia segundo a coerência das associações e do desejo de Resnais em fundamentar a narrativa sob um método de montagem por refrão sonoro.

movimentos nervosos para a evocação crua, na mulher, dos instantes finais do amante de Nevers.

A generalidade da denominação Hiroshima-Nevers para designar as personagens, e o *raccord* existente entre sua personalidade e a respectiva cidade, provocam um sentimento de universalidade, que não abandona a simples noção do indivíduo. Existe, na película, sintomas típicos de diversas neuroses, desde a particular até a mais universal, onde Hiroshima (a cidade) desempenha papel importante, depois do cataclismo nuclear. Nevers possui, também, função de realce entre os elementos de motivação da angústia do personagem feminino. Se bem que haja desejo de produzir efeito retórico nestas projeções cosmopolitas, seus antecedentes estão alicerçados em idéias pacifistas, analíticas e didáticas.

As passagens selecionadas de documentários, reportando a tragédia da explosão da bomba atômica em Hiroshima, e sua correspondência aos estreitamentos amorosos do presente, pecam bastante por inverossimilhança, apesar do caráter obsessivo que toma, na heroína, e das tentativas vãs do amante em apagar do seu espírito cenas de tanta crueza. (*Non, tu n'as rien vu, à Hiroshima.*)* Tais cenas diluem ligeiramente a coesão estrutural da fita, que começaria a ser comprovada posteriormente. Já falamos no efeito de choque produzido por estes elementos, de um trágico insólito. Sua justificação talvez esteja oculta em outra película de Resnais, de iguais tendências, e que ainda não tivemos a oportunidade de ver; porém, mesmo se *Nuit et Brouillard* contiver tal incógnita solucionadora, não satisfaz a reminiscência antibelicista que nos induziu, de pronto, a um profundo mal-estar psíquico. A introdução da fita deverá ter outra explicação, pois não seríamos capazes de julgá-la gratuita em obra tão séria.

A lembrança de *Le Rideau cramoisi* se reveste de maior interesse no ponto que concerne aos alicerces básicos de *Hiroshima, mon amour*. Alexandre Astruc fez, em sua obra, uma espécie de primitivo esboço formal do filme de Alain Resnais; porém, muito mais do que este, está apegado a certas influências pouco remotas que o orientam para a linha tradicional. Assim, o *glamour* das imagens românticas de Max Ophüls está presente e provoca inúmeras divagações a que fugiu Resnais. Em Astruc, todo depoimento de um fato profundamente afetivo burla o pretérito e sopra ares de presente. Dele, portanto, uma única imagem realmente cristalizou-se no realizador de *Hiroshima, mon amour* — como nos afetou, realçada pelo enfático sublinhamento so-

---

* Em francês: "Não, você nada viu em Hiroshima.".

noro: a da varanda erma onde esvoaça a cortina carmesim (depois de vê-la no início, antes de surgirem os letreiros, a ela voltamos quando a evocação completava o círculo e atingia o ponto de partida). O balcão revivido em *Hiroshima* não pode ter outra inspiração cinematográfica.

Não há dúvida de que estamos diante de uma realização *sui generis*. A revolução que faz aflorar no *milieu* cinematográfico não é propriamente uma revolução estética. O método tradicional de percepção visual, pelo qual o espectador usufruía certo conforto, sofre violento desprezo. A fluência lógica das narrativas na linguagem primitiva só agora deixa de ocultar o comercialismo que presidia sua instituição. *Hiroshima, mon amour*, sob o ponto de vista da assistência, é um filme tipicamente maldito. Fato já comprovado em algumas exibições públicas, quando a reação do espectador tomou ares de generalidade. Obra-prima ou filme desprezível, acreditamos que a polêmica despertada de imediato nos lugares onde passa já é, em si, fato salutar e prova cabal de seu mérito. Guardamos ainda certa parte da perplexidade que nos assolou desde a primeira vez que o vimos, no mês de janeiro, em Belo Horizonte. Que estas palavras iniciais abram as portas para melhores tentativas de apreensão deste fenômeno que sacode o mundo cinematográfico moderno.

La dolce vita, um filme redundante

Os que adjetivaram de alegórica a obra felliniana têm novamente em *La dolce vita* um enfático grifo que transporta a qualificação a um grau mais elevado. Partindo-se de *Lo sceicco bianco*[1] para se chegar à etapa atual teríamos, através da sua evolução, um gráfico mais ou menos instável onde *La strada*, num auge de alegoria, não perde a prioridade e somente sofre a aproximação desta fragmentada *Doce vida*.

O filme, como todos já tiveram a oportunidade de saber através da imprensa (um dos causadores de seu indubitável sucesso), se compõe de várias crônicas sobre a vida de certa classe romana à qual somos conduzidos por Marcelo (Marcello Mastroiani), jornalista cujo olhar crítico não pode evitar a luminosidade ofuscante de um determinismo que o conduz, com os participantes da fauna descrita por sua pena, para um final tragicamente pessimista.

O mal da fita de Fellini é, de início, a sua metragem excessiva. Apesar da tentativa de se organizar um encaminhamento progressivo que fornecesse ao final uma tensão solucionadora da monotonia que surgiu anteriormente oriunda dos trechos de aparência afinalística, o esperado clímax não aparece justamente pela presença da mesma neutralidade nos derradeiros instantes: no fim, como em muitos períodos, o filme parece ficar sem saber para onde ir. (A grande constante solucionadora de *La dolce vita*, não há a menor dúvida, é o *fade-out*.)

As experiências de Federico Fellini, a partir de *Il bidone*, não abandonam esse caráter polimórfico. Parece, de um modo geral, não haver tendência à unificação, uma vez que a ordem tomada pelo realizador segue o caminho inverso. *La strada*, mais do que *Lo sceicco bianco*, tende a ser o seu fil-

---

[1] Relançado, constituiu-se no melhor programa da semana.

me mais uno. As seqüências independentes em *Il bidone* são encontradas sem o esforço da pesquisa. *Le notti di Cabiria* sofre, no seu evoluir, algumas quebras de continuidade bem marcantes: a prostituta da Passegiatta Archeologica, por exemplo, é a mesma que, sob outro plano, encontra o seu Oscar após cair de um transe hipnótico num palco teatral de última classe. O *modus vivendi* da Roma esnobe varia, para Fellini, a cada *fade-out* de *La dolce vita*.[2] O que preexiste e não deixa de transparecer sempre, na tela, é o clima niilista desta vez levado aos cúmulos do exagero, não deixando margem à menor réstia de esperança (o desenlace do episódio Steiner; o ruído do mar ocultando as manifestações do jovem etc.).

Podemos distinguir em *La dolce vita* o metafórico do começo e do fim. Eles nos repõem de novo ao lado de *Le notti di Cabiria* e de *Il bidone*, respectivamente (Fellini parece procurar certos padrões de maneira intermitente).

A qualidade cinematográfica sofre surpreendente melhoria. Fellini, por motivos óbvios (e necessitados), abandonou o culto da "estética do prosaico".[3] No fundo, a atmosfera subjacente é semelhante, grosso modo, a de algumas imagens da *Nouvelle Vague* francesa. A intrusão do lirismo felliniano nas emanações inconformistas provoca efeitos realmente inovadores. Assim, os momentos de Marcelo com Madalena (Anouk Aimée) são mesclados da problemática do diretor: o altruísmo, auxílio ao próximo; a automortificação etc.[4]

É válido o paralelo com *La notte brava*, de Mauro Bolognini, que também define certa tendência antineo-realista do cinema peninsular. Bolognini, porém, enverada pelo roteiro da narração das aventuras de três jovens *vitelloni*.

Plasticamente merece registro a seqüência da festa noturna no castelo afastado de Roma. O requinte, agente até então contrário à concepção cinematográfica de Fellini, está presente de forma tal que, a não ser por certas minúcias, não seria capaz de trair sua verdadeira origem. Esta passagem permite que chamemos *La dolce vita* de filme demoníaco com forte aspecto bergmaniano.

---

[2] Fellini é um dos únicos cineastas que tendem inconscientemente do longa para o curta-metragem.

[3] P. E. Salles Gomes, a respeito de *Le notti di Cabiria*.

[4] Esta última tem antecedentes em *Le notti di Cabiria*. Enquanto o ator famoso (Amedeo Nazari) leva Cabiria à sua mansão, aqui a jovem milionária resolve rebaixar-se ao ponto de passar a noite com seu amante no leito de uma prostituta. Nota-se que as cenas em plano de conjunto em que aparecem os carros de luxo têm grande semelhança, nos dois filmes.

O milagre, a relação obrigatória e indireta entre Fellini e a Igreja, adquire ares de blasfêmia, tamanho o rigor que a concepção do capítulo tomou, na tela. Explica-se, assim, a febril exploração publicitária do fato e a tirada do realizador, frustrando aos fiéis a oportunidade de receberem as dádivas de um espetáculo santificado (a chuva torrencial) e fazendo dos dois jovens seus irônicos porta-vozes ao dizerem que a presença da virgem só se daria após a construção de uma igreja naquele lugar. De fragmentos soltos como esse, como o episódio Sílvia (Anita Ekberg) — de muita movimentação cinematográfica e que se coroa com a sátira ao "marido da atriz" (Lex Baker): "e dizer que esse aí já foi Tarzan...", vamos chegando ao fim das aproximadas (e cansativas) três horas de projeção, passando pelas explicações dos capítulos Marcelo e Ema (Yvonne Furneaux), Steiner (Alain Cuny) e da jovem, cuja presença desabafa e dá ao espectador, antes do término da fita, o alívio de saber que nem tudo, em Roma e em Fellini, está perdido.

A parte técnica está bastante aprimorada. Ressaltemos a fotografia de O. Martinelli que dá, muitas vezes, forte aspecto modernista ao filme. A música de Nino Rota, à primeira audição, pareceu-nos algo convencional.

Na decupagem, alguns momentos fogem à rotina (não nos referimos à *mise en scène*, toda ela irrepreensível) e nos fazem descobrir mais uma faceta do Fellini cineasta. Destacamos: a passagem inteira do castelo, e, particularmente, as cenas do diálogo à distância, entre Marcelo e Madalena, e os momentos posteriores que culminam com toda a seqüência iniciada com a mão que atravessa diagonalmente o *écran* até encontrar a de Marcelo. No capítulo Sílvia, alguns planos no Vaticano. Os instantes iniciais.

Nossa posição frente a *La dolce vita* só se declara favorável nesses fragmentos considerados válidos, tendo em vista a fama que antecedeu sua chegada ao Brasil e o cume artístico atingido por Federico Fellini. Como livro de crônica trágico que é, aceitamos com deleite a qualidade de algumas de suas páginas, mas criticamos o autor pela redundância e prolixidade da edição.

Dois filmes nacionais

Dois filmes, universos variados. Veja-se aí, claramente, a indecisão com que caminha o cinema brasileiro. Apesar de não ser possível estabelecer uma relação expressa entre *Quanto mais samba melhor* e *Mulheres e milhões*, vamos dizer que, conscientemente e com inúmeras ressalvas, preferimos o primeiro. Não se trata aqui de um nacionalismo extremado, muito porque o filme de Carlos Manga, mesmo caracterizando um *status* cinematográfico tipicamente brasileiro, não exibe, como veremos adiante, o estilo ideal que tanto almejamos. Nem, em conseqüência disso, queremos tachar de antinacionalista o de Jorge Ileli. Mas que há entre ambos uma grande diferença de concepção, isto não é preciso repetir. Não conhecemos *Amei um bicheiro*, mas podemos dizer que, em *Mulheres e milhões*, Ileli peca por uma indecisão sensivelmente comprometida.

Assim, seu universo torna-se praticamente indefinível. Constitui-se numa terra de ninguém onde as personagens surgem e desaparecem sem explicação plausível.[1] O excesso de personagens divide o filme numa infinidade de compartimentos estanques que engajam *ad nutum* o espectador mais crítico. O desejo criador agindo sobre Ileli, durante um longo intervalo de descanso, fértil porventura de elucubrações, repleto de estímulos *genre ciné-club**, pro-

---

[1] Vale a citação de alguns trechos de Castro Musel, do seu artigo "Cinema e Cultura", do Suplemento Dominical do *Jornal do Brasil*, de 27/7/1961: "Os elementos túnel, vielas, cabarés, bêbados, assalto, banco e relógio marcaram o grande lugar-comum em que se apoiou o roteiro, não procurando o cineasta integrar esses elementos num ponto de vista pessoal — daí a falta de uma atmosfera vivencial. Tanto os personagens como os elementos da trama são artificiais e jogados no conjunto, cerebralmente." A partir de certo ponto, porém, o articulista parte para a racionalização da atitude de Ileli. Não concordamos com o seu conformismo.

* Em francês: gênero cineclube.

vocaram no realizador um fenômeno interessante: abstraindo-se nesta contemplatividade ele conseguiu o mais difícil, ou seja, fazer de um punhado de dados concretos, um filme abstrato. Assim, o pior vício encontrado em *Mulheres e milhões* não é, como querem muitos, a alienação provocada por influências epidérmicas de realizadores estrangeiros (americanos), mas, justamente, a abstração destas influências. Acreditamos que nenhum outro tema faria com que Ileli fugisse a esse pecado capital, uma vez que mostra estar imbuído de um estímulo composto (forma e fundo), no qual a forma se adianta ao fundo e só o atinge por via de reflexão.

Carlos Manga, por sua vez, não pode dar inteira vazão à ativa concepção burlesca que tem do cinema e, condicionado por um argumento dúbio, realizou uma obra bipartida, sofrível num setor e bastante promissora no outro. No mundo burlesco de Vagareza, Antônio Carlos e Valdir Maia (para citar os mais importantes), a película se realiza quase que plenamente. No outro, afunda-se na mais diluída das análises e não compromete o resultado geral exclusivamente porque sua fraqueza serve de alvo às críticas enumeradas pelos elementos do mundo adjacente. Ambos, portanto, mantêm uma interdependência que redunda funesta para o setor menos realizado. A indecisão de Manga difere da de Ileli no que ela tem de intuitivo. Sua formação cinematográfica parece ter-se feito de influências brasileiras, o que, no caso presente, não deixa de ser um elogio.

A psicologia das personagens surge através de condicionamentos bastante denunciadores do que dizíamos há pouco sobre o universo de *Mulheres e milhões*. O tapa aplicado pelo gerente em Elizabeth sobrevém após uma típica "associação cinematográfica" (tal personagem, em tal fita, agiu desta forma, logo...). Este hipercinematografismo sublima ligeiramente a influência teatral da representação, mas não a apaga de todo. Estamos sob um duplo determinismo. Se o tapa provém das manifestações do meio, o *jeu** de Odete Lara resulta numa incrível infantilidade declamatória, o que é ressaltado pela fraqueza dos diálogos. Tudo isso se acumula ainda mais se levarmos em conta o maior defeito de atores e realizadores brasileiros: a incapacidade de se saírem satisfatoriamente em *shots* na escala que vai do plano americano ao *big close-up* (tratamos das tomadas onde há diálogos). Ora, considerar um cinema sem grandes planos seria coisa absurda, porém o comportamento de nosso pessoal em situações como estas tem-nos levado a repensar o assunto com seriedade. Os clímaces estáticos (do drama) não deve-

---

* Em francês: interpretação.

riam ser exibidos ostensivamente dentro desta escala. A menos que se camufle, que se dinamize, que se faça jogo de cortes e de movimentos de aparelho. Recentemente tivemos um exemplo expressivo em *A morte comanda o cangaço*. Quando pensávamos ter visto um filme sair ileso, sem uma mancha desta natureza, surge aquela passagem comprometedora do casamento. O público é obrigado a rir. É um reflexo que lhes foi condicionado por uma incapacidade inata de nossos homens de cinema.

Enquanto Manga permanece indeciso entre dois mundos seus, dos quais a espontaneidade de um, tão evidente, não parece ter-lhe obtido uma simpatia incondicional, Ileli decide-se por esta incursão no desconhecido. O contexto do burlesco de Carlos Manga não é especificamente nacional, embora esteja sempre presente nas chanchadas cariocas. O que há de brasileiro incrusta-se no texto, o que é válido. Assim, como Till Eulenspiegel ressurgiu no Brasil com o nome de Pedro Malazarte, Vagareza poderá, dentro em breve, sob as ordens de Manga, ser o nosso Chico Marx, bastando para isso desenvolver uma personalidade mais coesa e exigir "visto diplomático" a intrusos como seu "irmão" Zeppo. E quantos Zeppos não estarão escondidos sob a capa de Farneys, Peters e outros?

Sob um outro ponto de vista, digamos que Ileli se perde, de início, sem saber em que personagem depositar a sua simpatia. A saturação do roteiro e a indecisão diretorial contribuem, sem querer, para efeitos inesperados e funestos. O gerente e o tesoureiro, por total ausência de maiores referências, antecedentes ou conseqüentes, se terminam a fita sem culpa, não deixam boa impressão na moral da assistência. É claro que a displicência de suas condutas é sinal digno de menosprezo, mas, queremos dizer que ambos, levados pela atmosfera indistinta do final, são confundidos com os verdadeiros criminosos. Os elementos de *Mulheres e milhões*, sob essa avalanche de impulsos contraditórios, transformam-se em fantoches. Os verdadeiros guardas que "rondam" o banco enquanto este vai sendo assaltado são figurantes egressos do universo de Jacques Tati. Em outros momentos a falha se realça quando se está num impasse. Quando se é inoculado por estímulos opostos. A inconstância da seqüência que visa à obtenção da segunda chave (contador) é uma prova disto. (O roteiro apresenta uma abstração plástica [becos, *décors* etc.] e a *mise en scène*, uma indecisão mecânica.) É esta a seqüência síntese da fita de Jorge Ileli. Os elementos nela apresentados não são brasileiros, nem espanhóis, nem muito menos ébrios. São espectros. O desvario de André nasce num labirinto cinematográfico.

Estas nossas palavras mais ríspidas são dirigidas a *Mulheres e milhões*. Jorge Ileli não deve tomá-las diretamente para si, uma vez que ali nada pôs de pessoal. Foi um simples intermediário que, *chômeur** no ramo e ávido para retomá-lo, deixou-se levar por um *alter ego*, não menos impaciente, cineclubista de profissão, *metteur en scène* teleguiado...[2]

---

* Em francês: desempregado.

[2] Lima Barreto, por exemplo, em *A primeira missa* mostra-se muito cauteloso quanto a este particular. Um momento que lhe poderia causar maiores aborrecimentos como o do arrependimento de Mestre Zuza foi tratado com a maior discrição possível.

Afinal, o realismo?

Talvez não se esteja diante de um filme, na acepção comum da palavra. Pelo menos deve ser esse o pensamento do público durante os primeiros quarenta e cinco minutos de projeção, se bem que, de vez em quando, a atenção seja atraída violentamente por um ou outro diálogo, por uma ou outra cena. Já se pressente tal comportamento, no início, quando parece não haver assunto. Deve existir mais propriamente uma idéia geral de certa amplitude a dificultar sua colocação no *écran* e seu desenvolvimento em hora e meia de projeção. A seqüência inicial, aliás, tem todo o caráter cronológico de começo. Os autores parecem estar, inclusive, tomados de uma emoção que caracteriza os neófitos e lhes dá certo quê de instabilidade. O processo de realização só permite leve dose de fluência depois de diversos ensaios, através dos quais os obstáculos que a inexperiência gera vão sendo ultrapassados. É no próprio desenrolar de *Chronique d'un été* que essas inibições vão desaparecendo e que — fato inédito — novas idéias vão surgindo.

Há certamente uma infraestrutura sociológica. Cabe agora esclarecer um conflito que naturalmente surge ante o lado espetáculo (finalidade do cinema *tout court*) e sua ausência ostensiva numa fita, como se dá no caso presente. Apesar de não estar reduzido a um realismo simplista como o de alguns documentários mais pretensiosos, *Chronique d'un été* situa-se mais próximo desse estágio. E, paradoxalmente, conseguindo, por implicações, pesquisas e enquetes, atingir o grau de interesse que o desenrolar dos filmes de enredo proporcionam. Sendo, enfim, fiel a toda uma tradição dramática, a fita, dentro dos limites do documento, ultrapassa seu conceito vulgar e fornece, à insaciável curiosidade do espectador, dados dos bastidores do quotidiano, constituindo-se desta forma (sob um estilo hiperdocumental) numa pesquisa de causas e na sua justaposição aos efeitos, estes últimos único objeto da escola documentarista em vigor até as primeiras experiências de Jean Rouch.

Chronique d'un été é um filme que se pode chamar essencialmente realista, através de uma nova conceituação desse termo, relativamente às suas implicações com o cinema. Ele está, portanto, sob este aspecto, livre de qualquer influência dissipante, de qualquer obstáculo que a essência e a evolução industrial-artístico-comercial traz normalmente às produções comuns. *Chronique d'un été pega o cinema de surpresa*, o grifo servindo para chamar a atenção do leitor para o caráter de pureza objetiva que desejo dar ao *cinema*, representado, aqui, por um exemplo bem próximo do padrão ideal, tomado na sua forma absoluta, *nascente*. Um mínimo de corpos-estranhos-mas-especificamente-funcionais a se interpor entre os criadores e a obra acabada. É, em suma, uma arte em estado de graça. Expressões como *cinéma-vérité*, *realismo* ou *pris* ou *vif*, podem vestir, agora, sua verdadeira roupagem.

Sendo extremamente realista (e convém que se torne a abordar esta questão primordial), o filme, por vezes, eleva o grau de realismo a uma tal potência que transfigura a própria realidade. Transfigura a realidade exterior (matéria-prima) antes de captada pelas objetivas e microfones. É um movimento de dentro para fora, que provoca a metamorfose do próprio dado, diversa da que culmina com a transformação aparente ou virtual. Ao desejo extremado de realismo repugna a idéia de atores. Todos os elementos da fita são tomados diretamente do quotidiano. Mas, ao se defrontarem com a câmera (como é o caso de Marceline), esses elementos se acham sob forte e natural inibição e o que resulta é uma nova natureza inicial que se diferencia à medida em que o filme se desenvolve.[1]

A base do filme já é, portanto, uma realidade interpretada, condicionada e, até *Chronique*, tida como artificial: um indivíduo sendo entrevistado ante uma câmera e um microfone. Desde o início, *Chronique d'un été* é um filme-enquete que se dilui para transformar-se, ela (enquete) ou ele (filme) nessa própria realidade. O seu valor realista, portanto, varia na razão direta de sua identificação à vida, cujo resumo é, fora de dúvidas, o quotidiano. Ora, confundir-se totalmente (pensamos sobretudo no fator quantitativo) com o quotidiano é fato impraticável, e, por isso, o filme apresenta elementos que mantêm o equilíbrio da atenção do espectador. São imposições que não burlam de todo as vivências que se presenciam, porque não vêm de fora, mas dos realizadores que constituem, eles mesmos, a realidade filmada. Dessa forma dirigem o assunto segundo proposições mais ou menos intrometidas. São sempre assuntos da atualidade, como o problema da Argélia, dos quais to-

---

[1] O processo de filmagem *deve* basear-se numa cronologia crescente e direta.

dos estão a par, com suas teses na ponta da língua. Finalmente, o filme acaba por criar uma nova comunidade que não deixa de ser, para o espectador comum, o enredo do filme.

E a participação afetiva do público nesse *plot* e sua decorrente identificação com algum personagem é aqui bastante diversa da que se verifica na percepção de um filme comum. Talvez seja quase nula, porque, de certa forma, o público não pode identificar-se aos elementos entrevistados em decorrência do fato de ser, esse mesmo público, membro da comunidade apresentada (membro, no sentido existencial do *étranger*). São os que julgam apenas superficialmente as "aparências" ou os que apenas "conhecem de vista" e que, no máximo, podem nutrir leve simpatia pela gente que essa crônica revolucionária de Jean Rouch e Edgar Morin nos apresenta.

Ao fim do filme, começam os debates e as perguntas na mente de cada espectador. Rouch e Morin se assemelham ao cinegrafista da charge esportiva, que, na ânsia de seguir a disputa das primeiras colocações, acompanha correndo toda a prova, cruzando a faixa antes dos próprios competidores. Assim, os realizadores, antes de darem o fecho à obra, levam ao público o resumo do que vai na mente de cada um, encaminhando, de modo mais racional, o processo particular de discussão crítica. Na tela, os personagens discutem a obra que acabaram de realizar e ver (seqüência final, da sala de projeção), dentro da mesma dialética *réel-irréel*, tão cara às teorias cinematográficas de Edgar Morin. Esse momento de *Chronique d'un été* demonstra a tese que, num mesmo *continuum* espácio-temporal, a vida e o filme (drama, ficção, documento — qualificativos ou sinônimos, a escolher) se identificam ou se repelem.[2] A teoria, nascida em *Le Cinéma ou l'homme imaginaire*[3], vê-se, agora, comprovada na prática.

Não se conformando em satisfazer o espectador, Morin e Rouch ainda vão mais adiante, dando, ambos, subsídios para a crítica, através de uma *causerie** descontraída (na verdade é a última etapa da fita e forçosamente a última seqüência a ser filmada, pois funda-se em dados fílmicos e não na

---

[2] Na vida, o clima de *ficção* a tudo preside e muitas vezes se dissipa, mais por incapacidade ou deficiência de assimilação (mimetismo) por parte do homem. Existem bons e maus "atores". Cada "mau ator" vive como sabe. O "bom ator" vive a vida de seus antepassados ou contemporâneos. Vale a pena conferir a respeito alguns artigos de P. E. Salles Gomes para o Suplemento Literário do *Estado de S. Paulo*, sobretudo "Cinema e prostituição" (25/11/1961).

[3] Edgar Morin, Ed. Minuit (França), 1956.

* Em francês: discurso natural.

realidade filmada). A primeira discussão desculpa ou explica o impacto do filme perante o espectador ainda perplexo. Tem a função específica de aumentar a universalidade de uma obra de arte e limpá-la de todo e qualquer resquício de subjetivismo. Não deve haver, para *Chronique d'un été*, interpretação alguma, particular ou intimista.

O medo da beleza ou a beleza do medo

Não retiro do cinema a função de agradar à vista. Por mais que me esforce para senti-lo como o mais vigoroso elemento de comunicação de nossa época, sempre fica em mim um resquício de estesia que me prende e me dissipa. Não minto quando digo que muitas vezes vou ao cinema como a um salão de belas-artes ou a um concerto. Se busco dentro de mim a filosofia crítica que sigo no julgamento deste ou daquele filme, os princípios meramente estéticos vão naturalmente aflorar à consciência com alguma presteza.

Alguém já disse, em relação ao cinema, que existem palmas estéticas, políticas e sentimentais. É comum acontecer que, na pessoa do espectador, uma dessas categorias exista sob um regime de prioridade, sendo, então, esse o fator condicionante de suas preferências. Sente-se, daí, o critério instintivo da apreciação cinematográfica, que se levada aos extremos da racionalidade poderia assemelhar-se "à prática de uma autoflagelação contínua, a que nenhum espírito bem formado seria capaz de resistir".[1]

De um modo mais amplo, o espectador comum se apega à história do filme a que assiste. O cinema, manifestando-se à percepção de maneira global, faz com que essa história nele penetre com maior ou menor *intensidade*. A globalidade da manifestação fílmica não nos permite falar de outra maneira, não havendo, portanto, dados concretos que facilitem um julgamento quantitativo (ou estatístico) do valor de uma película. Ouvi, por exemplo, acerca de *Blood and roses* (Rosas de sangue), de Roger Vadim, os comentários mais disparatados e interessantes, neste particular. Vadim, depois de *Et*

---

[1] Sobre o assunto das "palmas estéticas, políticas e sentimentais" aconselho a consulta de "Dos estetas aos sentimentais", artigo de P. E. Salles Gomes publicado no Suplemento Literário do *Estado de S. Paulo*, em 6/1/1962.

Dieu crea la femme, passou do artístico-funcional ao meramente artístico. Se voltarmos à preocupação do público pela trama, veremos que é graças ao desembaraço do realizador e ao seu poder de ilustração que seus filmes se tornam atraentes. Não sei se o fascínio plástico provoca no grosso da platéia as mesmas reações de interpretação impressionista que me assolam durante a projeção, valorizando enormemente a debilidade de um enredo inconsistente e banal. Gostaria de afirmar, porém, que o julgamento imediato, nas primeiras impressões e na sensação (não intelectual) que permanece e desperta à leve evocação do título, os filmes de Roger Vadim têm, todos, um saldo a seu favor.

As críticas racionais que ouvi dessa película (*Blood and roses*) possuem muito de *sofrido* e de *autoflagelação* e acendem justamente o problema que mais me aflige, ou seja, o de saber até que ponto se deve consentir neste processo de aprofundamento crítico e, por outro lado, mantêm em suspenso a questão da validade de filmes desse tipo, ditos superficiais, acentuando a dúvida sobre as características fundamentais do belo: a beleza *tout court*, ou a funcionalidade. Não me proponho tarefa tão árdua e mantenho as palavras do início, segundo as quais tenho a natureza tendente a seguir os ditames de um "inconsciente artístico" que julga, respondendo aos estímulos, em bloco.

Fiquei emocionado com a beleza em *Blood and roses* e não sei mesmo se, assim pensando, curvo-me à simpatia pelos vampiros de que faz alarde o jovem realizador (lembro que o título original — francês — da fita é, sugestivamente, *Et mourir de plaisir*). Vadim ostenta um cetro pela riqueza de sua imaginação visual, à qual alia perfeita capacidade de integração sonora.

Assisti duas vezes à sua fita e confesso que em ambas as oportunidades rendi-me à maravilhosa, moderna e requintada concepção de seu cinema.

Doce pássaro da juventude

Não resta dúvida de que Richard Brooks conseguiu dar em *Doce pássaro da juventude* (*Sweet bird of youth*) uma visão bastante pessoal do universo de Tennessee Williams. De início podemos anotar um fato interessante: a objetividade do *script* serviu para diluir, de certa forma, a morbidez do estilo do teatrólogo; a versão cinematográfica resulta, então, filtrada por um prisma pessoal (podemos inclusive admitir que seja falsa em relação à obra original, o que não importa, no caso presente) com muito do estilo esgotado pelos cineastas americanos da década 1940-50.

Uma associação nos veio de imediato ao assistir à fita. É a que justapõe *Sweet bird of youth* a *Assim caminha a humanidade* (*Giant*), de George Stevens. Na verdade, sem as taras psicológicas oriundas da peça teatral, as linhas mais importantes de ambos os entrechos dramáticos se identificam. E a forma objetiva de apresentação dos elementos mórbidos (ou sua exclusão do roteiro definitivo) parece ter dado a Brooks uma firmeza ausente, por exemplo, de *Gata em teto de zinco quente* (*Cat on a hot tin roof*), outra fita baseada em obra do mesmo autor teatral. Plasticamente, também, *Giant* mantém relações com *Sweet bird of youth* através das evocações a um cinema ultrapassado e de certos lugares-comuns que aqui constituem uma retomada oportuna do convencional. A montagem consegue um ritmo fluente e ágil, os *flashbacks* são sempre funcionais e muitas vezes comportam, eles próprios, achados interessantes como aquele que evoca o campeonato de mergulho, com *takes* em câmera lenta.

A faixa sonora não esconde sua originalidade. Na tentativa de se aproximar (e o artificialismo aparentemente de irônico propósito em outras cenas parece se opor a isso e produzir conflitos) da realidade americana, Brooks utiliza melodias conhecidas para sublinhar momentos que possam ser identificados, pessoalmente, pelo espectador.

A fotografia de Milton Krasner é estupenda. O desempenho dos atores não foge muito ao rotineiro, à exceção de Geraldine Page que consegue uma performance fabulosa.

Assim como vimos em *Giant* um filme de exceção entre as superproduções que Hollywood nos exporta, sentimos pelo filme de Richard Brooks uma atração que não podemos esconder. Nem mesmo a reconstrução do final de *Sweet bird of youth*, segundo moldes oficiais da Liga de decência americana, conseguiu burlar o fascínio que ele nos causa. Se o leitor não tiver preconceitos e fizer como nós de cada filme uma "aventura inédita", de sentimento ou de estesia, não deve perder esta fita.

O arquiteto Antonioni

Sem se poder opor à moral tradicional uma versão renovada que se encaixe melhor no *modus vivendi* contemporâneo, o que se tem verificado nas manifestações sociais e individuais é uma constante incursão à decadência, ao caos, à desagregação. O cinema constitui-se, sem dúvida, na síntese número um daquelas manifestações, do levantamento desses problemas, e é em certa parte na produção européia que se devem encontrar os exemplos mais profundos e ao mesmo tempo mais desalentadores dessa temática. Quem viu *A doce vida*, de Federico Fellini, não esqueceu, por certo, o amargor que a fita deixa por apenas ter sugerido o problema, incapaz que se tornou de apresentar-lhe uma saída objetiva. O final de *A doce vida* não evidenciaria uma tentativa escapista e regressiva de solução?

A trilogia de Michelangelo Antonioni, de *L'Avventura* a *L'Eclisse*, passando por *La notte*, tem o mesmo propósito resumido por Fellini em sua última fita e, se no fundo o apresenta de forma quase redundante, deixa transparecer razões que justificam seu triplo fracionamento. Razões sobretudo estruturais, porque, a partir de *L'Avventura*, o senso geométrico do arquiteto Antonioni passa a condicionar diretamente as evocações mais humanas do seu universo. Antes de tudo digo que devo justamente a *L'Avventura* a minha iniciação na obra de Antonioni, mas acredito que é a partir dessa fita que o realizador começa a tomar uma distanciada posição de contemplatividade, o que, auxiliado pelo ritmo lento do seu estilo narrativo, favorece a reflexão concomitante. É quase o mesmo sistema de uma exposição de artes plásticas onde o *expert* ou o curioso se movem lentamente e se permitem livres divagações sobre as obras examinadas. Portanto, Antonioni insere no seu paraíso arquitetônico seres cujos dramas devem ser estudados dentro do mesmo contexto; mais por contraste, talvez, do que por analogia.

O tom quase silencioso de *L'Avventura* acaba por justificar esse ponto de vista, como o sentido linear de *La notte* e, finalmente, a perfeição visual e as pausas de *L'Eclisse*.

Com *L'Eclisse*, Antonioni chega a um ponto mais próximo de *L'Avventura* do que de *La notte*. Fecha um ciclo, completa a trilogia, de forma simétrica. Num sentido amplo ou esquemático, *L'Eclisse* é um palíndromo formal de *L'Avventura*, isto é, constitui-se numa retomada, invertida estruturalmente, da sua linha de entrecho e de narração. *La notte* é uma linha ininterrupta, quase uma pesquisa indiscreta da vida de um casal pouco harmonioso. Pode, por exemplo, ser dito que *La notte* é o corpo da gangorra ou a haste da balança em cujas extremidades repousam *L'Avventura* e *L'Eclisse*. Ainda sob outro aspecto, se a obra de Antonioni for encarada dentro de uma progressão dialética, teríamos *L'Eclisse* como a síntese perfeita, resultado do processo de confronto e assimilação de *La notte* com *L'Avventura*. Eis aí os princípios básicos da geometria do realizador. A partir de *L'Avventura*, Antonioni passou a apresentar uma limpeza cartesiana, tanto no elaborar genericamente uma escala de realizações, quanto no ato mesmo de completar essa elaboração.

Vendo-se *L'Eclisse*, compreende-se melhor *L'Avventura*, que na época em que foi exibido criou certa celeuma a respeito de algumas de suas intenções. Lembro-me bem, quantas dúvidas e discussões o aparecimento de Anna despertou nos espectadores. Todo esse mal-entendido se solucionaria rapidamente se Antonioni houvesse começado por *L'Eclisse*. O que é mais revelador na visão desse filme é o abandono das personagens na parte final, abandono nostálgico, inclusive, com retorno aos lugares antes freqüentados por Piero e Vittoria. Rendição ou desespero, talvez, o fato é que, como Fellini, mas, por outra via, mais autêntica ou mais particular, Antonioni não nos apresenta uma solução. O apego às coisas concretas, belas na sua frigidez, é a saída que não se traduz em regressão porque contém um contato direto com o homem contemporâneo, através de sua obra.

L'Avventura já pronunciava esta escolha, mas de forma disfarçada. Abandonando Anna, através do artifício dramático de fazê-la desaparecer misteriosamente, Antonioni permite a Sandro a oportunidade de fixar-se afetivamente em Claudia. O desaparecimento decorre de uma vontade ou opção. É a obstinação de Claudia que a impede de desaparecer, ao fim de *L'Avventura*. Transformada em Vittoria, Claudia já não tem obstinação nem vontade e desaparece sem o auxílio do cético Piero. A característica fundamental da fauna de Michelangelo Antonioni é o caráter receptivo ou o egoísmo levado a um grau onde se aproxima perigosamente de um individualismo *blasé*, que não reconhece princípios, nem mesmo os que nascem do desejo de auto-satisfação. Se *L'Avventura* abre uma esperança a suas personagens, a manutenção do *status quo* em *La notte* é tão pessimista quanto o final de *L'Eclisse*.

De toda maneira, Antonioni parece, dentro desse esquema, começar a fugir de suas personagens cuja problemática não quer suportar. As profecias a esse respeito voltam mais claras no *Eclipse*. Num dado momento, Vittoria declara não ver diferenças entre um homem e certos objetos que enumera. Suas últimas cenas são aquelas em que abandona Piero, observando (como se estivesse a par de tudo) a porta corrediça onde, algumas seqüências antes, Piero liquidava com naturalidade seu antigo compromisso amoroso. Parecem estar ambos quites para o equilíbrio do filme e da trilogia que ora se encerra.

No universo do realizador, onde o individualismo se manifesta de forma pura e superior, o final do *Eclipse* se revela de profunda coerência, apesar da possibilidade de reconhecer nele um retraimento pusilânime. A câmera, como que tomada de remorsos, evoca apenas os lugares por onde Piero e Vittoria passaram, e sobretudo as coisas que viram, testemunhas ilesas do drama quotidiano da humanidade. Ao mesmo tempo ele parece tranqüilizar-se num meio onde são identificados elementos familiares e, ao menos para o sentimento receptivo de estesia, acolhedores.

O que torna interessante a ânsia de perfeição formal são os antecedentes da cinematografia italiana que se baseavam no que P. E. Salles Gomes diz ser "a estética do prosaico";[1] pois bem, no *Eclipse*, Antonioni se esmera a um ponto mais elevado do que em *L'Avventura*, fugindo ao prosaico e situando-se mesmo longe dele. Dotado de um senso plástico bastante agudo, o realizador se fascina com as formas arquitetônicas (e este fascínio pode ser pesquisado desde a seqüência do topo da igreja em *Aventura* ou na rápida crise de desespero de Sandro, seu personagem, exemplo típico de frustração funcional) e apela agora para as "naturezas-mortas", tornando-se de certa forma o primeiro eremita urbano.

Individualista, a liberdade que preside a criação de Michelangelo Antonioni lhe faculta incursões no campo do idealismo e é através dele que se estruturam as coordenadas fundamentais de seu universo que, mesmo "habitado", se revela com características típicas de pureza e liberdade. Há em

---

[1] Cf. "Uma aventura religiosa?", Suplemento Literário do *Estado de S. Paulo*, 22/11/1958.

L'Eclisse, porém, certos toques realistas, justamente os que quebram sutilmente, por vezes, a fluente monotonia daquela perfeição.[2]

As contradições que o *Eclipse* provoca no espectador são de grau elevado e parecem ser idênticas às que vão no íntimo de seu realizador. Como conciliar a beleza, a fluidez, a harmonia sonora, a calma, o ritmo desse universo, com a desagregação espiritual dos seus componentes?

Um amigo, esquerdista extremado, confessou-nos que, pela primeira vez, vendo o gordo especulador falido, sentiu pena de um capitalista. Pergunto-me se é a piedade o sentimento justo para aqueles seres assíncronos com a realidade que os envolve. O capitalista, por exemplo, desenha flores, após a falência.

O genial Michelangelo Antonioni criou um mundo estruturalmente utópico e nele inseriu personagens inadequadas. Mal comparando é Brasília e a primeira geração de seus habitantes.

---

[2] Exemplo do "realismo" de Antonioni é o documentário sobre a África feito no quarto da vizinha de Vittoria, sem cortes e utilizando música ambiente (fonógrafo). As cenas da Bolsa, apesar de encenadas, são feitas também dentro desse estilo.

Clichês do insólito

A exibição de *Viridiana*, no Rio e em São Paulo, chamou a minha atenção ainda de forma mais violenta para a obra de Luís Buñuel. Os fatores que contribuíram para este alarme vão dos mais fúteis aos mais delicados e importantes. Um, por exemplo, é o que se refere à censura federal. Não sei se o público cinematográfico já atinou para o detalhe, mas *Viridiana* foi exibido sob censura de 14 anos. O fato seria alvissareiro e mesmo revelador da postura das autoridades relativamente à evolução progressiva do nível mental do brasileiro, não fora a nítida incongruência entre essa apreciação e a recente decisão do juiz de menores do Rio que, *sponte sua*, modificou o despacho da censura para o filme *Menino de engenho*, de 10 para 18 anos! Nesta amostra simples e digna de menção, *Viridiana* já participa de nossas cogitações, mesmo apesar do caráter indireto da participação.

Minha atenção foi dirigida para muitos outros campos da razão e da emoção, que a personalidade e a coerência de Buñuel nos permitem sondar e conferir. Mas foi a surpresa de verificar Dom Jaime salvando a vida de um pobre inseto que pouco a pouco se afogava que me fez a memória voltar para uma exibição ainda deste ano de *The young one* (*A adolescente*), quando ouvi ao meu lado uma opinião interessante relativa à imagem da jovem esmagando inapelavelmente uma aranha: "Sadismo!...". Essa era uma asserção devidamente retirada dos catálogos buñuelescos que a cultura cineclubística fornece ao seu consumidor. Longe de mim ir contra tal juízo crítico. Lembro-me apenas de ter formulado um julgamento a respeito do fato e isso me permitiu descobrir no realizador um lado derrogatório justamente encoberto pela "categoria cinematográfica" que facultou ao meu vizinho a frase (ou a senha) estereotipada.

Se bem que de difícil generalização, o processo de contrariar meu vizinho a cada passo surtiu efeito, e enquanto ele se deleitava com os clichês do insólito, erigi, de minha parte, uma teoria que serviu de suporte para o *approach* que hoje pretendo desenvolver e que será uma revisão de Buñuel com o sentido prático do seu aproveitamento em uma situação concreta e atual, qual seja, a do cinema brasileiro.

Coloco, então, o lado prático das questões. Primeiro: todos os filmes de Buñuel são vistos sob uma presunção padronizada pelos cinéfilos, fato que permite haver quase sempre um erro natural de julgamento.

A maioria dessas falhas está restrita aos filmes situados numa faixa mexicana, que vai desde, digamos, *El bruto* a *Simón del desierto*, passando por *Ensayo de un crimen*, *La mort en ce jardin*, *La fièvre monte à El Pao*, *Nazarín*, *El ángel exterminador*, *Abismos de pasión*.

Que representam esses filmes? De início, alinham-se imediatamente num ciclo de cinema latino-americano de aspecto pouco intelectualizado e subdesenvolvido. Depois, têm o mérito justo de fazer alçar sua qualidade desse fato mesmo de sua estrutura. Veja-se, por exemplo, *Os ambiciosos* (*La fièvre monte à El Pao*). Trata-se de uma visão pessoal de um problema político típico dos países latino-americanos. No cerne do problema insere-se uma ligação amorosa e eis a quintessência do realismo: problemas coletivos sendo resolvidos num piscar de olhos pela influência de um sorriso ou um pedido feminino; um esquema pessoal em que esteja posta a satisfação imediata das necessidades instintivas. A estrutura do filme é simples, direta, sem rodeios, chegando a aparentar certo pauperismo criativo. No entanto, ao fim, sentirá o espectador a organicidade do conjunto, a economia colaborando para facilitar a compreensão e, sobretudo, a verossimilhança, tanto a interna (a que dá vida própria aos personagens e ao meio) quanto a externa (a que insere a obra realmente num contexto histórico real e exato). Se os métodos adotados para atingir esse resultado não foram os do cinema esnobe da atualidade, azar destes últimos. Buñuel ratifica seu amor ao despojamento no genial *Simón del desierto*, filme de quarenta minutos de projeção que tem o grande achado de ser a definitiva organização da "chanchada" cinematográfica latino-americana.

Falando assim, exageradamente, estou quase a fazer também uma aerofotogrametria do cinema brasileiro.

Qual (das maiores) a característica do cinema industrial "a sério", do Brasil? A "canastronice". Pois não é esse o recurso número um de que se utiliza Luís Buñuel nos filmes citados? Basta que se observe a aparência do Presidente Barreiros em *La fièvre monte à El Pao*, ou os óculos e a pose do sr. ministro de Estado. Um exame detalhado de *Ensayo de un crimen* revelaria o mesmo mundo que foi tratado de maneira respeitosa em *Sinhá Moça*, *A ilha*, *Mulheres e milhões*, *À sombra da outra*.

Façamos agora uma distinção entre os métodos de abordagem, de Buñuel de um lado, e do cinema brasileiro de outro. Podemos dizer, de imediato, que, enquanto no cinema brasileiro a "canastronice" foi o resultado de uma falha inicial de perspectiva, em Buñuel ela provém da utilização deliberada dessa mesma perspectiva. No cinema industrial brasileiro eram muitos os estímulos de criação e entre eles não havia lugar para a nossa própria realidade. Ainda mais: todos esses estímulos passavam pelo crivo de uma categoria básica do "conhecimento cinematográfico": a influência do cinema industrial estrangeiro e — sobretudo — do universo criado por esse cinema. A tentativa de transplantar não só os princípios técnicos e artísticos, mas também o outro "universo" (que já era, na origem, dominado por estereótipos), resultou no artificialismo de grande parte de nossos filmes. O mais grave de tudo situa-se no fato de, longe de se procurar descobrir antídotos para o mal, aceita-se esse método alienado a ponto de cristalizá-lo como uma das fontes do que se pode em média chamar de "estilo cinematográfico brasileiro". As chanchadas o levaram a uma transcendência utilitária (o deboche pelo deboche) de maneira inversamente oposta ao sistema de Buñuel, que está numa posição eqüidistante dessas duas concepções.

O cinema brasileiro, depois de *Rio 40 graus* (1955), de Nelson Pereira dos Santos, superou o problema da estreita e rigorosa vinculação entre a técnica (com sua ditadura) e a autenticidade, dedicando a esta última todo o seu empenho. O exemplo do filme de Nelson Pereira dos Santos é eficaz porque representa o elo que, sem unir, relaciona as tendências num todo finalmente orgânico. No variado mural que é *Rio 40 graus* há o inesgotável exemplo do episódio que trata do deputado nordestino (Modesto de Souza) cuja origem é indisfarçavelmente o cinema industrial da fase precedente. Em *Rio Zona Norte* (1958) ou, algum tempo depois, em *Boca de ouro* (1962), o realizador evidencia, se não uma fidelidade, pelo menos o determinismo que age sobre uma condição subdesenvolvida. Essa condição aí está, não para ser expurgada por um recurso de pudor ou de medo, porém à espera de algum espírito intrépido e sensível que dela faça uso (como Buñuel), pois é uma facção autêntica de nossa realidade.

No cineasta espanhol essa questão deve ser colocada de outra maneira, uma vez que, radicado no México, é cinematograficamente um apátrida, apesar da forte influência das culturas francesa e ibérica. Não sofreu, portanto, salvo a do surrealismo, uma influência mais enraizada ou constante e armou-se de um trunfo insubstituível: o de ver a América sempre de fora para dentro. Sua visão crítica era das mais imunes e adequadas para o mister a que se dedicou. (Apesar dessas ponderações, ou em virtude delas, seus filmes mexicanos dão sempre a impressão da mais profunda cumplicidade.)

Essas considerações me levaram a repensar a obra de Luís Buñuel, anulando, em termos, a conotação inconformista do surrealismo que permanece (já bastante assimilado) no seu estilo e descobrindo nele um dado de maior importância e utilidade, tornado apenas conseqüência, depois de *Las hurdes* (1932): entre o insólito e a rotina, fico com a segunda. E Buñuel, mergulhado numa engrenagem que ele próprio criou, parece nostalgicamente conformado com uma apenas esporádica possibilidade de voltar a ele.

Gosto de mel

Começamos hoje, na interinidade, a responder por esta coluna*. Não temos a intenção de modificar o espírito pelo qual ela foi lançada ao leitor. Formalmente, apenas não poderemos garantir a manutenção continuada do método de *rever* cada dia os filmes mais importantes da semana, justamente em virtude da precariedade dos programas apresentados na maior parte do ano. Quando os filmes em cartaz impuserem aquela solução ela será adotada, de bom grado.

* * *

Como sairá o espectador desse filme? Impressionado, talvez. A jovem na certa sairá chorando ou enxugando discretamente as lágrimas que deixou cair. O impacto da seriedade e da ousadia de *Gosto de mel* (*A taste of honey*) produz logo o efeito desejado: o filme é na maioria das vezes considerado obra-prima.

Errado? Não, propriamente. Mas, pensando bem, há em tudo isso uma falha de aproximação, uma postura inicial que deve, ao menos, ser regulada. Depois de se ver *Tom Jones* não se pode duvidar que o diretor Tony Richardson seja um homem completamente afeito às coisas do cinema e, portanto, a premissa de que uma das deficiências do *Gosto de mel* seja a sua concepção, digamos, literária, não pode ser sustentada.

Na verdade o que falta à fita de Richardson é ar. Eis um filme sufocante, exaustivo, viciado por falta de *circulação* (e isso de circulação em cinema é fundamental). No ano passado vimos, no Festival de Berlim, a versão cine-

---

* David E. Neves substituía Glauber Rocha, o titular da coluna de cinema do *Diário Carioca*. (N.O.)

matográfica de *The caretaker*, de Harold Pinter, dirigida por Peter Brook.[1] Eis outra fita que se ressente do mesmo defeito. Tony Richardson parece ter-se livrado dele especialmente em *Tom Jones* — filme que é todo ele hipertenso com excesso de estímulos dinâmicos e dramáticos.

A trama de *A taste of honey* é que é das melhores coisas já apresentadas nas telas do Rio este ano, com uma heroína feia e às voltas com seus problemas e os de sua mãe, uma velha *cocotte* britânica em decadência. A clave empregada pelo realizador é intimista, mas o foco é aberto, nunca deixando escapar os problemas mais gerais que envolvem os personagens.

O filme progride entre um e outro achado, uma e outra tristeza de Jo (Rita Tushingham), a montagem e a *mise en scène* procurando suprir de ar o vácuo que no entanto reside na clausura de cada alma. E tudo se asfixia no *fog* de Londres que o fotógrafo Walter Lassally (*Electra*) tão bem consegue captar.

---

[1] A peça teatral, no Brasil, levou o nome de *O inoportuno*.

Uma história moderna

O leito conjugal (*L'Ape Regina*), filme de Marco Ferreri que continua em cartaz nos cinemas do Rio, foi o programa mais interessante da semana que passou. Se os leitores se dispuserem a vê-lo com a devida postura ele poderá revelar-lhes dados importantes sobre o cinema que é feito atualmente na Europa.

Trata-se inicialmente de uma obra realizada sem um intuito de profundidade e que dá a impressão de se tratar de um divertimento, um *hobby* do seu autor. Ferreri parece ser um sujeito inteligente, sem uma cultura brilhante (daí certas "grossuras" da fita) que se aproveita do cinema para *épater*.* Porém, mesmo dentro desse espírito não sabemos que faísca criadora lhe dá a naturalidade que só se encontra em inspirações verdadeiramente cinematográficas.

Nosso mister, entretanto, é descobrir a utilidade de *L'Ape Regina* e ela, certamente, não se encontra na trama nem no tema abordado. Sintonizemos Ferreri numa freqüência familiar: a do *humor negro*.

O que falta a *L'Ape Regina* poderia ser resumido na expressão "uma conseqüência de ordem geral". Nos detalhes ele surpreende com uma série de deboches (estes, em caráter prioritário), críticas e mesmo insultos à sociedade contemporânea. Visto em conjunto, o filme parece se confinar a um excesso de personalismo do seu autor.

Excesso de personalismo do autor. Eis o ponto que buscávamos para justificar uma possível utilidade da fita. Quando se procura, na análise de uma obra cinematográfica, as características específicas do seu realizador, faz-se a redescoberta do estilo, ou, reconhece-se a autoria. *L'Ape Regina* é o filme

---

* Em francês: chocar.

de autor levado ao extremo. Sua utilidade reside, portanto, no caráter palpável dessa característica; na oportunidade que dá ao espectador de reconhecer (através da ampliação comprometida) o fenômeno cinematográfico mais importante propagado depois do neo-realismo italiano: o *cinema de autor*. Ferreri é o cineasta do humor negro gratuito. Suas pretensões buñuelescas (Luís Buñuel, ao contrário, faz o humor negro construtivo) se autodestroem em seu considerável egocentrismo.

Seu grande mérito é o de ter feito um filme com humor negro e de ter tido o bom gosto de não contar uma só piada conhecida.

A súmula da depressão

Nossa profissão de fé a respeito da crítica coincide com a do titular desta coluna e por causa dela não estaria em nossos planos a exibição de um intelectualismo *snob* (aliás, Glauber Rocha diria esnobe) que, afinal, não possuímos nem podemos exibir.

Tem sido, porém, nossa intenção, reproduzir (na medida em que as palavras o permitam) a atmosfera ou o espírito de um filme, nesta coluna que o espaço e o tempo tornam exígua e homeopática. Então, como sair desse dilema e dissertar sobre *Trinta anos esta noite* (*Le Feu follet*), último filme de Louis Malle, em exibição no Rio?

Tentemos contornar o impasse. Digamos para começar, que, bem-feito, sincero, culto, dramático, épico (individualmente épico), *Le Feu follet* é um filme aborrecido que a nós só por determinados momentos trouxe um *élan* artístico ou humano. O leitor que por certo viu o filme e se empolgou com sua "densidade" (é tudo aquilo que dá a um filme um estado ou uma dignidade) deverá espantar-se com nossas palavras taxativas e finais. Finais? Não cremos. O mundo dá voltas tantas que pode pegar-nos na próxima esquina (ou semana) matutando sobre um problema que tenha lá suas afinidades com o que *Le Feu follet* apresenta. Por enquanto ainda não. O sr. Alain Leroy (e o sr. Louis Malle, realizador, indiretamente) não nos disseram nada em quase todo o filme, na tarde de sábado. É pena, porque o filme é tão bonito e inteligente!

Nem de alienação, esse termo hoje *démodé*, se trata, porque o problema aqui é outro, intimista mesmo, de apelo, de ponto de apoio no qual ou pelo qual possamos mirar, ter uma referência, salvar-nos, enfim. Só há um momento em que o sr. Leroy, ou melhor, sua amante Lydia nos dá uma esperança temática: é quando, ao deixá-lo, de retorno à clínica, diz: "deixo-o com seu pior inimigo: você mesmo". Talvez aqui haja uma evocação ao demônio que Gide, por exemplo, tenta apresentar, e o fato, num filme intimista, é de profunda e definitiva importância.

Bem, o filme está na praça e como afirmamos não nos diz muito ao paladar apesar do peso e do fino acabamento. Não podemos negar que é uma obra séria e com certa importância dentro do programa do cinema francês de hoje. Louis Malle tem (depois de *Les Amants*) nele o seu carro-chefe e sua tentativa de redenção. O leitor poderá ir vê-lo; deverá ir vê-lo, melhor, se estiver às voltas com os demônios do tédio e da morte.

Caso contrário, o filme não é recomendável por ser não bem a súmula, mas o cúmulo da depressão.

O Encontro

O Encontro é, sem dúvida, um tema constante da casualidade. As linhas de força que emanam desse tema não são poucas e nenhuma arte as soube explorar tão bem quanto o cinema. O tema do Encontro talvez tenha sido o que mais permitiu à sétima arte um aprofundamento maior dentro das suas possibilidades elevando a categoria mágica do cinema a um grau extremo e definitivo. Vejamos *Um corpo que cai (Vertigo)* de Alfred Hitchcock, por exemplo. Que força extraordinária não renasce do encontro de uma personalidade neurótica com um ser aparentemente irreal (reflexo ou realidade?). As vibrações sobre essa tecla são incontáveis. Os Encontros não estariam resumidos em *Viver a vida (Vivre sa vie)*, de Jean-Luc Godard? O reencontro por sua vez é a chave-mestra de *Romance na Itália (Viaggio in Italia)*, de Roberto Rossellini, e o Desencontro, a tônica da *Aventura (L'Avventura)*, de Michelangelo Antonioni.

Não é só nos domínios do espírito que o tema influencia e cativa. Está aí a palavra abalizada do documentarista a afirmar que de certa forma a objetividade inocula o fortuito e lhe dá um significado quase concreto e autônomo: numa entrevista concedida aos *Cahiers du Cinéma* sobre o *cinéma-vérité* é Jean Rouch que, ao ater-se mais detalhadamente sobre um dos seus filmes, revela: *Le thème de la Rencontre est, pour moi, essentiel.**

Todo esse preâmbulo foi para preparar o leitor a uma crônica dissipada acerca da casualidade e de seu elemento primordial. Quem de nós já não experimentou essa estranha sensação de coincidência descobrindo ou encontrando coisas ou pessoas nos lugares mais bizarros? O célebre e repetido exemplo de brasileiros que se revêem no estrangeiro nas situações mais im-

---

* Em francês: "O tema do Reencontro é para mim essencial."

previstas e a solidariedade e a reaproximação imediata que daí decorrem já basta para definir e classificar a intenção que nos fez escrever essas notas.

A causa-pretexto, entretanto, tem outra dimensão e, em termos cinematográficos, penetra pelos caminhos da ficção científica. Que sentimento especial, vivo, de *voyeur** ou de *rêveur*** deve ter assolado o primeiro cosmonauta a sentir diretamente a brisa do cosmos ao defrontar um objeto familiar num mundo diferente e talvez hostil? O pequeno satélite artificial manufaturado pelo homem que encontrou o cosmonauta nesse histórico ato turístico de que forma teria agido sobre sua psicologia? Certamente teria provocado de Leonov a seguinte expressão: "Oh! Você por aqui?...".

---

* Em francês: observador.

** Em francês: sonhador.

Patologia britânica

Karel Reisz, realizador britânico, era um teórico da montagem cinematográfica. Seu livro, *The technique of film editing* (A técnica da montagem), uma das melhores obras técnicas sobre cinema já escritas, é, além do mais, uma leitura fascinante, apresentando seqüências fotográficas de filmes famosos, minuciosamente analisadas.

Reisz, porém, resolveu passar da teoria à prática e hoje já tem vários filmes e uma boa reputação. Dele apenas conhecíamos *We are the Lambeth Boys*, documentário de média metragem, e tínhamos as boas referências da crítica a *Tudo começou no sábado* (*Saturday night, sunday morning*). Agora, vimos esse *A noite tudo encobre* (*Night must fall*) e já podemos dizer que assistir a seus filmes não é uma atitude de todo vã.

A apreensão do interesse permanente do espectador é uma das preocupações de Reisz, pelo menos agora nesta "noite angustiante". Para isso ele começa pela preparação de um clima de dúvida e de perplexidade. A ação se inicia sem necessidade de uma explicação detalhada dos personagens e o nosso herói (?), Danny (Albert Finney), como que por fatalismo passa a participar da vida pacata de Mrs. Bramson, uma velha viúva e de sua filha, Olívia.

A primeira aparição de Danny, sem razão aparente, é uma prova desse fatalismo. Somos forçados a penetrar, ou melhor, a procurar saber mais sobre a vida do jovem, do qual a única referência que possuímos é a das bruscas cenas do assassinato. Sobre Mrs. Bramson e Olívia também quase nada sabemos no início, mas o filme tem a sábia aplicação de ir trazendo esses dados durante o seu desenvolvimento.

Logo depois vemos Danny como garçom, num bar. Mais adiante se descobrem as razões da invalidez e os antecedentes da viúva. Em seguida, nascem em nós certas suspeitas sobre a sanidade mental de Danny e (por que não?) dos outros personagens.

O mistério é, um pouco, a seiva do filme.

O realizador se arma desse *parti-pris* e lhe assegura uma coerência. Não existem outras preocupações: assim, por exemplo, quando se pensa em erotismo, ele não nasce espontaneamente, mas apenas através de sua relação com o mistério.

Tudo é, portanto, surpreendente, mas, de início, sem calcar muito na tecla da surpresa. Fato que dá ênfase a dois momentos muito bem realizados: 1) Danny com a pequena valise lacrada e 2) a jovem interessada pela personalidade do rapaz a procurar-lhe um motivo, uma pista, entre seus objetos, e a descoberta que faz.

Reisz apenas sugere o conteúdo da valise. E passa o filme inteiro sem apresentá-lo, o que seria uma solução fácil demais. O resultado é uma majoração dramática, uma fuga do óbvio.

Fora do terror, há outros momentos (de ligação) que mostram o talento do realizador, como o primeiro encontro de Danny com Olívia, no quarto. A polícia começa, também por fatalismo, a dar buscas nas imediações, e é vista por Danny que solicita a atenção de Olívia, forçando-a a observar. Sua brutalidade repercute no espírito da jovem sob a forma de uma irritada interrogação. Para ela Danny tornara-se um desafio: na faixa sonora ouve-se a voz do rapaz: "o amor venceu o medo e a caridade, o orgulho", palavras que dão a saída para o dilema da jovem, e que, logo em seguida, são "explicadas": na outra cena vemos Danny lendo o fim de um capítulo para Mrs. Bramson.

Reisz progride nesse diapasão até que o filme começa a sua fase conclusiva com o desabrochar dos problemas propostos. Aí então, quando os estímulos se dividem entre Olívia e o psicopata, há um ligeiro estremecimento estrutural que é logo recomposto pela firmeza com que é trazido o desenlace.

A seqüência final, admiravelmente bem resolvida, fecha-se num plano em que é finalmente definida a personalidade do personagem central e na qual o ator Finney pode confirmar sua performance.

Eis aí o esboço do reflexo de *A noite tudo encobre*. Visto em conjunto o filme dá a impressão de crônica, tão rápida e penetrantemente são tratados seus assuntos; tão fortemente é sublinhado o ato em detrimento de suas causas ou efeitos. Ainda assim, a visão global fornece um útil sentimento humanista, graças à maneira, diríamos, realista com que os problemas íntimos de cada personagem são conduzidos. Falávamos de erotismo reprimido e queríamos justamente significar *essa discrição que não passa de um espelho da vida real. O cinema tem, geralmente, tendência à esquematização, através de categorias, do comportamento humano. Quando um filme escapa desse determinismo, já conta com meio trunfo para o êxito.*

Por outro lado, há certas categorias que não podem e não devem ser evitadas, e essas não se referem ao comportamento das personagens. E Reisz, um analista de filmes, por certo deve estar bastante familiarizado com elas. São as categorias cinematográficas, isto é, o ponto de referência que um filme tem com outro, nesse vastíssimo mundo que é o do cinema. Assim, *A noite tudo encobre* nutre relações íntimas pelo menos com dois filmes importantes, o primeiro mais que o segundo: *O mensageiro do Diabo* (*Night of the hunter*), de Charles Laughton, e *Psicose* (*Psycho*), de Alfred Hitchcock. Essa relação se realça sobretudo no que diz respeito à definição da conduta do personagem central.

A psicopatologia criminalista britânica e o cinema têm, depois de *A noite tudo encobre*, um nobre representante na pessoa de Karel Reisz.

Cartouche

Antes de passarmos às estréias, fixemos um pouco nossa atenção para um relançamento feito um pouco às escondidas no Ricamar, cineminha situado na av. Copacabana, quase imediatamente depois da esquina de Inhangá. O espectador que quiser estar em dia com o bom cinema terá que ter sempre um olho para certos cinemas que escapam aos circuitos corriqueiros. Lá, muitas vezes estão os bons programas.

Hoje, por exemplo, e toda essa semana, estão exibindo *Cartouche*, de Philippe De Broca, no Ricamar. É uma boa oportunidade de se ver (ou rever) esse filme dinâmico, alegre e um pouco anarquista do realizador do *Homem do Rio* (*L'Homme de Rio*).

De Broca é um diretor ainda jovem e muito cordial que tem a estranha e simpática característica de procurar deixar sempre essa sua marca nos filmes que faz. Sua obra cinematográfica é bastante vasta. Começou com *Brincando de amor* (*Les Jeux de l'amour*) e hoje, depois de *L'Homme de Rio*, já tem estreado em Paris o seu *Un Monsieur de compagnie*.

No início, o seu representante na tela era um ator desconhecido que ele teve o mérito de desvendar ao cinema: Jean-Pierre Cassel. Cassel acompanhou De Broca durante alguns filmes dos quais o mais autobiográfico talvez tenha sido o segundo, *O gozador* (*Le Farceur*).

Mais tarde De Broca teve a oportunidade de conhecer mais de perto o ator Jean-Paul Belmondo. A nova semelhança revelou-se de imediato e *Cartouche* foi o resultado prático ou a confirmação dessa afinidade.

Tivemos chance de conhecer Philippe De Broca numa de suas vindas ao Rio e podemos pessoalmente testemunhar que suas personagens são perfeitas evocações de seu caráter efusivo e brincalhão.

De todas essas personagens preferimos *Cartouche*. No filme, na persuasiva atmosfera eastmancolorida do filme ele transporta à transcedência essa particularidade e o resultado é um eterno conflito entre a ordem e a diversidade: a ordem dos sentimentos e da vida em comum e a diversidade dos fatos e, em certo sentido, o seu caráter efêmero.

A grande arma de *Cartouche* é a simpatia, a displicente simpatia que emana de sua personalidade. A grande beleza do filme reside na sua harmonia e na maneira em que ele assimila, à anarquia, a beleza feroz, porém impassível, da cigana Claudia Cardinale. É ela que necessariamente ordena toda a sua diversidade.

Fellini na praça

$8^1/_2$, o último filme de Federico Fellini, está sendo exibido num importante circuito do Rio. Uma obrigação ir vê-lo e, naturalmente, uma necessidade revê-lo. Essa autobiografia crítica do realizador de La strada, nos termos de desabafo em que ela se apresenta, constitui-se num exercício (consumado) único da história do cinema, em todos os tempos.

Muito amiúde, Fellini se atém aos temas comuns à sua existência, tendo, sobretudo, marcada fixação nas evocações infantis, que, em suma, parecem ter agido de forma traumatizante na sua formação. $8^1/_2$ é a transfiguração desse complexo processo psicanalítico de auto-análise. Por outro lado, sua formação religiosa — talvez o núcleo de sua neurose de fundo místico —, através de momentos como o seminário, os padres, e a própria tradição familiar, fazem com que se confunda a própria noção de psicanálise com a de confissão.

Ainda sob esse prisma $8^1/_2$ serve para "explicar" a origem de filmes anteriores do realizador, como Os boas vidas (I vitelloni), A trapaça (Il bidone), As noites de Cabíria (Le notti di Cabiria) e A doce vida (La dolce vita). Não somente a origem como a reincidência de certos temas que, pela repetição, iam-se aproximando do cacoete.

O ponto de partida de $8^1/_2$ não esconde seus propósitos: trata-se de um famoso cineasta que, em via de rodar seu filme, parte para um balneário, a fim de rever o roteiro e assim como fazer um "balanço" de sua própria vida. A partir daí a realidade, a imaginação e a reminiscência se mesclam de maneira indiscriminada, tecendo um estranho universo, no qual o mito do cinema parece a todo o momento querer devorar o homem.

Tudo é importante nesse filme incansável, absorvente. O espectador que desejar divertimento não deve aventurar a ir vê-lo. Os mais exigentes que se preparem, psicologicamente, para um estranho inquérito, no qual uma só pessoa argúi e responde como se sua vida fosse indispensável àqueles que vêem e ouvem. Eis aí: *$8^1/_2$* é um dos poucos filmes em que um cabotinismo original se destrói através de uma forma, diríamos cristã, de masoquismo exibicionista.

As atualidades

Jornal, em cinema, se chama *atualidades*. O termo é um galicismo (do francês *actualités*) cuja inspiração provém dos *newsreels* americanos. No Brasil não se usa a expressão *complemento nacional*, que definitivamente só tem significado nos corredores da Censura cinematográfica brasileira.

Entre nós, *jornal cinematográfico* também é sinônimo de *matéria paga*. Paga e mal-feita, sem o menor escrúpulo — um vício que o espectador aceita passivamente sem esboçar reação ou queixa. Vício talvez mais do espectador, que já aceitou com automatismo a ordenação de um programa cinematográfico: *trailer*, jornal, *trailer*, filme. Não importa o jornal. Não importa de que assunto trate, uma vez que ele tem que estar ali.

Há, no Rio, três "marcas" de jornais cinematográficos: o *Canal 100*, do sr. Carlos Niemeyer e que paga ao sr. Bruni para exibi-lo, o *Repórter de Tela*, do sr. Herbert Richers, ligado ao circuito da Metro, e do sr. Günther Böhm (*Ecran Filmes*), livre atirador que aparece com freqüência nas telas dos Art Palácios. Dos três, apenas o primeiro merece uma referência e uma análise. O do sr. Richers esteve à beira do abismo e parece querer recuperar-se. O do sr. Böhm, então, é inqualificável; sua "obra-prima" foi, recentemente, um documentário sobre a inauguração dos Jogos da Primavera. Um outono, em matéria de respeito ao público.

O mais grave é que estes senhores estão mercenariamente a entravar o florescimento da indústria de curtas-metragens no Brasil, onde a lei prevê que se paguem oito entradas por sessão ao produtor do complemento nacional. O que se verifica é o oposto: o produtor do "complemento" não só paga ao exibidor como passa recibo pelo recebimento dessas mesmas oito entradas.

Falávamos anteriormente em analisar o jornal (*Canal 100*) do sr. Niemeyer. Quanto à técnica, poderíamos dizer que se trata de um canal competente... Assim mesmo com certos senões. Vejamos: é a imagem seu elemento mais atraente. Os cinegrafistas do sr. Niemeyer têm, não resta dúvida, certa bossa no ato de documentar. Ainda agora, mais modernamente, começaram a utilizar a teleobjetiva nas filmagens dos jogos no Maracanã. O resultado é excelente. Chega-se a sentir a vontade de ser claro, de participar das disputas da bola. Eis também a influência benéfica da montagem feita por Joaquim Pedro na primeira parte do seu *Garrincha, alegria do povo*, para quem o próprio sr. Niemeyer cobrou uma exorbitância pelas suas cenas de arquivo (afinal obtidas com o sr. Richers). O que destoa da clareza das imagens é o espírito "quebra-galho" e conformista do som, pelo qual só se ouve o mesmo e já surrado samba (à guisa de prefixo) e a voz do narrador. A "competente equipe" precisa continuar a promover mudanças para melhor em seus jornais, a fim de que a lei seja burlada, porém, com maior vantagem do espectador.

Construção do Cinema Novo

O Mestre e o Poeta

O C.E.C. [Centro de Estudos Cinematográficos] encerrou na quinta-feira dia 17 as atividades cinematográficas que manteve ininterruptamente durante 1959. Este encerramento, porém, não tem caráter definitivo, e assim provavelmente em fevereiro do próximo ano retorne às suas projeções semanais. O programa de encerramento contou com *Twelve angry men*, de Sidney Lumet, e com um complemento brasileiro que se constituiu, a nosso ver, no coroamento da sessão de despedida. Trata-se do documentário de Joaquim Pedro de Andrade: *O mestre de Apipucos e o poeta do Castelo*,* que se refere respectivamente a Gilberto Freyre e Manuel Bandeira. O título deste curta-metragem realizado sob os auspícios do Instituto do Livro dá a entender a existência de dois e não de um só filme, mas na verdade o aspecto "dois-em-um" é meramente superficial, existindo mesmo, no seu ponto de intersecção um plano intermediário, um traço de união que o transforma em filme composto.

Apesar de a verdadeira definição cinematográfica do filme dar-se somente na parte dedicada ao poeta de "Pasárgada", o quinhão do sociólogo de *Casa-Grande & Senzala* não desmerece, num cômputo definitivo, e em última análise acabamos por assistir, emocionados, a um sincero paradigma de quebra da rigidez do documentário cinematográfico. *O mestre de Apipucos e o poeta do Castelo* foi, para nossos olhos desiludidos com o atual panorama do

---

* Ficha técnica: *O mestre de Apipucos e o poeta do Castelo*. Realização e apresentação: Saga Filmes; Produtor: Sérgio Montagna; Roteiro e direção: Joaquim Pedro de Andrade; Fotografia: Afrodísio de Castro; Câmera: Jorge G. Veras; Assistente de direção: Domingos de Oliveira; Montagem: Carla Civelli e Giuseppe Baldaconi; Música escolhida por Zito Batista e Carlos Sussekind; Letreiros de Bianco; Produzido para o Instituto Nacional do Livro, em 1959, por encomenda de seu diretor José Renato Santos Pereira.

cinema brasileiro, outro marco entre o escasso alinhamento destes pontos pelos quais aparece-nos o desejo de olhar para o futuro.

O roteiro já se apresenta, ele próprio, eivado de certa originalidade. De início, como já foi dito, vamos ao Recife, ao sítio de Gilberto Freyre. Como num diário ou numa biografia, tomamos conhecimento de alguns fatos rotineiros de um dia em Apipucos.

A clareza fotográfica fornece uma documentação genuína — impressão que talvez se deva ao processo não habitual utilizado que emprega, na trilha sonora, a narração do próprio biografado, outra *trouvaille** colaborando, pela enfática extra-temporalidade das palavras, para a magnífica repercussão final da fita.

O fascínio das minúcias caracteriza, em parte, o estilo do realizador. Entre outras migalhas de vida, que o cinema sabe tão bem explorar, salientamos ainda no primeiro episódio o paralelismo de algumas reações do sociólogo, da cozinheira e, finalmente, do gato que se encontra depois de um pulo no tempo, postado na rede do repouso vespertino.

A transição para o segundo episódio, então, se faz naturalmente, pelo *close-up* de um livro de Manuel Bandeira.

"Não me interessa a paisagem; a Glória, a baía, a linha do horizonte.
— O que eu vejo é o beco".

Os versos epigrafados talvez sejam uma das chaves do filme. A primeira oração sendo lida subitamente pelo poeta e as eqüipolentes seguintes tendo as palavras substituídas pela imagem em panorâmicas seguidas de cortes bruscos e com duração, ao que parece, proporcional à sua mera menção ou pronúncia. De tal modo que, em lugar da presença, na trilha sonora, da continuação do verso, temos uma visão repentina do outeiro. Adiante vemos a baía, e assim sucessivamente. No verso seguinte é o som coincidindo com a imagem e, no momento em que o poeta o pronuncia, há um movimento de cima para baixo, no fim do qual damos com o tão decantado beco.[1]

Não serão necessárias maiores explicações para o leitor compreender que já nos estamos adiantando na segunda parte. E caminhamos para a seqüência final, onde teremos, então, o coroamento, o clímax de toda a película.

---

* Em francês: achado.

[1] A cópia exibida na sessão do C.E.C. não continha esta seqüência, que foi suprimida por motivos alheios ao nosso conhecimento.

Manuel Bandeira em *O poeta do Castelo*.
Foto de Joaquim Pedro de Andrade (1959).

A qualidade da narrativa oral do poeta traz ao conjunto mais um elemento acessório colaborador dos estupendos efeitos de ritmo cinematográfico. Neste particular, pode-se adiantar, existem dois esteios nos quais se apóia a imagem: a narração e o fundo musical. A marcação do compasso tem certos pontos fixos na atualidade da ação (ruídos, chamados telefônicos etc.), cujo efeito muito se acentua através da insólita tática de contraste (a maior parte dos sons do presente é afastada). Pois bem, o duplo acompanhamento permite uma variação do sistema de contraponto utilizado e o efeito, dos mais expressivos, pode ser medido com um estudo minucioso das derradeiras passagens. Desde o momento em que Bandeira, após o feliz contato telefônico,[2] decide sair, passando pelo outro feliz paralelismo (uma constante?) da mão no bolso — em casa, no jornaleiro —, já estamos indo para Pasárgada a todo vapor, como já estávamos, minutos antes, em espírito, enquanto nosso guia

---

[2] Por que não classificar de antológica, em nossas plagas, esta tal cena do telefonema em que, após a silenciosa mas eufórica gargalhada de reconhecimento do interlocutor íntimo, vemos os movimentos faciais do poeta, as idas e vindas da cabeça, que provocam aquelas desfocalizações propositais?

ainda mudava a roupa discretamente, apertava a gravata, sob a brisa fresca que sopra a cortina ao lado da vitrola por duas vezes, a que refresca os bibelôs do quarto do bardo, o qual, por fim, resolve desprezá-los. E em pleno movimento citadino, eis-nos a acompanhá-lo em busca da imortalidade, a violar os cânones de montagem (propositadamente), namorando à distância o prédio da Academia. Atravessando a rua para dele se aconchegar ainda mais, tendo na mente e deixando-nos conhecer o amor pelos alcalóides, pelas prostitutas, orgulhoso de sua conivência com o rei...

O dinamismo dos cortes na aparentemente ininterrupta caminhada de Manuel Bandeira confirma as tendências tipicamente cinematográficas de Joaquim Pedro. O emprego comedido dos grandes planos e sua harmônica reunião durante uma passagem, a utilização válida da subjetivação, os enquadramentos pouco rebuscados, ensinam a arte da clareza que é o cinema.

O gênio poético de Bandeira se extravasa desde os planos iniciais, quando a tosse (silenciosa, também) ou uma simples reunião de detritos que observa apresentam-se sob aspecto afetivo bastante ampliado. E a máscara com que surge durante todo o tempo é irrepreensível.[3]

---

[3] Aos focalizados queríamos pedir que nos permitissem a exaltação da simpatia emanada nos lugares e nos momentos em que estiveram presentes. (Desde o ato singelo com que o sociólogo faz escorrer as gotas d'água acumuladas em uma folha à maneira meticulosa do poeta acabar de acender um fogão a gás.) A Bandeira, dirigir-nos-emos através de suas próprias palavras a respeito de Wallace Reid: "O seu encanto era indefinível como as elegâncias do espírito. Nada de *possessing* como Clark [Gable], nem de lúbrico, como John Gilbert, nem de cínico, como Robert Montgomery" (cf. "Manuel Bandeira, cronista de cinema" — artigos de Joaquim Pedro no Suplemento Literário do *Correio da Manhã*). Mas a atração que exerce agrupa-se entre as de um Kerniano (ao lado de Greta Garbo), quase Dantas.

Arraial do Cabo, um documentário premiado

O cinema brasileiro, tão comentado pela linguagem balbuciante que apresenta, vive (melhor seria dizer sobrevive) segundo um ciclo de fases interessantes. De um modo geral, segue-se linearmente sobre um suporte medíocre: o da produção normal de longas-metragens comerciais. Este suporte dá uma continuidade algo favorável. Nos dias atuais sente-se o recrudescimento da vontade de acertar e passam ao primeiro plano os títulos de realizações mais honestas e dignas. É uma linha de frente um pouco desfalcada mas que nos traz algumas esperanças. No terceiro grupo estão os cineastas independentes (geralmente jovens), com um leve desprezo pela reversibilidade financeira (dissemos desprezo e não desistência). Tal estirpe se fixa quase sempre no curta-metragem, ramo inteiramente desprezado por distribuidores e exibidores brasileiros, e neste "laboratório" desenvolvem teses artísticas, aperfeiçoam-se, e ficam à espera de nova oportunidade.

NASCE UMA ESPERANÇA
Com *Arraial do Cabo* o que se deu não foi diferente. Quando Mario Carneiro e Paulo Cezar Saraceni se dispuseram a realizá-lo, já deviam pressentir a triste sina comercial de sua fita. Por sorte, tiveram o apoio financeiro do Museu Nacional (particularmente através de d. Heloísa Alberto Torres, a quem o filme é dedicado), que há algum tempo realizava pesquisas sociológicas no lugarejo distante 25 minutos de Cabo Frio. O documentário, porém, se ainda não foi compreendido na linguagem do *box office*,* progride numa carreira artística pouco comum nos anais da nossa cinematografia. Arrebatou três prêmios internacionais, competindo sempre na Europa, reduto

---

* Em inglês: bilheteria.

máximo do gênero curto (filmes de duração até 30 minutos). E foi, segundo testemunhos válidos, o sustentáculo moral do cinema brasileiro exibido recentemente em Santa Margherita, na Itália, onde nossa representação primou pelo mau gosto, perdendo fragorosamente para a coesa e promissora seleção argentina.

A história de *Arraial do Cabo* é simples. Mario e Paulo Cezar resolveram documentar o contraste entre a vida pacata de seus habitantes e o clima nervoso que decorreu do estabelecimento, no local, de uma fábrica (Fábrica Nacional de Álcalis). Depois de alguns dias de observação retornaram ao Rio com um esboço do roteiro original. Aqui foram feitos os trabalhos finais e complementares. "Quando nos dispusemos a iniciar a rodagem", disse-nos Mario Carneiro, "voltamos a Arraial com toda a produção desenhada". Mario foi também o diretor de fotografia da fita. Era a primeira vez que lidava com uma câmera de 35 mm e, apesar de conhecer a fundo os problemas propostos por uma objetiva, sentia sobre os ombros o peso da nova responsabilidade. Além disso, Mario se situa no rol de nossos melhores gravadores e a influência gráfica naturalmente iria transpor-se para a tela. Como o filme era sobre pescadores (profissão típica do lugar), os realizadores não se fizeram de rogados, aproveitando para homenagear o saudoso Oswaldo Goeldi, cuja atração pelo mar se tornou constante na sua obra. Os letreiros do filme são superpostos a gravuras de Goeldi. E que dizer da perfeita assimilação fotográfica das mais sutis variações deste artista genial?

Realização & acolhida

Paulo Cezar incumbiu-se da *mise en scène* propriamente dita. Seus antecedentes cinematográficos nos são pouco conhecidos. Sabemos apenas de sua admiração por Fellini e conhecemos um filme que realizou pouco tempo antes de *Arraial do Cabo*. Era outro curta-metragem, mudo, e que se chamou *Caminhos*. Filme interessante pela instabilidade apresentada, não chegou a nos mostrar o futuro realizador de um dos melhores documentários brasileiros. Granjeou a Paulo Cezar, indiretamente, uma bolsa de estudos em Roma, no Centro Sperimentale di Cinematografia, no qual ele se encontra até hoje, estando, porém, prestes a retornar ao Rio. A característica principal dos "atores" de *Arraial do Cabo* é a imobilidade que se prolonga até a seqüência final, no qual a apoteose é algo movimentada, no sentido "nacionalista" da expressão. Sobre esta imobilidade referiu-se o crítico francês do *Combat* (de 12 de março do corrente): "Os homens desse porto de pesca feliz que lutam contra a usina são estátuas". A imobilidade referida não leva a menor intenção pejorativa e serve de sustentáculo às perorações do articulista.

O filme pronto causou reações diversas. A mais sintomática foi a do público de um cinema de arte que o vaiou demoradamente, obrigando sua retirada de cartaz. Se bem que as vaias nascessem não propriamente do filme, mas de longa série de complementos que antecediam o filme principal e dos quais *Arraial* era o último. Mario Carneiro decidiu que seria interessante promover uma reedição, encurtando-o um pouco, objetivando-lhe mais a narrativa. A nova versão consagrou definitivamente a fita.

É interessante ressaltar o fato de a segunda montagem ter-se apegado às partes improvisadas durante a realização. O ponto alto da fita, isto é, todas as cenas do arrastão, foi rodado ao sabor dos acontecimentos, tendo sido desprezado, finalmente, o que fosse preparado com antecedência. O primeiro intuito dos realizadores, de contribuir para as pesquisas sociológicas que o Museu Nacional vinha promovendo no Arraial, ficou frustrado pelas inúmeras dificuldades que iam surgindo com o correr dos acontecimentos. A vontade de mostrar tudo superou. O *plaidoyer** deu lugar ao testemunho.

Equipe

A equipe de *Arraial do Cabo* é constituída de um grupo unido por longa amizade, dentro e fora das coisas de cinema. A produção, por exemplo, esteve a cargo de Joaquim Pedro de Andrade, Sérgio Montagna e Geraldo Markan. Montagna foi, inclusive, acumulando funções, um incansável assistente, tanto na direção como na fotografia. Suas relações com os demais membros da equipe foram consolidadas na Saga Filmes, empresa que realizou, entre outros, o excelente documentário de Joaquim Pedro, *O mestre de Apipucos e o poeta do Castelo*.

A produção independente e seus problemas

O problema da produção de curta-metragem, no Brasil, carece de um estudo minucioso por parte das instituições competentes. Não há dúvida de que a sua deficiência atual repercute na qualidade artística do nosso cinema. Não trataremos de fazer aqui um manifesto de adesão ao gênero, mas é mister que se aponte suas principais virtudes. A primeira delas é o baixo orçamento que ainda se torna muito mais atraente ao lado de suas possibilidades materiais: o filme curto não repele a hipótese do alto nível técnico e artístico (vide o exemplo presente), limita, sem esgotar, a possibilidade da utilização do cinema como arma cultural (e este limite é meramente quantitativo), fun-

---

* Em francês: defesa apaixonada.

ciona, enfim, como um perfeito "laboratório" cinematográfico. A maior prova disto pode ser achada na França, onde a produção de filmes de pequena duração tem amparo governamental (exibição comercial compulsória, financiamentos e, como incentivo ao valor artístico, uma longa série de premiações e auxílios anuais).

No Brasil, os independentes que aspirem a uma escalada progressiva na ladeira da produção cinematográfica têm, eles próprios, de arcar com suas responsabilidades, pois não lhes é dada nenhuma oportunidade. Urge, portanto, que se faça uma revisão das nossas estruturas oficiais de auxílio à produção. O exemplo de *Arraial do Cabo* é patente. Talvez, até hoje, não se tenha visto em nossas plagas uma exibição tão compacta de qualidades cinematográficas e, na mesma proporção, tamanho desprezo oficial por estas mesmas qualidades. A injustiça é flagrante e terá, para o bem de nosso cinema, de ser compensada futuramente sob pena de se frustrarem, no palavrório e na burocracia, as reais finalidades das instituições de auxílio e incremento do cinema brasileiro.

Sucesso & crítica

A manifestação da crítica não pôde fazer-se ouvida em virtude da deficiência do número de exibições da película. Houve, porém, entre inúmeros silêncios, algumas vozes que se manifestaram favoravelmente. Do exterior, além dos elogios do articulista do *Combat*, chegaram até nós as palavras de louvor de Novaes Teixeira, correspondente de *O Estado de S. Paulo*. No Brasil, Glauber Rocha, o crítico e cineasta baiano, fez de *Arraial do Cabo* minuciosa análise que restitui ao filme toda a sua verdadeira grandeza. No mais, foram os prêmios de Bilbao, Florença (Prêmio da Crítica, no Festival das Nações) e de Santa Margherita.

Os moleques e os bichanos de *Couro de gato*

No carnaval, *faute de mieux*,* os tamborins podem ser feitos com couro de gato. Os moleques da Zona Sul largam seus afazeres tradicionais e iniciam uma caçada urbana. A caça prolifera e eles sabem disso. Procuram nos lugares certos e empregam contra os bichanos toda a sua astúcia felina...

Paulinho é o líder da *gang*. Apesar de não ser apresentada nenhuma nota de simpatia maior dos colegas para com ele, sua coragem é a que inspira maior admiração. Paulinho, numa grande bravura, acentua os limites de um contraste. A ele só interessa o angorá de madame.

Aílton prefere a churrascaria. E, pequenino, atrai para o saco a sua "matéria-prima". Despreocupados com os circunstantes, mas fortemente entretidos na sua função precípua, dois glutões devoram pratos que dariam para cinco Aíltons se fartarem. Um "inapetente requintado" e cético atrapalha, sem saber, o trabalho do garoto.

Damião e colegas, no Campo de Santana, esperam a velha dos gatos e armam uma armadilha improvisada numa lata de lixo. O guarda espreita.

Na favela, outro moleque está em atividade.

De repente, como um apito nos ensaios da escola de samba, e como por uma coincidência necessitada, o gesto mais brusco de um parece soltar a trava que os prendia. Paulinho corre. Aílton ensaca o animal. Damião "lesa" o guarda. O garçom grita. "Ei!" A velha brame a sombrinha. O guarda avança. A correria começa e é semelhante, na Lagoa, na Presidente Vargas, em Ipanema, na favela. É preciso pegar esses moleques...

Afinal, por quem lutamos?

O grupo de moleques-caçadores do asfalto busca refúgio na favela, seu

---

* Em francês: na falta de opção.

habitat natural. A cena agora é reveladora: na rua os perseguidores se encontram. E há um momento importante, quando o rapaz dono do gato roubado na favela depara-se com o grupo perseguidor da cidade. O seu desnorteamento é também o nosso. Qual seria a causa justa?

Paulinho é o único a escapar, com o angorá. Aparenta um sentimento contraditório, mas a sua decisão é irrevogável.

A tela escurece e aparece a palavra FIM.

Couro de gato

É essa a história de *Couro de gato*, curta-metragem de Joaquim Pedro de Andrade, que o Cineclube da Pontifícia Universidade Católica exibiu, no dia 27, em primeira sessão pública, no Rio. Um pouco antes, o filme alcançava um sucesso retumbante na VI Bienal em São Paulo. No Rio, igualmente, a repercussão foi estrondosa. Conseguiu-se reunir um bom número de elementos do filme, inclusive os seus pequeninos atores. Só Paulinho faltou, por ter sido recolhido, há algum tempo, a um internato num dos nossos subúrbios. Sua ausência foi lamentada pelos companheiros que se viam, pela primeira vez, numa tela. Sente-se que depois de *Couro de gato* a ascendência de Paulinho na *gang* tornou-se notória.

A cada aparição os meninos exultavam, chegando mesmo a prejudicar a percepção dos demais, fato que não foi levado em conta, naturalmente, tamanha era a expectativa reinante. As palmas se prolongaram durante vários minutos. O filme de Joaquim Pedro de Andrade estava consagrado.

A serpente que devora a própria cauda

A idéia de *Couro de gato* partiu do próprio Joaquim Pedro que, com uma bolsa ganha para cursar o IDHEC (Instituto de Altos Estudos Cinematográficos) em Paris, pensou em levar algo de concreto em sua bagagem. Ele só pôde dispor de algum numerário depois de vender o pouco (mas valioso) equipamento de que dispunha em sua produtora (Saga Filmes — dele e de Sérgio Montagna). Entre outras coisas foi vendida uma excelente câmera Camé-Flex (eis o drama dos produtores independentes, no Brasil); lembra-nos a história da cobra esfomeada que, para sobreviver, come a própria cauda.

A produção de *Couro de gato* foi confiada a Marcos Farias e a ele coube um contínuo esforço para evitar despesas supérfluas. Tudo foi calculado com antecedência. Assim mesmo, como é costume acontecer, houve contratempos e Joaquim Pedro partiu para Paris levando consigo o filme inacabado, isto é, de um lado uma cópia sem som, de outro, uma fita magnética com a trilha musical.

Na Europa

Custou, até que a fita pudesse ser mostrada, na França. Não temos dados precisos sobre o itinerário que culminou com a transação feita com Sacha Gordine, segundo a qual a fita seria terminada em troca dos direitos de exibição, na França, possessões e Bélgica. Gordine necessitava de um complemento (na França a exibição de curtas-metragens de boa qualidade é fato consumado e garantido por lei) para um filme seu, rodado inteiramente no Brasil (na Bahia) e que estava prestes a ser concluído. *Couro de gato* preenchia na medida as suas necessidades, ainda mais quando se sabe que o seu realizador estava começando a se preocupar com o rumo dos acontecimentos. Foi assim que *Le Tout pour le tout* (direção de Patrice Daly) ganhou um apêndice que por certo o garantirá durante algum tempo.

De auxílios oficiais brasileiros, Joaquim Pedro só recebeu a proposta de compra de uma cópia (a única existente entre nós), pelo Itamaraty. Não se compreende esse desprezo e esse silêncio. O curta-metragem precisa ser devidamente regulamentado. Nossos melhores talentos perdem-se no meio de seus esforços pessoais, quase todos vãos. E em nosso meio artístico o nome de Joaquim Pedro de Andrade deve ser louvado pela fibra e pelo idealismo, se não se fala de seus méritos de artista. Conhecemo-lo de há muito, porém, nunca sentimos nele o menor desejo de enveredar pelo longa-metragem. Sua atração pelo filme curto é cativante, como exemplo de quem quer dominar a todo custo a linguagem cinematográfica.

A equipe de *Couro de gato*

Joaquim Pedro contou com uma equipe restrita, mas abnegada. Destacam-se, além do citado Marcos Farias, Mario Carneiro, diretor de fotografia; Domingos de Oliveira, assistente de direção; Fernando Drumond, assistente de produção; Paulo Perdigão, assistente de fotografia. Os atores profissionais que colaboraram agrupam-se entre os de melhor quilate, no nosso meio teatral e cinematográfico. São eles, entre outros: Napoleão Moniz Freire, Riva Nimitz, Cláudio Correa e Castro, Henrique César, Francisco de Assis e Milton Gonçalves. Alguns elementos da equipe técnica aparecem com certo destaque em algumas pontas; um garçom, por exemplo, é encarnado por Domingos de Oliveira e o "inapetente requintado", por Mario Carneiro.

Perspectivas

Agora *Couro de gato* espera maiores oportunidades. Seria bastante interessante se elas ocorressem aqui mesmo, entre nós. Os distribuidores radicados no Brasil deveriam manifestar interesse em pelo menos ver a fita.

Possuindo qualidade artística superior, nem por isso deixa *Couro de gato* de preencher os requisitos da comercialidade.

Não faz muito tempo, uma delegação de produtores e distribuidores russos manifestou-se entusiasmada ante os atrativos da fita. Fica-se envergonhado, ante o questionário deles, de dizer que os brasileiros não conhecem *Couro de gato*, que aqui muito pouca gente manifestou interesse por essa pequenina obra-prima.

Mandacaru vermelho

Nelson Pereira dos Santos realiza *Vidas secas*, no Nordeste. Depois de um paciente pensar cinematograficamente na obra de Graciliano Ramos, Nelson pôde desabafar e meticulosamente verte na película toda a sua longa e estimada elaboração. Em película impressionada, diga-se de passagem, por Luiz Carlos Barreto, o estreante mais veterano do cinema brasileiro.

Estranha, a personalidade cinematográfica de Nelson Pereira dos Santos. Estranha porque exibe, dentro da mais modesta das genialidades, momentos da mais ingênua concessão, inserções, em seus filmes, inadequadas aos momentos que as precedem ou as seguem.

Tenho certeza de que *Vidas secas* será o melhor filme já realizado no Brasil, uma espécie de *Mandacaru vermelho* sem aquele final desencorajador, uno sendo fluido, mas consistente e mostrando um Nordeste que transcende e clama ao mundo. Antes desta fita, que para mim ainda se reduz a angustiante expectativa, sua obra mais visada por minhas evocações e pesquisas era *Rio Zona Norte* que, vista há pouco tempo numa reprise, constituiu-se numa surpresa das mais felizes, porque confirmou certas antecipações, diria, milimetricamente.

É interessante anotar também este fato, do Nelson-como-ele-é e do Nelson-como-esperava-que-ele-fosse. Do convívio que mantive, em certa época, quase diariamente com ele tive certos pontos de referência que posteriormente tentei empregar na comparação Nelson-pessoa e Nelson-cineasta (ou sua obra). Comprovo agora que é preciso uma isenção para o julgamento de sua filmografia. Nelson-enquanto-pessoa, apesar da modéstia aderente à sua personalidade, inspira muito mais confiança (uma confiança permanente, sem temores) do que seus filmes que, por vezes, me trazem certo sofrimento decorrente da decepção e do mal-estar que um hipercinematografismo[1] intermitente provoca. *Rio Zona Norte* desta forma me agrada porque me lembra certas afinidades com Nelson, isto é, não revelou enganos ou falhas na idéia preconcebida que levei para o cinema.

A fita mais discutida de Nelson, até *Boca de ouro* (que ainda não teve tempo para tal), é *Rio 40 graus*. Revisto agora, depois de *Rio Zona Norte*, veio-me a impressão de se tratar de um filme-síntese de tendências de época e o fato me provocou a feliz sensação de comprovar a inclinação que tenho de ver nesta fita o marco inicial de um movimento pouco vigoroso que culminou no *élan* do Cinema Novo. Sendo um filme-síntese ele teve em si, também, esta semente. Mas não é só. Contém, inclusive, o canto do cisne da chanchada, da qual existe um personagem típico que começa a conviver com seus posteriores semelhantes.[2] Trata-se, naturalmente, da figura ainda destoante do que chega ao Rio para, na sua ingenuidade, ser devorado pelo burburinho e ganância urbanas. O filme de favela, o romance das classes menos favorecidas, o futebol e o samba têm todos uma virtude precursora que seriam retomados dentro do mesmo estilo, mas sem tanto vigor, em obras posteriores. É justamente esta fatalidade que frustra *Rio 40 graus* e sente-se que Nelson Pereira dos Santos foi excessivamente "autor" e não pôde impedir que a estafa se denunciasse em alguns momentos como no capítulo dedicado ao futebol.

O romance do fuzileiro é o momento mais autêntico e deveria ser aprofundado, como o dos garotos que permite um dos planos mais marcantes das nossas antologias cinematográficas, ou seja, o da mãe a esperar eternamente pela volta do filho. De certa forma é sob o espírito destas linhas de entrecho que o filme subseqüente, *Rio Zona Norte* se desenvolve. O clímax, porém, do filme é dedicado ao episódio do malandro, na escola de samba, apesar da preparação elaborada do *crescendo* (morte do garoto, gol de Foguinho etc.). O realizador, apesar de sincero, não conseguiu contudo conter a evolução da fita e não pôde evitar uma descontinuidade rítmica. Eram muitos os estímulos e é óbvio que o realizador optou por um (certamente o dos garotos e a escola de samba).

O estilo de Nelson Pereira dos Santos é essencialmente neo-realista na sua primeira experiência no campo do longa-metragem. As conseqüências

---

[1] Eis uma das falhas maiores dos filmes brasileiros. Um desejo extremado de ser claro-através-do-cinema. E o resultado é o exagero, o hiper-realismo, o autor dominado pelo processo, avassalado.

[2] Coisa que não se verifica na própria chanchada, apesar de tentativas.

práticas desta busca do real despojado (não transcendente) é que lhe deram este cunho de liberdade que hoje os membros (?) do Cinema Novo retomam. Em *Rio Zona Norte*, o realismo prossegue, à italiana, sobretudo no desejo de captar a realidade arquitetônica, em locações. O resultado é visualmente prosaico como os mais ilustres exemplos de De Sica, por exemplo. *Mandacaru vermelho* é a saída do *milieu** urbano e tem forças contraditórias agindo na sua concretização. O realizador partiu disposto a rodar *Vidas secas*, porém uma das formidáveis inundações nordestinas (Orós) fez com que seus planos se alterassem *in loco*. Contra sua vontade teve o realizador de apelar para outro tipo de improvisação: o do próprio entrecho, e rodou a película baseada numa lenda a respeito do Mandacaru. Os 3/4 iniciais da fita são de rara felicidade e poesia. Há um desprezo pela ênfase, desaparece aquele excesso de estímulos específicos de que falei. É uma fita leve, digamos displicente, ingênua e nisto reside todo o seu charme. Há um romance proibido por uma discórdia entre famílias, com cenas singelas e autênticas e inclusive dois *flashbacks* funcionais. Cena antológica é a dos encontros furtivos do jovem nos campos e no pequeno curral.

Os planos para NPS são considerados básicos não em si, mas na estruturação não das seqüências, mas de semi-seqüências que são...

---

* Em francês: meio.

Concessão é conformismo

Nunca tivemos, no Brasil, um filme tão polêmico. Mesmo a discussão que cercou *Rio 40 graus*, de Nelson Pereira dos Santos, não alcançou repercussão tão vibrante e espetacular. Violentamente combatido, *Os cafajestes* é um filme predestinado a significar, para nós brasileiros, mais do que as interpretações superficiais do impacto que trouxe e que ainda mantém na atmosfera carioca.

Já se disse e já se negou muita coisa a respeito da fita. Falou-se inclusive que se empregaram métodos desonestos de publicidade, enganando o povo, induzindo-o a ver coisas que não passavam de ampliações ilícitas do sistema publicitário.

Protesto veementemente contra o rancor súbito e mal fundamentado que nasceu no espectador carioca nesta perplexidade a que se submete ao se deparar com um exemplo típico de ousadia (em oposição ao brasileiríssimo complexo de inferioridade) e de autoconfiança. Tudo o que foi anunciado está sendo exibido nos cinemas do Rio. Mas, é preciso que se acrescente, quem o apresenta é um homem que se dispõe a fazer do cinema um instrumento de transmissão de suas idéias mais íntimas sobre os homens e as coisas. Uma espécie de telégrafo visual. Cabe aos interessados aprender o Código. O filme foi, na verdade, um pouco cruel com o espectador, pois não lhe fez concessão alguma. Mas a culpa só pode ser dirigida a uma entidade ainda nebulosa e que apenas começa a tomar consistência, o cinema nacional, cuja única função, até hoje, foi a de levar o público para uma região deplorável onde os conceitos têm valor diametralmente oposto à realidade. É por isso que um grupo ligado à produção da fita resolveu, pela tesoura, "facilitar" a sua compreensão, dar mais uma oportunidade aos ociosos.

Contra isso levanto novo grito de protesto. Na situação revolucionária em que nos encontramos, qualquer concessão significa conformismo e retorno à estagnação anterior. Não há argumentação que valide afronta semelhante, mesmo os de ordem estética. Os cortes em *Os cafajestes* indicam pusilanimidade. E, neste momento decisivo, significam recuo e retraimento. A produção deve viver sob o espírito de luta que o público, inimigo em potencial, exige. As rendições (em todos os setores da vida) deixam sempre marcas inapagáveis.

União e censura cultural

O público de cinema, no Brasil, ao que parece nunca atingirá a maioridade. O fato é, em si, deplorável, porque está fadado a marcar eternamente o passo. Digo isso por vários motivos. Se antes me preocupava muito a relação que se estabelece entre um público impróprio e uma cinematografia incipiente e buscava incessantemente um elemento comum que ao menos ajudasse a resolver essa equação insolúvel, hoje, quase me certifico de que, entre nós, o analfabetismo das massas reflete suas influências às diversas classes e estas se encarregam de dar-lhe, sempre negativamente, os aspectos mais desesperadores.

Chego hoje como que a um labirinto kafkiano numa situação ainda mais dramática do que a dos personagens do diabólico autor, isto é, tenho perfeita consciência da situação em que me encontro e para a qual desejo uma solução. Ela (a solução) está em mim enquanto célula de um organismo superior e depende da colaboração das células adjacentes. E isso não se dá na medida necessária para que se rebata e conserve afastadas a ignorância e a burocracia, que hoje se unem, para se opor ao possível renascimento de uma cinematografia quase nula.

Não se pode lutar só e não me parece, neste momento, haver o sentido de união que a oportunidade tanto requer. Vi grandes manifestações de solidariedade na reunião organizada a fim de se procurar a saída de uma armadilha de cunho eminentemente reacionário e despeitado. Vi uma classe totalmente congregada em prol de um ideal perene e fiquei achando pouco, sobretudo se penso em palavras como *perene* e *ideal*, cuja grafia me vem agora ao espírito de forma difusa e distante. O ato que se combate é um ato de força, de prepotência, e me faz pensar através de certo princípio físico, fora do qual não vislumbro nenhuma possibilidade de êxito, opinião pessimista sobre a qual não me quero deter.

Infelizmente, a censura cinematográfica no Brasil é também do público. E público de cinema brasileiro. Porque, em se tratando da produção nacional, ele não sabe distinguir a água do vinho e concede a mesma cotação ("boa qualidade") tanto a algumas produções de nível artístico acima do normal e sinceras na intenção, como *Mandacaru vermelho*, de Nelson Pereira dos Santos, quanto às conhecidas subproduções dirigidas ao grosso da freguesia cinematográfica. Em outras palavras, pode-se entender o que foi dito, qualificando-se a ambos, público e censura, de conformistas. O público cinematográfico brasileiro, como se sabe, possui capacidade inferior de percepção, fator condicionado por diversos elementos dos quais o mais importante é o coeficiente de analfabetismo de nossa população. A censura cinematográfica concorda e acata passivamente esse fato através de uma postura que tem muito (paradoxalmente) de mimetismo. Ela, ao invés de procurar resolver o que talvez venha a ser o problema básico da nossa indústria cinematográfica, concorda com a sua existência e, em concordando, o propaga. E mais, a censura brasileira, enquanto público, não possui um ponto de apoio artístico, não o tem, tanto em referência a concepções estéticas (por se tratar de uma forma rudimentar de censura policial) como em relação ao seu funcionamento orgânico (até hoje discute-se a sua verdadeira competência), sendo constantes os conflitos a respeito.

No *affaire Os cafajestes* verificou-se mais um destes conflitos, aumentados desta vez por intromissões bastante reveladoras do flagrante desnorteamento burocrático desse órgão fundamental a uma democracia. Por outro lado, o seu lado *público* colaborou efetivamente para a concretização de uma série de represálias que os *espectadores-mercadoria* vinham fazendo durante as sessões em que se pode ver a fita de Ruy Guerra. Felizmente o lado policial da censura se fez logo à mostra. Sempre defendi o ponto de vista de uma censura de fundo cultural e continuo convencido da impraticabilidade desta enquanto permanecer sob o jugo de um departamento de segurança pública. Se um filme ultrapassa de longe os conceitos éticos e estéticos de uma fiscalização inepta, que os tem catalogados através de fichas elaboradas nos moldes de um puritanismo *démodé*, se pelo menos um filme ético como é *Os cafajestes* mostra como num espelho esses conceitos, através de um processo catártico de didática, no qual a saturação tem função precípua, como é que uma polícia, instigada por elementos alheios ao problema e ao mister, uma polícia que nunca ouviu falar em filmologia ou desconhece as noções mais rudimentares de narração cinematográfica, pode querer intervir e interditar de maneira irritante uma obra de alto gabarito?

Falei, mais acima, em união e espírito de solidariedade. E referi-me à reunião que foi levada a cabo com o intuito de congregar esforços em favor da liberdade de expressão artística, em nosso país. Não acho que se obteve uma verdadeira comunhão de espíritos. Para um cinema nascente e inerme é preciso muito mais; se possível, que se chegue politicamente à convocação dos inimigos e dos neutros.

Em todo caso, a luta que acompanha o renascimento de uma arte, num país, não é coisa de espantar, nem é novidade. Seu valor é quantitativamente igual ao dos esforços que adotam para a arte propriamente dita, e, dentro de um subdesenvolvimento e um colonialismo persistentes, têm, ambos, o dever de serem de franca, violenta e contínua oposição ao *statu quo*.

O testemunho de Marcorelles

A recente Semana do Cinema Francês, que a Unifrance fez realizar entre nós, trouxe aos cariocas contatos úteis com os mais recentes sucessos artísticos da *Nouvelle Vague* e com alguns dos responsáveis diretos desses mesmos sucessos. A coincidência da época com o fim das manifestações do Festival de Mar del Plata deu lugar a que a delegação francesa enviada à Argentina, no percurso de volta, incluísse na sua agenda alguns dias de permanência no Rio e, durante quase duas semanas, nossa cidade hospedou artistas renomados como um Truffaut, um De Broca, um Albicocco e um sem-número de outros elementos importantes, entre produtores (Robert Dancinger, Marcel Berbert), *vedettes* (Pascale Petit, Jean-Paul Belmondo, Alexandra Stewart, Marie Laforêt), críticos (Louis Marcorelles, Marcel Martin) e jornalistas (René Goyonet, Raoul-Duval), sem contar com os patrocinadores e responsáveis diretos pelo certame (Robert Cravenne, Jerôme Brière e o já brasileiro Amy Courvoisier).[1]

O calor das relações mantidas com os franceses ainda repercute na crítica carioca. Nunca se havia chegado a um ambiente de tamanha franqueza e compreensão, tendo felizmente o evento se dado num ano de risonha expectativa para o nosso cinema. Mesmo as atitudes de oposição a *Os cafajestes*, por exemplo, não permitiram que se escondessem reações de espanto em relação aos problemas de orçamento e produção das fitas brasileiras. Como foi cena rara e alvissareira a de François Truffaut acotovelado na moviola da Líder Cinematográfica, assistindo, entre Glauber Rocha e Nelson Pereira dos Santos, a algumas cenas recém-sincronizadas de *Barravento*.

---

[1] Não se pode esquecer a presença, também, da romancista Christiane de Rochefort, cujo romance *Le Repos du guerrier* está sendo levado à tela por Roger Vadim.

Mas, de tudo, o que ficou mais patente e enraizado no espírito dos que acompanharam o incessante roteiro dos diversos membros da delegação, sobretudo, o que mais profundamente marcou o julgamento dos jovens do Cinema Novo, foi o interesse (sem desvirtuamentos) de Louis Marcorelles. Seu turismo, no Rio, não passou dos limites da rotina de homem integrado no meio cinematográfico, cuja função ele perfaz de maneira tão séria e irreprimível, que nos fez deixar a categoria de cicerones e nos transformou em assistentes, desses que lucram, passo a passo, com a vivência do mestre. A experiência universal de Marcorelles permitiu-lhe um conhecimento profundo de nossos problemas. Seu retorno brusco não nos facultou o cálculo de até que ponto essa profundidade está alicerçada, mas, na pior das hipóteses, o crítico fordiano da equipe dos *Cahiers du Cinéma* elaborou uma teoria particular dos nossos problemas cinematográficos e, dessa teoria, começou a desenvolver algumas teses, de modo ainda vago, no número 1.808 das *Nouvelles Littéraires* (26/4/62). O artigo versa sobre o Festival de Mar del Plata, mas dedica sua parte final (cuja tradução damos a seguir) ao cinema brasileiro. Chama-se "Cinema tropical".

REFAZER O BRASIL...
Um filme argentino médio custa perto de 30 milhões de nossos antigos francos; é rodado com uma equipe totalmente sindicalizada. É preciso passar de Buenos Aires para o Rio, da Argentina amordaçada, policiada, ao Brasil explosivo, para reencontrar os mesmos problemas, a rotina dos veteranos, o desejo dos calouros em afirmar sua existência contra todos os colonialismos, econômicos, culturais...

No Brasil, o Estado ignora tudo relativo ao cinema, á livre iniciativa reina sem limites: um filme custa 12 milhões de nossos francos antigos, como esse Os cafajestes, *de Ruy Guerra, antigo aluno de IDHEC, do qual ele felizmente não reteve o sabor das idéias preconcebidas. Durante as noites, por volta de 24 horas, fica-se num pequeno restaurante de Copacabana, na orla marítima, onde se reúnem os jovens do cinema, do teatro e da crítica. Esse domingo de abril é uma data memorável para todos: em quatro dias, graças a um sucesso triunfal, o filme de Guerra recuperou o seu preço de produção. O que significa que toda uma corte de jovens, que eu reencontrarei amanhã nos laboratórios, poderão realizar seu primeiro filme, que os velhos senhores ricos não lhes fecharão mais as portas.*

Bem mais que em Buenos Aires ou Mar del Plata, encontro o entusiasmo no estado de pureza, sem traço de intelectualismo: vai-se realmente refazer o mundo, ou antes, o Brasil, e, através dele, o cinema. Três filmes estão em curso de filmagem na Bahia, a região mais bela do país, e, também, a mais deserdada. Aqui também, Rouch e Godard são modelos por sua tomada direta do real, Truffaut decepciona mais, pelas suas sutilezas literárias. Guerra em pessoa, "barbudo" do cinema e vencedor do dia, conduz a dança, fala como Castro, prepara-se a levantar montanhas.

Pode-se sorrir desse entusiasmo intempestivo. Esses jovens, como mais discretamente seus vizinhos argentinos, têm a intenção de dizer coisas importantes sobre suas respectivas pátrias. Mesmo a recente interdição do cardeal do Rio relativamente a Os cafajestes não interromperá a marcha do tempo.

A Palma de Anselmo Duarte

O Itamaraty selecionou, como representante brasileiro para o próximo Festival de Cannes, a fita O *pagador de promessas*, de Anselmo Duarte, na categoria dos longas-metragens. Para o gênero curto, a escolha recaiu sobre *Couro de gato*, de Joaquim Pedro de Andrade. A afluência dos interesses concentrou-se bastante nesta seleção, uma vez que era fenômeno digno de nota o número dos seus candidatos em potencial. Por outro lado, dos que conseguiram chegar prontos ao dia de julgamento (três, ao que parece), todos representavam pelo menos uma parcela do novo e sintomático espírito que anima o nosso cinema.

Apesar da divergência das opiniões exteriores à seleção, esta parece ter sido empreendida com certa dose de razão e pode justificar-se por si própria. O filme de Anselmo Duarte, num cômputo final, reúne maiores virtudes (no caso, virtudes específicas à representação de nosso país no estrangeiro), embora numa aparência exterior perca para o outro seu competidor que conhecemos, *Os cafajestes*, de Ruy Guerra.

Dentro de um espírito acadêmico, ele evolui, sem deixar de exibir certa rebeldia contra esse arcabouço que o envolve. Assim é que, mesmo fazendo cinema de aspecto quase intuitivo, sem arroubos formalistas, Anselmo Duarte chega, muitas vezes, à fronteira que, se atravessada, lhe concederá um dia a palavra mágica: *estilo*. A tranqüilidade que demonstra sempre parece garantir essa futura dádiva e isto se comprova facilmente pela simples constatação: de *Absolutamente certo!* a *O pagador de promessas* o passo é largo e, não fora o tempo que os separa, diríamos ter Anselmo calçado botas de sete léguas... A seqüência da chegada da procissão e todo o quarto final da fita possuem muito de pessoal e de vivência cinematográfica e parecem depoimentos fluentes de um observador afim à sétima arte, em oposição à dureza e ao racionalismo "de roteiro" que se evidencia em outras passagens intermediárias e rápidas como a que se desenrola dentro da redação do jornal. O realizador não parece dar muita importância aos períodos de transição, mas felizmente o desprezo não burla a unidade do filme, seu trunfo definitivo.

Anselmo Duarte encara frontalmente o problema dos diálogos e da sua resolução "teatral", isto é, sem o "disfarce" dos recursos cinematográficos, saindo-se muito bem na empreitada. Seus atores estão bastante desenvolvidos, havendo mesmo desempenhos comoventes. E a iluminação de Chick Fowle, talvez contida pela direção, depura-se e progride no tempo, sem o impacto antifuncional dos contrastes, excessivos, de *chiaroscuro**. Temos uma imagem "à européia" que muitas vezes se reduz, pela unidade de *décor* (há praticamente um único lugar onde a ação se desenrola — a escadaria — e, nele, variações de campo e contracampo), às belas reproduções no estilo gráfico.

O inconformismo que o tema aborda recebeu algumas críticas genéricas mas tem caráter de novidade em nossas plagas, principalmente por ter o acento tônico caído no problema religioso. Aliás, a repulsa apriorística ao tema, pela sua enquadração no conceito de lugar-comum, não procede. Entre o presente inconformismo e a mensagem açucarada de uma *Primeira missa*•, por exemplo, ficamos com o primeiro. E isso quer dizer, sobretudo, que não se deve criticar filmes brasileiros sob o conceito comum de crítica. Pelo menos, por enquanto.

Vai trabalhar, Anselmo

Anselmo: segurei muitas intrigas suas. Esperei o máximo que pude. Volte para o cinema já e deixe de falar bobagens. Se eu fiz alguma coisa foi ajudar você, indiretamente.

O bode expiatório é uma desculpa de preguiçoso para a vagabundagem. Venha fazer filmes. O que você insiste em fazer só serve para chamar a atenção para a minha pessoa.

Viver de glórias do passado é para quem está jogando a toalha. Volte para o cinema, Anselmo.

Dado o recado, vamos ao que interessa.

Em matéria de entrevistas, Anselmo Duarte tem sido o VT (videoteipe) dele mesmo. Agora foi o n'*O Nacional* de 15 a 21 de janeiro de 1987. Fala sempre a mesma coisa e gasta a maior parte do tempo falando de mim. Falta absoluta de assunto.

---

* Em italiano: claro/escuro.

• Segundo longa-metragem de Lima Barreto, de 1960 (N.O.).

Nunca dei muita bola ao bestialógico desenvolvido nessas entrevistas. Em homenagem ao *Pasquim*, entretanto, revejo hoje um documento raro que estava guardando para o livro que pretendo editar no ano que vem, quando estiver completando 50 anos de idade, sobre essas "paradas" que tive que enfrentar no cinema brasileiro. (O livro, é claro, terá muito mais coisas, até elogios a certos filmes de Anselmo Duarte, ator e diretor.)

O documento a que me refiro é uma carta a mim endereçada por François Truffaut, em agosto de 1962, da qual reproduzo um fac-símile. Ali, mais ou menos ele parece querer dar satisfação aos cineastas brasileiros pela Palma de Ouro, outorgada ao *Pagador de promessas*, de Anselmo Duarte, no Festival de Cannes, em maio do mesmo ano.

Truffaut visitara o Rio de Janeiro de 1962 e através do saudoso Amy Courvoisier, da Unifrance Film, tornamo-nos fraternos amigos.

Sendo convocado, logo a seguir, para o júri de Cannes, esforçou-se para defender o filme de um país de cujo cinema, por meu intermédio, ficara vivamente interessado.

Deve ter sido uma dura refrega a daquele corpo de jurados. *O pagador de promessas* ganhou de *O eclipse*, de Michelangelo Antonioni, *O processo de Joana D'Arc*, de Robert Bresson, *Electra*, de Michael Cacoyannis, e *Nazarín*, de Luis Buñuel. O catálogo que o próprio Festival publicou sobre os seus laureados ao completar, se não me engano, 25 anos de existência (Anselmo Duarte estava lá e sabe disso), parece atribuir a François Truffaut a responsabilidade da premiação. E ele não era o presidente do júri!

Lamentavelmente para Anselmo Duarte, em vez de ter sido funesto a ele, como gostaria que eu fosse para justificar sua inércia atual (Volta ao reduto, Anselmo!), acredito ter servido, como "político mineiro", de *lobby* para a sua efêmera consagração. Digo efêmera porque é impossível que um cineasta de tamanho "fôlego" tenha-se perdido num vazio incompreensível, a um passo do ostracismo.

LES FILMS DU CARROSSE

SOCIÉTÉ DE PRODUCTION CINÉMATOGRAPHIQUE

Paris, le 23 Août 1962

Monsieur David E. NEVES
Rua Sao Clemente 340
Apto 201
Botafogo
RIO DE JANEIRO

Mon cher David,

Que devenez-vous ?

J'ai définitivement obtenu les droits du roman de Ray Bradbury "FAHRENHEIT 451", dont je commence l'adaptation avec Marcel Moussy, et le film se tournera au début de l'année prochaine.

Je pense que vous avez dû être satisfait par le Palmarès du Festival de Cannes ainsi que tous vos amis.

Comme convenu, je vous adresse un peu tardivement – mais peut-être est-il temps encore – un peu de matériel journalistique à propos de "JULES ET JIM", que vous utiliserez, traduirez, adapterez comme bon vous semble. (par pli séparé)

Donnez-moi de vos nouvelles,

amitiés

François Truffaut

Société à responsabilité limitée au capital de 50.000 NF
Siège Social : 25, RUE QUENTIN-BAUCHART, PARIS 8ᵉ
R. C. Seine 57 B 15.689 · Telephone : BAL. 48-61
Carte Professionnelle Nº 666-4410

"Paris, 23 de agosto de 1962.

Caro David,

O que tem feito?

Obtive definitivamente os direitos do romance de Ray Bradbury *Fahrenheit 451*, cuja adaptação já iniciei com Marcel Moussy, e as filmagens estão previstas para o começo do ano.

Creio que deve ter ficado satisfeito com a Palma de Ouro do Festival de Cannes, bem como todos os seus amigos.

Como combinado, envio-lhe com pequeno atraso — mas espero que ainda em tempo — algum material jornalístico referente a *Jules et Jim*, que você poderá utilizar, traduzir, adaptar, como bem lhe convier (envelope anexo).

Dê notícias,

Abraço cordial

François Truffaut"

O *dégradé* impossível

A sala de montagem da Líder Cinematográfica, onde *Cinco vezes favela* está sendo concluído, hospeda, na sua funcional exigüidade, tipos com formidável capacidade discursiva e intelectual, e assiste a polêmicas e pregações, antes, durante e depois do horário de trabalho. Tudo é assunto para pesquisas e debates, mesmo que não se relacione diretamente com a função para o qual ela se destina especialmente. Ainda assim, e talvez em virtude dessa universal receptividade, a fita do C.P.C. [Centro Popular de Cultura] vai sendo terminada com certa presteza (se se tem em conta o regime de produção adotado e a inexperiência).

Um dos mais assíduos freqüentadores da sala dos "favelados" é o ator Francisco de Assis, protagonista de *Couro do gato* e de *Pedreira de são Diogo*, respectivamente primeiro e último episódios do filme. É quase uma presença indispensável, que anima toda a sorte de colóquio porventura iniciado. Dono de uma invejável ascendência sonora, ele monopoliza uma audiência, através de manifestações aliadas a uma mímica perfeita. Torna-se capaz de atrair para si o fluxo de uma discussão secundária, enriquecê-la com dados pessoais e devolvê-la, ao seu feitio. Quando é instigado diretamente, parece ter os esquemas preparados e enfrenta o debate com a frieza de quem depõe sobre um assunto preferido.

Todo esse preâmbulo serviu para que pudéssemos dizer ao leitor que um desses assuntos preferidos de Francisco de Assis é a música popular, atividade que, com o teatro, parece ocupar o tempo do jovem ator. Numa conversa que presenciei durante o período do trabalho de Carlos Diegues, Chico (que ele me permita, aqui, tratá-lo como nesses encontros freqüentes) discorria sobre uma tese sua, segundo a qual, para um conceito popular de música, o compositor brasileiro deve abster-se do que ele chama de nuance, *dégradé* ou pequena modulação. E, dentro de seu sistema característico, citou inúmeros exemplos de músicas ditas populares que o excesso de intelectualismo ou de impressionismo isolaram do convívio do grande público.

Esta coluna é de cinema e não vou me deter aqui na citação dos exemplos enumerados para os que presenciaram aquele depoimento. Aproveitarei, porém, toda a argumentação apresentada, para fazer algumas considerações sobre o cinema nacional. Tenho como certo que é o público nosso principal adversário, na arrancada que empreendemos com o fim de afastar nosso cinema do ostracismo. De uma forma ou de outra esse público se foi paulatinamente deseducando e assimilando tiques e cacoetes que precisam ser extirpados dentro de um regime de urgência. De certa maneira o que se precisa, em matéria de cinema é um bê-a-bá convincente que dê a nosso público meios para uma reflexão cinematográfica bem alicerçada. Da mesma forma que um fã de auditório radiofônico sai do seu programa preferido assobiando o refrão da melodia que lhe foi oferecida, o espectador brasileiro precisa de elementos que lhe permitam divagar sobre o que viu, fazer do mundo algo fragmentado que acabou de conhecer, seu mundo interior, prolongando-o, dando-lhe certos valores e relações concretas, vitais. Isso só poderá ser obtido através de objetivismo e seriedade, fatores sobre cuja égide se caracterizará nessa fase do cinema nacional.

O brasileiro, culturalmente subdesenvolvido, é avesso ao *dégradé*. E não é só no cinema que isso se dá. Segundo o testemunho do próprio Francisco de Assis, em todas as artes o fenômeno se repete, evidenciando uma constante. Não faz muito[1] procurei exaltar a mesma idéia através de uma comparação essencialmente impraticável. Justamente pela sua impraticabilidade (e a decorrente originalidade do método), levantei o problema. No Brasil cinematográfico de hoje devem ser procurados os tons. É um primeiro estágio necessário, obrigatório, insubstituível. Nossos cineastas têm que sentir essa realidade e partir num movimento ascendente de síntese e não empregar o processo inverso.

Dégradé, semitom são, em nossa linguagem cinematográfica, sinônimos de dúbio, inconvincente. "Um espectador rirá estupidamente de qualquer situação pouco convincente de um filme brasileiro...", dizia, de uma feita,

---

[1] Cf. meu artigo "Notas sobre o cinema brasileiro" (Suplemento Literário do *Correio da Manhã*, 16/6/62). Nesse trabalho, à guisa de ilustração das teses que hoje desenvolvo, supus a hipótese de *Le trou* (*A um passo da liberdade*), de Jacques Becker, ter sido realizado no Brasil, por diretor brasileiro.

Walter Hugo Khouri,² sem saber que, depois do *Estranho encontro*, investiu em busca das pequenas modulações fora de época. No seu ensaio, Khouri não tratava diretamente do assunto a que hoje me dedico, mas o "complexo de inferioridade cinematográfico" do público brasileiro, que então analisava, não teria sido provocado por essa pretensão de nossos realizadores?

Felizmente o panorama parece ter mudado. *Barravento*, de Glauber Rocha, que representa nosso país no festival de Kalovy-Vary, é um exemplo evidente da consciência que estamos formando. *Barravento* não só não possui *dégradés* como evidencia desconhecer de que se tratam esses inúteis e desvirtuantes recursos. É um filme concreto, palpável, desadjetivado. Outro exemplo: *Couro de gato*. Fruto de uma elaboração cuidadosa, oriundo de um espírito criador de alto gabarito, a fita se despe conscientemente dos resquícios de subjetivismo e se apresenta numa roupagem reveladora, pela sua objetividade. (Pudera, filme de matemático!• Oxalá seja assim, como os exemplos, o futuro de nosso cineminha: conta certa que não deixe resto...)

---

² Em "La Mia Esperienza nel Cinema Brasiliano", artigo para *Il Cinema Brasiliano* (Silva Editore, Itália, 1961).

• Joaquim Pedro de Andrade cursara Física, antes de se dedicar ao cinema (N.O.).

A média aritmética

Era nossa intenção prolongar o juízo crítico acerca de *Cinco vezes favela*, mas vários fatores nos afastaram da empreitada. Entre outros, a divergência que vem havendo, na crítica do Rio, a respeito da fita. Um entusiasmo tão inflamado como o nosso talvez não fosse a forma exata e aconselhável para mostrar ao leitor a razão, ou as razões pelas quais a fita nos interessa, no atual panorama do cinema brasileiro. Aliás, nunca fomos dados a grandes entusiasmos e temos estranhado mesmo certas reações que nos ocorrem ultimamente, em relação, sobretudo a coisas do nosso cinema.

Cinco vezes favela nos aparece como o filme que traz quantitativa ou qualitativamente o maior número de contribuições estéticas a uma arte que, entre nós, apenas começa a nascer. Com estas contribuições vêm naturalmente alguns erros clamorosos, situados principalmente naquele campo que se situa na ante-sala da *concepção cinematográfica*, isto é, na fase que precede a criação mesma do roteiro técnico, quando as teses, as mensagens, a vontade de dizer algo começam a buscar a fórmula ideal; quando uma concepção livresca e verbalista de um *modus vivendi* ideal é integrada a uma tradição cineclubística repleta de estímulos, sem saber por qual deles optar.

Não sabemos se (e não posso conceber que assim se considere) as deficiências de realização em *Cinco vezes favela* frustram o conjunto da obra a ponto de reduzi-la ao nada. Preocupa-nos o fato de a oposição à fita ser da mesma intensidade (dirigida em sentido oposto) que o nosso entusiasmo. Dos cinco episódios, três pelo menos têm qualidades de narração que lhes conferem uma característica especial, e trazem às suas mensagens algo de crueza e de honestidade e as tornam justas, de certa forma: *Couro de gato*, *Pedreira de são Diogo* e *Um favelado*. Os outros dois, em sua indefinição pouco comprometedora, acham-se dentro do espírito de amplitude temática que o filme quer trazer através de seu desejo de mostrar ao público as diversas facetas da realidade.

Que o leitor (a quem hoje deixamos, entregando o posto ao seu legítimo dono) procure ver esse filme tão discutível quanto discutido e, juntando à sua, tire a média aritmética das opiniões sobre ele emitidas.

A *Revisão* de Glauber Rocha

Uma das primeiras coisas que perguntei a Glauber Rocha logo após sua chegada da Bahia, onde havia rodado as cenas de seu último filme, foi se existiu ordem na preparação das fichas de continuidade, importantes na organização da dublagem, sistema de som que predomina nas produções brasileiras.

Sempre me preocupei com a possibilidade de desorganização das realizações de GR e não sei que estímulo inicial me leva a pensar e agir assim a respeito do jovem realizador baiano. Talvez a total informalidade de *Barravento*, ou problemas semelhantes relativos ao acabamento desse filme. A visão que tenho de GR é a da personificação de um *motu perpetuo*, sem leis nem regras. O dinamismo de sua personalidade, o seu espírito incansável, não admitiriam um metodismo "regressivo" e "conformista"...

Recebi, como resposta à pergunta, uma saraivada de críticas e de queixas, partidas tanto do próprio Glauber quanto do produtor e fotógrafo Luiz Carlos Barreto que o acompanhava no momento. Todas essas críticas visavam à minha alienação referente ao fenômeno GR. "Essa tão falada desorganização", diziam, "é um mito que precisa ser extinguido imediatamente".

Com efeito, *Barravento*, à primeira vista, parece um libelo contra a organização desde o seu aspecto primitivo em diversas críticas. Há, nessa dualidade Glauber/*Barravento*, uma interdependência significativa quanto à desorganização e não sei se essa última idéia nasceu em mim da fita em relação ao realizador ou do realizador em relação à fita.

O fato é que ambas as hipóteses são justificáveis, pois sempre a primeira impressão de GR é a que inspira desnorteamento. (Sua capacidade intelectual fica imediatamente colocada num outro tipo de escala, dentro do primitivismo que *Barravento* despertou.) A enorme utilidade de GR em todos os setores do cinema brasileiro, acreditava eu, se mediria através do maior ou menor vigor de seu dinamismo ou de sua disposição.

Maior desnorteamento, porém, sente-se quando se lê, salvo algumas exceções, os escritos de GR. A partir de seus roteiros é a disciplina o elemento à primeira vista discernível. Chega-se inclusive a vislumbrar os ditames de uma lógica perfeita no encaminhamento das idéias. Escrevendo, GR parece se dar o tempo de reflexão que dispensa nos seus contatos pessoais do dia-a-dia. O raciocínio surpreende ao surgir sob a mais cristalina das formas de expressão. Começa-se a descobrir um pensamento que, por falta de tempo, não parecia manifestar-se no quase automatismo das ações exageradas e sempre contagiantes dentro do que o próprio Glauber chamou de "retórica baiana". Tem-se a impressão de que, falando e agindo de modo avassalador, GR pensava profundamente, acumulava dados, raciocínios, teses e idéias, para outras oportunidades. E para maior surpresa, sua memória funciona de maneira extraordinária. O processo acumulativo sob todas as formas de dispersão exterior age, quando exigido, como um mecanismo perfeito, sem a ferrugem que imaginamos ter sido criada pelo ócio permanente.

Hoje, GR edita pela Civilização Brasileira, na coleção "Retratos do Brasil", sua *Revisão crítica do cinema brasileiro*. E hoje definitivamente vislumbro sua verdadeira essência. Asseguro-me da objetividade de seus propósitos mais enraizados. Tenho, de GR, sua verdadeira medida. A organicidade do seu livro é a síntese do seu autor, a comprovação que a aparente desorganização que se tenta analisar ou retirar de sua personalidade não passa de mera projeção de problemas pessoais, de incapacidade de assimilação da progressiva animação baiana. Hoje, o autor de *Barravento* exibe sua personalidade, sua capacidade analítica, sua imaginação concisa, numa obra fundamental que se caracteriza pela organicidade.

No começo de 1963, GR projetava, ao mesmo tempo, duas coisas: realizar *Deus e o Diabo na terra do sol* e escrever um livro sobre o Cinema Novo. Ambicionava, antes de tudo, o filme e, aqui no Rio, lutou para a obtenção do financiamento que aos poucos foi se concretizando. Partiu para a Bahia ainda numa fase inicial desse processo. Foi enquanto esperava que começou e terminou o livro. Seu esquema inicial de produção era um financiamento bancário; a insuficiência deste provocou a aproximação final de Luiz Augusto Mendes, baiano, rico, interessado por cinema, e Jarbas Barbosa, o mais importante e ambicioso dos produtores do Cinema Novo. Quando se completou o esquema definitivo de produção, GR já tinha o livro pronto. Veio ao Rio para alinhavar problemas concretos da realização, entregou os originais a Ênio Silveira e retornou à Bahia.

Para confirmar a obstinação que tinha em elaborar um livro sobre o Cinema Novo de caráter crítico e de forma a mais pessoal possível, GR me enumerou os cuidados de que se armou na fase preparatória. Basta que se cite uma bibliografia (à guisa inclusive de informação, devido à sua ausência ao fim do volume) para provar a organização que presidiu o nascimento de *Revisão crítica do cinema brasileiro*. Entre outros leu, antes de começar os trabalhos: dois livros de André Bazin (da série *Qu'est-ce que le cinéma?*), livros de Guido Aristarco, Georges Sadoul e Carlo Lizzani, várias entrevistas no *Cahiers du Cinéma* com realizadores importantes, livro de Afrânio Coutinho sobre literatura brasileira, ensaios de José Guilherme Merquior, obras de Caio Prado Junior, artigos de Mário de Andrade, P. E. Salles Gomes e Alex Viany. À medida que se lê o livro essas fontes vão surgindo através de citações ou de influências mais diretas. Destas, as mais características são as de José Guilherme Merquior, que exerce grande poder sobre GR, e P. E. Salles Gomes, cujo estilo inclusive consegue transparecer em alguns momentos. Glauber acabou a fase de elaboração em duas semanas, levando dois meses em trabalhos de "montagem" e de arremate.

A história de *Revisão* se insere, por suas características, na história do próprio Cinema Novo, o que dá ao livro um valor todo especial. A meu ver sua mais louvável implicação no Cinema Novo diz respeito à pessoa mesma de seu autor, porém enquanto realizador. Ao se decidir pela feitura do livro, GR optou por uma tomada radical de posição refletida, sobretudo, na sua vivência. De Salvador recebi carta sua: "sou um espartano: acordo às sete e faço ginástica até as nove; estudo e escrevo até meia-noite. Organização e trabalho!". O novo lema era, para mim, naquele fim de mês de janeiro, o primeiro sinal de que meus julgamentos tinham sido precipitados e fundados nas enganosas aparências. *Revisão* era, portanto, escrito em regime de trabalho integral, nada dissipava seu autor daquela matéria que jorrava fluentemente, encadeada, consciente, meditada. Esse fôlego único é elemento inseparável do estilo do livro, verificado, sobretudo, pela aderência dos capítulos.

Inicialmente é a apresentação do método. As restrições à liberdade de criação que o condicionamento a um método pode trazer são poucas para impedir sua justificação. Aqui GR é um metódico. Faz durante todo o tempo um julgamento a partir de um ponto de referência, de uma postura sem a qual o livro se transformaria num emaranhado de impressões, numa crítica inconstante e volúvel. Por vezes, curvado à honestidade do método, GR trai pontos de vista anteriores, mas autênticos pessoalmente; menos úteis, porém. O que *Revisão* diz, pode-se afirmar, é de imenso sentido prático e objetivo. Os poucos *penchants** de GR são substituídos pelo sentido profundo de co-

---

* Em francês: inclinação natural.

letividade, do interesse comum. Muitas vezes o sectarismo se anuncia, mas logo depois se insere na honestidade do ponto de vista pessoal fugindo a tudo que pudesse ser esquemático ou impessoal. O método se funda no autor. Como autor de *Barravento* e agora de *Revisão crítica do cinema brasileiro*, GR é um exemplo a ser seguido e consultado.

Nos capítulos seguintes há a preparação histórica para a chegada do Cinema Novo. Sente-se que quando a vivência não interfere há um certo esfriamento (caso *Limite*) da análise, que não chega, porém, ao desprezo. A riqueza da memória e dos dados desnorteiam o compilador. A aparência é de perigosa fertilidade (caso Cavalcanti), mas uma ordem interna a tudo preside. O importante é que o depoimento se revela, ao fim, de impressionante veracidade. O método crítico consagra então (e revela) a história, de forma dinâmica e quase vivida.

Lembro-me também que sempre me fascinou extraordinariamente a vasta cultura brasileira de GR. Todas suas leituras (de ficção, sobretudo) se calcam na literatura brasileira (as exceções são poucas e me vem à memória seu fanatismo por Faulkner, por exemplo). Esqueci-me de citar mais acima na bibliografia as obras de Cornelio Penna e de Graciliano Ramos, que foram revistas durante a fase preparatória. O que pude sentir também em *Revisão* é certa fenomenologia fundada nesta qualidade de crítico literário que se acha latente em GR. Quase sempre se lê com enorme prazer suas "revisões" das fitas características e esclarecedoras de cada capítulo ou personagem. Para não fugir à regra, sua cultura cinematográfica é igualmente muito vasta. No capítulo 4, dedicado a Lima Barreto, o cuidado de análise estética e, sobretudo, ética vai até as citações de detalhes da carreira artística dos principais curtas-metragens do realizador de *O cangaceiro*.

Uma primeira leitura, feita às pressas, não me permite senão essa rápida análise de um livro para o qual faço previsões de um sucesso incomparável. O espírito eminentemente polêmico que se imprime em suas páginas deverá fazer de *Revisão crítica do cinema brasileiro* um dos livros mais discutidos do ano. Com tudo isso, fico duplamente satisfeito: primeiro, porque descubro definitivamente um ponto de referência concreto e de fácil consulta que me permitirá defender a organicidade do pensamento de GR e, segundo, porque vejo que o Cinema Novo pode hoje (depois de *Garrincha* e *Vidas secas* inclusive) fazer alarde de sua existência definitiva, pois tem, dessa condição, um atestado à altura.

A verdade do Nordeste

O lançamento de *Vidas secas* no Rio serviu, entre outras coisas, para trazer à luz novas verdades a respeito do diálogo entre nosso público e nosso cinema. Não quero reproduzir as generalidades desse diálogo, mas creio ser interessante anotar a ampliação do valor do filme enquanto mensagem de cunho social. Sob esse aspecto, *Vidas secas* valeu mais do que valeria um documentário feito de encomenda. Não sei se houve diretamente intenção do realizador ou do produtor em prover uma tomada de consciência geral a respeito dos problemas brasileiros. Desacreditei também do fato de o escopo de Nelson Pereira dos Santos ter sido a adaptação fiel do romance de Graciliano Ramos: sentia no realizador atração maior por detalhes da obra literária (sua trama, sua singeleza) e não via na documentação social apresentada senão uma decorrência que, enfim, dava validade a todo o conjunto. O resultado, porém, foi outro. De início o filme era apresentado (através de publicidade natural) como "adaptação do romance de Graciliano Ramos", isto é, a transcrição cinematográfica de uma obra literária e, aos poucos, sua origem ia sendo desprezada em favor de uma aguda e fulminante tomada de consciência da realidade brasileira. De todos os rumos de opiniões políticas sentia-se, em manifestações sobre *Vidas secas*, uma profunda intimidade com a miséria e a ignorância, no sentido em que esta intimidade quer dizer revelação provocadora de asco e de revolta. *Vidas secas* despertava em cada um uma idéia de distância, de contraste, e trazia a vontade de ser útil. O próprio Graciliano Ramos nutria permanente preocupação pela idéia participante de utilidade.[1]

---

[1] Segundo o depoimento da viúva de Graciliano Ramos, D. Heloísa Ramos, seu marido finalizou certa vez uma oração a uma turma de bacharelandos da qual era paraninfo fazendo a cada um votos não de felicidade, mas de utilidade.

Telégrafo Visual

A exagerada característica de "veículo participante" de *Vidas secas* surgiu, portanto, quase que *a posteriori*, através de inúmeras sugestões publicitárias que trouxeram nova luz ao problema, sobretudo aos que encaram o cinema como método exclusivo de *consciencialização*. Houvesse, por exemplo, o produtor apelado para essa tecla durante a campanha de lançamento do filme e o resultado teria sido outro. Esse exemplo prova inúmeras verdades que se tornaram latentes com o andamento comercial incompleto de fitas como *Cinco vezes favela*, *Gimba* etc., isto é, que a maneira de apresentação, a qualidade do veículo (como muitas vezes o rótulo de certos produtos alimentícios e farmacêuticos) suprem, de início, totalmente, as necessidades populares de satisfação, de lazer. A mensagem, a tese, a proposição, só se aceita se vier dissimulada, confundida com este mesmo veículo. O valor de *Vidas secas* torna-se muito maior quando se comprova seu engajamento e a fidelidade à obra original. As opiniões relativas àquele prisma (positivas ou negativas) galgaram a escala de todas as classes sociais, independentemente da proveniência de seus responsáveis, do proletário ao burguês, do simples barbeiro ao presidente da República (e por causa de *Vidas secas* estendeu-se até *Seara vermelha*, obra que, por assimilação, pode, cinematograficamente, ser considerada pálido reflexo da de NPS). Se disse acima "independente da naturalidade" não foi por acaso. Os nordestinos, aliás, são os únicos que emitem sobre *Vidas secas* opiniões mais ou menos desconcertantes. Falta-lhes o recuo que lhes permita livrar-se da preocupação com a verossimilhança de pequenos detalhes.

O que passa despercebido em tudo isso é o fato de que a forma de apresentação de *Vidas secas* é elemento primacial para ressaltar a pouca "aptidão para *consciencializar*" da realidade objetiva. Assim, é a visão pessoal do autor e do realizador que tornam mais real a realidade apresentada, tornando preparado o espectador para assimilá-la. O mérito é repartido entre ambos os autores, sendo que a fidelidade ao livro daria prioridade ao escritor, não fossem os achados da ordem do que se encontra na passagem onde Fabiano vai acertar contas com o fazendeiro e se depara com o professor de violino, assustando-se ao fixar a jovem aluna absorta. É este um dos momentos culminantes da fita, e se deve à "estética do singelo" que NPS procura aperfeiçoar, no âmbito rural, a partir do "rascunho" que foi *Mandacaru vermelho*.

A característica autoral de *Vidas secas* traz à imagem o drama que começa a faltar na atual encruzilhada do Cinema Novo. Falava de opiniões de nordestinos que pude anotar em breves pesquisas particulares e me enveredei por outro assunto: o da autoria. É que queria, por justaposição, assemelhar dois problemas básicos, o outro sendo, como ficou visto, o do realismo.

A busca da verdade não é no cinema, como pode parecer para muitos, o mero "decalque" do mundo exterior, mas a síntese ou o conflito dessa mesma objetividade com a visão pessoal do artista. O comodismo do espectador brasileiro faz com que ele julgue os filmes amparado pelo primeiro ponto de referência que encontra à sua disposição. No caso de *Vidas secas*, o livro, bastante difundido, foi favorável a tal disposição e mais favorável ainda à fita (mas um exemplo específico não suprirá as atuais carências do nosso mercado cinematográfico: há outros filmes que sofrem com essa situação). Faz-se necessária a denúncia dessa facilidade popular de aceitar "verdades", de concluir definitivamente ao simples boato, e de fazer, de premissas insustentáveis, os pontos cardeais de sua existência.

Até aqui as fitas brasileiras têm sido de mera esquematização da realidade. Seria, digamos, a "intenção" de aplicar o realismo crítico sob o disfarce dos processos ultrapassados do realismo "psico-sociológico". A função de *Vidas secas* não pára na simples "desglamourização" do Nordeste brasileiro; ela, muito pelo contrário, revela um Nordeste novo, com um cheiro de terra que não poderá trazer desconfiança quanto à sua veracidade. O público, porém, conhece, dessas mesmas telas, outro Nordeste. A unanimidade das opiniões favoráveis ao filme, partidas das camadas mais bem dotadas e atingindo outras, menores, forçou um reconhecimento dessa veracidade. Por uma feliz convergência de opiniões deu-se a consagração de *Vidas secas* em termos de *box-office* e essa evolução dos acontecimentos pode ser verificada pelo excelente ardil publicitário usado pelos produtores. Resta apenas saber se tal apreciação popular agiu relativamente a um despertar deste público para certos conteúdos do cinema brasileiro. Vê o leitor, enfim, que não é da realidade de que se nutre, fingindo recebê-la, o público. É uma falsa idéia desse conceito, que poderia chamar de "re-informação", elemento básico na cultura popular que não tem recebido, dos responsáveis diretos de seu aproveitamento, o merecido estudo e a correta canalização. A "re-informação" e seus danos foram incrivelmente ampliados pelo aumento de popularidade da televisão, do qual o exemplo típico reside no futebol, na ânsia dos telespectadores pelas resenhas esportivas e pelo sucesso popular (verdadeiramente incompreensível) do videoteipe (neste gênero de transmissão).[2] Através desses elementos vão-se criando perigosas lacunas entre os fatores que concorrem para a definição do conceito de lazer. No cinema brasileiro a maior vítima dessa "auto-

---

[2] É incrível como se difunde o gosto comodista da repetição que, a meu ver, tem íntimos contatos com problemas pessoais de auto-afirmação. Quem poderá negar a segurança que se tem de ver uma coisa "já vista"?

matização" das capacidades perceptivas parece ser *Garrincha, alegria do povo*, de Joaquim Pedro de Andrade. Sobre a verdade, o realismo, a "re-informação" e o cinema, gostaria de tecer, ainda, mais considerações. Deixo, porém, para outra oportunidade.

Ganga Zumba, rei dos Palmares

Ganga Zumba é, em verdade, o primeiro filme de Carlos Diegues. Sua estréia como diretor, porém, já se havia dado através de um curta-metragem incluído na série *Cinco vezes favela*: *Escola de samba, alegria de viver*, que foi muito combatido pela crítica. Diegues mostrou aí que possuía uma invencível vocação intimista apesar de toda uma tradição cultural voltada para coisas da sociologia ou para a análise dos problemas sociais. As críticas a *Escola de samba, alegria de viver* se caracterizam sempre pelo total desprezo a essa particularidade tão evidente[1] quanto importante e acredito mesmo que o filme estaria mais valorizado se, antes de tudo, fosse considerado um documentário que analisasse as reações psicológicas típicas de uma escola de samba em determinadas condições. O próprio Diegues parece ter — na sua ótica coletivista — desprezado essa característica que se revelou, portanto, de forma inconsciente.

A verdade é que, não desfrutando do *handicap* do autoconhecimento, escolheu o realizador, como sua nova realização, um episódio tirado de uma obra onde por certo encontraria elementos que despertassem seu verdadeiro talento. O livro é, como se sabe, de João Felício dos Santos.[2] O episódio é o que narra a fuga do escravo Antão e de seus amigos na direção do Palmares, a fim de suceder, como legítimo descendente, ao trono do quilombo.

O filme começa com a apresentação da fazenda onde vivem os escravos obrigados a trabalhos forçados, no canavial. A imagem é belíssima e sucede a um prólogo no qual se vê uma cerimônia em homenagem a Gongoba, mãe

---

[1] O filme, em suma, se reduz a essa particularidade, se se quiser ter um ponto de vista histórico.

[2] *Ganga Zumba*, Editora Civilização Brasileira [1962].

de Antão, que morre castigada, vítima talvez de sua desobediência. O plano inicial que mostra ao espectador a plantação de cana possui elementos de um dinamismo latente que contrasta com o que segue, ou seja, o da apresentação de Antão. Ao se fixar nas proximidades do personagem a câmera parece querer perscrutar-lhe o íntimo, sem, entretanto, que essa pesquisa resulte numa "ação" de sua parte, mas, sim, numa indolente contemplação.

Essa tese se comprova por uma falha mais grave que compromete em parte a fase inicial. As apresentações dos demais personagens são feitas de maneira satisfatória até que se necessita de uma solução "dinâmica" para o fecho dessa primeira etapa. Trata-se da fuga de um emissário que avisará Palmares da disposição do jovem príncipe em aceitar sua nova e grave missão. Dramaticamente o realizador começa a se comprometer ao optar aqui pela extrema simplicidade: o emissário escolhido se limita a correr através do canavial (numa bela solução plástica, aliás), como se para se escapar ao longo cativeiro isso bastasse.

A partir daqui, na balança que afere ação e contemplação durante o decorrer do filme, estará sempre mais bem fornido o braço da contemplação.

Ou, quando muito, será beneficiária a ação que fuja ao épico e se aproxime do lírico onde os fluidos interiores são os que mais participam, como é o caso da seqüência seguinte em que Antão e Cipriana nos fornecem um *entracte** romântico que é verdadeiramente um achado.

Na preparação para a fuga final o filme retoma sua linha mestra, e o realizador reencontra aí os seus trunfos: pode trabalhar à sombra... À sombra, por exemplo, é a excelente seqüência da senzala. Não sei se a indolência que encontro nestes momentos é o resultado de um processo associativo com o psiquismo do negro ou se é um dado do próprio realizador; há porém uma grande afinidade entre sua linha de criação e a personalidade de Aroroba, o escravo mais velho que representa o que se chamaria vulgarmente de "voz da experiência". O ritmo que se desenrola nessa oportunidade é o mais adequado de todo o filme, estando todas as coisas perfeitamente em seus lugares e apresentadas em seu devido momento. (A outra seqüência noturna apresentada já durante a fuga, num momento antes de atravessar o rio e que seria o correspondente simétrico dessa passagem, na senzala, não possui a mesma placidez em virtude talvez da diferença das situações em que os personagens se encontram.) Na senzala, o gênero musical correspondente seria o da *berceuse*** e

---

* Em francês: interlúdio.

** Em francês: acalanto.

se pode imediatamente reconhecer as características básicas das personagens: Antão se exercita (no ritmo da voz de Aroroba): é feito para agir, deliberar com presteza, é homem do presente ou do futuro imediato. Aroroba é um pouco o seu oposto. Vive de reminiscências e procura adequá-las ao presente. Salustiano quase não fala: representa também o realizador, que observa com certa reserva as reações dos demais. Revela um pouco a sabedoria dos que decidem somente nos momentos cruciais. O *flashback* que irrompe subitamente na tela é como um estado ilustrativo de quem mal ouve, quer estar em dia com a conversa em sua volta e associa um fato com uma imagem passada que surge como um fantasma e volta a se apagar na consciência adormecida. Ele se refere também às relações do realizador com o personagem Aroroba.[3] Com a visita do feitor, que os obriga a dormir, a seqüência se encerra; seu final é progressivo, lento e tem a tranqüilidade do que o antecedeu. A partir daí o filme toma rumo mais objetivo, mas já disse de onde, como e para que veio.

Não quero estender-me mais na análise detalhada das passagens, o que seria ocioso, sobretudo para o leitor que não viu o filme. Devo dizer, entretanto, que a característica que procurei reproduzir aqui, através desses correspondentes inadequados que são as palavras, preside o filme até o seu final. A própria fuga, ou melhor, o próprio ato de fugir está marcado pela contemplação e especialmente pela reflexão. O espectador comum deve irritar-se com as interrupções reflexivas que sucedem com freqüência. Algumas delas são interessantes; outras, apenas estruturalmente necessárias. *Ganga Zumba* é, em suma, um filme onde o estilo derrota o autor em virtude da ausência de uma autocrítica inicial.

Na parte técnica há grandes méritos que não se pode deixar passar despercebidos. A música de Moacir Santos talvez seja a melhor partitura original do cinema brasileiro. Ela supre algumas deficiências mecânicas que faltaram a Diegues em certos momentos e o auxilia quando ele se revela em sua verdadeira grandeza. A fotografia do estreante Fernando Duarte, se não deve ser generalizada quanto à sua qualidade (particularmente não gosto de alguns momentos — sobretudo noturnos), é, por vezes, surpreendente.

As cenas do canavial são exuberantes e reproduzem com precisão o vigor do sol brasileiro, a exemplo do despojamento exibido anteriormente por

---

[3] *Ganga Zumba* é cortado rapidamente no seu desenvolver por dois *flashbacks*, colocados de modo simétrico na primeira e na segunda partes. Ambos relacionam-se a narrativas reminiscentes de Aroroba. Este, a que nos referimos, representa os escravos vítimas da peste que, por medida profilática, eram mortos por seus próprios irmãos de cor.

Vidas secas.[4] O desempenho dos atores é também um grande trunfo no qual não há sequer uma figura comprometedora e podem-se enumerar grandes desempenhos, como o de Eliezer Gomes (Aroroba), Lea Garcia (Cipriana), Antônio Sampaio (Antão), Luísa Maranhão (Dandara), entre outros.

Para finalizar gostaria de esclarecer que procurei manter aqui a maior fidelidade ao meu pensamento sobre o filme do qual a minha apreciação pessoal supera em muito as palavras severas com que, à guisa de objetividade, transmiti meu pensamento. Pensei sobretudo no realizador ao tentar fazer-lhe outra vez (agora por escrito) essa modesta "revelação" do seu próprio trabalho. A par de tudo isso, *Ganga Zumba, rei dos Palmares* é um filme que, mesmo incompleto, vive de muitos dos seus momentos e representa mais um marco na vigorosa e progressiva evolução do Cinema Novo.

---

[4] Fotografado por Luiz Carlos Barreto.

Garrincha decalcado?

A meta dos produtores de *Garrincha, alegria do povo* era a reprodução cinematográfica do fenômeno Garrincha, fato que, desde o início do movimento publicitário, deve ter provocado forçosas previsões nos espectadores. A ânsia de re-informação[1] certamente agiu de maneira violenta (a ponto de facilitar a delimitação de suas características). Queria o público a repetição tal qual das jogadas do ponta direita e não a sua interpretação cinematográfica; a fusão interminável de passivos videoteipes e não o aproveitamento das possibilidades, diria estéticas, do jogador. O espectador carioca não quis despir-se do pijama e do chinelo, armas com que, comodamente, assiste às resenhas esportivas ao fim de cada domingo de futebol. Preferiu continuar como sempre no seu comodismo inculto, na sua teimosa condição de assimilador, ou melhor, de pseudo-analista pela assimilação.

No Rio, esse e outros fatores contribuíram contra a fita de Joaquim Pedro. Em São Paulo terá ocorrido o mesmo? *Garrincha, alegria do povo* também foi visto como obra menor (o problema da duração), mas, é, na verdade, uma das mais completas da história do nosso cinema.

Joaquim Pedro fizera, antes de realizar *Garrincha, alegria do povo*, um estágio de dois anos no exterior, ora na França, ora na Inglaterra, ora nos EUA. Na fase final cursara um ciclo de aulas particulares com David e Albert Maysles, operadores da equipe de Richard Leacock, figura que se constitui atualmente numa das coqueluches dos que estão mais em dia com o cinema, no mundo. A chegada de JP ao Brasil coincidiu com os preparativos para a produção de *Garrincha, alegria do povo*. O esquema de um uniu-se à dispo-

---

[1] Sobre o fenômeno da re-informação pedimos aos leitores que se reportem ao artigo "A verdade do Nordeste".

nibilidade e à recente experiência do outro e, assim, quase por um fatalismo, veio JP a realizar o filme. A especificação de cinema-verdade ou de filme-verdade é precipitada para a fita, mas não é, absolutamente, contraditória. Se os conceitos e a formação do realizador tendiam para esse tipo de filme, certos problemas técnicos não permitiram a consolidação do apelido. *Garrincha, alegria do povo* é, antes de tudo, um filme híbrido que reúne elementos de cinema-verdade com os do já conhecido cinema de montagem: a atração primeira da fita se funda no fenômeno Garrincha enquanto evocação dos antigos sucessos de sua carreira. Abandonar a montagem em favor de uma verdade despojada num filme-de-montagem é fato inadmissível. Quando se fala, portanto, que a fita não é fiel à realidade, a afirmação deve ser argüida e refutada imediatamente. Essa queixa tem origem também no fenômeno da re-informação e provém dos que "não viram o que esperavam", como se o cinema fosse fonte obrigatória de incentivo à auto-afirmação. (Triste a sina de nosso cineminha, vítima da prepotência de um público a manifestar sempre um sentimento de superioridade sobre ele.) Trocasse *Garrincha, alegria do povo* a sua nacionalidade e eis que, certamente, outra seria a sua receptividade. Por outro lado, na Europa, as figuras mais abalizadas que se pronunciaram com pouco entusiasmo pelo filme, via-se, estavam saturadas pelo dinamismo e pelo progresso do *cinéma-vérité* e não souberam distinguir o caráter híbrido de sua concepção.

Devo acrescentar aqui um pequeno glossário de termos afins e importantes, em cinema: verdade, realismo e verossimilhança. Para o espectador é este último que quase sempre conta. O realismo ou a verdade (dos quais muitos fizeram questão, no Rio) em *Garrincha, alegria do povo* não se reduz aos particularismos da verossimilhança e se dirige ao "mito" no que ele tem de mais geral. É aqui que se verificam as aspirações da fita e sua "fenomenologia" porque, partindo de planos e através da montagem, ela vai do particular ao geral, chegando a uma visão global tanto do jogador quanto do meio em que se insere.

O cuidado de elaboração que sofreu, posso imaginar, e sua finalidade imediata, não serão percebidos pelo grosso do público; porém reduzido à função informativa, o filme se torna perfeitamente assimilável. O aparente intelectualismo tem como contraponto o espírito "radiofônico" do texto narrado. A crítica à forma da narração, de Novaes Teixeira, justifica-se sob muitos aspectos: primeiro, porque, visualmente, a forma de *Garrincha, alegria do povo* se aproxima à de um filme europeu (e entretanto as diferenças que lhe trazem a originalidade são inúmeras!) com que NT está bem familiarizado. Se a parte plástica é intelectualizante, sua explicação, seu complemento inseparável, a voz de Heron Domingues não o é, absolutamente. E o contraste, antes de trazer o choque, contribui com certa simpatia, estranha forma de acessibilidade. O que faz com que se critique a "facilidade do texto" é portanto o contraste com as imagens.

Assisti a várias sessões públicas de *Garrincha, alegria do povo* e posso garantir que não é o elemento intelectualizante — confundido também por muitos com o domínio da linguagem e da estética cinematográficas — que frustra a percepção. Muito pelo contrário. Ao aceitar com entusiasmo certos momentos como o clímax dos dribles de Garrincha, o Mainá, o *twist* (hoje já não estará *démodé*?...) em Pau Grande, os rostos e as reações dos torcedores, o público está, antes de tudo, sob o efeito de uma transcendência, ou seja, de um veículo magistralmente bem dominado — com imagem e drama combinados na justa medida — pelo realizador. As opiniões contrárias foram todas condicionadas pela re-informação: reclamações pela pouca duração do filme (faltam cenas de determinado jogo etc.), pela qualidade de certas "filmagens" (cenas de arquivo em estado deplorável, em contraste com a nitidez da TV) etc., e não devem ser imputadas ao intelectualismo. De certo, admito ser requintada a tendência formalista de aceitar estes defeitos como "funcionais" esteticamente (a imagem deteriorada realçaria o drama), mas, no caso, a crítica não se justifica porque tudo se encaixa naturalmente em favor da informação. Sente-se, entretanto, que o público quando não esteve à altura do filme procurou, pelo menos apoiado no texto, alçar-se até ele.

O futebol pode ser considerado hoje, no Brasil, um dos elementos-chave para a conceituação de uma estética popular; se não, pelo menos constitui-se num correspondente daquelas fontes primitivas que eram o circo e as paradas marciais. De um modo geral os dados estéticos das camadas menos favorecidas intelectualmente baseiam-se num congraçamento harmonioso das sensações, coisa de que o futebol é especialmente pródigo.

A gratificação estética não é a única do futebol, mas dela partem os vetores que compõem as demais gratificações. O lazer e sua noção mais ampla fundam-se na estesia que o futebol proporciona às mais variadas camadas da sociedade.[2]

"O povo usa o futebol para gastar o potencial emotivo que acumula por um processo de frustração na vida quotidiana", diz o narrador em determinado momento para justificar a grande afluência aos estádios. "Uma parti-

---

[2] É muito curioso que no campo comum do futebol as opiniões populares muitas vezes encontrem as de intelectuais da mais alta estirpe e vice-versa.

da é a representação de um combate e o universo lúdico do estádio é um terreno mais cômodo que o da vida para o exercício das emoções humanas." Assim o futebol é como uma válvula de escape para nossas tensões, sendo muitas vezes através da estética que essa válvula se manifesta. O processo de participação do público durante uma partida de futebol é semelhante à que se verifica numa sessão de cinema. O jogo, porém, repetindo-se em esquemas semelhantes cada semana, favorece o nascimento de um simbolismo característico.[3] Nossas manifestações mais inconscientes afloram à consciência no decorrer de uma partida; dessas, as mais características são justamente as mais reprimidas: satisfação pelo jogo violento (contra o nosso virtual adversário), indiferença para com a má arbitragem (sempre que nos favoreça) etc.

Em *Garrincha, alegria do povo* esses dois momentos convergentes do futebol (estesia e, digamos, catarse) são apresentados. Na primeira parte do filme temos um tipo de montagem por justaposição das jogadas principais do ponta-direita, reunindo material filmado pela equipe e recolhido de velhos jornais de atualidades. Cada tema (jogadas pessoais, dribles, violência sobre Garrincha, arrancadas, gols etc.) é tratado a seu tempo, numa lógica crescente. A utilização da montagem dá ênfase à ritmia que se resolve no espectador (de futebol e, mais ainda, no de cinema) naquele "congraçamento harmonioso das sensações". A terceira parte de *Garrincha, alegria do povo* sai um pouco do tema central (Garrincha) e parte para uma análise do fenômeno futebol. A partir das cenas da derrota do Brasil em 1950 não é mais a estesia a emoção visada, mas o complexo psicológico do qual ela é elemento indissolúvel, porém longínquo. O filme em determinados instantes (e sobretudo por causa de certo público que o procura) dá a impressão de ser feito do ponto de vista do espectador de futebol em busca de confirmações para suas teses pessoais. Da terceira parte em diante sentimos que é o próprio Garrincha que nos parece observar, talvez, com intuitos semelhantes.

A parte central trata de Garrincha em sua vida privada. A exuberância criativa que preside as duas outras partes, necessariamente, se faz ausente aqui, revelando outra faceta do realizador e apresentando de forma bucólica o Garrincha desconhecido do grande público.

---

[3] *Garrincha, alegria do povo*, nessa sua terceira parte, apresenta, não sem certo ar irônico, duas teorias psicanalíticas acerca do futebol. Da segunda, "mais sensata" (*sic*). são as palavras alinhadas acima. A primeira diz que a bola disputada pelo jogador (e, por extensão, pelo torcedor) simboliza "o seio ou o ventre maternos".

Deixo aqui esta pequena crônica rogando ao leitor que, se tiver oportunidade, procure ver e encarar *Garrincha, alegria do povo* sem idéias preconcebidas ou preocupações futebolísticas. Que procure, sobretudo, a humanidade, a inocência, a alegria e a tristeza desse grande jogador (e do fenômeno que o engloba), cuja essência é apresentada não num decalque ocioso. Garrincha é sobretudo um personagem repleto de estímulos humanos verdadeiros. E é dessas verdades que trata o filme.

A velha a fiar

Assim como de surpresa o velho Humberto Mauro nos dá uma pequenina jóia cinematográfica nessa *A velha a fiar*, curta-metragem do Instituto Nacional do Cinema Educativo (INCE).

Os pequenos filmes de Mauro têm todos uma peculiaridade interessante, qual seja, a de se parecerem aos vinhos, tanto sua qualidade está dependente de sua velhice ou conservação. Por outro lado, Mauro, totalmente integrado nessa característica, trata seus objetos cinematográficos como verdadeiras relíquias (quem vai ao INCE pode sentir essa tendência pelo simples observar a mesa de trabalho do grande cineasta). Desta forma, *A velha a fiar* levou uma enorme temporada no especialíssimo molho da criação, cuja fórmula é o próprio Mauro o único a possuir. E no mesmo caso se encontra o "Roteiro da fazenda clássica" que será, dentro em breve, um novo sucesso tanto crítico quanto popular.

Quem desconfiava da concepção musical de *Engenhos e usinas* pode agora ter certeza de que toda a série das *Brasilianas* é uma espécie de *Bachianas* do cinema brasileiro. Não temos dúvida em afirmar que Humberto Mauro tomou certos temas do folclore musical brasileiro e os levou para a tela com a mesma intenção com que Villa-Lobos lhes deu uma universalidade musical. *A velha a fiar* comprova isso com uma vantagem: agora, não sabemos se entusiasmado com a emergência do cinema brasileiro ou se tomado de um sentimento de liberdade mais amplo (que a idade lhe faculta), ele se dá o direito de fazer um humor ingênuo, primitivo, puro, mas absolutamente franco e comunicativo. Sua última fita tem mais otimismo que toda a sua obra reunida.

A velha a fiar começa com uma descrição. Aos poucos a câmera vai-se acercando da intimidade de um pequeno sítio rural. O gado, o rio, a roda d'água (todos recorrentes na obra de Mauro), as aves, o gato, o cachorro, a teia, as aranhas. Esse preâmbulo, descobre-se mais tarde, não passa de uma apresentação dos elementos que mais adiante voltarão com toda a ênfase. Durante essa primeira fase, o maestro Aldo Taranto (antigo colaborador) desenvolve com bastante sutileza o motivo musical da fita, a ponto de o espectador só muito longinquamente perceber a possibilidade do que se seguirá.

Nesse particular, a surpresa é elemento básico no filme.

Logo após a apresentação dessa abertura (não seria também uma adaptação do sistema de *ouverture* dos filmes musicais americanos?), inicia-se o filme propriamente dito. Uma velha fiando (que divina caricatura/síntese...) e os elementos inoportunos: mosca, aranha, rato, cachorro, pau, fogo, água, boi, homem, mulher, morte...

O ritmo nos empurra a todo vapor para a frente, as previsões se confirmam e tudo é uma convergência para o mais brasileiro, digno, rústico, comovente e irônico dos clímaces da estesia.

Uma fecunda criminalidade

Se *Barravento*, primeiro filme de Glauber Rocha, pode ser considerado uma violenta revolução no processo cinematográfico brasileiro, *Deus e o Diabo na terra do sol*, então, nem se fala. Em tudo e por tudo ele é o protótipo dessa revolução, o único e verdadeiro barravento da nossa cinematografia. *Barravento*, é bom que se diga, quer dizer transformação violenta. *Vidas secas* é revolução, mas não no sentido intempestivo que é a constante vital de Glauber Rocha.

A vida do jovem cineasta é marcada pelas atitudes. À primeira vista do observador alheio elas passam como tal. Não é que com o tempo sua desordenação vai tomando uma consistência de coisa orgânica, indivisível? De corpo da coisa e não de acessório? Houve época em que GR tinha a mania da expressão "criminalidade total!" que gritava como *leitmotiv*, nas rodas de amigos, cartas e escritos pessoais. Não sendo louco seu dono, tomam-se essas palavras com certa surpresa e quase em vão busca-se uma causa que as justifique. Dentro da retórica baiana o ato gratuito é um refrão que por assim dizer tempera suas intervenções. A expressão-chave "criminalidade total!" é um típico ato gratuito, de tipo diferente do padrão sartreano. Diria, por sua importância, tratar-se de um ato semigratuito.

Para quem conhece GR, *Deus e o Diabo* é o mais fascinante dos filmes. Não foi à toa que o jovem italiano Bernardo Bertolucci,[1] entrevistado em Cannes, colocou o realizador entre os quatro de sua predileção. Amigo de GR, Bertolucci sabe do laço de coerência que existe entre ele e o filme. Para quem não conhece GR, o filme é uma revelação estranha das coisas do Bra-

---

[1] Bernardo Bertolucci é um jovem realizador da *Nouvelle Vague* italiana. Seu segundo longa-metragem, *Prima della rivoluzione*, alcançou grande sucesso na Semana da Crítica de Cannes, 1964.

sil (pois o Brasil transborda em GR), um Brasil importante e desconhecido, um Brasil possuído das potencialidades que apenas começam a se revelar.

A "teoria" desse ato semigratuito deverá ser a tese deste artigo. É o elemento mais próximo que achei para traduzir o espírito brasileiro de GR e, ao mesmo tempo, justificar certas coisas do filme que podem parecer desnecessárias ou meramente formais. O que se encontra por trás disso é um pouco o "desengajamento" do brasileiro, cuja displicência é também semigratuita. Pois não? A semigratuidade é um determinismo quase de ordem pragmática, um meio indispensável, uma condição *sine qua non* para a validade e utilidade das ações.

Passemos ao filme: o aspecto de *Deus e o Diabo* é em geral difícil de ser traçado em sua generalidade. Antes de ver o filme tive, através de um telefonema, o impacto da notícia de sua escolha para Cannes, superando *Vidas secas* no escrutínio da Comissão de Seleção do Itamaraty. Uma das informações mais precisas e que bastou para me revelar a dimensão do filme foi a que o consideravam "melhor que o *Bandido Giuliano*". Para quem está sem coordenadas, esta foi decisiva para situar uma obra da qual só se podia imaginar alguma coisa por meio da relação com *Barravento*, com o qual, aliás, ela tem muito pouco a ver. Uma base para julgamento de *Deus e o Diabo* é portanto a fita de Francesco Rosi, e essa base é menos temática do que formal porque, em verdade, enquanto Rosi é sumamente objetivo, GR, com suas atitudes, revela-se mais nos enxertos do que no miolo de seu filme. No entanto, a atmosfera fotográfica, a consciência geográfica, o aspecto histórico-documental são muito parecidos, em ambos os filmes.

Falei novamente em atitudes e sinto o remorso de parecer criticar GR, mas na verdade, se se coloca o valor temático do filme em evidência, é o conjunto que conta, tanto na sua ambigüidade, nas suas contradições, quanto na sua parte positiva. E, portanto, as atitudes, as semigratuidades são momentos inseparáveis na constituição desse todo que permanece. *Deus e o Diabo* é composto de ações e reflexões e é nestas últimas sobretudo que se notam os momentos que poderiam ser considerados inúteis. Durante a ação a vertigem se apossa do espectador de forma a impedir a caracterização da atitude desprezível. O morticínio do Monte Santo, por exemplo, é um ato semigratuito típico que vai dentro do brado retórico de "criminalidade total!" de que GR estava eivado durante a filmagem. A intenção de Antônio das Mortes (Maurício do Vale) era o assassinato do beato Sebastião e não dos fanáticos que o cercavam (o povo, enfim), conforme se pode sentir pelas suas palavras ao cego Júlio, mais tarde em Canudos. Nos momentos de reflexão, os atos gratuitos ficam mais evidentes porque perdem a possível característica de atos impensados. O mesmo Antônio das Mortes, por exemplo, aponta subitamente uma arma para o crucifixo preso à parede durante sua entrevista com o vigário, nos momentos que antecedem a morte do beato. Embora coerente dentro da seqüência com os acontecimentos que vão suceder, o ato é mais uma postura inconseqüente na cena que se desenrola. Como esses, poderíamos citar inúmeros outros condicionados por influência de fora do contexto do filme, que se sucedem em momentos posteriores.

Em contrapartida, apesar dessa dialética estrutural, as teses de GR chegam aos poucos através de Manuel (Geraldo D'El Rey) (em relação a quem sente-se certa antipatia do realizador) e com o desenvolvimento do mesmo Antônio das Mortes, que é sem dúvida o elemento de ligação entre o realizador e a fita, sentindo-se nele algumas afinidades com o Firmino de *Barravento*. As semigratuidades desse "matador de cangaceiro" justificam a tese da liberdade criadora, isto é, aquela pela qual se constata que é na livre e desordenada manifestação da vontade de uma personalidade artística que se revela. Permita-se, por exemplo, a uma pessoa capacitada, a análise psicanalítica das reações de Antônio das Mortes e atente-se ao resultado: o ato gratuito por vezes se confundirá com o ato falho e revelará, por trás da capa, do porte, dos armamentos, a força criadora de um realizador jovem, ainda sujeito ao jogo fascinante das manifestações da infância.

Se se avança na pesquisa desse tipo tão fértil pode-se garantir a certeza do rumo para a verdade. O que GR apresenta nos outros personagens são reflexos de teses alheias, da manifestação da História, citações de fatos reais onde a objetividade é o elemento indispensável. Há, é claro, momentos de convergência de emoções ou raciocínios, mas é Antônio das Mortes quem dará, sempre, a palavra, a derradeira justificativa. A ambigüidade dos demais aqui se revela como um determinismo de ordem geral de tal forma suas palavras contradizem manifestações anteriores. A humanidade ou o humanismo de Antônio das Mortes é o denominador comum de sua presença. Tendo um antipático mister, sua figura entra em conflito com sua função. De início, o artifício de GR contratando um dublador profissional é importante para definir essa simpatia que exala de um pistoleiro profissional.[2]

Nenhum personagem se mostra coerente em relação à sua postura diante da vida e confirma-se que é a incoerência uma das chaves do estilo de *Deus*

---

[2] A voz de Antônio das Mortes é a mesma que, nas TVs cariocas, faz o Zorro, herói das famosas historietas. Antônio das Mortes tem, portanto, a fala de "mocinho" e, ao ouvi-lo pela primeira vez (na sacristia), sente-se aumentarem, em vez de diminuírem, os laços da participação afetiva.

e o Diabo. A mensagem do filme, inconformista e humana, não vem, portanto, do discursivo da fase reflexiva, nem do dinamismo da fase ativa, e sim da participação do espectador em face do filme visto como um todo. É a miséria humana a tornar-se, por momentos, riqueza. É a revelação do sobrenatural e a sua negação. É a pregação do ódio ou a manifestação do amor. É o sertão a virar mar. É a vida do homem, a luta contra a natureza; é, sobretudo, o momento presente.

O momento presente é a parte de inspiração para Manuel e para Antônio das Mortes. Este, na sua certeza, nega aquele. Cabe também, agora, identificar este ato com a expressão "criminalidade total!" que se tornou o lema interior de GR neste período. O seu sentido metafórico é vastíssimo, mas ela pode ser facilmente justificada através da constatação das cenas citadas à guisa de ilustração. O crime, no momento presente, é o inconformismo no seu sentido mais dramático.

Junto ao cego Julio, Antônio das Mortes não parece tão propenso ao crime. Pensando, ele contemporiza. (O filme, quase todo, parece condenar o raciocínio.) Deixando o cego e deparando-se com Corisco ele parece dizer "criminalidade total!" em vez de "S'entrega, Corisco!". E, então, como se estivesse de olhos fechados, atira, não querendo acertar. GR sabe o quanto é difícil afastar o compromisso que nos une a um mundo que vive de conceitos ultrapassados. (E às vezes ele parece não querer este afastamento.) É na gratuidade (Antônio das Mortes é quase um *beatnik*, também) e pela revolução que o afastamento virá.

Deus e o Diabo progride com toda a força sobre essa praia angustiante. A visão do mar repousa e encerra o filme.

Noite vazia

Walter Hugo Khouri é um realizador obstinado que merece uma análise, pelo menos delicada, de sua obra e de sua personalidade. Ele representa de forma absoluta a visão individualista da produção cinematográfica brasileira a ponto de, mesmo representando uma facção (político-ideológico-artística), desprezar os demais participantes dessa mesma facção, compor às vezes com elementos de outros grupos, romper com o método, fracionar certos princípios.

Chamado pelo Cinema Novo de "alienado", Khouri se justifica e vai em frente, desenvolvendo sozinho seus próprios esquemas. Desde *Estranho encontro*, filme que o lançou, em certa época favorável, no gosto da crítica que se interessava pelo florescimento do cinema brasileiro, o realizador soube ser sempre pessoal e fiel aos seus problemas particulares.

No início tentou convencer os outros da validade de suas premissas. Depois, desistiu do intento, fechou-se parcialmente em copas, jurando vingar. Essa vingança era buscada sob a forma de prosperidade com a qual Khouri convenceria os demais de que, afinal, era ele quem tinha razão.

Sua força de vontade, mais do que seus filmes, fez com que ele vencesse.

Seu primeiro filme, *O gigante de pedra*, apenas fazia pressentir certo talento. Foi realizado nas condições mais precárias. *Estranho encontro*, como dissemos, tornou-se um marco. Nesse período inicial, Khouri ainda militava na crítica e fixava-se especialmente em Ingmar Bergman, cineasta sueco de cujo estilo *Estranho encontro* se ressente bastante. Depois veio a primeira das duas reais frustrações por que passou sua obra, *Fronteiras do inferno*, rodado em cores, uma espécie amorfa de *western* brasileiro. Voltou a firmar com *Na garganta do Diabo*, no qual o acabamento técnico começa a ser uma constante preocupação, transbordando esterilmente em *A ilha*, segunda frustração. *Noite vazia* é uma revolta imediata contra a dissipação temática de *A ilha*; é um tema estreito levado à saturação.

Enquanto realização e enquanto apreensão de um ideal, *Noite vazia* é o melhor filme de Walter Hugo Khouri. Nele o realizador consegue inclusive "apaulistar-se" num grau interessante. Enquanto temática *Noite vazia* é um filme inútil, mas, domesticamente inútil. Quando Khouri consegue escapar aos clichês, cai no pensamento vago que talvez, como querem alguns, o título justifique.

Deve-se ver *Noite vazia*? A pergunta é traiçoeira e tem várias respostas. Se você se enquadra no tipo de espectador que reivindica o fim das favelas do Nordeste e do cangaço para o cinema brasileiro, vá ver o filme de Walter Hugo Khouri. Deguste-o. Fique para outra sessão. Mas, por favor, não se perturbe se o filme não preenche seus esquemas de divertimento. Aí então é porque, desprezando Nordeste, favela ou cangaço, o que você busca como substituição não é um simples panorama de asfalto ou de concreto ou de gente bem vestida, porém um outro universo, outras caras, outras vozes. Aí, então, só se mudando para os Estados Unidos.

Noite vazia trata de um assunto óbvio, com grandes atrativos cinematográficos: um "programa" noturno de dois boêmios e o tédio que daí decorre. O grande drama inicial do filme é o de estar situado naquele estranho limite, naquela terra de ninguém onde não se pode definir o estímulo que o gerou, se a realidade ou se o próprio cinema. O assunto é real, verossímil, existente. Sua exagerada exploração cinematográfica, o "modismo" em que se tornou, entretanto, fazem com que ao vê-lo o espectador menos avisado confunda seu conteúdo com alguma coisa já vista, já conhecida (não em termos de realidade, mas de cinema, fato que lhe traz um fastio inicial).

Dizíamos que era evidente o espírito "paulista" da fita. Ao espectador interessará essa colocação?

É importante que se ressalte aqui a nossa impressão de que, apesar dos aspectos regionais da fita, transborda a suspeita de que muito mais do que a realidade foi o cinema a grande origem de *Noite vazia*. Não vai nessa afirmativa um desejo de crítica e sim, exclusivamente, de fazer uma afirmação. Aliás, é importante, em nosso cinema um tipo de influência cinematográfica tão perfeitamente assimilada e readaptada.

Há pouco tempo, teve grande influência no Rio o cineasta sueco Arne Sucksdorff, que ministrou um curso de cinema sob os auspícios do Itamaraty. Hoje, ele é um carioca honorário, mas realiza seu trabalho silenciosamente, quase no ostracismo. A citação de Sucksdorff vem apenas para nos permitir uma comparação do seu temperamento com o de Walter Hugo Khouri que, por sinal, teve uma fase "escandinava" em sua vida (época em que fez *Estranho encontro*). Sucksdorff era um documentarista, que amava extremamente a natureza. Seu panteísmo chegava a pontos extremos. Khouri, de certa forma, também o era. Com a modernização do cinema, com a "contratação" pelo cinema da *inteligentsia* artístico-filosófica mundial, Sucksdorff mudou de rumo (isso sem evitar certo desnorteamento). De modo interessante e sintomático o mesmo aconteceu com Walter Hugo Khouri. Sucksdorff deixou seus documentários por uma ficção estranha, tendendo à saturação realista pela forma, sem abandonar o panteísmo. Khouri abandonou aquela ficção naturalista por um tipo comum de culto cinematográfico. Eis o cinema-Deus, o cinema-Meio, o cinema-Fim. Panteísmo por panteísmo, nós, para o Brasil, ainda preferimos o de Sucksdorff, que é sueco.

"Prelúdio do êxtase"

Muito simpáticos, os exibidores cariocas. *Barravento*, primeiro filme de Glauber Rocha e um dos marcos na história do Cinema Novo, está sendo exibido no Cineac Trianon, paraíso dos *voyeurs*, com o sobretítulo de "Prelúdio do êxtase". Ainda não tivemos tempo de dar um pulo lá para pelo menos tentar pressentir que tipo de reação está sofrendo esse filme, que tanto foi boicotado nas diversas praças cinematográficas brasileiras.

Se não nos falha a memória, ou se não nos falham os informantes, o distribuidor de *Barravento* é o sr. Osíris Parsifal Figueroa, o "montador de Rossellini".

Corre pelas esquinas e becos cinematográficos do Rio que o sr. Figueroa, distribuidor de *De crápula a herói* (*Il generale della Rovere*), ao receber e assistir ao filme de Roberto Rossellini, notou que havia "algum defeito na montagem original, sobretudo no início do filme", e que com simples intuito de colaborar "fez algumas modificações" nessa parte. O resultado foi a fluência decorrente que se notava imediatamente nas cópias exibidas no Rio.

Hoje não se foi tão longe. Num golpe publicitário ilustrou-se o título de *Barravento* com esse atributo simpático: "Prelúdio do êxtase".

Como é *Barravento*? Livre dessas veleidades publicitárias, o filme mostra que é justamente o avesso dessas coisas. Foi feito em 1960. Nas condições mais precárias e foi, depois de *Bahia de Todos os Santos*, um dos primeiros filmes de autor, no sentido expresso da palavra, feitos no Brasil e no exterior.

A linguagem de *Barravento* é áspera, rude e primitiva. Não é difícil de ser assimilada à primeira vista. Há, no filme, os primeiros prenúncios de uma narrativa cinematográfica verdadeiramente brasileira. Não sabemos como, a não ser pelo título, se pôde conciliar esse filme com a sala "pouco experimentada" onde ele está sendo passado.

A campânula mineira

Ato de razão: a obra de Joaquim Pedro de Andrade é a mais racional de todo o Cinema Novo. Para dar um exemplo, ele se coloca nos antípodas de Glauber Rocha. Seu processo de autoria se arma quase sempre da lógica e do raciocínio; dificilmente consegue penetrar no *no man's land** que é a criação livre e desenfreada nascida no instinto ou na paixão. Seu apego ao "cinema-verdade" foi, de certa forma, uma tentativa de aproximação, até agora ainda relativamente frustrada. Em *Garrincha, alegria do povo*, documentário realizado sem roteiro, ao sabor da rotina diária do jogador, ele se permitiu certas liberdades durante a filmagem. Por ocasião da montagem, entretanto, alguns meses depois, sentado diante da moviola, rendeu-se à força maior da lógica e elaborou uma ordenação cartesiana da vida de Garrincha, fato que provocou uma vastíssima polêmica no seio da crítica.

O resultado prático dessa postura é o delineamento da personalidade do realizador. Sempre excessivamente apegado ao seu estilo. Sua obra, fiel à realidade. Propõe-se a nos apresentar dela uma visão depurada, no sentido em que ela se torna essencial e livre de elementos nocivos, ou meramente retóricos.

Podemos facilmente verificar essa ação esclarecedora do raciocínio através de um breve retrospecto. Em *O poeta do Castelo*[1] as imagens e os poemas ditos por Manuel Bandeira revelam a cristalina solidão do poeta (aqui, o processo de essencialização toma até ares de psicanálise) e sua aquiescente

---

* Em inglês: terra de ninguém.

[1] O primeiro filme de Joaquim Pedro foi *O mestre de Apipucos e o poeta do Castelo*, documentário-composto, encomendado pelo Instituto Nacional do Livro, respectivamente sobre Gilberto Freyre e Manuel Bandeira.

cumplicidade com ela. A elaboração prévia de um roteiro, a montagem rigorosa, a seleção dos textos, o ritmo, enfim, são produtos de uma consciência supervigilante que, por ambição estética, atinge o mundo inacessível dos arquétipos. O grande clímax está no "Vamos embora pra Pasárgada", quando o poeta passeia numa manhã ensolarada pela av. Presidente Wilson. A marcação combina com seus passos, o "tempo" é irrepreensível, não se devendo esquecer o encontro com o amigo, brindado pelo largo sorriso.

Couro de gato, filme subseqüente, estaria de fora desse processo de essencialização, não fora a seqüência da churrascaria. Este pequenino filme sofre o fascínio da mecânica da montagem cinematográfica e realiza-se plenamente através dela. A seqüência mencionada, entretanto, apresenta, em toda a evidência, o processo natural de depuração do realizador. Como participei da equipe da fita, na categoria de assistente do fotógrafo Mario Carneiro, posso atestar um fato talvez elucidativo. Essa "redução à essência", ou melhor, essa "depuração" tem um sintomático correspondente verbal que nasce sobretudo das relações entre Joaquim e Mario (em todos os filmes de Joaquim Pedro a fotografia esteve a cargo de Mario Carneiro). A comunicação entre ambos se faz através de símbolos, digamos, também "essenciais" ou "ideais"[2,] e esses são os símbolos que transparecem quando o filme termina. Na churrascaria, levando em conta o campo visado, a posição dos atores etc. havia, além do "garçom" (Domingos de Oliveira), um "glutão" (Cláudio Correia e Castro) e um "inapetente requintado" (o próprio Mario Carneiro). Essa caracterização aboliu, de imediato, todos os demais elementos supérfluos e cristalizou o espaço com o império dessas categorias pré-elaboradas.

Chego agora ao ponto central do problema, isto é, ao último filme, *O padre e a moça*, onde todas essas questões anteriores afloram com a força e a importância dignas de um longa-metragem de ficção. Passo deliberadamente por cima do exemplo *Garrincha, alegria do povo*, documentário de longa-metragem que contém em grau quantitativamente maior o fenômeno descoberto nos exemplos anteriores.

Aqui, o processo profilático de essencialização parece atingir um clímax. Para isso, o realizador idealizou um vilarejo mineiro em plena decadência, vazio, desabitado e talvez mesmo assombrado. Idealizou e conseguiu um *décor* adequado em São Gonçalo do Rio das Pedras, no município de Diamantina. E, em São Gonçalo, estabeleceu o *set*. Como se sabe, o filme se baseia num

---

[2] Veja-se também a influência indireta de Manuel Bandeira e as categorias "gnomônicas" da crônica "A nova gnomonia", em *Crônicas da Província do Brasil*.

poema de Carlos Drummond de Andrade[3] e o próprio fato de partir da adaptação de um poema já lhe confere o caráter particular de "redução à essência". O poema é, em geral, a forma mais sintética de essencialização. Essa empreitada de Joaquim Pedro não trai, portanto, sua origem. Mesmo tomando em consideração a fixação do realizador ou sua fidelidade a esse estilo, diga-se, por favor, que O *padre e a moça* é um *tour de force**. A impressão que me vem ao assistir a fita de Joaquim Pedro é bipartida: primeiro é a que se refere à prioridade do amor e da sua *conscienciação* (sentimento relativo à essência das coisas); segundo, o amor à terra, a cristalização do passado e das tradições. Formalmente, o realizador cedo demonstra que procura distinguir o amor de Mariana pelo padre dos outros problemas acessórios da trama pelo foco seletivo da câmera de Mario Carneiro.

A questão da essência é idealista, uma vez que só é obtida através da razão destilada de toda a impureza. A razão no vácuo. O *padre e a moça* é um filme que parece ser a síntese da postura do autor em relação ao amor e a Minas Gerais. Uma síntese pura e ideal filmada numa campânula cristalina.

Desde meus tempos de ginásio a palavra campânula age sobre mim de forma expressiva, tendo em vista que associo imediatamente a ela a visualização de seu significado: uma redoma de vidro que, nos aparelhos de laboratório, permite que se verifique experimentalmente a rarefação do ar e seus efeitos. Ainda mais extensivamente, campânula leva o sentido sonoro de compoteira ou galheta que a forma do vidro costuma generalizar mesmo nos mais diversos artesanatos. No último filme de Joaquim Pedro de Andrade esse significado aflora com certa veemência sobretudo quando se fala irresponsável e pejorativamente em idealismo, como se falou, no Rio, a respeito do filme. Tentei mostrar aqui a sinceridade das intenções universais do realizador.

Ato de fé: em resumo, o que mais me agrada no *Padre e a moça* é, primeiro, sua dadivosa linearidade. Depois (no campo da afetividade), toca-me diretamente certas confirmações e afinidades imediatas que a ânsia de detalhe do realizador busca com insistência, assim como a ingenuidade que por vezes surge sem esconder seu propósito de definir a alma mineira. E, quando de mais não necessito, ao fim da fita, recordando verifico que o arcabouço, a forma, o clima, o pudor (algumas vezes criticado injustamente) me comunica toda aquela sensação inconfundível de um estilo bucólico que con-

---

[3] "O padre, a moça", em *Lição de coisas*.

* Em francês: ação que exige força, habilidade, superação de limites.

fere ao mundo em geral, e às coisas e pessoas em particular, uma personalidade toda especial, da qual os laços com a realidade objetiva são os mesmos do seu autor. Isso sem mencionar a limpidez cristalina (ou sutil indiferença) que concede a esse universo a parcela da secreta, enrustida e eficaz vaidade mineira.

O filme trata quase todos os seus temas com paixão e esse sentimento transpira a cada momento, a cada encruzilhada: a ambição é árdua, qual seja, senhores, a de fazer transpor a mais recôndita mineirice até a universalidade. Assim se podem observar a sedução do padre, as sempre-vivas erectas e incorruptíveis e o camafeu que é a brancura da moça contra o áspero veludo da batina do nosso baratinado padrezinho. Tudo isso se exalta e se rebaixa num ritual, numa solenidade que é rara e elevadamente nossa: a lenda, o mito, o homem e a terra se misturam numa forma moderna de cultura que, num mesmo movimento, tanto mais aparece refinada quanto mais procura ir até uma grande acessibilidade.

Introdução ao Cinema Novo

> "Você ainda não pediu sua inscrição, jovem cineasta-amador? Filie-se urgente, as possibilidades são imensas, procure ali um dos batalhadores do Novo Cinema Nacional, franco, ousado, invencível, otimista, inteligente, novo, e você terá em pouco tempo seu filme, os letreiros de seu filme, as cenas de emoção do seu filme aplaudidos na noite de lançamento por um público sofisticado e burguês".
>
> *Maurício Gomes Leite*

Segundo alguns o Cinema Novo não existe. Outros não acreditam na sua existência, mas insistentemente o invocam quando se trata de fazer uma localização no tempo e no espaço, ou um julgamento crítico. Há ainda os que crêem firmemente no Cinema Novo e fazem do *slogan* condição *sine qua non* da salvação do cinema brasileiro. Essas divergências, de início, parecem muito salutares porque, existindo ou não, desburocratizam o Cinema Novo e o transformam em matéria de foro íntimo, pois, antes de mais nada, ele é um estado de espírito, um estado revolucionário de espírito, relativamente às coisas de nossa cinematografia.

"Filma-se, e em se filmando dá." Esta frase, tirada de uma carta de Glauber Rocha, traduz hoje o *élan* do cinema brasileiro, representado pelo que se convencionou chamar de Cinema Novo. A expressão é, sobretudo, um *slogan* promocional, porque na verdade não se pode definir esse estado de espírito que de repente se apossou de um grupo de pessoas (na sua maioria jovens) e que levou o cinema a ser uma instituição nova na cultura brasileira.

O cinema passou a ser coisa séria, importante. Coisa que, absolutamente, não era antes, no Brasil. Paradoxo dos paradoxos: o cinema, arte dispendiosa, tornara-se mais acessível do que qualquer outra arte. Ocupação de saltimbanco, à disposição, sobretudo, de quem, com boa conversa, levasse um capitalista a inverter dinheiro com fins quase exclusivamente lucrativos.

O Cinema Novo transformou esse estado de coisas. Tomou, de golpe, a rédea das atividades cinematográficas no Brasil (centralizadas no Rio, com focos em Salvador, João Pessoa e, só agora, em São Paulo).

Hoje em dia, na Europa, por exemplo, o nome do cinema brasileiro é respeitado graças a essa ação conjunta, convergente, que só mesmo uma necessidade histórica pode explicar. A revista *Cahiers du Cinéma*[1] já começa hoje a dedicar uma seção de correspondência especial sobre o Cinema Novo brasileiro.

Como nasceu esse movimento? De forma espontânea, natural e algo complexa. Pode-se dizer que seu núcleo central organizou-se de um grupo de jovens idealistas que se reunia nas sessões semanais da Cinemateca do Museu de Arte Moderna. Esses jovens, através de um sentimento misto de displicência e obstinação, resolveram trazer a chancela de arte para uma atividade artística que vinha sendo desviada de suas verdadeiras características. Dentre eles, podemos citar o jornalista Nelson Pereira dos Santos, que fez *Rio 40 graus* e *Rio Zona Norte* (em 1955 e 1957); Joaquim Pedro de Andrade, recém-formado na Faculdade de Física, que fez *O mestre de Apipucos e o poeta do Castelo* (1959), documentários sobre Gilberto Freyre e Manuel Bandeira; Paulo Cezar Saraceni que, depois de uma experiência amadorística em 16 mm, revelou-se também com o documentário *Arraial do Cabo*. Na Bahia, acompanhando o movimento carioca, Glauber Rocha, crítico ativíssimo, realizou um curta-metragem — *O pátio*.

A amizade estreitou o ideal de cada um. Pouco a pouco, o espírito cultural — "a sério" — da literatura ia-se transformando em cinema[2]. *Cinco vezes favela*, filme coletivo, lançou o movimento ainda anônimo na praça. Feito à margem e quase em segredo, *Os cafajestes*, de Ruy Guerra, trouxe a dose de escândalo que faltava, sacudindo a atenção do público alheio aos movimentos e às pretensões dos bastidores. *O pagador de promessas*, arrebatando a Palma de Ouro no Festival de Cannes, em 1962, contribuiu com o ânimo que faltava para corrigir as deficiências de um idealismo solitário. Anselmo Duarte, entretanto, não cumprindo à risca as solicitações que se desenhavam nas ambições e nas necessidades coletivas, foi posto à margem do movimento. Durante o desenrolar desses acontecimentos (ou, talvez, influenciado por eles), um outro grupo, atendendo ao chamado do crítico carioca Ely Azeredo, reunia-se para fundar uma publicação que receberia justamente o nome Cinema Novo. A publicação não chegou a sair e, conforme se diz, o crítico em questão renegou em seguida a sua idéia e o nome que, por ressonância, foi adotado como fórmula genérica.

---

[1] Órgão mensal francês, mundialmente conhecido, sede de fundação da *Nouvelle Vague*, principal movimento de independência cinematográfica e de anticonformismo.

[2] Joaquim Pedro de Andrade, por exemplo, de tradicional família mineira, segue a linhagem cultural das obras de Carlos Drummond de Andrade. Paulo Cezar Saraceni filia-se ao grupo de Otávio de Faria e Lúcio Cardoso.

O Cinema Novo progrediu de forma inorgânica e hoje (1966) começa a produzir maduros os frutos verdes de ontem.[3] Seus membros, sobretudo os daquelas sessões semanais da Cinemateca, continuam unidos e à frente do movimento. O Cinema Novo também é uma fraternidade.

Platéia de uma das sessões semanais da Cinemateca do MAM, na sede da Associação Brasileira de Imprensa, na rua Araújo Porto Alegre, no Rio de Janeiro.
Entre outros, nela se encontram: na segunda fileira, Leon Hirszman (de paletó e camisa listrada); na terceira, Walter Lima Jr. (de óculos) e Marcos Farias (recostado na poltrona, à direita da foto); na quarta fileira, Cacá Diegues e David Neves, no segundo e terceiro lugares, da esquerda para a direita.

---

[3] 1964 — os pontos altos do Cinema Novo inorgânico surgiram aqui: *Deus e o Diabo na terra do sol*, de Glauber Rocha, e *Vidas secas*, de Nelson Pereira dos Santos.

Da chanchada ao Cinema Novo

> "... apesar de se explicarem verbalmente em excesso, as personagens não conseguem transmitir ao espectador a plena convicção sem a qual torna-se inexistente a emoção dramática."
>
> P. E. Salles Gomes, *a propósito de* Ravina.

Os cineastas brasileiros são primitivos e prolixos porque, apenas descobrindo o cinema, o tomam em sua excessiva tagarelice. O sistema verbalista é um remanescente das correntes literárias anteriores ao Modernismo e persiste no sangue de realizadores menos informados que se deixam levar pelo lado vulgar do cinema; a essas influências literárias nas quais subsiste a ânsia da descrição objetiva, se junta a gabolice do brasileiro típico (que não deixa de ser verdadeiro mesmo na mentira mais injustificável).

A chanchada, para apenas citar um exemplo, é especificamente falante e exagerada. Grita, não fala. Salta aos olhos. Aboliram-se na chanchada os conceitos de *mise en scène* e de linha narrativa contínua e pode-se notar com facilidade que o falar é independente do agir: os personagens posam para falar e estão sumamente preocupados com a clareza de suas palavras. Essa gentileza com o espectador, permanente, inacabável, criou um comodismo nas platéias menos favorecidas e o já falado "complexo de inferioridade cinematográfico" que Walter Hugo Khouri definiu num artigo importante. A chanchada, com seus defeitos, ficou sendo o bode expiatório dos que se dirigiam contra o cinema brasileiro, mas o que se pode ver, em parte, foram esses mesmos vícios serem transportados para os novos temas e gêneros em produção. A deficiência da chanchada tinha antecedentes nas pessoas de seus realizadores em particular e num espírito que animava todo o setor artístico e cultural do cinema brasileiro. Por mais paradoxal que possa parecer, é o Cinema Novo um exemplo típico de reação contra o medo e a covardia que se apresentava sob essa aparência de regressão. O provincianismo cultural criou nos realizadores nacionais o mito da perfeição, mas da perfeição teórica (não havendo bons filmes nacionais não pode haver um perfeito aprendizado prático). É um exemplo interessante da dialética da comunicação e da apreensão cultural. Para se exprimirem dentro de uma linguagem clara e perfeita, os cineastas brasileiros contavam apenas com uma formação "teórica", e, temendo cair nos vícios que as manifestações pessoais poderiam acarretar, apegaram-se de forma exagerada a essa bagagem. O resultado é o que se observa: a fraqueza dos temas, a rigidez e a impersonalidade das fitas, ou, em outras palavras, filmes medíocres que atingiam as raias do ridículo.

Pelo seu artificialismo imanente compreende-se a chanchada *a priori*, isto é, as próprias deficiências do veículo eram elementos risíveis e se inseriam no contexto. É muito importante este fato, porque explica o despeito intrínseco do público pelas nossas coisas de cinema. Os defeitos se transferiram da chanchada para outros filmes ditos sérios e o reflexo condicionado permaneceu. A solução para as descontinuidades visuais do cinema brasileiro é fator premente na solução do problema de sua não aceitação pelo público. O vício se repete de filme para filme e o que cada vez mais é considerado essencial e aprovado pelos laboratórios baseados em dados industriais decadentes e pelos homens formados na escola "expressionista" da chanchada, como Toni Rabatoni, não passa, na realidade, da mais arcaica forma fotográfica de visualização.

A chanchada, bem ou mal, condicionou de modo profundo o cinema brasileiro e mesmo o Cinema Novo. De *O homem do Sputnik* a *Boca de ouro*, por exemplo, apesar de seus respectivos realizadores pertencerem a épocas e escolas desencontradas, sentem-se perfeitamente linhas de força da mesma espécie. No Cinema Novo, onde *Boca de ouro* é um representante da velha classe, esses elementos diluíram-se e sedimentaram-se noutros centros de gravidade. O expressionismo fotográfico se foi em troca de concepções mais acessíveis de iluminação, mas, na verdade, o verbalismo perdura como certas manchas que custam a desaparecer. Certamente *Boca de ouro* é uma encruzilhada, um ponto de convergência onde se encontram e se transformam os remanescentes de tendências já mortas.

Eis os elementos do plano típico que caracterizava o cinema tradicional ou industrial: iluminação e enquadramento expressionistas. O enquadramento tende especialmente para a estratificação e a rigidez. O personagem está evidente e explicitamente à disposição do espectador e, como num palco, sua dicção tem o volume bastante acentuado. Da última fila do cinema o espectador sonolento verá e ouvirá com perfeição o que ele tem a fazer ou a falar.

Suas falhas de representação e as de *mise en scène* (na maioria das vezes muitas) serão também necessariamente acentuadas. O *décor*, na intenção de retratar realisticamente a atmosfera, também peca pelo exagero que os princípios alinhados acima amplificam.

Porto das Caixas, de Paulo Cezar Saraceni, foi o primeiro longa-metragem a quebrar no Cinema Novo a falsa e precária técnica de "perfeição". O *flou*, o *trompe l'œil*,* o sussurro são as saídas adotadas. Um filme verdadeiramente realista, sem exageros ou cacoetes. *A sugestão da realidade é o elemento que conta.*

---

* Em francês: efeito que procura criar a ilusão de relevo pelo uso da perspectiva.

Um obstáculo a transpor: o público

> "Como vão aqueles filmes horríveis que você faz e que eu tive a sorte de não ver?"
>
> *Citado por Walter Hugo Khouri.*
>
> "A agravar essa situação, temos também aquilo que podemos chamar o *complexo de inferioridade cinematográfica* do brasileiro."
>
> *Walter Hugo Khouri*

O cinema brasileiro sempre lutou contra a dose de má vontade de um público mal informado e comodista que não enfrenta a fita a que assiste e se comporta de forma passiva, receptora.

A função de cineasta corresponde, na mesma ordem dos fenômenos, a uma brincadeira nunca levada a sério.

Os homens de cinema são sempre tidos como entes privilegiados e seu trabalho, um *chômage** lucrativo permanentemente. Talvez defeito da debilidade de nossa estrutura industrial, o cinema brasileiro não apresenta trabalhos mas *chances* aos que anunciam um bom gosto artístico mais acentuado.

Enquanto um cinema funciona sob essas considerações específicas, sobrenaturais e distantes da realidade, certas verdades nacionais, mostradas muitas vezes de forma crua e despojada, não poderão nunca ser totalmente assimiladas.

Essa constatação parte de um pressuposto, ou melhor, confirma um pressuposto: o público é o maior adversário que nossos novos realizadores têm que enfrentar. Não propriamente o público, mas uma consciência errada e anacrônica que ele traz consigo.

O desprezo pelas coisas do cinema está plantado bem fundo no espírito do brasileiro. Nele estão contidos elementos contraditórios, entre os quais um enorme coeficiente de provincianismo que faz com que se aceite passivamente o produto estrangeiro em detrimento do nacional.

Acredito ser esse o fato mais dramático no sentido de que não prevê se-

---

* Em francês: desemprego.

David E. Neves

não soluções demoradas, e, ainda assim, de sucesso duvidoso. O brasileiro que se retraiu em virtude da fraqueza de nossa cinematografia se recusa a reconhecê-la até um ponto determinado (prêmios internacionais à parte).

A realidade (e entre nós, a verossimilhança) é o ponto de referência crítica que ele emprega, para fundar suas opiniões concretas; por isso, de certa forma, ele precisa *se achar* nos filmes a que assiste. Antes, contra a chanchada, só se podiam opor (com certa vergonha específica) as produções estrangeiras.

O que mais espanta não é tanto o desinteresse pelas fitas, mas a agressividade e a repulsa a elas dirigidas sob a forma de desprezo. A qualidade artística seria um fator de fascínio, um chamariz, e essa qualidade o público sozinho não pode descobri-la. Faz-se necessária a presença de um agente credenciado que aponte a qualidade ou a libertação almejada.

O fracasso comercial de *Tocaia no asfalto*, filme baiano de Roberto Pires, lançado no Rio em novembro de 1962 com enormes perspectivas de êxito, gerou um clima de verdadeira calamidade pública. Depois do sucesso do *Assalto ao trem pagador*, esperava-se um novo sucesso de bilheteria. Acontece, entretanto, que *Tocaia no asfalto* não retratava senão um fato remoto, distante do público carioca que não encontrou na fita nenhum estímulo imediato. Da observação pôde-se concluir que os filmes brasileiros que retratam ou reproduzem um acontecimento não muito remoto e de repercussão nacional tem invariavelmente sucesso de público, porque este fato funciona como ponto de referência concreto, imediato.

Essa conclusão, baseada na fita de Roberto Farias, confirmou-se no sucesso de *A grande feira*, de Roberto Pires, em Salvador. O que quis dizer relaciona-se mais com a familiaridade que os eventos reproduzidos nas fitas possuem (e seu caráter específico e atraente) do que com a aparência espetacular desses mesmos acontecimentos. A situação do cinema brasileiro, portanto, *mutatis mutandis*, era nessa época semelhante à do cinema francês na sua fase Lumière, isto é, a fase do cinematógrafo, na qual se buscava com insistência a atmosfera de intimidade das reproduções do cotidiano. Isto, no que diz respeito às relações do cinema com o público, bem entendido.

"Mas 1963 não foi um ano só meu. Era a chegada de Glauber Rocha da Bahia, era a efervescência da amizade do grupo, eram as reuniões no bar da Líder, o laboratório em preto-e-branco, da rua Álvaro Ramos, em Botafogo." (*Feu follet*)

David, Glauber e Joaquim Pedro, no Bar Lutécio, ao lado da Líder Cinematográfica.

Poética do Cinema Novo

Não se pode negar que uma visão de conjunto de uma obra artística qualquer, mesmo a que não disponha de finalidades essenciais, faz sempre extravasar, bem ou mal, uma poética distinta. Assim, se fora do Cinema Novo tomamos a fase das chanchadas (ou das comédias musicais), elas na sua grosseira insuficiência artística, nos apresentarão sempre um universo específico como pano de fundo, e diversas peculiaridades, todas dependentes de ou imanentes a esse mesmo universo.

Indago-me que critério usar para abranger, com clareza, e com brevidade, o problema. Uma divisão prática seria interessante no sentido de "visualizar" em detalhe essa poética ou esse universo específico em seus diversos setores. Digamos, adotando o método indutivo que, no Cinema Novo, as correntes principais são:

a) a tradicional, que evoluiu do antigo cinema industrial;

b) a híbrida, que mantém pontos de contato com a anterior e com

c) a moderna, originada no espírito jovem de jovens apaixonados pelo cinema, teóricos, estudiosos, cineclubistas e, finalmente, autores de filmes.

Essas três correntes, ou saídas, do atual cinema brasileiro são absolutamente autênticas e cada uma comporta de per si uma característica própria que, no entanto, se liga com intimidade à sua congênere do outro grupo. Se *poética* e *universo* são a mesma coisa, não significarão, também, em última instância, *estilo*?

E o Cinema Novo prima justamente por uma *unidade dentro da diversificação estilística*. As causas desse fenômeno residem de modo especial na formação independente de cada realizador e na emulação inconsciente que existe no meio.

Na primeira corrente, fundam-se os princípios dessa poética. São, por assim dizer, os alicerces do universo cinematográfico brasileiro, a origem dos vetores que orientarão um determinismo cultural.

Para começar, *Rio 40 graus*, de Nelson Pereira dos Santos. Como transformar em palavras sua concepção?

Filme fragmentado em episódios que se interdependem entre si e se completam. Cada uma, célula de poesia, ora realista, ora de referência cinematográfica. Sublinhe-se e atente-se, no filme, a nostalgia relativamente à chanchada que ele, tanto como produção quanto como realização, parece querer condenar (v.g. o episódio do deputado nordestino, ridículo, grosseiro, destoante, verbalista, como se queria na festa primitiva). Defeituoso, *maladroit**, eis a chave mestra para se classificar formalmente o seu mundo e o que lhe seguirá. Esperar a perfeição, os ornatos, o rigor num filme brasileiro somente se se tivesse uma visão *brasileira* desses elementos. O Brasil e seu cinema para os brasileiros. Num determinado momento, a ousadia máxima para um filme de produção pobre e de conceitos pobres a respeito da produção: a grua improvisada que termina por trucagem numa maquete da visão-tipo do Rio: o Pão de Açúcar e a Baía de Guanabara. Nelson Pereira dos Santos, usando recursos de todo um cinema que lhe antecedeu, traça as bases de uma nova escola: a da autenticidade.

Rio Zona Norte confirma com mais segura a tese da unidade e da personalidade ou autoria. O compositor Espírito da Luz Soares é a "voz do povo" e sua vida, a nossa vida. Eis o samba-na-caixa-de-fósforos, o despojamento, quase o cinema-verdade em 1957. Eis a coragem, a necessidade de utilização da inteligência, do amor ao cinema. Que tipo de universo é esse? A poesia do real, da crueza, do drama, da pobreza, da infelicidade. A poética do Cinema Novo, queiram ou não, é essa aparência, às vezes titubeante, ou a ilusão dessa aparência. Titubeante, na verdade, tem sido o espectador brasileiro que não se entrega facilmente, que reage, que perde a seiva de um mundo novo, em busca de contatos, de relações, de ressonância com uma concepção provinciana e alienada que traz consigo.

Depois de *Rio 40 graus*, *Rio Zona Norte*, veio *Mandacaru vermelho* e Nelson Pereira dos Santos já entrava pelas outras correntes, formando, pensando, ruminando *Vidas secas*.

Em outros planos, outros realizadores seguiram-lhe os passos: Glauber Rocha, Roberto Pires, Roberto Farias. Sobretudo Glauber. Os demais assistiam, aprendiam, debatiam, preparavam-se.

Cinema é antes prosa do que verso, mas que melhor poeta do que Guimarães Rosa?, devia pensar Glauber Rocha, digerindo o roteiro de *Deus e o*

---

* Em francês: sem objetivo; e, no contexto, dispersivo.

Diabo na terra do sol. Que afinidade sutil entre o jovem baiano e o grande escritor: "... ele será tanto mais original quanto mais fundo baixar na pesquisa, trazendo como resultado um mundo e um homem diferentes, compostos de elementos que deformou a partir dos modelos reais, consciente ou inconscientemente propostos". Falando da técnica criadora de Guimarães Rosa, Antonio Candido não se refere também e com certa intimidade à elaboração de *Deus e o Diabo na terra do sol*, ou, mais particularmente, à técnica de Glauber Rocha? Antônio das Mortes, esse personagem fabuloso, não seria, por exemplo, esse "homem diferente composto da deformação dos modelos reais?"[1]

Dessa poesia viril, faceta de um mundo, região, como uma região geográfica de um Brasil imenso, se pode passar a outras aparências.

Cinema é crônica, pensaria Roberto Farias, seguindo a prosa narrativa de Nelson Pereira dos Santos quanto à despreocupação com o veículo e renovando o estilo em certos detalhes, fiel, porém, ao processo da *découpage* e dos *vrais raccords*.*

Cinema é tudo, pensava ainda Nelson, que começa a ser menos cronista do que cantador; dolente, rústico, singelo, despojado como Graciliano Ramos se revela, ele próprio, em *São Bernardo*: "extraio dos acontecimentos algumas parcelas; o resto é bagaço".[2] Como o escritor, Nelson passa a ser evasivo, seco e intransigente.

Cinema é paixão, choraria Paulo Cezar Saraceni.

Cinema é "música", dirá, mais tarde, Sérgio Ricardo, completando a tempo: música popular. É ritmo e raciocínio, responderia Joaquim Pedro de Andrade. Cinema é intimidade, replicaria Carlos Diegues. A polêmica que não chega a ser está aí; porém todos concordam na aparente discordância.

Todas essas manifestações que transtornam nosso espírito, no fundo, existem da forma a mais brasileira possível, isto é, displicente, balbuciante, tímida ainda. E não vão ser as tais correntes, que para facilitar inventei, que as separarão em compartimentos estanques. Assim, Nelson Pereira do Santos influencia Glauber Rocha que influencia Carlos Diegues, que se exercita. O universo de Nelson, seus conceitos dramáticos agem sobre Joaquim Pedro, que também se estimula com a retórica de Glauber. Paulo Cezar acha que quase tudo vem de Rossellini, mas, por exemplo, toma *Viaggio in Italia* como

---

[1] Candido, Antonio, *Tese e antítese*, São Paulo, Cia. Editora Nacional, 1964.

* Em francês: decupagem; continuidade verdadeira.

[2] Ramos, Graciliano, *São Bernardo*, São Paulo, Editora Martins, 1964.

um meio e nunca como um fim. Pelo realizador italiano, o mundo de Paulo Cezar encontra o de Glauber Rocha, e ambos se entrechocam numa dialética criadora.

Eis aí resumida a poética do Cinema Novo. Falta, também, mencionar que os problemas técnicos que assaltam quase sempre a realização de um filme agem de maneira a influir sobre a formação desses mesmos mundos. Aos poucos, porém, a consciência vem chegando, e universo pessoal e condições materiais atingem uma fase quase familiar de concordância: são os casos de *Vidas secas*, *Deus e o Diabo na terra do sol* e o exemplo paulista de *Noite vazia*.

Ao final, entretanto, tudo é válido e conta como aquilo que Louis Marcorelles diz ser "a feitura concomitante da história de um povo e de um cinema". O amor ao cinema chega ao extremo de se realizarem filmes com conhecimento prévio de sua quase impossibilidade de recuperação financeira no mercado interno do Brasil e já hoje em dia o mercado externo é visto com certa desconfiança.

O tempo favoreceu a abolição do supérfluo. De *Boca de ouro* a *Vidas secas*, por exemplo, que incrível aumento de objetividade narrativa. Os estímulos se filtram, o Cinema Novo busca a universalidade através da análise, da consciência acerca de meios e fins, da autoria. Realiza-se, enfim, pelo amor ao homem brasileiro e pela concentração em objetos realmente autênticos.

Finalmente, se me perguntassem, à queima-roupa, quais as raízes e origens mais profundas do Cinema Novo, ou melhor, de sua poética, eu responderia de forma conclusiva: 1) a auto-suficiência do brasileiro, fator perigoso que, às vezes, como no caso presente, age de maneira positiva; 2) como causa material, a influência direta, de um lado, da chanchada, o cinema industrial carioca, decorrente da novela radiofônica; de outro lado, uma forma de aculturação brasileira mais elevada (escritores) e os curtas-metragens *Caminhos*, *Cruz na praça*, *Domingo*, *Arraial do Cabo*, *O poeta do Castelo* e *Couro de gato*; 3) a coragem, o amor ao cinema como forma de expressão e, em sentido não pejorativo, a lei do menor esforço.

Autoconstrução do Cinema Novo
Paulo Emilio Salles Gomes

"Leia e critique como se fosse um livro impresso"•

DN *[David Neves]*

Antes mesmo de nos convencer plenamente de sua existência, eis que o CN [Cinema Novo] suscita um livro. Ou melhor, produz um livro, já que DN é destacado militante CNovista. O livro tem, aliás, semelhanças flagrantes com o CN. Não é fácil definir a sua natureza. Participa do caos de *Barravento*, da vontade de servir de 5 x F [*Cinco vezes favela*] e da perplexidade de P. das C [*Porto das Caixas*]. Como todas as cousas do mundo, as importantes como as não, o CN é encontro de gente e um dos encantos do livro de DN é a sugestão dessa gente que se encontrou entre ela e às vezes a si própria, através dos encontros com outras gentes. Só que as personagens do livro de D[avid] são como as de B[*arravento*] de Glauber: as pessoas saíam do cinema — mas quem é aquele? Aquela? Aqueloutro? Aqueloutra? O leitor médio: JPA? [Joaquim Pedro de Andrade] GR? [Glauber Rocha] PCS? [Paulo Cezar Saraceni] MC? [Mario Carneiro] Etc? Se o leitor médio soubesse francês, diria com desdém: *Connais pas.** O leitor médio, sem o qual o livro de DN não será o que deseja ser, conhece apenas talvez um pouco o Khouri e o [Ruy] Guerra e certamente Lima [Barreto] e Anselmo [Duarte]. Mas ele poderia se interessar pelos outros, se houvesse um pouco de apresentação como começou a haver às vezes com MC, por exemplo. DN escreve como se cerca de mil brasileiros tivessem com o que ele escreve a familiaridade que ele DN tem. Acontece que, além das personagens que aparecem no livro, poucas pessoas po-

---

• Este texto inédito de Paulo Emilio, encontrado entre os papéis de David, deve ter sido produzido por estimulação deste último, que mandou os originais do livro *Cinema Novo no Brasil* para o mestre e guru, na expectativa de aprovação e, quem sabe, de uma avaliação que servisse de prefácio ou orelha à publicação. (N.O.)

* Em francês: Conheço não.

derão saber de que se trata e apreciá-lo. Eu mesmo, que sou pago para estar enfronhado na cousa do cinema, mas que mesmo de graça me interesso, me perdi às vezes no emaranhado DNeviano.

Há também o emaranhado de "uma cousa puxa a outra", e o emaranhado da parte de crônica estar misturada com a parte crítica. E o todo escrito evidentemente às pressas e mau. Igualmente ou pior escrita é uma tese de PESG [Paulo Emilio Salles Gomes] publicada em apêndice. Também em apêndice um trabalho do mesmo autor um pouco melhor escrito, se bem que laborioso. DN informa que a idéia primeira era acrescentar em apêndice ainda outros escritos de PESG. Não vemos com clareza a motivação. Tudo que não toque de forma direta no CN, só ameaçaria a unidade já tão incerta do livro.

Tudo isso quer dizer que o livro não deveria ter sido publicado tal qual? Aqui eu hesito e eis por quê. Se o CN se transformar numa cousa realmente importante, ele suscitará outros livros e o de DN ficará esquecido, se bem que utilizado pelos outros autores. Se o CN não tiver importância, o livro de DN ficará também esquecido. Mas será muito útil quando um estudioso do cinema brasileiro o descobrir daqui a x anos. Imaginemos o que não seria para nós a descoberta de textos da época sobre o cinema de Pelotas, ou a produtora Guanabara. Nós não lemos com interesse os textos de Jota Soares?

A não ser pois para o próprio CN, o livro de DN tal qual foi editado poderá ser útil para muita cousa. É permitido imaginar o que seria uma nova edição bastante refundida desse mesmo trabalho. Poderia ter ao lado do interesse documental, uma função ativadora no processo de autoconstrução do CN.

Curta-metragem, ponto de partida

O curta-metragem, apesar de não gozar do apoio que a lei expressamente lhe confere, tem sido um dos esteios do desenvolvimento do cinema brasileiro. Foi através dele que nasceu o Cinema Novo e, de certa forma, por ele que sobrevive grande parte de seus animadores.

Dir-se-ia um vício do novo temperamento cinematográfico que invade o Brasil de Norte a Sul, essa insistência por um gênero atestadamente sem rentabilidade e sem perspectiva comercial.

Obstáculos

Já se está cansado de saber que há uma indústria, um monopólio, que, de há muito, transformou o espírito do documentário no Brasil, fazendo-o passar, de expressão artística, para uma mesquinha forma impessoal de comércio; chegando mesmo a modificar o sentido da lei criada para incentivar o curta-metragem e para o qual dava, inclusive, o nome pomposo de "complemento nacional".

Apesar de todos esses obstáculos, a teimosia do brasileiro o tem impelido no sentido ousado de, experimentalmente, tentar impor uma reação à própria realidade objetiva.

Pode-se dizer que, de todo, não foram vãos os esforços e as experiências. Certa mentalidade foi erigida, e, pelo menos em certas áreas do poder público, ela conseguiu provocar a erupção de uma nova política.

O início

Como e quando começou a manifestação desse espírito?

Houve uma época em que, depois da morte da Cia. Cinematográfica Vera Cruz, não se cogitava, no Brasil, da possibilidade de renascimento do cinema nacional. Em nenhuma área da cultura brasileira havia uma faísca (por menor que fosse) de entusiasmo ou mesmo de interesse. No setor cinematográfico um fenômeno típico se verificou: a camuflagem de nossas deficiências pelo apego exagerado à matéria-prima importada, daí a sintomática criação simultânea de diversos cineclubes e centros de cultura cinematográfica. Não se pode negar que, neste período, seu florescimento, no Rio e em São Paulo, foi majestoso. Por volta de 1957 esse movimento encontrou seu apogeu. Mas, ao mesmo tempo, uma inquietação se apossou de jovens que, mais atirados, aspiravam a um contato mais íntimo com o cinema. Foi, por exemplo, das sessões semanais da Cinemateca do Museu de Arte Moderna que nasceu a obstinada cogitação de mais uma investida para a já esquecida área da realização. O grupo inicial, formado entre outros por Joaquim Pedro de Andrade, Saulo Pereira de Mello, Paulo Cezar Saraceni, Leon Hirszman, Marcos Farias (nem é preciso dizer), foi naturalmente marginalizado e só a partir do primeiro resultado concreto (*O mestre de Apipucos e o poeta do Castelo*, de Joaquim Pedro) é que foi levado a sério. Ninguém mais louco, por exemplo, do que Paulo Cezar Saraceni, cujos *Caminhos*, em 16 mm mesmo insonorizado, granjeou ao seu autor uma bolsa de estudos no Centro Sperimentale di Cinematografia, de Roma.

Outros pontos

O espírito efervescente do Rio manifestava-se também em outros centros como a Bahia, onde Glauber Rocha fez *Pátio* e *Cruz na praça* e, mais adiante, na Paraíba, onde Linduarte Noronha e Rucker Vieira fizeram *Aruanda* com a ajuda do INCE (Instituto Nacional de Cinema Educativo). Esse auxílio do INCE é, de certa forma, o resultado primeiro da *nova mentalidade e da erupção de uma nova política*, que mencionamos acima.

A partir dessa época, depois sobretudo dos cinco ou seis prêmios internacionais que *Arraial do Cabo* (feito por Paulo Cezar com Mario Carneiro, antes de embarcar para Roma) arrebatou nos maiores festivais internacionais especializados, o curta-metragem estabeleceu-se como gênero entre nós. Foi assim que Joaquim Pedro desfez-se de sua firma, a Saga Filmes, vendendo para poder arcar com as despesas de produção de *Couro de gato*, seu filme subseqüente, premiado em Sestri Levante e em Oberhausen.

Já chegamos a 1961, quando, alicerçado por essas injeções de confiança, o cinema brasileiro parecia querer nascer de novo. Foi o curta-metragem mais uma vez o lançador oficial do Cinema Novo: *Cinco vezes favela*, das primeiras fitas do movimento, resultou da junção de cincos filmes curtos, tendo *Couro de gato en vedette*.*

---

* Em francês: em destaque, em evidência.

Expressão autônoma

O cinema brasileiro solidificou-se. O curta-metragem continuou a ser a atividade criadora de antes. Agora não mais como uma forma de ponte para o longa-metragem, mas como modo de expressa autônoma. Não quer dizer que antes ele tivesse sido exclusivamente uma ponte. Nem parece que assim fosse. Um Joaquim Pedro, por exemplo, fazendo o *Poeta do Castelo* ou *Couro de gato*, sempre evidenciou uma especial afeição ao gênero e mesmo em *Garrincha, alegria do povo*, longa-metragem *à outrance**, esticado para permitir o lançamento comercial. O que se torna claro, na verdade, é o fato de que, pelo aumento das possibilidades de ingresso direto no longa-metragem, depois de 1964, o curta passou a ser uma atividade independente. Começaram a ser procuradas, inclusive, as suas possibilidades comerciais, visando especialmente ao mercado externo. Os novos filmes, a partir da criação do Setor de Filmes Documentários da Diretoria do Patrimônio Histórico e Artístico Nacional, tiveram todos a preocupação vanguardista de estabelecer um novo estilo para o gênero. Outro marco importante foi o crescente interesse despertado na Divisão de Difusão Cultural do Ministério das Relações Exteriores, logo após o Seminário de Cinema Arne Sucksdorff, que ela mesma patrocinou, em colaboração com a UNESCO. Os novos equipamentos, trazidos pelo cineasta sueco, o gravador Nagra, que faz parte do acervo do SFD da DPHAN, tudo isso contribuiu para o incremento de uma nova onda de estímulos favoráveis à emancipação do filme curto. Os Jean Manzon e os Rozemberg estavam, pelo menos temporariamente, afastados do cenário, numa área virgem que começava a se interessar pela oficialização de uma nova política de qualidade. Mais tarde, a criação da Comissão de Auxílio à Indústria Cinematográfica (CAIC) só fez dar continuidade a esse clima (menos no campo dos financiamentos do que dos prêmios, no qual os filmes O circo, de Arnaldo Jabor, e *Couro de gato*, de Joaquim Pedro, foram premiados, respectivamente, com 10 e 8 milhões de cruzeiros).

Uma certa euforia

A fase contemporânea é um prolongamento ou uma síntese das duas últimas fases. Por um lado, a mesma mentalidade de expressão autoral; por outro, certa euforia com a possibilidade de premiação no Brasil e no exterior. Ainda, num grau mais reduzido, a tentativa de estabelecer uma hipótese de comércio. É nessa fase que nasce mais um caminho a ser explorado: as co-produções oficiais e semi-oficiais. *Integração racial*, de Paulo Cezar Sara-

---

* Em francês: com excesso.

ceni, e *Em busca do ouro*, de Gustavo Dahl, surgem a partir de um convênio entre o Patrimônio Histórico e o Itamaraty. *O circo* vai mais longe e abrange também o INCE. *Memória do cangaço*, de Paulo Gil Soares, conta com a colaboração conjunta do Itamaraty, do Patrimônio Histórico e de um particular, Thomaz Farkas, residente em São Paulo. Os preços habituais da produção, apesar da repartição das responsabilidades, reduzem-se à metade dos preços habituais, cobrados pelas indústrias do gênero. Thomaz Farkas amplia, por conta própria, a sua série para quatro, fazendo *Nossa escola de samba*, de Manuel Horácio Gimenez, *Viramundo*, de Geraldo Sarno, e *Subterrâneos do futebol*, de Maurice Capovilla. Na pranteada Universidade de Brasília, um novo centro criador surge, com promessas de filmes que se resumem num só: *Fala, Brasília*, de Nelson Pereira dos Santos. A CAIC, ainda que com um sistema deficiente de financiamento, provoca o surgimento da atividade particular, com o *Heitor dos prazeres*, de Antônio Carlos Fontoura. O Itamaraty dá continuidade à sua política, fazendo *Esportes no Brasil*, de Maurice Capovilla, e *VIII Bienal de São Paulo*, de Carlos Diegues. A atividade exclusivamente particular, sintoma definitivo da afirmação do gênero, continua, influenciada pela atividade semi-industrial das firmas Mapa e Difilm, que congregam os elementos do Cinema Novo. São feitos: "Posse do governador José Sarney"*, de Glauber Rocha, *Rio, capital do cinema*, de Arnaldo Jabor, *Lima Barreto: Trajetória* e *Bethania bem de perto*, de Júlio Eduardo Bressane e Eduardo Escorel, e *Mauro, Humberto*, de David E. Neves.

VOLTA AO 16 MM

Em conclusão, citemos as conquistas técnicas e administrativas. Com as produções de Thomaz Farkas, acentuou-se a importância do 16 mm, cuja situação, no Brasil, era precária, em evidente contraste com os mais modernos processos de filmagem que se realizam em centros de vanguarda como a França ou o Canadá e os Estados Unidos. Um filme como *Bethania bem de perto* é uma conseqüência direta daquele conjunto de obras, somada a um novo esquema fundado sobre uma câmera Éclair 16 recém-adquirida por um grupo produtor brasileiro. Maior incentivo ao formato 16 mm também será dado, a cada novo ano, pela louvável iniciativa em que se constituem os Festivais de Cinema Amador, promovidos pelo *Jornal do Brasil* e pela Mesbla. No campo administrativo, a criação do Instituto Nacional de Cinema é a grande e definitiva esperança para uma mais completa emancipação.

* O título definitivo seria *Maranhão 66*. (N.O.)

Um novo clube

A expressão "a carne é fraca", em relação às coisas do cinema pelo menos, tende a desaparecer a fim de dar lugar a uma outra, mais adequada, gênero "a carne é tenra", porque, curiosamente, o interesse pela antropofagia e temas congêneres passou repentinamente à superfície de modismo cinematográfico. Esse fenômeno é comprovado pelas recentes declarações de Glauber Rocha acerca do último filme de Jean-Luc Godard, *Week-end*, em cujo desenrolar se verificam cenas relacionadas com o problema em questão.

A notícia estampada nos jornais quando da chegada da Europa do cineasta brasileiro não deixou de provocar surpresas, e foram estas que me alertaram para a disseminação concomitante da mesma problemática em espíritos de formação bastante diversa.

Posso testemunhar que, no Brasil, o pai dessa criança é o cineasta Nelson Pereira dos Santos, que pesquisou meticulosamente os documentos históricos acerca da Invasão Francesa no Brasil e elaborou um roteiro saborosíssimo (para usar uma expressão afim) sobre a relação de franceses e portugueses com os nativos da região. Seu roteiro tem mais de dois anos de idade e já vai se tornando conhecido enquanto se arrastam os preparativos para o início das filmagens, cujo orçamento ainda parece ser proibitivo para nossos esquemas de produção. (O tema de *Como era gostoso o meu francês* encontra-se num detalhe *sui generis*, qual seja, a tradição indígena de executar e devorar o prisioneiro para melhor assimilar seus ensinamentos e sua cultura.)

Enquanto no caso presente os tupinambás devoravam os colonizadores como prova, se não de simpatia, pelo menos de respeito pelo estágio de civilização que atingiram, em *Week-end* os colonos se revoltam contra seus maiores e, segundo o depoimento de Glauber Rocha, devoram-nos num comportamento eivado de gratuidade e de ódio reprimido (sentimentos, aliás, comuns à obra do cineasta de *Deus e o Diabo na terra do sol*). Trata-se de uma forma requintada de *vingança total* (paralela, em sentido, à noção de *guerra total*), na qual o senhor é sacrificado e ainda passa a prestar serviço ao servo.

Ainda que faça esforço para habituar-me à idéia de que a súbita multiplicação dessa problemática provenha de uma simples reincidência, acho que atrás desses fatos há um elemento mais ou menos comum que transforma o fenômeno num simples caso jornalístico de divulgação de notícias. E nesse caso o filme previsto, pesquisado e elaborado por Nelson Pereira dos Santos, estaria na raiz da questão. Mas meu mister aqui não é o de elucidar um mistério, e sim o de apresentar um fenômeno bizarro que somente poucas vezes ocorre em escala tão ampla.

No Brasil, ligados a esse movimento "antropofágico", estão ainda o filme que Joaquim Pedro de Andrade realizará em breve, "O herói sem caráter", baseado no *Macunaíma* de Mário de Andrade e "As noivas do sol", de que Júlio Bressane está ultimando o roteiro. O filme *Brasil ano 2000*, de Walter Lima Jr., será concebido sob a égide de "Tupi or not tupi, that's the question", que ficou sendo o refrão do "Manifesto Antropófago" de Oswald de Andrade, que data dos idos de 1928. Completando o quadro (ou fechando o círculo) vale afirmar, a bem da verdade, que a redescoberta de Oswald de Andrade vem se fazendo em São Paulo com certa veemência graças à oportuna encenação d'*O rei da vela* pelo Teatro Oficina, e o espetáculo, dirigido por José Celso Martinez Correa, é dedicado a Glauber Rocha...

Não tenho dúvidas de que esse novo clube de *gourmets* fará a sensação da nossa próxima temporada cinematográfica.

Idiotas da subjetividade

Minha preocupação maior é com a maneira de dizer e não com aquilo a ser dito. Quando penso num filme, procuro encaixar o assunto numa forma original. Acho que se pode comunicar com o público sem se conceder demais, sem se rebaixar demais. O cinema deveria ser considerado como coisa lúdica, sempre, até quando se dedica a reproduzir ou documentar a História.

Se meus filmes não são plenamente originais como eu desejaria que fossem, ao menos tem qualquer coisa de enigmático ou marginal que me agrada. Acho que, com a prática, dominando o *métier*, farei um filme que responda a essas minhas premissas. Falava-se muito num determinado momento em idiotas da objetividade. Estou mais falando dos outros do que de mim, porque meus filmes foram sempre um pouco marginais, umas experiências que eu mesmo produzi, não tinham compromisso com o mercado, eram quase meio autobiográficos, confessionais até certo ponto, sem entretanto se encaixarem nessas características. O que eu acho é que o cinema que foi feito até um tempo atrás foi um cinema sem senso de oportunidade, porque tinha muito dessa idiotice da objetividade; quer dizer, era muito despersonalizado. Estou lendo um ensaio do [Francisco] Iglesias sobre Fernando Pessoa, que fala que Shakespeare era um sujeito de um lirismo muito grande que se despersonalizou através da dramaticidade, isto é, a arte dramática shakespereana não corresponde a Shakespeare como gente. E o Iglesias conclui que a chave da literatura dramática é a despersonalização. Esse negócio de alegoria foi uma espécie de arte cinematográfica dramática, é um tipo de cinema de autor completamente anônimo. O Bertolucci está fazendo filmes políticos e agudos exatamente porque são problemas pessoais dele; então essa coisa de cinema de autor acabou de chegar, acabou de nascer. Fomos o tempo todo idiotas da objetividade, sejamos pelo menos idiotas da subjetividade. Nesse sentido, o Glauber e o José Celso e a dramaturgia clássica foram funestos ao cinema brasileiro. Pode parecer paradoxal que a maior figura do nosso cinema seja colocada aqui como um entrave ao seu desenvolvimento, mas foi o que se passou durante algum tempo (as pessoas estão se desembaraçando desse cacoete). Se você juntar esses três elementos e examinar alguns filmes feitos de 1964 a 1971, verá que tenho minhas razões. Essas influências desvirtuam o cinema, solenizam em excesso o relacionamento do autor com o filme.

Sou a favor de um neologismo para substituir essas tendências (que, aliás, se esvaem pouco a pouco): *tramaturgia*, que representaria o caminho para promover uma mais perfeita síntese conteudístico-formal de um filme. Gostaria de repetir que considero alguns filmes de Glauber como os pontos mais altos do cinema brasileiro e acho também que ele, Glauber, é dos que aplicam com maior perfeição o processo que procurei englobar na palavra *tramaturgia*. O problema é que foi mal interpretado.

O cinema *underground* também pode se considerar vítima desses elementos, com a diferença que os cineastas *underground* dedicaram-se a fazer deles uma redução muito radical. Aliás, o *underground* não pode ser dissociado de um fator importantíssimo que se chama preguiça. Isso é fundamental. Essa preguiça se apoiou num tipo de dramaturgia glauberiana, zécelsiana e disso fizeram uma épura, simplificaram à expressão mais simples, alguns com maior talento, como é o caso de Júlio Bressane, que acho um criador excepcional.

Enquanto os cineastas tradicionais se renderam a essas influências, as sacralizaram em seus filmes, os jovens do *underground* reduziram a zero toda a solenidade dessa "tradição" (filtraram a solenidade e ficaram com a essência, a quintessência das influências).

Isso provocou um fenômeno de reversão muito interessante, porque José Celso, o próprio Glauber e alguns *tramaturgos* passaram por experiências no campo de *underground*.

Glauber x Godard

NUMA
ANÁLISE
DE NOSSO
COMENTARISTA
ESPORTIVO
DAVID NEVES

"[...] o completo desengajamento formal de Godard faz com que sua linguagem se arme de uma completa franqueza e comunicabilidade e nos permite, num atalho raro e quase inédito, chegar à sua filosofia." David E. Neves

Os festivais cinematográficos nunca deixarão de ser eventos polêmicos. Eu tenho uma tendência acentuada a apreciá-los na sua devida medida, protegendo-me contra a monotonia de sua rotina diária e aproveitando a faceta "nova comunidade" que eles geralmente proporcionam. Em Berlim, este ano [1969], foi mais ou menos assim que se passou.

Saí do Rio para a Europa numa viagem de negócios e, a partir de Berlim, tive a oportunidade de fazer inúmeros conhecimentos e sobretudo rever Glauber Rocha, que parece se encontrar no apogeu de sua rápida carreira cinematográfica.

Glauber chegou a Berlim horas depois da minha chegada. Já no aeroporto surpreendi Peter Schumann, jovem crítico berlinense, que aguardava o avião proveniente de Roma, no qual poderia estar o cineasta brasileiro. A minha imagem parecia uma trucagem cinematográfica aos seus olhos surpresos.

Schumann é um dos pólos alemães da fama de Glauber na Europa. Contratado pela WDR (Westdeutsch Rundfunk), realizou no Brasil, no início de 1968, um documentário de duas horas sobre a nossa cinematografia, dividido em quatro programas de meia hora cada um. (Esses programas, é bom frisar, já foram para o ar e tiveram uma receptividade surpreendente.) Pude vê-los na sede da WRD — Colônia — em novembro do ano passado, a convite do próprio Schumann, e confesso que não esperava do sangue germânico uma apreensão tão nítida daquilo que outro alemão chamou de "*Improviesiert und Zielbewusst*" (Improvisação com objetivo determinado), referindo-se ao cinema brasileiro. Mas não é só na sua atividade profissional que Schumann se filia ao Brasil e às coisas do nosso cinema. Casado há dois anos, acaba de dar ao seu primogênito o nome de seu cineasta preferido: Guido Glauber...

A televisão alemã é um dos maiores mercados estrangeiros do Cinema Novo. A série de filmes de Peter Schumann, longe de ser uma forma publicitária *a priori* para vender entre os espectadores esse novo produto, é uma conseqüência das compras de filmes que aumentam de ano para ano.

Não há temperamento mais avesso à mundanidade do que o de Glauber Rocha. Eu me perguntaria qual a razão de sua presença em Berlim, não fora a presença ali de sua irmã, Anecy Rocha, e de seu cunhado Walter Lima Jr., respectivamente atriz e diretor do filme brasileiro em competição no Festival, *Brasil ano 2000*. Como que reunindo o útil ao agradável, *Antonio das Mortes* (nome europeu de *O dragão da maldade contra o santo guerreiro*) iria ser projetado na mostra informativa que se desenrola paralelamente aos filmes em concurso. Para essa função e para supervisionar as possíveis propostas comerciais, ali também estava o seu co-produtor europeu, Claude-Antoine.

Berlim deve ter servido, também, para Glauber organizar suas idéias no que diz respeito aos seus planos para o futuro. Aparentemente ele não sabia como escolher entre algumas propostas tentadoras da Espanha, da Itália e da França. Não é fácil a um observador, mesmo próximo e assíduo, extrair desse baiano aquilo que realmente se passa no seu íntimo. A impressão que se tem é de que GR parece ser daquelas pessoas que provocam reações em terceiros a fim de aferir suas próprias decisões.

Em Cannes, GR conhecera Peter Fleischmann, da nova geração de cineastas alemães e autor do comentadíssimo *Cenas de caça na Baixa Baviera*. Em Berlim, Fleischmann se reuniu a Glauber e formava com Claude-Antoine e Peter Schumann os únicos "agregados" à delegação brasileira.

De lá, Glauber, antecipando-se ao final do Festival, voou para Roma via Munique. Levei para ele, na capital da Baviera, os detalhes da celebração do Urso de Prata atribuído a *Brasil ano 2000* e das suas conseqüências. Poucas vezes o vi tão satisfeito. Parece que o prestígio quase exclusivo que goza na Europa o perturba a ponto de sentir nesses momentos de alegria despreocupada a possibilidade de repartir essa responsabilidade com seus companheiros. Pouca coisa o embaraçou tanto como o estrondoso sucesso de *Antonio das Mortes* na sessão paralela na antevéspera do encerramento do Festival. Sua partida para Munique foi certamente condicionada pelo aumento de interesse sobre sua pessoa em detrimento das demais.

Dos três dias passados em Munique pude estar dois com GR. É ali a sede do novo cinema alemão. Além de Fleischmann, GR se avistou com Volker Schlondorff, cujo filme *O jovem Törless*, baseado numa obra de Robert Musil, o lançou como realizador no Festival de Cannes de 1966. (Em Munique, um disco de Gilberto Gil fez nascer a primeira possibilidade de cooperação tedesco-baiana: o próximo filme de Peter Fleischmann será possivelmente musicado pelo autor de *Domingo no parque*.)

Foi no avião de Munique para Roma que tive a sensação palpável da influência de GR sobre o filme *Vento leste* de Jean-Luc Godard. Disso, e da situação de Roma como novo centro do "cinema-novo" mundial. Ainda em Berlim eu havia sido informado por Glauber dessas novidades mais ou menos surpreendentes (radicaram-se em Roma Godard e Straub e Glauber está na iminência de fazê-lo). Achei difícil, entretanto, separar a ficção da realidade no momento em que as informações sobre os últimos dois meses da vida do novo cinema europeu me chegaram aos borbotões através da sua "retórica baiana" que, nos seus filmes, se traduz num tipo especial de expressionismo.

Foi naquele vôo que as coisas tomaram a consistência de um *flashback*. Eu recapitulava: Godard, em Roma, filmava *Vento leste* e transformava uma *vedette* como Gian Maria Volonté num simples figurante fazendo uma pregação político-cinematográfica com seus amigos Gianni Amico e Glauber Rocha.

"A mim", dizia Glauber, "uma jovem grávida me indagava quais os caminhos do cinema e eu respondia falando de várias coisas, como por exemplo, o 'cinema bola-bola de Miguel Borges...'. Isso foi no primeiro dia. Depois... houve necessidade de um *retake** e eu falei então da necessidade de se estar 'atento e forte' e acabei cantando o *Divino maravilhoso* do Caetano". Era Veneza que nós estávamos sobrevoando e eu me dava conta de que o Tropicalismo começava a penetrar no Velho Mundo...

No número do mês de julho da revista *Cahiers du Cinéma* há uma exaustiva entrevista com GR, colhida pelos críticos Jean Narboni, Pierre Kast e Michel Delahaye. Não é necessário dizer que a capa deste número tem uma fotografia expressiva de *Antonio das Mortes*. É no post-scriptum desta matéria (redigida em Berlim) que o entrevistado ensaia uma primeira teorização transatlântica do tropicalismo brasileiro. Glauber, entretanto, não se dedica a uma explicação tão minuciosa do que chama de "cinema bola-bola de Miguel Borges" que, por sua vez, remonta aos primórdios do Cinema Novo (1956, 57, 58), quando cineastas de hoje se reuniam no Vermelhinho (na rua Araújo Porto Alegre, em frente à ABI) logo depois das sessões semanais da Cinemateca. Era uma época de definições radicais e ousadas e, num manifesto redigido por Miguel Borges (hoje diretor de três filmes), a pureza do cinema era exigida categoricamente: "somos pelo cinema-cinema". O tempo, a ironia brasileira e a progressiva descaracterização do fenômeno cinematográfico fizeram com que posteriormente estas e outras posturas fossem criticadas cordialmente, daí a blague do "cinema bola-bola", retomado ao pé da letra por Godard em *Vento leste*. A chegada a Roma e a permanência no Hotel Madrid era para GR como uma volta ao lar. Roma certamente será o domicílio do cineasta durante os próximos meses. De lá ele deverá sair para a África e para a Espanha em missões profissionais. O brasileiro parece redescobrir um continente suficientemente explorado. Para os europeus (pelo interesse incontido que demonstram), é como se um novo adubo fecundasse uma terra já gasta e perdida.

---

* Em inglês: refilmagem.

Por uma estética cinematográfica brasileira

Não se pode negar que uma visão de conjunto de uma obra artística qualquer faz sempre extravasar, bem ou mal, uma característica estética distinta. O cinema brasileiro, nascido quase que paralelamente ao nascimento do próprio cinema, demonstrou, e ainda o faz, uma evolução cujos traços formais e conteudísticos são dignos de um estudo particularizado.

Essa visão se multiplica como num prisma, na medida em que o tempo passa. A estética do cinema mudo, por exemplo, não pode ser equiparada à dos filmes feitos depois do advento do som. Mas terá o cinema brasileiro uma estética específica?

O cinema brasileiro, como todo cinema de país em desenvolvimento, sofreu, através do tempo, influências inevitáveis, que por sua vez foram tomando características próprias até criarem, como através de uma corruptela, um sentido, uma forma *novos*, isto é, brasileiros, mesmo que, na maioria dos casos, tanto esse sentido como essa forma tivessem sido altamente desajeitados, inexpressivos e mesmo falsos.

Durante a fase muda, essa transformação, ou melhor, essa influência, não se faz muito nítida. Os filmes, desprovidos de vozes e músicas, já eram automaticamente parecidos no mundo todo. Contudo, um ou outro autor tentava extravasar seu bucolismo interiorano. Tal se deu com Humberto Mauro, por exemplo. Aliás, sente-se que este, embora tenha citado em entrevistas o fascínio que sofreu por *Tol'able David* (*David, o caçula*), de Henry King, manteve em seus filmes uma personalidade autônoma, um lirismo próprio que avançou pelo filme falado e alcançou nossos dias.

Quando o cinema se tornou falado, as coisas mudaram muito. Para começar, tem-se a impressão da existência de um hiato entre uma e outra fase — assim como um período de adaptação, de reconhecimento do terreno. Os cineastas do período mudo pareciam embaraçados com a novidade. E apareceu gente nova. O interregno a que me referi não existiu, naturalmente, pelo menos num sentido tão nítido... Quis apenas fazer uma metáfora que desse realce ao fato do aparecimento de novos elementos, pois isso é básico para o desenvolvimento deste artigo.

Os leitores hão de perdoar-me certas incorreções históricas. Não citarei datas, falarei apenas de décadas e, além de Humberto Mauro, só citarei nomes que me ajudem a exemplificar em favor de certas idéias que me ocorrem a respeito da evolução estética do cinema brasileiro.

O som nos trouxe, como para todo o mundo, uma série de problemas que variavam em intensidade nos diversos setores da atividade cinematográfica. No campo da crítica, a reação foi imediata. A ideologia que os críticos professavam — aliás, a única possível — era a da autonomia do cinema como arte essencialmente visual. E não podia ser de outra forma. Para P. E. Salles Gomes,[1] "o critério para determinar o grau de 'verdade' de uma ideologia é a sua utilidade. O que justifica a ideologia autonomista e visual é apenas o fato de ter sido, em seu tempo, a que melhor amparou o progresso do cinema".

No Brasil passou-se o mesmo. E o resultado das discussões teóricas foi que se atravessou um período de perplexidade total, daí o aparecimento de gente nova, da qual nos ocuparemos a seguir.

O som transformou-se numa obsessão. Não se tratava apenas de um fenômeno regional, mas de um sentimento partilhado em todo o mundo. Segundo Alberto Cavalcanti, "nos primeiros tempos do cinema sonoro, não era o som, para os produtores, senão o diálogo. Partindo desse erro, era natural que a maioria dos realizadores cinematográficos fosse temporariamente afastada dos estúdios e substituída por diretores de teatro [...] A palavra não era pronunciada cinematográfica, mas teatralmente. Vários atores de teatro, que nunca haviam ingressado nos estúdios, tiveram as portas abertas e trouxeram com eles uma artificialidade de há muito abolida".[2]

O testemunho de Cavalcanti, datado de 1933, dá um pouco da idéia do que se passou (em piores proporções) entre nós. Acrescentemos às palavras *diretores* e *atores de teatro* outras, como *radioatores*, *artistas de circo* etc. O rádio, que começava a atravessar um momento de apogeu, contribuiu durante pelo menos duas décadas para a nossa produção cinematográfica sonora.

---

[1] Em "A ideologia da crítica brasileira e o problema do diálogo cinematográfico", relação apresentada na I Convenção da Crítica Cinematográfica, organizada pela Cinemateca Brasileira em São Paulo (1961). [Cf. *Paulo Emilio, um intelectual na linha de frente*, Embrafilme/Brasiliense, 1986, p. 333.]

[2] Em *Filme e realidade*, Rio de Janeiro, Artenova/Embrafilme, 1977, p. 41.

Junte-se a esse dado material outro elemento mais importante: o conteúdo dos filmes. No cinema mudo as coisas se passavam mais facilmente. O diálogo escrito trazia naturalmente certa universalidade, que mais tarde também seria ambicionada no filme falado. É bom que se entenda aqui o sentido exato de *universalidade*: o filme mudo brasileiro era, em termos de audiência, mais ou menos competitivo com o produto importado. Essa competição foi por água abaixo com o advento do som.

Os novos elementos chegados para a realização optaram por uma solução tradicional na fase anterior: continuar seguindo, na medida do possível, os modelos estrangeiros, em termos de trama e de dramaturgia.

Aconteceu que na medida em que os filmes feitos não se baseavam na realidade circundante, mas nos modelos importados, o desconhecimento de uma utilização racional e criativa (como era pregada por Alberto Cavalcanti) do som provocou alguns resultados desastrosos. Numa rápida síntese devo dizer que os filmes "sérios" se tornaram tão artificiais e declamados que os espectadores, também condicionados pelos produtos importados, fugiram das salas que os exibiam. A incapacidade de trabalhar criativamente com o novo elemento provocou então o nascimento das paródias humorísticas, às quais se deu o nome de *chanchadas*.[3]

Esse gênero cinematográfico, bem brasileiro, combinava com o espírito irreverente e incrédulo do nosso público. Passou a ser rentável apesar de artisticamente desprezível.

Para P. E. Salles Gomes,[4] criou-se um círculo vicioso pelo fato de os diretores brasileiros nunca terem visto (em termos de aprendizado), naquela época, um bom filme brasileiro dialogado. Observou ele: "As lições das películas estrangeiras só podiam ser totalmente apreendidas através das seqüências sem fala. Será por acaso que os bons momentos do cinema brasileiro são sempre calados?". E concluiu: "A margem de oportunismo das ideologias é sempre muito grande. Nas condições brasileiras atuais, a ideologia cinematográfica mais útil, e portanto 'verdadeira', seria a que definisse o cinema como *uma fala literária e dramática envolvida por imagens*".

As chanchadas proliferaram e, bem ou mal, tornaram-se gênero assumido por espectador e crítico, passíveis de provocar influências através da sua *estética do deboche*.

---

[3] As chanchadas eram geralmente comédias musicais parodiando filmes estrangeiros (americanos), com trama tênue intercalada geralmente por sucessos carnavalescos.

[4] Idem nota 1, pp. 333-34.

Já me referi bastante ao som, falei de radialistas, de radioatores; mas é preciso frisar que mesmo nos filmes sonoros o cuidadoso tratamento da imagem era indispensável... O som, porém, condicionou bastante a *nova imagem*. Mais do que teatrais, os filmes eram gritados. Os atores se colocavam em posição distinta e visível para declamar seu diálogo ou seu "caco".[5] A iluminação dos estúdios não deixava margem para *nuances*. Era, enfim, um tipo de expressionismo ainda hoje inesquecível. *Essa estética própria virou, de certa maneira, a escola do cinema brasileiro.*

Dando outro pulo no tempo, vamos encontrar, em São Paulo, Alberto Cavalcanti e sua equipe importada da Europa às voltas com a Cia. Cinematográfica Vera Cruz. Toda a sua pregação sobre o som no cinema, que ele próprio revolucionou na Inglaterra, sofreu aqui no Brasil uma desvalorização, sob o determinismo do mau gosto que as chanchadas já tinham sedimentado. Seu esforço foi sobre-humano e incompreendido. *O cangaceiro*, de Lima Barreto, e *O canto do mar*, do próprio Cavalcanti, mostraram, entretanto, que alguma coisa podia ser conseguida se, ao invés da concentração descabida no universo (conteúdo) do filme estrangeiro (basicamente o *american way of life*), alguém procurasse retratar o Brasil e sua gente.

No fim dos anos 1950 e durante os anos 60 nasceu e foi evoluindo uma nova tentativa de *approach** da realidade brasileira. Houve algumas outras antes, mas vou demarcar essa fase com *Rio 40 graus*, de Nelson Pereira dos Santos.

E aí, então, se produz um efeito surpreendente: uma mistura óbvia de autenticidade com o desajeitado "expressionismo" das chanchadas. Compartimentado em temas sucessivos e inter-relacionados, aquele filme permite que se detecte, aqui e ali, essa influência direta, sem rodeios. O filme seguinte de Nelson Pereira dos Santos, *Rio Zona Norte*, já demonstra uma familiaridade maior com o *métier* e a influência decresce, sem desaparecer de todo.

Mas num outro filme, realizado já nos anos 1960, *Boca de ouro*, voltam como uma recaída quase todos os elementos das antigas comédias musicais: luz, cenografia, personagens, alguns atores. Com a ressalva de darem todos esses elementos a impressão de uso deliberado, isto é, admitindo ele próprio o valor da chanchada como criadora de uma infra-estrutura "esté-

---

[5] O "caco" é a frase ou palavra inventada pelo ator. No momento era possível, pois os filmes eram todos feitos com gravação simultânea do som.

* Em inglês: abordagem.

tica" para o cinema nacional, o realizador se utiliza dela acrescentando apenas sua visão da realidade brasileira (no caso, o subúrbio e o jogo do bicho).

Durante os anos 60 aprimorou-se vontade de abordar um Brasil autêntico como tema para os nossos filmes. E por isso se diversificaram os dados estilísticos. Ao chegar em 1965, os brasileiros já "viam bons filmes falados em português" e o tratamento do som foi aprimorado em favor da criatividade. Passo em seguida a uma análise de *Terra em transe*, filme de Glauber Rocha, que é, a meu ver, o exemplo de busca de autenticidade, que finalmente trouxe ao novo cinema brasileiro a abertura e a ousadia cultural que iriam desenvolver-se na atual década.

Uma boa pista para esmiuçar *Terra em transe* é o ensaio "Todos cantam sua terra", de Jorge de Lima. É o próprio realizador que admite isso, aliás. Ao ler o referido trabalho do criador de *Invenção de Orfeu*, sente-se a presença de dados esclarecedores, sobretudo de ordem estrutural. Em "Todos cantam sua terra" há uma tentativa algo impressionista de assimilação da cultura de nosso povo. A base desse estudo é o *Macunaíma*, de Mário de Andrade, ali definido como "um raide do subconsciente nacional". Nada mais semelhante ao filme em questão. Não seria *Terra em transe*, também, um raide no subconsciente (político) nacional? Os planos aéreos que abrem o filme e que nos levam do mar a Eldorado, "país interior atlântico", transportam a idéia da metáfora à sua literalidade.

Mais adiante, Jorge de Lima procura esclarecer melhor o leitor: "O raide em seis dias foi bom, a fotografia tirada do alto deixa a gente ver um pedação da nossa alma e da nossa terra". Parece evidente que Glauber Rocha tenha usado esse e outros pontos da observação aguçada de Jorge de Lima para instruir as idéias que tinha a respeito dos problemas brasileiros. A discussão a esse respeito não se encerra aí. Esse raide, empreendido com ambições de revelação e também de *recuperação* de uma realidade, camufla-se, desde o início, nos ares de ficção impostos pela localização da trama em Eldorado, cujas características são tipicamente hispano-americanas. A aparente contradição que parece nascer aí está explicada no ensaio de Tristão de Athayde, que subdivide a América em anglo-saxônica, hispano-americana e luso-americana, como se houvesse, entretanto, um esquema sutil de vasos comunicantes entre elas, e acaba voltando a Mário de Andrade, com uma citação de *Macunaíma*: "Jacaré achou? Nem ele. Então o herói pegou na consciência de um hispano-americano, botou na cabeça e se deu da mesma forma". No fundo, tudo isso se pode resumir, menos erudita e mais cruamente, na real situação das repúblicas de área vizinha e *status* semelhante ao nosso.

Glauber Rocha, entretanto, ao se revelar influenciado pelo ensaio de

Filmagem, no Teatro Municipal do Rio, da cena da coroação de Dom Porfírio Diáz (Paulo Autran, de manto), último delírio de Paulo Martins (Jardel Filho), o poeta de Eldorado. Abaixo, à esquerda, Glauber Rocha, ao lado da câmera empunhada por Dib Lutfi, secundado por Eduardo Escorel, que opera o gravador de som.

Jorge de Lima, demonstrou até que ponto foram seus critérios de pesquisa para um filme muitas vezes incompreendido pelos espectadores. E fez uma grandiosa ópera sobre o Brasil, entrando sem rodeios no cerne da brasilidade. Todos os seus atos são visceralmente sinceros (a razão funciona como um freio de ordem ideológica, no conjunto). A dúvida quanto à brasilidade de *Terra em transe* poderá persistir: por que, então esse aspecto latino, esse cheiro úmido de uma *banana republic*? Eu aconselharia, no caso, que o filme fosse visto como um baile de máscaras "a sério". Em termos brasileiros, um carnaval com fantasias típicas, compenetradamente representado. A seqüência da convenção final com Vieira (José Lewgoy), da adesão definitiva de Paulo Martins (Jardel Filho), comemorada com escola de samba e Villa-Lobos em três movimentos (*allegro*, *andante* e *adagio*), é uma prova do sincretismo que a diversidade de nossa formação social engendra e condiciona no cineasta brasileiro. Não é gratuita, mas resultante de um determinismo, a presença do saudoso Modesto de Souza personificando um parlamentar ridículo e grotesco, como aliás ele mesmo já havia feito, como saído de uma chanchada, na seqüência do deputado nordestino em *Rio 40 graus*, de Nelson Pereira dos Santos.

O ar "latino" é portanto exterior e representa uma ampliação do cineasta, disposto a abranger um campo mais universal, partindo de preocupações nacionais, uma vez que os problemas abordados constituem regra geral nos países "interiores". A ficha técnica poderia mencionar "filme de sangue brasileiro e latino ou (hispano-) americano por adoção".

O espectador estranha a necessidade constante de ter que ir até o filme, inquiri-lo, dissecá-lo. A visão de um país delirante, empreendida numa gigantesca panorâmica circular, só nos pode levar a essa incrível diversidade de climas, tendências, opiniões e sentimentos. *Terra em transe* flutua entre Eldorado e Alecrim, num ritmo intermitente, cuja irregularidade representa a própria dúvida do brasileiro diante de suas opções. De um lado, um desejo irrestrito de ordem, uma projeção das aspirações diretamente dirigidas à metrópole, uma frustrada crença de independência. De outro, uma submissão total, uma incapacidade natural de conceber essa mesma independência, a pobreza, a ignorância e o misticismo. O conflito entre a metrópole e a província, como é apresentado por Glauber Rocha, é uma forma perfeita de visualização de um tema básico de Antonio Candido quando procura configurar a formação cultural do brasileiro.[6] Esse tema, no mais puro espírito

---

[6] As proposições de Antonio Candido foram apresentadas em seu trabalho "Natureza, elementos e trajetória da cultura brasileira", lido em Gênova, no congresso Terzo Mondo e Comunità Mondiale, de 1965. [Publicado em francês nos anais do congresso, Milão, Marzorati, 1967, pp. 411-6.]

dialético, seria definido pelo conflito entre a "ordem e a diversidade": "o amor do formalismo, o gosto pela abstração perfeita, pelo plano rigoroso e impraticável, correspondem a uma necessidade de ordem, a uma aspiração ao rigor, que poderia conter e orientar a diversidade da formação social no Brasil...". E esse fenômeno não se resolve apenas conteudisticamente em *Terra em transe*, mas evidencia-se também no que diz respeito à forma, como em vários outros exemplos fílmicos. O meio abordado parece influir na concepção do realizador. Cada cidade (Alecrim, capital de província, e Eldorado, litorânea, próspera, sede do poder) passa a ter o estilo adequado de descrição. Flutuamos entre o mundo da diversidade, com seu realismo crucial, e a "alienação" de uma ordem alienada, ao sabor do fluxo da consciência do (anti) herói.

O antigo "expressionismo", agora, depois da intimidade com a linguagem cinematográfica e o domínio do som, dá lugar a um tipo de *surrealismo* que pode caracterizar não mais uma estética global do cinema brasileiro, mas a do autor — Glauber Rocha. Existimos, individual e grupalmente.

Essa seria outra boa pista para a nossa busca de significação latente desse filme repleto de estímulos, cuja hierarquia precisa ser definida. Nenhum outro produto da cultura brasileira foi alvo de tanta discussão, ultimamente. Poucas vezes se viu polêmica tão acirrada: o velho princípio da ação e da reação teve novamente comprovada sua efetividade. GR seguiu ao pé da letra a máxima de Antonio Candido: "Nada mais importante para chamar a atenção sobre uma verdade do que exagerá-la. Mas, também, nada mais perigoso, porque um dia vem a reação indispensável e a relega injustamente para a categoria do erro, até que se efetue a operação difícil de chegar a um ponto de vista objetivo, sem desfigurá-la de um lado nem do outro".[7] Os exageros descobertos em *Terra em transe* correm por conta do temperamento do realizador. Algumas opiniões críticas do Rio e de São Paulo os têm permanentemente aferido.

Há outro tema no filme que propõe uma análise pormenorizada e para isto vamos continuar com Antonio Candido: "A convicção de ser um homem cordial no sentido pleno dá boa consciência aos brasileiros e termina por se impor [...] ajudando a formar uma imagem do país que convém à manutenção das dominações tradicionais".[8] *Terra em transe* se rege igualmente por uma outra chave definida de início pelo poema de Mário Faustino:

---

[7] Antonio Candido, em *Literatura e sociedade*, São Paulo, Cia. Editora Nacional, 1965.

[8] Idem nota 6.

"Não conseguiu firmar o nobre pacto
entre o cosmo sangrento e a alma pura.
....

Gladiador defunto, mas intacto
tanta violência, mas tanta ternura."

 O que o filme apresenta em quase todo o seu desenrolar é justamente esse "desfiguramento ideológico da violência", que nada mais é senão uma constante enraizada em nossa civilização desde as mais remotas dominações. A reação derrapa na complacência (a contradição-mor do filme é certa complacência com o virtuosismo), marca passo, é apenas um ato gratuito. Nada parece tão angustiante como todos aqueles tiros mudos (ou os sons sem os tiros correspondentes), o permanente metralhar no vazio, que se aproxima da representação simbólica da impotência.
 O sentimento da amizade, nos sentido banal da expressão, paira por entre os personagens de *Terra em transe* e isso nem de longe afasta deles sua dimensão humana e verdadeira. E esse fato engendra, na maioria das vezes, o nascimento de contradições existenciais que constituem um outro *leitmotiv*, que veremos a seguir: as diversas guinadas políticas decorrentes do relacionamento, no tempo e no espaço, de certo número de personagens. Nesse sentido, os momentos de consciência são momentos de angústia quase onírica, nos quais as verdadeiras reações do ser não atingem a ação em virtude de uma forma estabelecida de censura social.
 A contradição existencial surpreendida em flagrante delito é, como ficou dito, o outro elemento-chave de *Terra em transe*. A indecisão, a dúvida, a incerteza são temas recorrentes, como aliás já se evidenciara em todos os personagens, em Paulo Martins especialmente; há várias provas concretas desse vício da vontade, a mais explícita sendo a de uma das melhores seqüências de *Terra em transe*, na qual o poeta repudia sua atividade intelectual.
 Essas poucas pistas provam que *Terra em transe* representa um marco em nossa cultura e que o Cinema Novo está promovendo uma verdadeira reformulação de alguns princípios que começaram a se cristalizar. É impossível, a menos que se esteja tomado de pudor ou respeito humano, não se comover diante deste painel transbordante de verdade. Não é à toa que o crítico Maurício Gomes Leite considera o filme de GR "a mais sofrida obra-prima do cinema brasileiro". A conclusão quase tardia de Nelson Rodrigues, incluída em suas recentes *Memórias*, chegou a tempo de nos provar que a

obtenção da verdade não depende de dados formais pré-estabelecidos, mas sim e sobretudo da coragem.⁹

Tudo o que foi dito não pode ser completado sem uma referência final à chanchada. A expressão em si só é pejorativa; mas, afinal, devemos à sua existência ao menos um ponto de referência crítico e alguns cacoetes simpáticos que ainda hoje, vez por outra, pontuam nossos filmes. Este trabalho, que parece todo o tempo maltratá-la sem perdão, vai fechar-se com uma dedicatória a todos aqueles que fizeram filmes sonoros no Brasil, desde o advento do cinema até o fim dos anos 1950, e legaram aos novos cineastas uma infraestrutura sem a qual o cinema brasileiro jamais teria a posição que ocupa hoje, no Brasil e no mundo.

---

⁹ Nelson Rodrigues: "Nós estávamos cegos, surdos e mudos para o óbvio. *Terra em transe* era o Brasil. Aqueles sujeitos retorcidos em danações hediondas somos nós. Queríamos ver uma mesa bem-posta, com tudo em seus lugares, pratos, talheres e uma impressão de *Manchete*. Pois Glauber Rocha nos dera um vômito triunfal. *Os sertões* de Euclides da Cunha também foi o Brasil vomitado. E qualquer obra de arte, para ter sentido no Brasil, precisa ser essa golfada hedionda" (*Memórias*, capítulo LXVII).

Vale quanto pesa, ou: não compre gato por lebre

"O que acresce o peso de um filme é a sua personalidade."

Cada vez me convenço mais de que um filme, além dos valores artísticos, vale quanto pesa. Não há meio de fugir a essa regra. Mesmo o público mais tacanho, das regiões menos favorecidas de nosso país, pressente de alguma forma esse fenômeno.

De *Xica da Silva* e *Dona Flor e seus dois maridos* a esta parte, dificilmente haverá engodos nas superproduções que começam a proliferar. Que se cuidem, portanto, produtores e realizadores, porque está no ar o novo estilo de cinema brasileiro: o grande espetáculo que, se seguir à evolução da chanchada, poderá tornar-se o afluente de um novo gênero: a *disaster comedy*, se se pode usar uma expressão em voga para certos fracassos financeiramente bem apoiados.

Estes fatos me são inspirados depois do Festival de Gramado. O cinema brasileiro está produzindo certo tipo de filme parasita que usufrui das vantagens de um sistema que, democrático, não lhe pode fechar as portas. Sou dos que admitem os fatos consumados, desfrutando mesmo de alguns e relegando outros a um plano secundário. O cinema, caro como está se tornando, merece, entretanto, um esforço maior de concepção. Falo da produção recente, mais especificamente de um filme que, por discrição, gostaria de deixar oculto. Quem não tem competência não deve estabelecer-se na superprodução. Repito um lema pessoal: mais de cinco pessoas em cena, é, para mim, sinônimo de multidão. Não serei eu o paradigma da produção nacional. Longe disso. Vivo de observá-lo há uns bons quinze anos e, excetuando certas tiradas carinhosas, não pretendo estabelecer-me em guia ou inventor da "saída" oficial do cinema brasileiro.

Marginal, não ofereço a ninguém alguma opção, mas sinto falta das personalidades (mesmos herméticas) que nos freqüentavam. A indução (termo de Física extensivo por metáfora ao assunto que abordamos) deve voltar a ser a base de uma pesquisa conteudística e formal. Um novo e especial Instituto Nacional de Pesos e Medidas deveria ser criado para uma re-aferição de nossa cinematografia.

Acho *Dona Flor* e *Xica da Silva* dois filmes grandiosos e indutivos *a posteriori*. A ordem dos fatores não altera o produto. Imitá-los, hoje, entretanto, já seria um anacronismo. Nossa história cinematográfica está marcada por acidentes úteis. Recentemente esses acidentes têm perdido seu interesse intrínseco. O brasileiro tem a mania de repetir fórmulas, da mesma maneira que revê seu jogo de futebol favorito através do videoteipe cada noite no final da semana. Um filme *pessoal* não é necessariamente malfeito, comparativamente a uma fita cara e elaborada. Esta goza de uma vantagem grata a nosso público: a prodigalidade e adesão ao *star system* caboclo. Este desabafo não é de todo crítico. Sou pragmaticamente favorável às grandes empreitadas que *dão certo*, mas odeio as pretensões frustrantes.

A relação preço-resultado não pode ser desprezada nem tratada superficialmente, ou seremos todos condenados à "superpornochanchada". A pornochanchada existiu ou existe e por isso deve ser levada em conta queiram ou não seus inimigos mais acirrados, mas é óbvio que há mais terreno para fazê-la crescer geometricamente. A escola de *Dona Flor* e *Xica da Silva* é nítida o bastante para afastar os picaretas ou arrivistas. Sinto que não é difícil acertar, quando se conta com o apoio logístico de um órgão como a Embrafilme.

"A pressa é inimiga da perfeição", disse alguém, certamente com alguma preguiça. Chico Buarque replicou a tempo: "Devagar é que não se vai longe". Como sair dessa? Pela autocrítica, pela honestidade pessoal, dados românticos, é bem verdade, mas que numa "democracia cinematográfica" são os únicos a permitir um colocação nítida dos problemas.

Épico é quem tem no sangue (e não na razão) a vibração das grandes vicissitudes da humanidade. O intelecto não fornece senão um tênue reflexo dessa sensação. O filme de câmera (como a música de câmara) pode revelar grandes conflitos sociopessoais. Falta o lúdico em grande parte de nossos cineastas. Alguns viraram mesmo burocratas.

Os riscos, felizmente, são iguais no nosso sistema de co-produção. Ou assumimos nossos problemas íntimos e os transformamos numa ficção original (palavra dúbia, mas ligada a certo tipo de mercadologia cinematográfica) ou nos responsabilizamos autoral e empresarialmente por certas incursões numa memória literária ou histórica que não merece ser conspurcada.

O cinema brasileiro atravessa uma fase de certa euforia. Há, como sempre houve, suspeitas ou ameaças de catástrofes, provocadas mais pela euforia mencionada do que propriamente pela situação que se atravessa. O episódio Jack Valenti ocorrido no final do ano passado mostra que o mercado cinematográfico brasileiro corre o risco de ser reservado para nossos filmes, e pode-se, inclusive, prever que, como antes o petróleo era nosso, *o cinema é nosso*.

Cumpre agora fazer o uso devido dessa situação, ampliando as possibilidades comerciais de nossa cinematografia, desenvolvendo a linguagem e estendendo os gêneros cinematográficos no sentido de uma autenticidade maior, evitando-se, com determinação, a influência das cinematografias alienígenas, a fim de promover uma identificação maior entre nossos filmes e nosso público.

Recorrer a um fato ou um vulto histórico, a uma adaptação literária ou a um roteiro original não me parece uma opção conflitante, mas convergente, desde que se dê ênfase à palavra *original*, isto é, que se trabalhe em cada um desses departamentos com a devida *inspiração* funcional, sem fazer do cinema uma pobre e desprezível sinecura burocrática. As grandes produções correm, a meu ver, o risco de serem julgadas a partir de seu peso específico em detrimento de suas qualidades artísticas. São apenas idéias vagas a respeito de uma situação alvissareira, porém indefinida, que se começa a vislumbrar.

A importância maior do cinema, no Brasil, neste momento em que a civilização da imagem vai se tornando irreversível, é a progressiva focalização de nossos contornos sócio-político-geográficos, tudo isso sendo continuamente fruído por nossa gente. Um cinema consumido, permanentemente *no ar*, como um programa de TV com alto índice de audiência.

A Lua vista da Terra*

A crítica italiana me apresentou aos seus leitores basicamente como "um dos fundadores do movimento 'Cinema Novo' brasileiro", ao mencionar meu último filme *Muito prazer*, apresentado, há pouco na 23ª "Mostra Internazionale del Film d'Autore", de San Remo. Devo dizer que, na verdade, acompanhei o Cinema Novo desde o seu nascimento, vivi com ele seus momentos de euforia e de depressão, participei dele com três filmes meio marginais e que, hoje, ele, para mim, é um "objeto obscuro do desejo".

Fala-se muito, ou falou-se muito, da morte do Cinema Novo; tentaram assassiná-lo, mas ele sobrevive. Uma boa maneira de comprovar a sua permanência é compará-lo aos Beatles: seus componentes se separaram, mas continuam cantando.

Para os italianos também não é difícil retraçar a história do seu cinema e reconhecer sua situação atual. Os realizadores neo-realistas filmam ainda e a relação entre neo-realismo e Cinema Novo baseia-se no surgimento na Itália de novos cineastas que dele não participaram, a não ser de maneira excepcional (Sandro Franchina era o menino de *Europa 51* que "assistia" ao neo-realismo de dentro para fora), do movimento.[1]

Tanto o neo-realismo quanto o Cinema Novo começaram com filmes semidocumentais. Mesmo filmando espetáculos de variedades, a documentação (na Itália do pós-guerra a seria uma redocumentação, uma recupera-

---

* Este artigo foi encomendado ao autor por Lino Miccichè, titular da coluna de cinema do jornal *Avanti!*, de Roma. (N.O.)

[1] Esses cineastas que conservam hoje a grandeza do cinema italiano junto aos seus velhos mestres mantiveram num dado momento contato bastante íntimo com membros do Cinema Novo, como colegas no Centro Sperimentale di Cinematografia de Roma.

ção virtual da realidade) estava presente: a máquina de filmar parecia ter acabado de sair das usinas Lumière.

Desde os filmes de Alex Viany (*Agulha no palheiro* e *Rua sem sol*), passando pelos dois primeiros de Nelson Pereira dos Santos (*Rio 40 graus* e *Rio Zona Norte*), o eixo Itália-Brasil estava criado e, através do tempo, as cinematografias dos dois países seguiriam destinos semelhantes.

Destinos semelhantes em mundos bastante diversos.

A mitologia do "nacional" é curiosamente diversa nos dois continentes. Falo de mitologia e não de sentimento. Se bem que muito mais multinacional por razões históricas, geográficas e políticas, a Itália preserva, ou tenta preservar, sua nacionalidade sem aquele sentimento de medo ou o "complexo de inferioridade" que atormenta os brasileiros. É esta uma sensação "obscura", já que nem o neo-realismo nem o Cinema Novo são obscuros em si mesmos. E é essa sensação que traz a diferença, na evolução dos dois movimentos históricos, ao cinema-um-pouco-sem-nome-de-hoje.

Esse complexo produziu, entre nós, um sentimento nacionalista verdadeiramente útil, sem o qual restaria pouco da maltratada cultura brasileira. Se as manifestações antiimperialistas eram, ao menos nas metrópoles brasileiras, um refrão constante, e se dirigiam a todos os campos da economia; no cinema, ela procedia de forma ainda mais forte.

Luta-se ainda hoje contra o produto estrangeiro que ocupa nosso mercado cinematográfico. Ao lema comum "O petróleo é nosso" de influência direta do governo Getúlio Vargas, e hoje desgraçadamente abandonado pela pressa de uma nova solução energética e pela descrença em nossas jazidas petrolíferas, sobressai este outro, "O cinema é nosso", ainda em vigor, ameaçado ele também de desaparecer no abismo da crise de nacionalidade.

Os anos 1970 podem ser divididos em duas metades. Falemos, antes, do abalo que sofreu o Cinema Novo com o golpe militar de 1964 quando foram modificadas pela censura as regras tradicionais do jogo cinematográfico nacional. Esse objeto do desejo começou a se obscurecer. E perdeu-se um pouco nesse obscurecimento. Teve que procurar uma saída. Foi-se individualizando pouco a pouco.

Passou por um período inicial de sufoco, porque, afinal, as antigas propostas não podiam mais ser desenvolvidas, coincidiu com um momento, na supracitada conquista do mercado, em que as pessoas se questionavam a respeito de sua maneira de se comunicar com os espectadores. Os filmes, com a crise econômica geral, passaram a custar mais caro. De fora, não se ouvia falar com a antiga insistência daqueles exemplos que desenvolvem e prolongam a fraternidade cinematográfica internacional até o infinito.

Os anos 1970 começaram com essas dúvidas e essas indagações. Há exemplos concretos dos filmes que provocaram essa progressiva individualização do Cinema Novo, mas não valem ser citados num artigo que tende à generalização, como este. Mas o fenômeno do individualismo é brasileiro demais para ser negado ou explicado sociologicamente num campo com pouco contingente humano como o Cinema Novo. Basta que se fale de futebol e desponta um evidente desprezo pelo trabalho coletivo. (Contou-me um amigo que o jogador de futebol no Brasil tem o hábito de conservar a bola consigo e tentar, se possível, levá-la sozinho ao gol adversário. Isto, segundo ele, porque desde criança os pais lhe incutiram a idéia de propriedade da bola ao lhe presentearem com uma...)

Podemos agora, chegados a este ponto, e antes de concluir, fazer a divisão do Cinema Novo em duas fases ou épocas: a) Anos 60: trabalho quase braçal de criação, com recursos mínimos. Formação ideológica. Autoria. Definição dos gêneros fílmicos. Propostas documentais. Sentimento coletivo. b) Anos 70: Trabalho mais industrializado; maiores recursos provenientes de certos sucessos de bilheteria. Despersonalização progressiva. Opções comerciais. Desenvolvimento e sofisticação da linguagem. Sintomas de ficção. Sentimento individualista. Ação da Embrafilme.

As noções de pobreza e riqueza também afloram nesse novo cinema "envernizado", feito algumas vezes sob medida para exportação impessoal tipo "pacote".

Esse cinema ainda não enriqueceu, mas não cogita mais, com aquela antiga pureza, do trabalho braçal e, em geral, as produções apresentam um falso e pródigo *status* de fartura. Deve-se destacar nessa situação, entretanto, o fato de que, apesar de tudo, *esse cinema ainda é nosso*.

Coloco propositadamente à margem, na década de 1970, a consolidação da Embrafilme, órgão governamental de cinema, que, nesses anos, produziu, co-produziu, financiou e distribuiu ao menos 80% dos filmes brasileiros, sem falar no incentivo às produções culturais e curtas-metragens através de um departamento especial. A força dada pela Embrafilme, sobretudo à co-produção de filmes, trouxe para o cinema brasileiro alguns homens de negócio ligados a outras áreas da atividade econômica. E, finalmente, em 1979, foi criada a Cooperativa Brasileira de Cinema, com quarenta associados (hoje esse número já é bem maior), sob a presidência de Nelson Pereira dos Santos. A Cooperativa tem-se dedicado especialmente ao setor da exibição, comprando ou arrendando salas no Rio de Janeiro e em outras cidades do Brasil.

A lista de títulos que desponta para 1980 é por demais sugestiva e dá a impressão de nos assegurar um ano de estabilidade cultural e afetiva, consolidando nosso desejo sob cristalina luminosidade. Falo, sobretudo, dos filmes de Leon Hirszman (*Eles não usam black-tie*), Joaquim Pedro de Andrade (*O homem do Pau-Brasil*), Gustavo Dahl (*Tensão no Rio*) e Glauber Rocha (*A idade da Terra*). Nesses filmes, submetidos às condições lunares e econômicas da nova década, estará contido certamente o germe fecundo dos primeiros anos do Cinema Novo.

David, Anecy Rocha, atriz de *A grande cidade* (1965) e Carlos Diegues.

No país de são Saruê

O cinema na Paraíba começou quase ao mesmo tempo que o movimento do Cinema Novo brasileiro. Cinema parece parente de Coragem ou Ousadia, sobretudo no Brasil. É que, aqui, fazer cinema foi sempre um sufoco, por causa da pressão dos gringos. Completo dizendo que à palavra ousadia deve se acrescentar outra: Malandragem; único complemento à estratégia da pouca força ($$$) a se conjuminar com a supracitada Coragem.

Quando *Aruanda*, de Linduarte Noronha, foi feito com os mais parcos recursos, nós, os "metropolitanos",* descobrimos que cinema precisava mais de garra do que propriamente de "arte cinematográfica", coisa que P. E. Salles Gomes começava a nos ensinar paulista e disciplinadamente.

Os paraibanos não estavam longe dessas teorias, desenvolvidas no Rio, depois das sessões semanais da Cinemateca do Museu de Arte Moderna no auditório da Associação Brasileira de Imprensa. E, à produção fragmentada, disputada e, em geral, perecível dos primórdios do Cinema Novo, recebemos uma contrapartida maciça e irrefutável do Nordeste: os filmes do já mencionado Linduarte Noronha, de João Ramiro Mello, de Jurandy Moura, de Rucker Vieira, de Paulo Melo, de Manfredo Caldas, de Ipojuca Pontes, de Walter e Vladimir Carvalho e de José Umbelino.

Este retrospecto breve sobre o cinema paraibano reforça um pouco sua razão de ser num fato simples: toda Garra, toda Coragem, toda a Ousadia mencionada baseia-se num dado básico: o desprezo pela *solenidade*. Dinheiro em excesso e *solenidade* são os elementos que vêm matando o cinema brasileiro, recentemente. A Paraíba provou em muitas ocasiões que a inspiração cinematográfica verdadeira independe do excesso de numerário. De

---

* Alusão ao grupo de futuros cineastas que se congregava em torno do jornal O *Metropolitano*, no Rio de Janeiro. (N.O.)

Aruanda a esta parte, passando por *Romeiros da guia*, de João Ramiro Mello, e por *Os homens do caranguejo*, ensaio primoroso de Ipojuca Pontes, todas as produções paraibanas têm-se constituído em investidas cinematográficas descomprometidas com verbas e grandes *status* de montagem ou produção. O caso Vladimir Carvalho, tema deste trabalho, prova, na minúcia, as premissas que apresentei.

Dos cineastas paraibanos, emigraram para o Rio: João Ramiro Mello, Ipojuca Pontes, Manfredo Caldas, Walter e Vladimir Carvalho. Este último não se estabeleceu propriamente no Rio e merece um estudo preliminar, através do qual chegaremos ao *País de são Saruê*. O despojamento inicial de Linduarte Noronha em *Aruanda*, "metropolitanizado" em *O cajueiro nordestino*, deve ter influído na fidelidade de Vladimir Carvalho aos reais valores (cinematográficos) da Paraíba. Para completá-la, foi indispensável a colaboração do fotógrafo Manuel Clemente e a utilização da película em preto-e-branco 16 mm, ampliada para 35 mm.

Voltemos um pouco, ou melhor, partamos da "metrópole" de volta a João Pessoa, em companhia de Walter Lima Jr., que escolheu o *Menino de engenho* de José Lins do Rego como seu filme de estréia. Os freqüentadores das sessões semanais da Cinemateca do Rio seguiram em comitiva para reencontrar os amigos ocultos. De certa forma, deu-se a pororoca. Definitivamente comprometidos, os cinemas do Rio e da Paraíba saudaram o povo e pediram passagem.

O poema de Carlos Pena Filho, impresso no prólogo de *Menino de engenho* —

> "Outrora aqui os engenhos
> recortavam a campina
> veio o tempo e os engoliu
> ao tempo engoliu a Usina.
>
> Um e outro inda há quem diga
> que o tempo vence no fim
> um dia ele engole a Usina
> como engole a ti e a mim.
>
> Pois foi essa mesma fera
> que engole moça e criança
> que fez o barão gerente
> e a baronesa, lembrança."

— será o metrônomo da cadência poética d'*O país de são Saruê*.* Algum cinéfilo mais informado poderá argumentar que é diversa (justamente a cadência), mas que me seja permitida, de início, ao menos uma metáfora remota.

A melhor seqüência do filme é uma subseqüência, um entreato, da mesma maneira pela qual Joaquim Pedro de Andrade ameniza a rudeza d'*Os Inconfidentes* com o "casamento" de Marília e Dirceu ao som de *Farolito*, na voz de João Gilberto. A comparação também aqui merece um ágio estilístico, e a insistência ajuda a mostrar que *O país de são Saruê* está sendo aqui descrito por um membro da comitiva de *Menino de engenho*. Esta subseqüência, que no "roteiro" (vai entre aspas porque dá a impressão de uma descrição do filme — *a posteriori*) e se relaciona a alguns itens da sexta seqüência, segundo o autor, corresponde a uma "caçada" que ao articulista dá a impressão de ser o único dado ficcional deste documentário empedernido (*sic*) que é o filme de Vladimir. Quer dizer ficção em termos, porque não passa de uma rotina encenada. Essa passagem dura pouco, mas envolve o espectador, vítima do hiperficcional dos filmes estrangeiros.

"Mulher, depene este pássaro
Asse-o na trempe, depois.
Dê ao menino um pedaço,
e a sobra dá pra nós dois.

Amanhã, vou para a rua
vender plumas de algodão.
Volto de noite com a lua
e rapaduras na mão.

Tenho fé na Santa Madre
Maria da Conceição
que na casa do compade
vai dar bom peso o algodão."

É mais longo o poema de Jomar Moraes Souto que pontua *O país de são Saruê*, mas esse trecho que vem depois da caçada do sertanejo mostra bem

---

* Ficha técnica: *O país de são Saruê*. Produção, roteiro e direção: Vladimir Carvalho; Fotografia e câmera: Manuel Clemente; Montagem: Eduardo Leone; Narração: Paulo Pontes; 16 mm ampliado, preto-e-banco, 1971.

o que eu quis dizer a respeito de cadência, no início deste texto. A referência agora (e em outros momentos mais nitidamente) é a uma outra região, diversa daquela outra, litorânea, soprada pela brisa do mar.

A ação do filme se passa "nos vales dos rios do Peixe e Piranhas, no extremo oeste da Paraíba", onde espalham-se cerca de 20 municípios, numa área superior a 8 mil km^2, com uma população de aproximadamente 500 mil pessoas.

Não trata das Usinas nem da sua decadência, mas aplica uma visão tão múltipla na realidade paraibana que o tema central — a exploração do homem na colheita do algodão — é às vezes substituído por outros.

"Filho órfão da fazenda
O Engenho veio depois
Feio de raros verdes
Pelas mãos de caboclos sem mel, nem renda."

A Bolandeira surge grandiosa, sob luz menos ofuscante do que a do filme homônimo de Vladimir Carvalho, feito na mesma época. Neste pequeno *trailer* d'*O país de são Saruê*, o resultado da fotografia de Manuel Clemente provocava comoção, lembrando com nostalgia e certa tristeza a eufórica reação dos camponeses d'*A linha geral*, de Eisenstein, diante da primeira gota de leite a pingar da desnatadeira. Desta quarta seqüência passamos a um outro momento que inspira saudade. A sucessão de molduras e fotografias descobertas na casa-grande de Acauã. Um dos itens da quinta seqüência descreve: "Uma enorme arca junto de uma escrivaninha. Retratos pelas paredes e em um álbum. Retrato de uma jovem, retrato de um jovem. Um casamento. Retrato de casal com filhos. Fila de carros Ford e gente num dia de festa... etc.". A trilha sonora toca Ernesto Nazareth e Echio Reis declama:

"Sob as résteas de sol claras
dentro da luz da manhã
um velhinho na calçada
da Fazenda Acauã.

"Era um vestido de renda...
Tinha as faces de romã...
Era uma festa a fazenda,
era um poema Acauã...

"Talvez dançasse uma polca,
sob a luz da lamparina.
Talvez cantigas de roda
fosse o baile da menina.

Imóveis nos seus retratos,
sobre paredes barrocas,
as damas, os seus ornatos,
barretes, estolas, toucas.

No chão, cadeiras de vime,
arcas de jacarandá,
e, na parede, o azedume
dos homens sérios de lá."

Contrapondo-se à sobriedade da voz de Echio Reis, o locutor Paulo Pontes (que a morte levou tão prematuramente), outro paraibano legítimo e irmão de Ipojuca, enuncia um texto informativo em tom não diverso daquele que dizia a cada noite em *Opinião*, espetáculo semimusical de grande sucesso no Rio nos anos 60.

O ar lúdico deste artigo vai para contrabalançar a seriedade do documento fílmico de Vladimir Carvalho. As dez seqüências descritas quase minuciosamente no "roteiro" que acompanha uma espécie de *press-book* do filme representam dados ou verbalizam imagens muito mais fortes e pungentes. O filme, feito em 1966, ficou praticamente 10 anos interditado pela Censura Federal, mas sua força estranhamente aumentou.

Não é fácil, entretanto, assistir à sua projeção. A maciez do algodão parece ter se petrificado no "cárcere" durante o período da interdição. Some-se a isso a desatualização sofrida pelo tempo decorrido, mesmo se se leva em conta que o cinema em geral nem por isso evoluiu tanto.

O que nos resta d'*O país de são Saruê* é a desolação, a reprodução, no particular, de fatos sobre os quais já sabemos e para os quais, por estarem registrados em filme e por estarmos viciados em cinema, esperamos, na própria tela, solução e justiça.

Filme:
São Miguel está na sala
lanceteando um dragão...
E a balança não resvala
para quem dá duro, não.

Personagem-Espectador:
> Ele vai fazer mais justo
> os preços que às plumas dão.
> Afinal custaram custos
> minhas ramas de algodão.

A desesperança faz parte da proposta de um filme que parece ter entrevisto com antecedência sua proibição: o arcaísmo do sistema feudal que documenta está impregnado em suas imagens.

Quando o vento sopra em são Saruê, este vento vem mais do que de longe, vem de um paraíso que o tempo e o sol vão transformando pouco a pouco em miragem.

Bye bye Brasil

Não sei dizer se o personagem que José Wilker interpreta em *Bye bye Brasil*,* de Carlos Diegues, seria o remoçamento do Rodolfo Arena de *Chuvas de verão*, nem se o Andorinha (Príncipe Nabor), o Sanfoneiro (Fábio Junior), Dasdô (Zaira Zambelli) representam respectiva e diferentemente o Calunga (Antônio Pitanga), o Inácio (Joel Barcellos) e a Luzia (Anecy Rocha) de *A grande cidade*, do mesmo autor. Só posso adiantar que este filme novo de Diegues significa, ao menos assim, de relance, a súmula dos trabalhos anteriores do diretor. São citações ou comparações meio a esmo, as que faço aqui, começando esta tentativa de *approach* acanhada e titubeante. Mas tem sua validade como associações livres criadas na cabeça de um cinéfilo com seus vícios e suas preferências.

Na verdade, *Bye bye Brasil* provoca dois tipos de impressões persistentes: primeiro, a de parecer realmente uma viagem auto-metalingüística de Carlos Diegues; segundo, a de se assemelhar a um filme americano feito no Brasil. Estranhas e perigosas essas duas teses proclamadas assim cruamente, mas, também, tentadoras como mensageiras de certos valores importantes, não só para seus agentes (autor e filme) como para a filmografia do cinema brasileiro em geral. Podemos, igualmente, para temperar este preâmbulo, dizer que se se coloca *Tudo bem*, de Arnaldo Jabor, ao lado de *Bye bye Brasil*, estaremos prontos para sair dele (preâmbulo) e partir para considerações mais concretas.

---

* Ficha técnica: *Bye bye Brasil*. Direção e roteiro: Carlos Diegues; Fotografia: Lauro Escorel; Cenografia: Anisio Medeiros; Música: Chico Buarque de Holanda, Roberto Menescal e Dominguinhos; Montagem: Mair Tavares; Elenco: Betty Faria, José Wilker, Fábio Junior, Zaira Zambelli, Príncipe Nabor, Rinaldo Genes, Marcus Vinicius, Jofre Soares, Emanoel Cavalcanti; 35 mm, cor, 1980.

Tudo bem e *Bye bye Brasil* têm em comum certa afinidade autoral, isto é, a busca da inspiração em fontes domésticas. Enquanto Arnaldo Jabor reinvestiga filmes potencialmente criativos como *Opinião pública* e *Pindorama* (cf. as seqüências dos "espectros" — os três personagens imaginários que convivem com Paulo Gracindo; do *tableau vivant** e da empregada, que vem a ser uma retomada ficcional de Isaltina, heroína documental do epílogo de *Opinião pública*), Carlos Diegues vasculha também sua obra anterior, de *A grande cidade* até hoje, com coragem, isenção e um absoluto sentido do novo. Em ambos os casos, não se dá a repetição, mas a invenção, e relembramos com saudade as palavras de P. E. Salles Gomes em seu artigo "Rascunhos e Exercícios" (Suplemento Literário do *Estado de S. Paulo* n° 86, 21 de junho de 1958) no qual lastimava a impossibilidade de um filme ser antecedido de um rascunho audiovisual, coisa que parece ter sucedido aqui.

A palavra "americano" não tem o significado imediato que, em geral, a acompanha (pejorativamente) entre nós. Pode significar, por exemplo, hispano-americano, em vez de norte-americano, pura e simplesmente. Carlos Diegues retoma agora, de forma cristalinamente pessoal o "bilingüismo", por exemplo, de *Terra em transe*, de Glauber Rocha. Há, de acréscimo, o charme da cor (é primorosa a fotografia de Lauro Escorel) e da música. Lamento dizer que Xavier Cugat ganha de Chico Buarque de Holanda na disputa pela música incidental. As cenas íntimas de Salomé (Betty Faria) ou suas danças circenses, ao som de *Para Vigo me voy* e *Duerme* reforçam o clima latino, bilíngüe e mantêm esse *status* meio apático, mas sempre simpático.

O "norte-americanismo" surge, às vezes, também através do som. E a "neve" nordestina cai ao ritmo de *White Christmas*, sendo o desenlace de *Bye bye Brasil* paradoxalmente sublinhado pela versão americana de *Aquarela do Brasil*. Tudo isso incrementa o sincretismo cultural. O caso presente tende mais para o "tipo exportação" enquanto o de Jabor é nitidamente comparável à navegação de cabotagem. É curioso que um filme se intitule *Tudo bem*, enquanto o outro proponha uma despedida algo alienada. Nos dois casos, entretanto, estamos diante de paradigmas brilhantes e calorosos de boas-vindas.

Voltemos ao hispano-americanismo. Faz parte de nossa tradição circense. Amplia o nacionalismo, projetando-o extrafronteiras; é sincreticamente inteligível, na medida em que se processa na faixa da contravenção: não é a verdade "nua e crua", mas não chega a ser mentira e é, sobretudo, verossímil. É subproduto deliberado: corremos o risco de ter Buenos Aires como capital, outra vez. Este risco, porém, não é tão grande. O Brasil sufoca essas

---

* Em francês: quadro vivo.

intromissões e elas parecem ser colocadas propositadamente, para promover a impressão final.

O filme é fartamente produzido também, como um produto estrangeiro. São provocações ousadas, mas, desde que tenham personalidade, importantes (mesmo como experiência), neste momento crucial de nossa cinematografia. Sobretudo se surtem efeito.

Dediquei-me excessivamente até aqui ao arcabouço do filme, parte indissolúvel do conjunto e admirável sob todos os pontos de vista. Passo ao seu conteúdo, advertindo ao leitor, que mantenho o olho no geral e insistirei nele.

As peripécias dos cinco membros da "Caravana Rolidei" têm variedade e riqueza, dentro e fora do palco improvisado. Há certo anacronismo temático, como se alguém tentasse decalcar eventos dos anos 1940 e 50 (e mesmo antes) nos dias de hoje, mas o processo é deliberado e a *mise en scène* resulta coerente. Como em *Iracema,* de Orlando Senna e Jorge Bodanzky, o Brasil é tão grande e desconhecido que o espaço vira tempo. A cronologia se perde em veredas e nas grandes rodovias abandonadas. Na terra de ninguém, o passado se confunde com o futuro. A "Caravana Rolidei", antes de se defrontar com a televisão, assiste, "no presente", a O *ébrio*, de Gilda de Abreu. E o tempo que decorre entre um fato e outro é mínimo, até mesmo nulo.

Enquanto o cinema entusiasma seus componentes, a televisão, instintivamente, os amedronta e decepciona. Transformam-se, de certa forma, em terroristas da eletrônica. A partir daí (são seqüências aqui descritas propositadamente em ordem inversa) sua postura se modifica. Assumem mais o Brasil colocando-se de cócoras, como na saudação de Lorde Cigano a Jofre Soares. As relações com o mundo exterior, que descrevo aqui, repercutem nas relações internas, nos bastidores do seu teatro (mambembe) da vida.

A intromissão do Sanfoneiro num grupo já formado modifica o relacionamento interpessoal. Sua mulher Dasdô está grávida, mas é um sinal dos tempos (futuros) o desprezo com que ele vê essa situação. E se fascina pelo *show business*... A paixão fulminante e a autoconfiança com que se dirige a Salomé são exemplos da incongruência deste filme suculento e ambíguo. A recíproca, quer dizer, a auto-entrega com que Dasdô "retribui" a Lorde Cigano corresponde à progressão incalculável com que *Iracema* vai pouco a pouco projetando sua afetividade na direção de Paulo César Pereio. O Brasil, por uma estranha espécie de osmose, amplia-se, reduz-se ou imita-se nos seus pontos cardeais.

Tudo bem fecha-se entre quatro paredes. Propõe uma reforma do "modelo brasileiro", através das obras que a família de classe média remediada decide empreender no apartamento. Não há deslocamentos no espaço ou no tempo, salvo as arremetidas metafísicas de Paulo Gracindo em busca de seus fantasmas político-existenciais. Os índios e pássaros de *Tudo bem* estão empalhados, reduzidos a simples fotografias ou a um registro sonoro. *Tudo bem* corresponde também a um *Bye bye Brasil* pelo reembolso postal. Os nordestinos chegam, batem à porta como auto-estafetas e imploram hospedagem, transformando o apartamento num acampamento transamazônico. Não há rumba nem samba, apenas uma viola pungente acompanhando uma "Incelença" reminiscente de *Maioria absoluta* de Leon Hirszman.

As "espinhas de peixe" (antenas de TV) de *Bye bye Brasil* provocam certa desagregação no grupo da "Caravana Rolidei". O desânimo é um sentimento para-suicida. A permissividade desfaz-se da noção de "ordem" que a presidia anteriormente. Neste ponto (estamos, parece-me, em Altamira) os próprios atores (Betty Faria e Fábio Jr. em especial) perdem-se também, como se a proposta inicial da produção fosse, a exemplo de *Iracema*, a procura do Paraíso perdido.

As imagens, a maneira de organizá-las, tomam em Belém do Pará um novo realce, mas o destino dos personagens está definitivamente traçado.

Passamos um breve interregno em Brasília, reminiscente d'*Os herdeiros* e com duração suficiente para amenizar os momentos dramáticos pelos quais enverada o Sanfoneiro, por ter assumido um amor impossível por Salomé.

A menção de "amor impossível" talvez seja útil para representar o significado geral de *Bye bye Brasil*, porque os idílios que o filme nos apresenta em seu desenrolar são ou mercenários ou falidos. Um caminhão, pintado como o ônibus de *Quando o carnaval chegar*, e viajando através do Brasil com cinco tripulantes temporal e afetivamente à deriva, não pode, em última análise, num espetáculo cinematográfico, transportar mercadoria supérflua.

Há uma organicidade, um sentimento de trabalho coletivo que chega a justificar o alto orçamento do filme.

O fato cinematográfico, o coeficiente criativo de *Bye bye Brasil*, tanto para o seu autor quanto para o cinema brasileiro é inegável, apesar da preeminência do documental.[1] Não do documental *tout court**, mas daquele que

---

[1] Em um dos seus depoimentos sobre o filme, Carlos Diegues declara: "Mais do que nunca, defendo um cinema radical de ação e emoção, musical e tenso, temporal, que tenha paixão pelo seu instrumento (o filme) e não o use como pretexto envergonhado para falar de outras coisas. Um espetáculo audiovisual de alta ficção que não tema o seu espelho — a realidade". *Bye bye Brasil*, posso assegurar, balança entre o documental e o ficcional na exata medida desse pensamento do seu autor.

* Em francês: em sentido restrito.

foi indispensável em *Iracema* e que poderia ter sido escamoteado aqui em benefício da economia de produção. Admitamos a necessidade da *verdade geográfica* como condição de verossimilhança; porém, mesmo se são levados em conta os imprevistos de filmagem, este filme não foi perdulário, apesar de certa prodigalidade empresarial subjacente.

Bye bye Brasil termina com uma nota irônica e talvez essa ironia seja egressa de *Xica da Silva*, da liberdade com que Zezé Mota tratou seu personagem: José Wilker está transformado num legítimo empresário (contratador de diamantes?) e a "Caravana Rolidei", numa espécie de "elefante branco" ciumento dos trios elétricos do carnaval baiano. Há também uma dose de impotência neste semi-*happy-end*, para voltar a um tema do início deste artigo. A impotência, entretanto, é legítima, porque a contravenção (a elipse temporal que separa Belém de Brasília não elucida os caminhos pelos quais andaram Lorde Cigano e Salomé até aquele momento) não favorece a euforia.

É nesse ponto que descobrimos uma saída concreta para o hispano-americanismo até aqui sugerido apenas verbal e musicalmente, o novo caminhão da "Caravana" está mais do que apto para atravessar nossas fronteiras terrestres e ir dialogar "ao vivo" com os países vizinhos do continente.

Feu follet

Receptáculo oculto na caatinga, o material filmado de *Cabra marcado para morrer* levou, mais ou menos, trinta anos no seu processo de vir à tona como filme pronto, acabado desde sua primeira concepção.

Neste período, o Cinema Novo ia-se desenvolvendo na superfície.

A sua história é variada e supera o cálculo previsto de nascimento, vida (e morte?) do movimento. Trinta anos, data redonda que engloba o conteúdo de seus filmes e personagens.

Para mim, então, a classificação é perfeita. 1963 foi o ano de *Garrincha, alegria do povo*, de Joaquim Pedro de Andrade.

Eu havia finalmente deixado a crítica cinematográfica (a que voltaria esporadicamente) e descoberto uma fonte de sobrevivência mais concreta, sempre ao lado de Joaquim Pedro, com quem havia "trabalhado" cinco anos antes em *Couro de gato*. Joaquim e Mario Carneiro sempre "olharam" para mim de uma forma especial, talvez pelo pistolão de que disponho: o primo Alexandre Eulalio, amigo de ambos.

Mas 1963 não foi um ano só meu. Era a chegada de Glauber Rocha da Bahia, era a efervescência da amizade do grupo, eram as reuniões no bar da Líder, o laboratório em preto-e-branco, da rua Álvaro Ramos, em Botafogo.

Nelson Pereira dos Santos preparava *Vidas secas*. E a Europa começava a pensar em nós.

Cinema passou a ser coisa diferente das nossas concepções de críticos ou intelectuais. As pessoas passaram de colegas de faculdade ou de colégio para participar de um mutirão numa atividade meio mágica considerada inacessível algum tempo antes.

Ainda não era fácil fazer cinema, mas chegávamos a ele com um desplante de gente poderosa.

O mundo não era adverso até 1964.

O golpe militar paradoxalmente trouxe apenas uma complicação suplementar.

Foi nessa época que, depois das primeiras experiências práticas pessoais (*Memória de Helena*, *Mauro*, *Humberto* e *Lúcia McCartney*), passei a me dedicar aos estrangeiros. Viajei 13 anos, participando de Festivais, Debates e Palestras, saboreando o êxtase com que eles desfrutavam nossos filmes.

Retrospectivamente, hoje, é difícil imaginar que uma precariedade de recursos pudesse gerar uma quantidade tão farta de produtos notoriamente valiosos.

Tinha do que pensar e falar. Mas, temporariamente, abdiquei da fatura.

É rebarbativo falar da evolução de nomes e títulos, contar uma história várias vezes já contada. Eduardo Coutinho, sempre esquecido, vítima escolhida do golpe, pode servir aqui de exemplo sintético, como foi levantado no início deste artigo.

Seu filme, como dei a entender, não durou trinta anos. Mas sua luta, sim.

Teve as filmagens interrompidas, sofrendo ininterrupta perseguição policial, denunciado como subversivo. Parte do material foi confiscado, mas o principal devidamente escondido nas vizinhanças das locações. E tudo só resgatado um bom tempo depois.* Desta maratona, em que se destacam também os nomes de Marcos Farias, Antônio Carlos Fontoura e Fernando Duarte, para apenas citar três, resultou um filme-símbolo, refeito com requintes arqueológicos nos primórdios da década de 1980: *Cabra marcado para morrer*.

O cineasta francês Louis Malle era um dos fanáticos pela novidade sul-americana, na época de minhas viagens. Ficou conhecido por um filme "de arte", chamado *Trinta anos esta noite*. Dei a este artigo o título original do filme, cuja tradução literal é "Fogo-fátuo".

Às vezes, das cavernas da cidade — os cinemas — saía um fogo assim: um filme brasileiro.

---

* Por discrição, ou modéstia, David não esclarece aqui que o material de *Cabra marcado para morrer* foi, durante os anos duros da ditadura militar, guardado na casa de seu pai, o insuspeito general Luiz Neves. (N.O.)

Cinema-Novo rico, Cinema Novo-rico

No primeiro parágrafo do seu *Literatura e sociedade*, Antonio Candido adverte o leitor com a seguinte explicação: "Nada mais importante para chamar a atenção sobre uma verdade de que exagerá-la. Mas também nada mais perigoso, porque um dia vem a reação indispensável e a relega justamente à categoria do erro, até que se efetue a operação difícil de chegar a um ponto de vista objetivo, sem desfigurá-la de um lado, nem de outro". Meu artigo "Vista para o mar" (publicado no *Pasquim* de 22/02/80) continha esse dilema inicial. Escrevo agora sem pretender ser aquela "operação difícil" de que fala o autor de *Tese e antítese*, mas, ao menos, para tentar esmiuçar os temas ali desenvolvidos.

Sendo arte e indústria, o cinema está permanentemente ligado ao dinheiro. O Cinema Novo também não escapa dessa perspectiva; e o fenômeno do enriquecimento, apesar de longínquo, fez ou faz parte das cogitações de seus membros (produtores e realizadores) desde o seu nascedouro. A palavra enriquecimento, no sentido em que a ela me refiro, é diferente do seu contexto mais ou menos comum. Viver de cinema sempre foi o ideal de todos aqueles que re-renovaram definitivamente a arte cinematográfica entre nós.

Por via de comparação, opiniões em tom de blague como as de Juca Chaves sobre sua renda pessoal, ou mesmo as de Millor Fernandes, nunca, do meu ponto de vista pelo menos, tinham rondado as cabeças de nossos melhores cineastas.

Vê-se que o Cinema Novo foi criado e proliferou sob o signo da "economia de guerra", que é o tema básico da política financeira nacional, hoje em dia.

A relação inspiração-enriquecimento esteve ausente das aspirações de nossos cineastas. Pode-se chegar ao extremo de identificar a noção de "cinema de autor" à de "cinema que dá para o gasto" (ou para o sustento pessoal), coisa que, mesmo assim, era fenômeno inacessível até, por exemplo, *Macunaíma*, de Joaquim Pedro de Andrade. O mercado cinematográfico, para o cinema brasileiro, não possuía elasticidade bastante para grandes empreitadas comerciais.

Arte e indústria têm sido sempre uma dobradinha que atrapalhou os homens de cinema no Brasil. O "desempenho industrial" passou a ser arte. A boa arte passou a ser indústria. Conforme Antonio Candido, a média será feita pela "reação indispensável", mas como e quando? Ainda estamos na fase da proposta da verdade, cobaias que fomos (e somos) do projeto cinema, teimosos e fiéis.

O cinema, como o avião, nasceu sob controvérsias a respeito da primazia de sua invenção. Entre a França e os Estados Unidos da América deu-se o início de uma disputa baseada em certa propriedade da retina, aproveitada por brilhantes mascates transoceânicos. A partir daí, a intermitência entre sucesso inventivo e sucesso comercial começou a fazer parte intrínseca da história dessa arte-fenômeno criada sob medida para o capitalismo, mas muito bem aproveitada pelos regimes opostos. Entramos fundo na premissa de Antonio Candido. *Greed* (*Ouro e maldição*), de Erich von Stroheim, simbolizaria o pragmatismo artístico de Millor Fernandes argüindo alguns membros do Cinema Novo sobre seus rendimentos. *Outubro*, de Sergei Eisenstein, estaria entrincheirado no lado oposto.

Mas não é a teoria abstrata a proposta deste texto. O ponto ao qual se quer chegar é o de mostrar como certo Cinema Novo "malversou" teses político-econômicas sobre cinema ou simplesmente ignorou-as. Pode-se voltar aqui ao tema do jogo aleatório, uma vez que um filme quase sempre (mesmo de um diretor veterano) é isso: risco semicalculado. Quando as regras do mercado se tornam mais ou menos conhecidas, pode-se vir a ter certo tipo de contravenção (artística).

Se o Cinema Novo não tivesse sido pobre (leia-se: hermético), este artigo não seria válido. Mas é curioso relembrar aquilo que Joaquim Pedro chamou de "fase Lumière" que, em detalhe, significa o fascínio pela realidade adjacente. O documental imperou na pobreza e o ficcional (re)descoberto domina a riqueza (a pornochanchada não seria um tipo "delirante" de ficção?). Riqueza? Até certo ponto. Até certos pontos. As cabeças giram em torno de *arte*, *eficiência*, *desempenho*, *conquistas*. Talvez o projeto, alcançado num momento impossível, seja todo ele baseado num esquema reacionário, se comparado a outras cinematografias similares.

Antonio Candido volta onisciente, apesar de estar radicado numa área onde o custo operacional é proporcionalmente nulo. O Cinema-Novo rico é um eufemismo machadiano "em ação", mas é diferente do Cinema Novo-rico. Os subprodutos do *nouveau-richisme*, no caldeirão mercadológico que se montou entre nós depois de *Dona Flor e seus dois maridos*, são piores que seus carros-chefes, os quais, por sua vez, são conseqüência dos embalos indústrio-culturais de seus idealizadores.

O presente artigo foi escrito para tentar ser uma continuação "teórica" do mencionado *Vista para o mar*, cuja publicação se deu há mais ou menos um ano. A distância que separa, no tempo, os dois textos, me fez considerar de bom alvitre a retomada aqui, à guisa de epílogo, das idéias centrais do primeiro:

> "Não é difícil achar afinidades cada dia maiores entre a produção de um filme e uma incorporação imobiliária. Depois do sucesso financeiro de *Dona Flor e seus dois maridos*, a produção (entidade abstrata e, no caso presente, restrita a certa faixa entre Rio e São Paulo) começou a vislumbrar e mesmo adotar novos sistemas, talvez numa tentativa extrema de provar o limite da elasticidade do mercado cinematográfico para os filmes brasileiros. E é esse inflacionamento orçamentário dos novos filmes que nos traz de volta à comparação inicial.
>
> "O desmatamento cultural que a subida dos preços dos filmes provocou é nocivamente proporcional à criação de um novo tipo de *status* entre os cineastas. A desvalorização do cruzeiro provocaria (e provocou) uma alta do custo das produções, mas esse aumento já havia sido estabelecido como condição *sine qua non* para a existência de um filme, antes da subida do dólar, como num ato profético.
>
> "Mercado imobiliário, produção cinematográfica e *status* são três elementos reunidos como um jogo de bilhar francês, onde a carambola é fator indispensável.
>
> "Voltemos ao mercado imobiliário. Essa idéia, vinculada ao cinema nacional, ainda necessita de um aprofundamento maior. Para começar, estamos às voltas com os grandes empreendimentos, os conjuntos arquitetônicos, as áreas virgens como o caminho do mar na direção sul. São pretextos materiais que os movem, sempre: compra e venda; e a despersonalização, com raras exceções, faz parte de sua estrutura íntima. O velho e charmoso cinema artesanal acabou, pelo menos nessa faixa. O *status* decorre desse dado e varia diretamente com o aumento do preço da 'incorporação'.

"Há tráfego direto entre as sedes desse empreendimento, carteiras ou credenciais estritamente personalizadas, além de certo prestígio sociocultural. Resta saber se a aplicação financeira é recuperável, se o investimento vale a pena. Se toda essa comparação é derrogatória ou se ela é a saída para o nosso cinema."

Fragmentos do discurso crítico

Minoria sentimental

O cinematógrafo, o americano em particular, difundiu o amor de forma muito especial. Os psicanalistas deveriam atentar mais para a influência exercida pelas imagens em movimento, pelas sombras, pelos reflexos e pelas cores sobre o comportamento afetivo dos espectadores. Estes são o resultado da influência dos personagens dos filmes (em regra geral) e é essa transformação que vai interessar aqui.

Para começar, visto de hoje, o cinematógrafo falou da ausência de amor, ou melhor, falou dele como um vazio, uma ansiedade. Mas a falta de alguma coisa implica a sua fartura e, junto com a evolução dos costumes, a permanente necessidade de retomar o assunto (o amor) a partir de um pólo positivo foi finalmente instalada. Resultou disso a disseminação do tema a tal ponto que filmes como *Guerra conjugal*, de Joaquim Pedro de Andrade, ou a menção direta e sem subterfúgios da expressão *Eu te amo* podem ter leituras várias (ricas ou pobres), o que nos coloca diante de uma situação nova, quase como a mais pura e fiel ficção científica.

O saudoso Humberto Mauro às vezes é tomado de brilhante inspiração verbalista e descreve uma seqüência amorosa de um filme sonoro (inexistente), mencionando ora as imagens, ora os comentários sonoros (música, ruídos e diálogos) que trazem ao conjunto a emoção que fez do cinema o veículo único na apresentação de certas atmosferas humanas "indescritíveis". Trata-se de uma pura sessão de nostalgia que deixa a quem quiser a possibilidade de descobrir como o cinema enriquece a vida e o amor e aprofunda, no principiante, a verdadeira plenitude do afeto e da ternura.

O namoro nos cinemas é coisa do passado também, na medida em que se deteriorou a capacidade de imaginar situações amorosas, ao invés de vivenciá-las. Esta atividade encerrada é parente próxima do *flirt* e das cartas de amor. O cinema era o espelho de mil faces que provocava e refletia as atitudes do seu público. Essas, a princípio pudicas como as de um Carlitos, evoluíram sob a influência desse mentor automático e imediato. As grandes paixões "literárias", nascidas do *Werther*, de Goethe, e personificadas meio gaiatamente por Charles Chaplin, cresceram de acordo com a moda. Em termos de templos do namoro, os verdadeiros cinemas de hoje são os motéis.

Ainda assim, por mais estranho que possa parecer, e com o acréscimo da TV, a sétima arte não acabou e floresce, se bem que ocasionalmente, com vigor de uma libido temporã. Faz-se, entretanto, mais amor, a despeito (ou por causa) do cinema, se bem que com menos sentimento. É sintomático o título *Once more with feeling* (entre nós *Ainda uma vez com emoção*), de Stanley Donen (1960), que procura sintetizar duas épocas, dois momentos, e resolver problemas vitais de muitas pessoas.

O fã acabou; este ser regido pelo pisca-pisca do cinematógrafo é auto-apaixonado. (A obscuridade da sala de projeção deixa o espectador na condição privilegiada de solitário.) O amor (livre) virou realidade; esvaíram-se os resquícios do amor-compromisso, do amor-amor, diante dos "valores" de hoje. Restam as reprises e os filmes refeitos à base da saudade. É um pouco tarde, mas alguns resultados híbridos provam que há ainda algo de permanente e inseparável do ser humano.

O cinema, a par da inocência conservada através dos tempos, lidou também com temas "pesados" e até Maxim Gorki chegou a considerá-lo coisa diabólica, contrariamente à idéia de pureza, que foi defendida linhas atrás. É que esse cinema é marginal; o que se poderia chamar de *underground*, num momento em que o próprio *ground* estava em construção. Exceções existirão sempre, mas tudo isso serve para provar que, semeando minorias sentimentais,[1] o cinema provocou pouco a pouco o surgimento de maiorias, assim como na agricultura aumenta-se (Ocidente) ou diminui-se (Oriente) cientificamente o tamanho de alguns espécimes, de acordo com as necessidades e os costumes.

O olho é a arma mais temível da *minoria sentimental*. É basicamente o olhar (agente fundamental também da cinematografia) que inicia, mantém e encerra uma relação afetiva "minoritária".

É indispensável não confundir minoria erótica com minoria sentimental. A partir daí podemos começar a falar mais sobre o problema. Uma se confunde com a outra e às vezes isso provoca uma confusão a ser evitada.

---

[1] No seu livro *Fragments d'un discours amoureux* (Ed. du Seuil), Roland Barthes desenvolve, como num dicionário, opiniões sobre o amor a partir de verbetes complexos que vão de A a Z. A expressão *minoria sentimental* foi a melhor que encontrei para situar certa faixa da afeição.

A bem da verdade, há um paradoxo inicial: não existe, propriamente, essa minoria sentimental. Da maneira em que a concebo aqui ela é uma ficção. Não é, também, um simples eufemismo, mas sua existência combina elementos subjetivos com dados reais, e os primeiros predominam.

A palavra minoria tende a ter sempre um clima pejorativo, não importa o contexto em que é usada. Aqui, neste artigo meio fotonovelesco, ela também não foge à regra. As condições fundamentais da minoria sentimental são tanto sociais quanto psicológicas. O sentimento, ou melhor, a possibilidade de troca de sentimentos é um elemento gregário, mas, em geral, se realiza numa atmosfera de introspecção. Ela deve nascer de um bloqueio subjetivo provocado por dados específicos de uma pessoa predisposta ao intercâmbio afetivo. Não é tampouco um caso patológico, se bem que certos isolamentos levam às vezes a isso; a minoria sentimental, entretanto, responde ao apelo afetivo de maneira muito mais saudável e gratificante do que as maiorias, estas já saturadas pela fria rotina do jogo gratuito.

As manifestações deste tipo de amor "platônico" (vai entre aspas porque, bem ou mal, a certa altura da noite, Platão ia para cama), não estão circunscritas apenas às paredes de uma sala imersa na penumbra. Certas condições ideais estão reproduzidas em outros ambientes, basicamente aqueles nos quais pairam no ar acordes de alguma melodia.

A execução de uma sinfonia, um concerto singelo, uma Missa — Eric Rohmer utilizou uma igreja como ambiente para uma aproximação amorosa em *Ma nuit chez Maud*, que se chamou *Minha noite com ela* no Brasil — são ocasiões propícias para a ignição da faísca do amor dessas afinadas minorias sentimentais.

O autor musical romântico merece o atributo saxônico de *affektist*. Para o crítico Luiz Paulo Horta, do *Jornal do Brasil*, o *affektist* é "aquele para quem a música é uma experiência emocional que conduz ao êxtase".

A oitava arte

Procuradas há tanto tempo e tomadas displicentemente como uma distração sem maiores compromissos, as histórias em quadrinhos ganham hoje uma nova dimensão no Velho Mundo.

O fenômeno de reconsideração dos *comics* nasceu certamente com o desenvolvimento das sociedades de consumo e o primeiro sinal dessa nova atitude deve ter sido o festival realizado na cidade de Bordighera, na Itália, no início de 1965, ao qual compareceram personalidades como Alain Resnais e Edgar Morin.

A primeira conseqüência decorrente dessa nova tomada de posição foi a surpresa, por parte dos autores, relativamente à importância que se começava a dar aos seus trabalhos. Mesmo Al Capp, criador de Li'l Abner (Ferdinando), cuja reputação pessoal nos Estados Unidos ultrapassava os limites da mera produção de consumo, espantou-se diante do grau de seriedade de que se revestiu o encontro de Bordighera. Ele próprio ilustrou sua perplexidade numa reportagem irônica para a revista *Life*, onde procurava analisar os "exageros" da programação.

Em Paris, em Roma, em Londres ou qualquer outra metrópole européia, várias publicações periódicas passaram a ser editadas a partir de então, sendo a revista trimestral *Giff Wiff*, do *Club des Bandes Dessinées*, a mais importante.

Um histórico aproximado dos *comics* começaria por volta de 1897, quando foi oferecido aos leitores do *New York American* um suplemento colorido contendo as aventuras dos *Katzenjammer Kids* (*Os Sobrinhos do Capitão*), de Rudolph Dirks. Conseguimos alguns dados sobre a evolução das historietas numa interpretação interessante levada a cabo por Maurice Horn no primeiro número da revista *Phoenix*, publicação editada em Paris.

Segundo Horn, os historiadores dos *comics* buscam suas origens na Antiguidade mais remota. Entre as fontes que enumera estão os "afrescos faraônicos" do velho Egito, modelos quase excessivamente óbvios de uma narrativa lógica através de desenhos. As influências mais próximas, segundo as citações do articulista, estão nas caricaturas inglesas do século XVIII e mais particularmente nas de William Hogarth que foi "o primeiro a usar o *balão*, espécie de nuvem branca que sai da boca dos personagens e serve de veículo a suas idéias".

A essas influências juntou-se "a luta incansável de dois magnatas da imprensa nova-iorquina, no fim do século XIX: Joseph Pulitzer, imigrante húngaro e proprietário do *New York World* e William Randolph Hearst [...] editor do *New York Journal.*"

Depois dos *Katzenjammer Kids*, as historietas passaram à busca de novos caminhos, busca essa, é claro, fundada nos princípios da competição e da concorrência como queria o capitalismo florescente.

Nessa fase, a tônica era o humorismo, daí a imediata classificação de *comics*. Isto não impedia o surgimento de estilistas como Richard Outcault, autor do *Yellow Kid*, Frederick Opper, com *Happy Hooligan*, Winsor Mac Kay, com *Little Nemo*, Bud Fischer, autor do célebre *Mutt & Jeff* (1907), que foi a primeira historieta a ser publicada diariamente, e o inesgotável George McManus, cujo *Bringing Up Father* (*Vida apertada*) granjeou-lhe desde 1913 uma fama que nem mesmo sua morte em 1954 conseguiu apagar.

Por volta de 1924 surgiram os *syndicats* que, agentes a par da proteção que prestavam aos profissionais do ramo, serviam como distribuidores de suas histórias. Este fenômeno contribuiu para aumentar a difusão das histórias em quadrinhos em todo o mundo. Com um esquema industrial montado, consolidou-se a profissionalização do autor de historietas, muitas vezes visto apenas como um desenhista diletante e inspirado. (Segundo o mesmo Maurice Horn, George McManus chegou, em 1925, a ganhar vinte mil dólares por semana!) O sistema serviu também para aumentar a concorrência, a emulação e a estimular a competência. Começou, então, a idade de ouro dos *comics*.

Criados os sindicatos estava garantida a industrialização. Os *comics*, a esta altura, já exerciam influência suficiente sobre grande parcela da população americana e começavam mesmo a se expandir pelo mundo como pequenos mas insinuantes emissários de uma grande rede de propaganda. Os suplementos semanais tinham o charme das cores e constituíam parte inseparável da manhã de domingo do americano médio. Os grandes autores surgem no meio da infinidade de *cartoonists* que a demanda e os sindicatos provocam.

É assim que surgem Chester Gould e seu *Dick Tracy* (1931), o saudoso Alex Raymond, autor, inicialmente, de *Flash Gordon* e, depois, de *Rip Kirby* (*Nick Holmes*), Milton Caniff, com o importante *Terry and the Pirates* (*Terry e os Piratas*), cujo estilo meticuloso e perfeccionista, um pouco mais precioso que o de Raymond, gerou o nascimento de uma escola trilhada por autores do gabarito de Frank Robbins (*Johnny Hazzard*, Toni Corisco). Isto foi em 1934, quando se dá igualmente o nascimento de *Mandrake*, criado por Lee Falk e Phil Davis. Em 1936, o mesmo Lee Falk, desta vez com Ray Moore, inicia a série de aventuras do *Fantasma* (*The Phantom*). Em 1937, Harold Foster dá uma dimensão quase expressamente literária aos *comics*, com seu *Prince Valiant* (*Príncipe Valente*). Já na década dos 30 as primeiras revistas mensais começam a ser editadas.

A Segunda Guerra provoca um recrutamento dos personagens, com um sentimento patriótico. Eles fazem a propaganda dos Aliados, encaminham a venda de bônus; alguns chegam a pregar a paz. A guerra é também fonte de inspiração para os autores. (Há conflitos memoráveis entre o Príncipe Submarino e os marinheiros do Eixo.) A partir de 1946 ainda são os ecos da guerra que vão subsistir. A rotina somente pouco a pouco volta a assumir seu posto. A década de 1950/60 caracteriza-se um pouco pela saturação temática. Alguns pioneiros começam a desaparecer. Os sindicatos, porém, facultaram uma tal forma de industrialização que a morte de um autor não implica na solução de continuidade das aventuras de seu personagem. Uma equipe está a postos para substituí-lo, imitando-lhe à perfeição o estilo gráfico.

Caso típico da saturação temática, a que nos referimos acima, foi o casamento de Li'l Abner com Daisy Mac (Violeta), fato que teve violentíssima repercussão nos Estados Unidos.

Deixamos propositadamente de mencionar um fato ao mesmo tempo curioso e importante: em 1935, no meio da década em que as historietas passavam por uma modificação radical do seu conceito primitivo, um desenhista estreava com uma história ao mesmo tempo humorística e realista. Esse desenhista se chamava Al Capp e, seu personagem, Li'l Abner.

A série de histórias sobre Li'l Abner começou em 12 de agosto de 1935, no *New York Mirror*, e tinha como gênero um certo tipo crítico de realismo cujas características tentaremos deslindar. A tachação de "realismo" se justifica sobretudo pelo confronto com as historietas congêneres. Não se tratava de apresentar as aventuras de um herói imaginário (quase no sentido romântico do termo) e indestrutível. Em verdade, era o oposto que se dava. A meta de Capp era justamente a apresentação do *american way of life*, através de personagens frágeis, ridículos, mas simpáticos. Essa meta foi francamente atingida. A princípio condicionada por um pudor natural. Posteriormente, de maneira livre e franca.

A arte de Capp ou, melhor dizendo, seu segredo, parece ter-se baseado no seguir quase à risca as teorias de Bergson, o filósofo francês, sobre a caricatura, expostas no ensaio chamado *Le rire*. A face humana, "embora pareça agradavelmente harmoniosa, no conjunto nunca é totalmente perfeita [...] A estas distorções a natureza parece estar particularmente inclinada."

Partindo de um princípio realista, Capp procura favorecer a comunicação de suas idéias com os leitores, estilizando seu realismo. A ampliação, o exagero, ele a inicia na figura, aumentando o nariz, alargando as orelhas até o ponto em que ela dê por si só a idéia sintética da debilidade humana. E a essa debilidade ele apresenta a saída da fraternidade. É o que acontece em *Dogpatch* (*Brejo seco*), onde impera o matriarcado de Pansy Yokum (Chulipa Buscapé).

Sob o domínio moral e político de Chulipa, a sociedade marginal de Dogpatch traz para os leitores uma noção satirizada do sistema de vida da classe média americana. Da caricatura individualizada, não só física quanto intelectual, passa-se, através de ciclos regulares, à visão da comunidade. Os problemas, dos mais simples aos mais complexos, começam a ser analisados com uma agudeza tal que nos permitimos chegar à ousadia de dizer que poucas vezes uma sociedade foi tão sutil e minuciosamente perscrutada. Dogpatch, sem exagero, transforma-se numa espécie crucial de centro das atenções de todo um país. Uma capital microscópica que o vidro de aumento de Al Capp revela a toda a nação. Isto prova que a sátira de Capp nunca sofreu reversão e seguiu crescendo como uma bola de neve, a ponto de se converter quase num cacoete de artista.

Por mais que se esforce, dificilmente consegue conceber uma trama que seja de essência individualista ou pessoal. As angústias de Li'l Abner se explicam e se resolvem quase todas pelo sentimento solidário que anima a cidade. O próprio casamento, problema caracteristicamente de foro íntimo, é um fenômeno coletivo de conseqüências por vezes absurdas. O famoso Sadie Hawkins's Day (Dia de Maria Cebola) é a constante típica das aventuras de Li'l Abner e o acontecimento mais importante do ano, em Dogpatch. Na definição do universo do vilarejo, Capp usou a tônica desse evento no intuito de sublinhar as conseqüências do matriarcado na psicologia do povo americano, na mesma linha, e com maior inventiva, do que tantos outros (dentre os quais o já citado *Maggie and Jiggs* — *Vida Apertada* — de George McManus).

A par de tentar um levantamento irônico da vida média do americano, o autor de Li'l Abner, sem fugir às suas linhas mestras, ensaia de quando em vez uma investida marginal, em puro estilo filosófico, que não poucas vezes tem provocado reações nas autoridades americanas. Refiro-me, naturalmente, ao exemplo típico do *shmoo* (ximu), pequeno animalzinho gentil que se propôs (duas célebres vezes, pelo menos) a livrar a humanidade de seus males pelo método da solidariedade e do desinteresse. Essas duas vezes foram exatamente imortalizadas através da reprodução em livro por duas editoras americanas.[1] O sucesso do primeiro lançamento foi que levou à complicação do segundo; sobre aquele, alguém chegou a dizer: "A enorme popularidade de *The life and times of the shmoo* é em si mesmo uma prova de que o capitalismo não vai ao encontro das necessidades materiais ou espirituais do homem moderno."

Mas, quem são os *shmoos*? Digamos, ambiguamente, que, nascidos e nutridos no amor, os ximus são, num fino paradoxo, destruídos por essa sua única razão de ser. E, dessa forma, eles explicam a humanidade e suas contradições.

Esses pequeninos seres têm a forma intermediária entre um pingüim, ou um qualquer desses animais dos mares polares, e... um presunto. Sua aparência é meiga, tranqüila, oferecida. Sua concepção poderia ser a de que, mais do que o cão, é o ximu o melhor amigo do homem. Sua missão sobre a terra é justamente a de ajudar a humanidade. Suas características: a de se oferecer ao menor sinal de interesse ou necessidade por parte de seu possuidor. Os ximus põem ovos, dão leite. Fritos, têm gosto de um galeto, assados são como filé. Seus olhos servem para fazer botões; seu couro, para sapatos de primeira qualidade. Enfim, neles, tudo está a serviço do bem-estar geral.

O equilíbrio da obra de Al Capp viveu, na maior parte do seu tempo, na dependência da tensão entre o amor ostensivo de Daisy Mae por Li'l Abner e as constantes fugas e evasivas do herói. Os recursos do autor para tais soluções pareciam inesgotáveis. A cada mês de novembro, o Sadie Hawkins's Day criava uma nova atmosfera de suspense e de interrogações a respeito de como escaparia Li'l Abner desse assédio cada dia mais forte. A Simon and Schuster e a Ballantine publicaram, faz já algum tempo, uma antologia de Al Capp (*The world of Li'l Abner*), onde se encontra a célebre aventura que redundou no casamento dos dois, fato que, por algum tempo, abalou as estru-

---

[1] *The life and times of the shmoo*, Pocket Books Inc., 1959. *The return of the shmoo*, Simon and Schuster, 1959.

turas morais americanas e, a nosso ver, o prestígio de Capp. A partir dessa época, ele foi forçado a reconstruir seu universo nos moldes do que existia anteriormente ao casamento, em virtude das exigências do mercado de consumo. Para tal fim fez surgir de forma algo imprevista um irmão caçula de Li'l Abner (Tiny), que o substituiria nas vicissitudes de solteiro atormentado. Esse foi talvez o primeiro grande impasse da história dos *comics*.

Para fechar essas breves anotações sobre Al Capp e passarmos a um novo assunto, seria interessante recapitular as condições que propiciaram a união Li'l Abner — Daisy Mae. O rapaz, como todo *young red blooded american*,* tinha como ídolo um famoso herói de historietas, Fearless Fosdick (Joe Cometa). No clube a que pertencia, tinha que seguir à risca as atitudes do herói, um celibatário convicto.

Pois bem, certo dia, para surpresa geral, eis que se casa Fearless Fosdick! Que remédio? Numa solenidade prosaica, presidida pelo Marrying Sam (Samuel Casamenteiro), unem-se os dois sob os aplausos da população de Dogpatch.

Quem é Fearless Fosdick?

Criado quatro anos antes do que Li'l Abner, *Dick Tracy*, famoso personagem de Chester Gould, goza na América de um prestígio tão grande quanto o personagem alcappiano. É ele o alvo da sátira de Capp, que procura recuperar ironicamente o estilo gráfico de Gould e, mesmo, copiar-lhe a assinatura barroca, firmando Lester Gooch.

Na década de 1930 surgiram os representantes mais característicos das historietas. Definiram-se os gêneros e os estilos. Desenvolveu-se o interesse pelos heróis de aventuras, quase no estilo romântico, que permaneceram sob a etiqueta de *comics*, em virtude da caracterização da primeira fase. No próprio setor da aventura, a tipologia era variada. *Dick Tracy* era o representante por excelência do "policial", ao mesmo tempo inspirado e inspirador, em relação ao cinema. Podemos mesmo falar, num paralelo superficial, que Chester Gould está para as histórias em quadrinhos assim como Fritz Lang está para o cinema.

O expressionismo gráfico das histórias de *Dick Tracy* é evidente. O expressionismo latente, interior, é digno de pesquisa. Não seria de todo falso afirmar que a originalidade de Chester Gould consiste na conciliação de dois valores quase inconciliáveis: a obviedade e a sutileza.

---

* Em inglês: jovem americano corado e ruivo.

Não se pode, entretanto, examinar sua obra sob dois prismas diferentes: forma e conteúdo. A fórmula de Gould se baseia, ao que parece, numa inspiração conjunta, onde uma é inseparável da outra.

No número 21 de *Giff Wiff* (agosto de 1966), publicação à qual já nos referimos, e que é dedicada a *Dick Tracy*, o cineasta Alain Resnais alinha uma série de características essenciais de Chester Gould que definiria de imediato esta sua tendência de estilo. Entre outras podemos citar:

> "*Expressionismo*. Função dos pretos e brancos. Eliminação do cinza [...] Geometrização e colocação dos personagens. Utilização do ponto de desequilíbrio. Elastificação da perspectiva. Conseqüências da aparição de personagens pseudo-realistas no contexto cotidiano. Conseqüências da mistura de objetos realistas e totalmente imaginários [...] Diversidade plástica dos personagens."

A mesma publicação apresenta um dossiê completo sobre a transposição das aventuras de Dick Tracy para o cinema, o que se deu a partir de 1937, e é um bom exemplo do grau de importância que chegaram a atingir ainda na mesma década. Começando em 1937, foram produzidos oito filmes, quatro dos quais eram filmes seriados em 15 episódios, produzidos pela Republic Pictures e protagonizados por Ralph Byrd.

Os quatros outros (dois deles também com Ralph Byrd) eram filmes cuja duração não ultrapassava uma hora e dez de projeção e foram produzidos pela RKO.

Em 1951 foi iniciada a produção de uma série para a TV (também com Ralph Byrd) e em 1961 a UPA produzia o *Dick Tracy Cartoon Show*, série de desenhos animados nos quais o próprio Chester Gould colaborou.

Além de Dick Tracy e Li'l Abner, outros personagens contribuíram para criar o mito do universo dos *comics*. Talvez até mais do que os dois primeiros. Elementos marcadamente oriundos dessa forma de expressão, *Mandrake* e *The Phantom*, respectivamente de 1934 e 1936, são verdadeiros senhores de um mundo específico e produtos de uma imaginação cristalizada e dirigida nos limites de uma tira de papel desenhado.

O autor intelectual de ambos é Lee Falk. O autor plástico do primeiro foi Phil Davis e, recentemente, após sua morte, é sua mulher, Martha Davis. O desenhista do segundo foi Ray Moore, que passou o posto a Wilson Mc Coy. A parceria, nos *comics*, não é fato muito raro. *Superman* é feito pela dupla Jerry Siegel e Joe Shuster, *Buck Rogers* nasceu da colaboração de Philip Nowlan com o tenente Dick Calkins, e assim por diante. Este fenômeno talvez sirva para atribuir maior importância ao ato da criação da historieta: um cérebro que concebe a trama e um braço ágil que a resolve plasticamente. O fato é que Lee Falk vive para essas suas criações.

Sua figura física, alto, esguio, quase um nobre, inspirou Phil Davis na caracterização do mágico que sempre é visto de fraque e cartola e que, na impossibilidade de usá-los, dá impressão de estar tomado de um pudor incômodo, embaraçoso.

Não estamos diante de uma tentativa realista nem expressionista, quando nos defrontamos com *Mandrake* ou com o *Fantasma*. Talvez seja o caso de um delírio idealista a concepção do universo de Lee Falk. Apesar da notória distinção de estilos, sente-se a presença da mesma "ideologia" em ambas as criações e sua presença exerce uma influência vigorosa que se reflete na concepção gráfica. Digamos que a de *Mandrake* seja *clássica* na essência e que a do *Fantasma* seja *barroca*, exagerando bem essas especificações como querem os *experts* no assunto.[2] Ainda assim, a pureza das imagens de *Mandrake*, a distinção dos elementos descritos, a clareza, a assepsia podem ser pressentidas nas figuras do *Fantasma* que se apresenta com uma simplicidade e uma pobreza maiores. Não há nunca o movimento, o dinamismo do "realismo figurativo" de um Milton Caniff ou de Alex Raymond, nem uma imaginação comparável a um Chester Gould ou um Al Capp.

Apesar dessa estratificação, as histórias de Lee Falk são de uma imensa comunicabilidade. Seu idealismo é acessível porque está misteriosamente isento de pretensões intelectualistas. Falk parece adepto à tendência "espiritualista" de seu personagem. E esse tipo de espiritualismo transborda até o *Fantasma*, onde a tônica dominante é a tradição e a força psíquica legadas desde o primeiro ancestral.

Lee Falk foi um dos convidados de honra do festival de Bordighera. Concedeu várias entrevistas a publicações diversas da Europa, e chegou mesmo a voltar a Roma para tratar, com o produtor Rizzoli, da produção de um filme sobre Mandrake, onde talvez David Niven fosse o protagonista. No campo do cinema, Mandrake exerceu uma influência considerável sobre Alain Resnais, cujo *L'année dernière à Marienbad* (*O ano passado em Marienbad*) deve muito de sua concepção temática, baseada no *stream of consciousness*,* e

---

[2] Citemos uma frase de F. Lacassin, um dos grandes impulsionadores do movimento de recuperação dos *comics*: "Existem mais do que simples afinidades entre as pinturas e esculturas de Michelangelo e o Tarzan desenhado por Hogarth".

* Em inglês: fluxo de consciência (característica da narrativa de James Joyce). (N.O.)

muito de sua concepção plástica, sobretudo, à geometria dos jardins e corredores, às aventuras do famoso mágico.

A retomada das histórias em quadrinhos impôs logo a organização de retrospectivas, todas dirigidas para a fase áurea, onde a pureza e a originalidade não eram resultado das exigências de um intelectualismo ou de um dirigismo preestabelecido. Hoje em dia acontecem justamente dois fenômenos típicos: saturação e desinteresse, de um lado, e intelectualismo, do outro.

Os *comics* começam a buscar novas áreas como tentativa de arejamento e, fato interessante, iniciar sua carreira no Velho Mundo, que, retomando princípios já ultrapassados (como a relação entre certos cineastas franceses e o cinema americano), os remodela segundo as exigências da nova era. O campo do erotismo, por exemplo, é reduto privilegiado dos franceses que têm, como seus representantes de maior evidência, duas heroínas: *Barbarella* e *Jodelle*.

Nos Estados Unidos, depois de *Pogo*, o bichinho filósofo de Walt Kelly, temos as meditações metafísicas de *Peanuts*, de Charles Schulz. As imposições do mercado de consumo, a caracterização parcelada desse mercado, criam novos estilos e novos personagens.

A revalorização dos *comics* engendrou, nos pioneiros ainda em atividade, considerações de ordem superior. Em Bordighera, tratando-se do problema do colonialismo com Lee Falk, concluiu-se que o Fantasma está do lado dos negros, se bem que de uma forma paternalista. Por outro lado, psicólogos interessados no fenômeno levam suas pesquisas para o lado das influências dos *comics* sobre a juventude, considerando-o, em sua maior parte, funesto. Esse foi durante muito tempo o ponto crucial da questão das historietas e o único ângulo pelo qual elas eram examinadas em profundidade.

Hoje, o campo dos estudiosos alargou-se e as pesquisas chegam ao ponto de analisar em detalhe a misoginia e a possibilidade de existência de relações homossexuais entre duplas famosas como *Batman & Robin*, e as emanações reacionárias ou fascistas de superpersonagens como *Superman*.

O fato, evidentemente, é que não estamos mais diante das inocentes figuras dos primórdios, cujo encanto nascia de sua própria e simples aparição. Como quase tudo nos Estados Unidos, os *comics* viraram uma instituição irreversível e poderosa, fator de ordem econômica. Os sindicatos são verdadeiros trustes, com poderes extranacionais.

Foi o aprofundamento dos estudos sobre cultura de massa que conduziu a essa reconsideração quase universal das histórias em quadrinhos. Não se pode negar que esse fenômeno nasceu simultaneamente como parte específica de um outro, de muito maiores proporções. No quadro geral dessas manifestações, típicas da cultura contemporânea, não se pode fugir à citação dos últimos movimentos e correntes das artes plásticas que, de imediato, se apropriaram dos *comics*, latente ou expressamente, como veículo de suas manifestações e cuja figura de maior evidência talvez seja o pintor americano Roy Lichtenstein.

Um cineasta fala de quadrinhos

David Neves é conhecido pelas suas realizações em cinema, principalmente por seu filme *Memória de Helena*, premiado em 1969 no Festival de Brasília. Nessa entrevista concedida ao professor Francisco Araújo, David mostra uma nova face: o interesse pelas histórias em quadrinhos, e as influências que os *comics* exerceram em sua criação cinematográfica. Fala também de sua juventude entre os quadrinhos, quando surgiram os grandes heróis.

ARAÚJO — *Em 1967 a revista* Cadernos Brasileiros *publicou um artigo seu — diga-se de passagem, muito bom — a respeito de histórias em quadrinhos. O que é que leva um cineasta — um homem basicamente que faz e se interessa por cinema — a publicar um artigo sobre histórias em quadrinhos?*

DAVID — A minha experiência com a história em quadrinhos é anterior à minha experiência cinematográfica. A HQ passou a ser tratada de uma forma mais séria por mim a partir do momento em que eu me vi interessado em descobrir nessas histórias relações que ultrapassassem a idéia vulgar de divertimento, de passatempo. Isso tem um paralelo no cinema. O meu interesse pelo cinema nasceu justamente no momento em que eu comecei a sentir, em certos filmes a que assistia, alguma coisa a mais, além do simples conceito de divertimento. Eu me recordo nitidamente: na época em que eu cursava os primeiros anos do ginásio, em um colégio religioso, os alunos eram obrigados a freqüentar a missa dominical, e logo após iam para as sessões matinais de cinema. Foi quando eu vi *Robinson Crusoé*, de Luis Buñuel. E esse filme, debaixo da balbúrdia estudantil, me deixou uma marca, uma ferida que até hoje não cicatrizou. O interesse pelas histórias em quadrinhos — não tão marcante quanto o interesse pelo cinema — foi anterior. Era o interesse de comparar estilos, comparar desenhos, procurar atrás da simples história uma autoria, um autor, uma pessoa que tivesse concebido essa história. Isso ainda no tempo de ginásio, ou um pouco antes. Minha família era frontalmente contra histórias em quadrinhos, daí eu não era financiado para comprá-las. As minhas férias em Minas eram sempre repletas de revistas de amigos que tinham coleções, e no meu caso, a compra se dava por via indireta. Privado da possibilidade de comprar as revistas brasileiras, então inventei uma solução indireta: comprar as edições americanas, o que, no fundo, era a mesma coisa, porque as brasileiras eram traduções das americanas. Mas, por serem americanas, por serem um tipo mais exótico de publicação, eu conseguia de vez em quando dinheiro para comprar essas revistas. E posso, inclusive, dizer que aprendi inglês lendo histórias em quadrinhos: sem uso de dicionário, pouco a pouco, pela padronização do estilo literário dessas histórias, o que é uma deficiência, mas o fato é que, num determinado momento, eu me vi compreendendo o texto da história. Os dicionários serviam para desvendar uma que outra dúvida, mas me afeiçoei àquele estilo de linguagem dos balões, e passei a entender inglês. E daí em diante me interessei pelo inglês de uma forma mais didática e mais estruturada, e comecei a estudá-lo.

ARAÚJO — *Como surgiu o artigo publicado pelos* Cadernos Brasileiros — "A Oitava Arte" — *que nós, inclusive, já utilizamos como texto em nosso curso na Universidade de Brasília?*

DAVID — Foi posterior, já submetido a outro tipo de influências. Esse meu gosto original, essa minha curiosidade — acho que essa é a palavra mais adequada — foi sedimentando em mim. Eu tinha uma fixação muito grande pelos almanaques de fim de ano, que eram publicados pelas editoras. Sobretudo no terreno da curiosidade autoral. É incrível isso, pois foi um sentimento totalmente espontâneo. Talvez, analisando mais profundamente, a relação do interesse que eu posteriormente vim a ter na autoria no cinema, possa decorrer disso. Eu me lembro que um primo meu — Alexandre Eulalio — tinha guardado na sua biblioteca uma coleção desses almanaques, inclusive um catálogo do King Features Syndicate. Esse catálogo dava minuciosamente descrições sobre o estilo da história e o estilo dos autores, e me marcou profundamente, porque era distribuído (presumo) entre os redatores de jornais, para publicidade. Esse artigo que publiquei, nasceu do renascimento do interesse da intelectualidade pelas HQ. Esse renascimento despertou em mim um sentimento antigo. Eu era capaz de responder a verdadeiros questionários sobre nomes de desenhistas que produziam HQ. Sabia das polêmicas que existiam no meio. Eu sempre passava as férias, três meses por ano, em Diamantina — e meu filme *Memória de Helena* é o resultado dessa infância e adolescência mineira — e um outro primo tinha uma coleção completa de

Seleções. Numa edição de 1943, ou 1944, havia um artigo sobre HQ, e nesse artigo eles explicavam a briga dos *syndicates*, as questões polêmicas de autoria, a concorrência como a dos *Katzenjammer Kids*. Essas coisas me marcaram e foram despertadas por esse recente interesse europeu pelas HQ.

ARAÚJO — *Esse artigo foi o único que você escreveu até agora sobre o assunto?*

DAVID — Não. Tenho guardado até hoje um artigo bem grande, de mais de dez páginas, exclusivamente dedicado a Al Capp, autor do Ferdinando. Mas esse artigo nunca foi desenvolvido a ponto de eu ter coragem de entregar para publicação. Era uma espécie de esboço bem desenvolvido, de uma análise da concepção do mundo de Al Capp, baseada em uns dois ou três livros dele. Foi escrito numa fase em que ainda não havia começado o movimento europeu de redescoberta da HQ. Gostaria de desengavetá-lo, mas ainda precisa de uns retoques. O título é "A sátira plástica e literária de Al Capp" [ver reprodução neste volume, à p. 41].

ARAÚJO — *Parece que o homem de cinema é, potencialmente, um homem de quadrinhos. Se não um desenhista, um crítico. A paixão pelo cinema e a paixão pelas HQ vieram paralelas, o interesse crítico pelo cinema e pelas HQ também. Confrontando a linguagem cinematográfica com a linguagem das HQ: você acha que a linguagem dos quadrinhos ensinou alguma coisa ao cineasta?*

DAVID — São coisas diferentes, embora afins. Acho que há uma afinidade muito grande no estilo de encadeamento, de enquadramento. Inclusive os quadrinhos são usados no cinema americano no que eles chamam de *production design*. Praticamente todos os filmes americanos são previamente desenhados em quadrinhos. Detalhes do universo dos quadrinhos — certos dados de definição de personagens, sobretudo síntese e elipse — podem ser empregados no cinema. Há possibilidade de você explorar certo lado mágico que o quadrinho possui, e o cinema com muito mais chance. Por exemplo: no filme que estou acabando — "Um amor de mulher" é o nome provisório — eu uso um recurso típico do Lee Falk, um recurso analítico, pelo qual o Mandrake obriga os personagens a se abrirem, a revelarem suas coisas íntimas, através de uma projeção que parte dos olhos. Não uso literalmente isso, mas aproveito essa idéia para uma solução cinematográfica. Nem é tanto uma solução de linguagem, é mais uma solução ideológica. É uma idéia que foi facultada inteiramente pelos quadrinhos. Se fosse uma idéia literária teria menor efeito.

Crônica de um industrial

> "*Crônica de um industrial* é a exorcização de 35 anos de envolvimento político com traumas, miséria, paixões, medos, recuos, solidão, contradições e análise. [...] Exatamente por isso, neste novo momento de minha vida, escolhi o difícil tema da morte, da política... *O parto dos tempos futuros, mas já um documento generoso de liberdade poética*. Um olhar profundo e calmo sobre o sofrimento de uma existência política formada no sangue, na deslealdade, na farsa, na mentira, na traição como linguagem oficial..." (grifo nosso)
>
> *Luiz Rozemberg Filho*

A relação entre o filme e o depoimento sobre ele, feito pelo autor, pode chegar a estranhos extremos de curiosidade. Este é o caso de *Crônica de um industrial*,* de Luiz Rozemberg Filho. É, definitivamente, o melhor filme de seu autor, ou seja, o mais completo, aquele em que as conquistas temático-estilísticas são apresentadas como numa súmula.

Este é um artigo de um fã de *Crônica de um industrial*, mas o cineasta inibe o escriba. Ele se preocupa com o (pseudo)talento dos outros e dá a impressão de escrever mais do que propriamente filmar. Viaja, às vezes, para o exterior, como se ignorasse que suas obras são apreciadas aqui. Tem uma idéia de mercado diferente da dos seus pares, é contra o consumo *tout court*: quer que digiram de maneira especial os seus petiscos. Reassumiu, em suma, a "maldição" de certos autores de fora como um Marcel Pagnol ou um Jean Genet. Mas é coisa muito nossa, apesar de tudo.

À parte isso, é um caso de êxito ou qualidade autoral de certa forma menosprezados pelo texto extrafilme, ou um raro exemplo de modéstia excessiva. Sou permanentemente atraído pela obra rozemberguiana.

Crônica de um industrial representa mais ou menos o conflito entre um diretor com idéias próprias e uma fidelidade elevada à potência *n*. Desde

---

* Ficha técnica: *Crônica de um industrial*. Direção, argumento e roteiro: Luiz Rozemberg Filho; Fotografia, câmera e iluminação: Antônio Luiz Soares; Montagem: Ricardo Miranda; Elenco: Renato Coutinho, Ana Maria Miranda, Kátia Grumberg, Adriana de Figueiredo, Wilson Grey e os trabalhadores do Metrô RJ; 35 mm, cor, 1978.

Jardim das espumas, a filiação glauberiana do seu autor se mostra bastante patente. *Jardim* era assim como uma *Terra em transe* soterrada e conseguindo emergir ao *ground*,* tudo num visual precário mas belo, como se o belo dependesse justamente da precariedade. (É um discurso fílmico de uma classe privilegiada, não havendo perdão para o resto da humanidade.) Rozemberg consegue um trunfo porém: revela um "glauberianismo" conteudístico-formal com personalidade própria.

É difícil fazer a cronologia crítica de um diretor "fora de série", na medida em que ela pode ir contra o próprio sentimento de evolução criativa; isto é, a linguagem não é somente livre e nova, mas cada novo filme "organiza" uma filmografia diferente daquela com que se está (ou se esteve) acostumado a lidar. Sou levado a conjecturar, a partir da obra anterior de Rozemberg, que seu último filme, mesmo não sendo uma tentativa consciente de se enquadrar no "consumo" (no sentido pejorativo em que ele usa a palavra), é, ao contrário, uma aproximação do autor das regras habituais do jogo cinematográfico. Contra todas as possíveis suposições, portanto, a noção de *work in progress*** fica preservada.

Complicada arte esta, feita na corda bamba dos orçamentos, carente de audiência, talentosa, crescente. *Crônica de um industrial* é, ao menos, animador em relação ao mais inspirado (porém mais hermético) *A$$untina das Amerikas*. Está mais inclinado ao consumidor.

Estou sendo ao mesmo tempo simpático e provocativo, mas procuro ser um espelho do focalizado. Tem todo o talento para ser *consumido*, mas (desculpem a metáfora) estabeleceu-se como um fabricante de velas de boa qualidade, sem o pavio, entretanto. Como usá-las? Velas em geral são usadas nos momentos de *black-out*. Eis aí, Luiz Rozemberg Filho é o maior produtor de velas *daylight*, isto é, que dispensam a escuridão, mas condicionam-se à inteligência, à sensibilidade e ao bom gosto.

A verdade deve imperar. Este artigo é feito por alguém que também despreza o "comércio", no sentido em que ele é reprimido por teorias meio abstratas mas que não ignoram o que se passa num meio em que a pureza das boas intenções está de há muito comprometida por uma luta na qual o vale-tudo abole lamúrias, elege a espertez e espera com ansiedade as novidades das cabeças fortes e objetivas capazes de criar algo competitivo e autêntico, para que o Brasil e o nosso cinema sejam realmente nossos.

---

* Em inglês: no nível do solo.

** Em inglês: obra em evolução.

Feito diretamente em 35 mm e em cores, *Crônica de um industrial* é coerente e nítido o bastante, dispensando explicações supérfluas, textos à margem, ou notas de "pé de página". Já se insinua por si só ao consumo e, com o tempo decorrido desde *Jardim das espumas*, pertence a uma nova geração estilística. Mantém a predominância da palavra (aqui falada e não escrita), apesar de a fotografia primorosa de Antônio Luiz Soares deixar-nos por vezes displicentes do discurso político da trilha sonora. Vincula-se diretamente ao *Jardim das espumas* (Adriana de Figueiredo não seria, aqui, a reencarnação da Fabíola Fracarolli de então?), mas tem a ver com *A$$untina*, na medida em que o entreato musical citando *Singin'in the rain* (*Cantando na chuva*) transfere-se agora para *My fair lady*.

É a música clássica, porém, que pontua, dá densidade e, de certa maneira, soleniza *Crônica*, trazendo ao drama de Gimenez (Renato Coutinho) e de seus comparsas um *status* diferente daquele que possuíam os personagens dos filmes anteriores.

A *mise en scène* é ritualística e cada seqüência assemelha-se a um sacrifício religioso, uma oferenda, ou uma doação. O domínio do *métier* atingiu sua plenitude e faz, finalmente, extravasar do filme um charme, uma fotogenia, que as palavras não conseguem definir.

A sensação do passado a limpo sobrevive durante todo o tempo de projeção da *Crônica* e eleva a leveza do título à galeria das obras profundas e definitivas.

Diário da província

Há bairrismos intoleráveis que elegem a rivalidade concomitantemente como causa e efeito e se espraiam por um sem-número de manifestações inúteis e muitas vezes funestas. Dada a eterna condição humana (vide Atenas & Esparta), poder-se-ia considerar o bairrismo estímulo útil à competição, na medida em que ele (hoje) se transformasse em *hobby*, em coisa acessória; nunca, porém, em gênero de primeira necessidade.

Essas idéias me ocorrem a propósito de *Diário da província*, filme de Roberto Palmari. Segundo longa-metragem do realizador, não foge às características do seu estilo e ainda mais: parece abrir caminho a um tipo singular de filme brasileiro: a ficção historiográfica.

O cuidado e o interesse de Palmari por certos temas "difíceis" têm a ver com o bairrismo acima mencionado. A memória da província paulista vai sendo dissecada com rigor de entomologista, sem nenhum sentimento (aparente, ao menos) de superioridade ou de revanche.

No campo ficcional, Palmari talvez seja, hoje, o melhor cineasta do seu estado, procurando documentá-lo e fazê-lo mais conhecido no resto do País.

O cinema paulista, examinado assim, por esse prisma, tem sido ou tentado ser muito mais universalista do que os demais surtos cinematográficos brasileiros. No passado, essa característica foi nitidamente marcante. Um rápido passar de olhos por nomes e títulos nos demonstra com facilidade essa tese. Por que aquele cineasta campineiro teria optado pela alcunha de E. C. Kerrigan? E a escolha de O. Henry para servir de base a *Fragmentos da vida*, de José Medina? E a famosa *São Paulo, a sinfonia da metrópole*, de Lustig & Kemeny?

Mais tarde, a impregnação universalista seria trazida e consolidada inapelavelmente pela Cia. Cinematográfica Vera Cruz, desde o seu contrato social. Não restam dúvidas que se deu nesse período a desnacionalização final do cinema da Paulicéia. Seu fracasso, entretanto, ou melhor, o progressivo mal-estar que provoca nos espectadores, gerou duas reações iguais e contrárias: a) recrudescimento do mesmo universalismo e, b) a criação de um cinema *exageradamente* paulista, com ares caipiras, igualmente chocante para as platéias de então. (Chocante aqui é um adjetivo relacionado com os meios eruditos e com a classe cinematográfica.)

O primeiro filme de Palmari, *O predileto*, já apresentava um *métier* irrepreensível e prometia um estilista de interesse inegável, apesar do tema difícil: personagem masculino idoso lidando com pessoas mais jovens, estranho e eterno conflito de gerações, via de regra insolúvel.

Egresso da publicidade, Palmari se esmera na forma: fotografia e montagem sempre de primeiríssima qualidade, sem falar no desempenho dos atores; mas n'*O predileto* parece-me estéril o desenvolvimento da trama a despeito do virtuosismo formal: o assunto interessa a alguns *happy few*.* As promessas do realizador serão confirmadas (*in totum*) posteriormente.

A obra subseqüente é um média-metragem componente do filme de episódios, *Contos eróticos*. *As três virgens* é uma espécie de camafeu que retoma o tema geriátrico (três simpáticas velhinhas lideradas pela magnífica Maria Sílvia, que já brilhara na *Guerra conjugal* de Joaquim Pedro de Andrade), com a introdução de Paula Ribeiro, jovem atriz que será um dos destaques de *Diário da província*.

Palmari, ao chegar a seu terceiro filme, vai manter a predominância dos mais velhos (é como se fosse um sentimento filial ou reverencial). Acácio Figueira (José Lewgoy) é mais moço que o Jofre Soares d'*O predileto*, mas tem com este certas afinidades, sobretudo no que se refere ao gosto pelas mulheres. Sua ambição política é levada ao ponto de se casar com Aretusa (Paula Ribeiro), o que não deixa de ser um retorno à discussão da proposta inicial do autor. N'*As três virgens* são as velhinhas que "cortejam" e homenageiam a sobrinha. O sentimento de projeção, o desejo de retomada da juventude parece implícito nos três casos, um pouco menos neste *Diário da província*.

O fascínio de Palmari pelo documento bruto é proporcional ao seu preciosismo formal. Enquadramentos, *zooms*, desfocalizações progressivas traem a origem do realizador, mas denunciam também, à medida que o tempo passa, um desejo de aprofundamento, uma ânsia de revelação político-social novos e veiculados juntos de subtemas bem originais.

Os fantasmas de Palmari estão no passado, porém. Com eles, pretende

---

* Em inglês: poucos e bons.

o realizador um paralelo com as coisas de hoje, certas situações brasileiras que perduram e se constituem em cacoetes irreversíveis e sintomáticos de toda uma tradição nacional.

Diário da província tem um visual interessantíssimo. Mais rico mesmo que o d'*O predileto*, mais sério, menos "filigranado" do que aquele d'*As três virgens*. Seu projeto cinematográfico é quase impecável como aparência externa (seu conteúdo, por outro lado, me traz a impressão de estar saturado de propostas, o que pode vir a ser comprometedor).

Já se vislumbram aqui e ali certas obsessões estilísticas. A câmera lenta, que encerra praticamente os três filmes de Palmari, não é aqui um recurso fácil. A magnífica procissão final d'*O predileto*, rodada pictorialmente como um Edvard Munch interiorano, corresponde ao pé da letra à farândola entre Paula Ribeiro e o namorado em *As três virgens* e ao assassinato de Acácio Figueira por Atila Iório. É como se o processo de pensamento de Palmari se processasse num "dois tempos" curioso — Prólogo: *allegro*; Epílogo: *adagio* —, o que significa dizer que o sistema habitual das composições musicais clássicas é invertido em favor de uma espécie de anticlímax expressivo. Certa feita, falando a propósito de *Les quatre-cents coups* (*Os incompreendidos*), de François Truffaut, P. E. Salles Gomes referiu-se à seqüência da entrevista do jovem personagem Antoine Doinel (Jean-Pierre Léaud) com a psicóloga como um dos mais modestos *morceaux de bravoure** da história do cinema. Pois bem, na medida em que ele "atenua" a força dos desenlaces de seus filmes através do *ralenti***, Roberto Palmari também erige um modo muito pessoal de sublimar seus momentos decisivos, dando tempo ao espectador para anotar seus detalhes, como as rotineiras repetições dos grandes lances futebolísticos com que a televisão nos brinda ao menos uma vez por semana.

A aparência física de Roberto Palmari é curiosamente envelhecida. Sua idade cronológica está muito aquém daquela que aparenta. É um envelhecimento sem decadência, atraente fidelidade ao adulto, curiosa aflição de amadurecimento.

A história da província paulista é contada em filme, mas tem como intermediário *O Alpha*, ao que parece uma folha hebdomadária, cujo editor, protagonizado por Gianfrancesco Guarnieri, contraponteia eficazmente as manobras de Acácio Figueira. Roberto Palmari, hoje editor de *Momento* na cidade onde está domiciliado, Rio Claro, projeta-se, crítico, neste persona-

---

* Em francês: trechos particularmente brilhantes.

** Em francês: efeito de câmera lenta.

gem, talvez cobrando dele análise mais aguçada da situação (só alguém "mais velho" talvez tivesse capacidade para isso). Temos, quase como nítida, a sensação de que o filme e O *Alpha* são momentos paralelos na cabeça do realizador e certas passagens, acentuadas pela cor de Geraldo Gabriel, parecem documentar uma realidade hodierna, como um cinejornal (cf. a seqüência do recrutamento para a Revolução Constitucionalista de 1932. Fosse a cor substituída pelo preto-e-branco imperfeito da época e estaríamos aptos a cotejar esta passagem com algumas cenas do antológico *Nascimento de uma nação*, de D. W. Griffith).

Pelo que posso supor acerca dos planos de Roberto Palmari, o jornalismo cinematográfico vai ser a bússola pela qual ele norteará sua obra futura. A história colhida em seu permanente *devenir**, eis o que isso pode querer dizer para os menos informados. O passado remoto fundido (cinematograficamente, como numa trucagem) com o presente.

Acácio Figueira assassinado. Eis uma boa manchete para o *Momento*, de Rio Claro.

---

* Em francês: devir.

Caminhos para a liberdade

O primeiro filme de Tizuka Yamazaki* tem, curiosamente, o ar de coisa acabada como tinha *Rio 40 graus*, de Nelson Pereira dos Santos. O advérbio de modo se justifica pelo fato de Tizuka Yamazaki ter sido assistente de Nelson em *Amuleto de Ogum* e *Tenda dos milagres*, e de compartilhar com o "mestre" muitas de suas idéias sobre o cinema. Juntam-se a este fatos novos, como a origem nipônica da realizadora e a situação pela qual passava o cinema brasileiro na época em que *Gaijin* foi realizado. Basicamente, certo clima de "abertura" política e uma salutar dose de confiança contribuíram para que *Gaijin* tenha resultado mais lírico e ao mesmo tempo mais "irredutível" do que aquele filme que deu cronologicamente início ao movimento do Cinema Novo. Os fulcros básicos que partem de *Gaijin* para o espectador são, portanto, dois: 1) liberdade criativa (lirismo) e 2) compromissos extra-inspiração aparentemente constrangedores dessa mesma liberdade (sem comprometê-la de todo, entretanto). O tempo transformou *Gaijin* no *Rio 40 graus* da era da comunicação ou dos anos 80, como queiram.

Todas essas afirmações são de responsabilidade pessoal minha (é claro), e creio que elas procedem. Para começar, o tempo permitiu a *Gaijin* a possibilidade de estender sua proposta através de si próprio. Explico melhor: o fato de *Gaijin* ser "filme de época" (com os problemas de produção decorrentes dessa condição) foi facilitado (às vezes até mesmo dificultado) pelo momento em que foi concebido e no qual os jogos do cinema brasileiro já

---

* Ficha técnica: *Gaijin, caminhos da liberdade*. Direção: Tizuka Yamazaki; Roteiro: Jorge Durán e Tizuka Yamazaki; Fotografia: Edgar Moura; Cenografia: Yurika Yamazaki; Música: John Neschling; Montagem: Lael Rodrigues e Vera Freire; Elenco: Kyoko Tsukamoto, Antônio Fagundes, Jiro Kawarasaki, Gianfrancesco Guarnieri, Álvaro Freire, José Dumont, Carlos Augusto Strazzer, Louise Cardoso, Sady Cabral; 35 mm, cor, 1980.

estavam praticamente feitos e conhecidos. O risco maior de *Rio 40 graus* nascia do próprio terreno incerto em que se originara e que propunha trilhar: ali, *criação* era sinônimo de *prospecção*.

Saí um pouco do meu tema central, porque queria louvar aqui, com certa inveja longínqua, a coragem da realizadora que, sem realmente o querer, retraça a história do nosso cinema de forma definitivamente segura, brilhante e ambiciosa.

O filme começa com uma voz de mulher que logo reconhecemos ser a da personagem central, Titoe (Kyoko Tsukamoto). Ela inicia a narração de sua saga. Essa voz não dura muito, entretanto. É soterrada pelas diversas "camadas" de assuntos superpostos que o filme nos proporá daí em diante. Essas camadas representam a variedade de temas que *Gaijin* reserva, para surpresa do espectador desavisado que espera uma divagação cinematográfica unificada sobre a imigração japonesa no Brasil.

Da mesma maneira, porém, que *Rio 40 graus* desabrochou-se em vários subtemas (todos cariocas), *Gaijin* vai espraiar-se num áspero tratado sobre a imigração estrangeira (em geral) acolhida pelo Brasil, a partir, é claro, do *leitmotiv* japonês cuja história é literalmente familiar a Tizuka Yamazaki.

Ainda gostaria de fazer uma louvação genérica, comparando os mesmos dois filmes até agora arrolados: a impressão que Nelson Pereira dos Santos causou tentando ser hiper-abrangente na década de 1950 corresponde, a meu ver, à mesma obsessão que transformou *Gaijin* num filme polivalente. A noção de *obra cinematográfica* concentrada no filme único não é fato raro entre nós. A sensação que *Rio 40 graus* provoca é a de querer esgotar um assunto e seu realizador teve a chance de poder voltar a ele pelo menos em *Rio Zona Norte*, *Boca de ouro* e *El justicero*, mas quem lhe garantiria essa possibilidade ao iniciar sua carreira?

Com mais esse ponto de referência ao primeiro filme de Nelson Pereira dos Santos, *Gaijin* pode agora ser apresentado ao leitor no seu conteúdo mais íntimo.

A linguagem de *Gaijin* é — a partir dos dados alinhados acima — suave e ríspida. A suavidade passa como deslize e a rispidez como regra verdadeira do jogo. Essa combinação é harmonizada pela maestria de Tizuka Yamasaki. Eu poderia chegar ao extremo de chamar *Gaijin* de bissexual, não fora o temor de ser mal interpretado pelas "patrulhas" do setor. Mais extremo seria especificar, na dicotomia suavidade e rispidez, o *who's who**, isto é,

---

* Em inglês: quem é quem.

afirmar que o lado feminino poderia ser o responsável pela rispidez (ideológica, no caso) e assim por diante. Essa é apenas uma das provas da fertilidade deste filme, das suas múltiplas idas e vindas e, sobretudo, seus compromissos.

O projeto pessoal (ou autoral) que *Gaijin* representa é híbrido (impuro) e isso retoma inconscientemente a história do cinema: puro ou impuro hoje em dia ele se reparte entre compromisso e displicência. Tendo obviamente para a segunda opção, na medida em que a primeira engloba injunções extra-linguagem, mas é salutar a encruzilhada erigida pelo filme de Tizuka Yamazaki.

A equação de segundo grau, criada com o aparente confronto de japoneses e italianos, resolve-se com o denominador comum nordestino (José Dumont) e talvez a melhor passagem de *Gaijin* seja a explicação (mímica) feita pelo personagem que encarna, de como colher, sem injuriar, o café. Há outras, porém. Como existem problemas que incrementam a linguagem (a partir da ambigüidade, é claro). Um deles é a dificuldade de comunicação entre nativos e imigrantes. Uma cinematográfica aflição decorre das *démarches** que promovem o estabelecimento de cada grupo na Santa Rosa. A falta de um tradutor mancha de ingenuidade essa parte do roteiro, mas incorpora um dado novo e esse suspense lingüístico acompanha o filme em quase todo o seu desenrolar.

O grupo italiano, liderado por Enrico (Gianfrancesco Guarnieri), atenua a incomunicabilidade, como um estágio intermediário. A proximidade das línguas (português e italiano) lhe outorga (e ao espectador) um charme característico, quase uma virtude teologal: a esperança. Mas, debalde, porque eles se vão e o problema fica pairando no ar.

A relação entre as pessoas é afetada por esse problema e, apesar dos subtítulos e da característica verbosidade ítalo-nipônica, *Gaijin* é também remetido para as longínquas paragens do cinema mudo.

Há uma segunda ingenuidade, a qual imputo também a mim mesmo. Ao falar de bissexualismo neste filme camuflei o toque marcante do seu pudor. Este, por sua vez, está intimamente vinculado ao problema da comunicação. A primeira relação sexual do filme se dá, obviamente, entre uma italiana e um japonês.

Como o aprendizado do português, o do sexo é progressivo em *Gaijin*. É *compromisso* na primeira etapa e é *displicência* na segunda.

Quando o marido de Titoe, Yamada (Jiro Kawarasaki), coabita com

---

* Em francês: iniciativas.

ela pela primeira vez, a fotogenia é acentuada. Tizuka rende uma homenagem a seus antepassados.[1] Trata-se legitimamente de uma seqüência de filme japonês.

Nesse compasso evolui uma trama relativamente simples e previsível. A direção acentua os tons, dramáticos em geral, valorizando o roteiro e, de certa forma, transfigurando o filme até o grau que procurei ressaltar aqui. Mais uma vez o cinema refuga teorias ou posturas e engrandece a alma, porque atrás da câmera inspirada de Edgar Moura movimenta-se algo mais do que uma principiante ávida de comunicar idéias e coisas. Poucos filmes brasileiros, remotos ou recentes, podem gabar-se de possuir a garra pragmática de *Gaijin*.

---

[1] A homenagem não se restringe ao amor consumado entre Titoe e Yamada. Há outras, entre as quais os mais do que sensíveis *flashbacks* que pontuam o filme, realçando o lado da suavidade.

Sem pressa

O amor, inexistente, existirá ainda? Há pouco tempo hoje para certas veleidades do passado. O cinema é a arte mais antipressa possível, *no tempo da pressa...*

Nuno Leal Maia é um ator imponderável. Provoca permanentemente certa sensação de deliberada insegurança entre a caricatura e a seriedade, parece, enfim, dar ênfase proposital a uma espécie de falsete dramático. É ele o ator de *O caso Cláudia*, de Miguel Borges, e de *Ato de violência*, de Eduardo Escorel. Este realizador soube usar de sabida artimanha para dosar o desempenho do seu protagonista. Voltemos a Nuno: estranho galã esse, absolutamente gaúcho tanto como marido "vítima" d'*A dama da lotação*, de Neville d'Almeida, como enquanto o ambíguo conquistador do filme de Miguel Borges. A meio caminho da comédia (*Gente fina é outra coisa*, de Antônio Calmon), como afirmei acima, Nuno só vai convencer no drama se sofrer (ou der a impressão de sofrer) muito. E é isso que ocorre em *Ato de violência**, que traz uma *densidade* nova a certa linha de filmes do cinema brasileiro.

Tem acontecido muito e pouca coisa no nosso cinema, ultimamente. Dentro e fora dos filmes. Vamos apagar as luzes e ver, a critério do projecionista, algumas bobinas de filmes, como *Barra pesada*, de Reginaldo Farias, *Eu matei Lúcio Flávio*, de Antônio Calmon, *República dos assassinos*, de Miguel Faria Jr., *Lúcio Flávio, passageiro da agonia*, de Hector Babenco,

---

* Ficha técnica: *Ato de violência*. Direção: Eduardo Escorel; Roteiro: Roberto Machado e Eduardo Escorel; Fotografia: Lauro Escorel Filho; Cenografia: Paulo Chada; Montagem: Gilberto Santeiro; Música: Egberto Gismonti; Elenco: Nuno Leal Maia, Selma Egrei, Renato Consorte, Liana Duval, Eduardo Abbas, Antônio Petrin, Ruthneia de Morais, Lisa Vieira, Miriam Mehler; Distribuição: Embrafilme; 35 mm, cor, 1980.

O caso Cláudia, de Miguel Borges, *Terror e êxtase*, de Antônio Calmon. Na cabine há mais filmes mas não é indispensável nomeá-los. Sabemos que fazem parte de uma safra. Basta apenas que destaquemos *Ato de violência* de Eduardo Escorel e torçamos para que no hipotético sorteio do projecionista sejamos mais aquinhoados com as suas cenas. Vamos lá.

> "Fiquei orgulhosa e triste, quer dizer, confusa..."
> *(He)Leninha em* Terror e êxtase,
> *de José Carlos Oliveira (Editora Codecri, 1978, p. 31).*

No Caderno B do *Jornal do Brasil* de 23 de setembro de 1980, a atriz Denise Dumont dá algumas declarações a respeito da doação da biblioteca de seu pai, Humberto Teixeira, à Fundação Edson Queiroz, em Fortaleza: "Quando eu era muito pequena papai me deu Huxley para ler. Hoje eu compreendo melhor porque ele fez isso e sou muito grata. Foi assim que adquiri o amor pela leitura, de modo que procuro fazer o mesmo com meu filho Diogo, enchendo-lhe a cabecinha de histórias".

Denise Dumont interpreta (He)Leninha em *Terror e êxtase**, de Antônio Calmon. Neste caso dá-se outra impressão no espectador. Longe, muito longe das frias musas do autor de *Contraponto*, e do fingido cinismo de Nuno Leal Maia em *O caso Cláudia*, estamos diante de uma generosíssima atriz-personagem. Dadivosa em excesso, ela literalmente expõe-se ao filme, transforma-se nele. A voz rouca de Denise Dumont verte o erotismo proposto pelas imagens num triste pranto de marginais. Só me lembro de oferta semelhante na *Lúcia McCartney*, que Adriana Prieto teceu para mim nos saudosos idos de 1970.

"Aquela boca — era seu detalhe mais marcante. Porque dependia do pequeno lábio superior de Virgínia sua característica de inocência infantil — uma impressão que persistia em quase todos os seus momentos, que era notada em todas as suas ações, estivesse ela contando histórias sujas, ou conversando com o Bispo, tomando chá em Pasadena, ou, envolvida com rapa-

---

* Ficha técnica: *Terror e êxtase*. Direção: Antônio Calmon; Roteiro: Álvaro Pacheco e Antônio Calmon; Fotografia: Edgar Moura; Cenografia: Carlos Prieto; Montagem: Giuseppe Baldaconi; Música: Remo Usai; Elenco: Denise Dumont, Roberto Bonfim, André di Biasi, Anselmo Vasconcelos, Otávio Augusto, Maria Lúcia Dahl, Nildo Parente, José Lewgoy, Gracinda Freire; Distribuição: Embrafilme; 35 mm, cor, 1980.

zes, gozando aquilo que chamava 'um sarrinho', ou ouvindo Missa." (Aldous Huxley, *O cisne também morre*)

No final de *Ato de violência*, a entrevista de Nuno Leal Maia é marcada por um dado qualquer de arcaísmo (psicológico), de regressão. Ele já não é (ou mesmo não foi durante o desenrolar de todo o filme) o fácil "falso malandro" d'*O caso Cláudia*. Perplexo, ele evolui dramaticamente, penetra na galeria dos personagens mais densos. Seu "número" é comovente pelo mistério que se encerra em seu mundo inacessível. Corresponderia, o assédio dos repórteres ao reincidente "criminoso", à entrevista de Jean-Pierre Léaud à psicóloga em *Os incompreendidos* de François Truffaut.

Na medida em que o cinema vai evoluindo, alguns conceitos novos aparecem e ajudam a classificação dos filmes em gêneros e categorias. "Em arte, só quem rompe um código se conforma ao código da modernidade. Ocorre que todos agora nos queremos modernos, e que, no fundo, ninguém mais se apega a código nenhum. Segue-se que a situação da vanguarda fica muito facilitada, ao mesmo tempo que se complica. É claro que não é o caso de voltar atrás, o que, aliás, não seria possível, pois o tradicionalismo técnico já não se encontra e não é mais um adversário de primeira linha. Sua existência é um resíduo provinciano, e dia-a-dia está mais evidente o parentesco, e não o antagonismo, entre a inovação pela inovação e o movimento geral da sociedade. [...] Assim, talvez o rigor agora não esteja na destruição (redundante) de linguagens que já não resistem, mas na capacidade de tirar partido vivo, tão a par das coisas e sem prevenção quanto possível, desta terra de ninguém que é o nosso habitat atual" (Roberto Schwarz, *O pai de família e outros estudos*, Paz e Terra)."

Baseado, como os outros filmes mencionados neste artigo, na crônica policial corrente, *Ato de violência* traz a esse cenário cinematográfico um dado novo: *alma*. No umbral dos acordos atômicos assinados sob inúmeras controvérsias, a palavra *alma*, por analogia sonora, poderia receber um curioso atributo metafórico: *alma pesada*. E para os que se interessam por cinema há mais tempo, seguir-se-ia o trocadilho óbvio subtitulando o filme de Eduardo Escorel: "A batalha da alma pesada".[1]

---

[1] Paródia do título do filme francês de Jean Dréville (originalmente *La Bataille de l'eau lourde*, feito em colaboração com o norueguês T.V. Muller em 1947). Um filme igualmente de atualidade reconstruída.

Parêntese dialético: tenho (na medida em que consigo uma pausa para armar conjecturas sobre a situação estética do cinema brasileiro de hoje) defendido com certa constância a leveza em detrimento dos melodramas que trazem peso e densidade apenas ao pobre arcabouço fundado em dramaturgias ultrapassadas. A informação cinematográfica deve ser sempre incrementada por uma vontade autêntica e é esta que pode ser cognominada de *alma* de um filme.

O que pesa mais? Um quilo de chumbo ou um quilo de algodão? (Evocação de *O país de são Saruê*, de Vladimir Carvalho.) Nosso cinema doce-amargo anda transformando muito algodão em chumbo!...

Um pensamento machadiano, lido não sei bem onde, cabe bem aqui entre um rolo e outro de filme: *Na mulher o sexo atenua a banalidade, no homem, agrava.*

Há sexo (e muito) na maioria das cenas projetadas. Em geral ele está vinculado à violência. Nossos cineastas não se preocupam muito em filtrar o erotismo, mas há alguns momentos inspirados. Insisto, primeiro, na proposta de "erotismo automático" que nos fornece a (He)Leninha de *Terror e êxtase*. Denise Dumont não precisa se esforçar muito: basta aparecer. Em *Ato de violência*, Eduardo Escorel redime-se da misoginia revelada em *Contos eróticos* (episódio *O arremate*). Toda a seqüência entre Nuno Leal Maia e a prostituta (maravilhosamente filmada em tons violáceos pelo irmão do realizador, Lauro Escorel) possui um clima muito especial de excitação auxiliado pela dúvida do espectador a respeito dos propósitos do personagem.

Outro ator que sobressai nessa antologia "policial" é Anselmo Vasconcelos. Ele brilha em *República dos assassinos*. O travesti Eloína, que interpreta, tem tal força que refaz as atuações do mesmo ator nos demais filmes.

Eduardo Escorel, cavalheirescamente, homenageia Lisa Vieira numa pequena cena logo no início de *Ato de violência*. Antigo montador do Cinema Novo, Escorel recorre a um estranho e sensível *raccord* para realçar a curta aparição da atriz.

Pode-se, a rigor, fazer uma classificação dos filmes do tipo "sem referência" (ou *underground*) e com referência (como gostaria Roberto Schwarz, aqueles que possuam a "capacidade de tirar partido vivo, tão a par das coisas e sem prevenção quanto possível, desta terra de ninguém que é o nosso habitat atual"). Essa divisão, é óbvio, faço-a um pouco constrangido, tentando ajudar o leitor a penetrar mais facilmente no labirinto deste texto. Vou deixar de lado os primeiros, "sem referência", que merecerão, mais tarde, tratamento melhor, para esclarecer que aquilo que une os tópicos relativamente soltos deste texto é que os filmes colocados na nossa imaginária sala de projeção têm *referência* jornalística (crônica policial) direta.

Não sei se fui bem claro e prossigo aqui meu raciocínio. Todo mundo sempre adotou o estratagema de filmar eventos públicos e notórios e em geral escandalosos e isto fez parte da regra do jogo cinematográfico (arte, indústria, talento etc.). Entre nós essa moda pegou (cf. por exemplo, no Cinema Novo, O *assalto ao trem pagador*, de Roberto Farias), mas, na minha opinião veio acompanhada de um cacoete que torna quase todos os filmes mencionados aqui (ou por mencionar) primos entre si. É este cacoete que fará, nestas linhas, a mágica de conciliar num só bloco o meu pensamento: essa pequena antologia recente de nosso cinema é, com exceção de *Ato de violência*, *desalmada*; carece de um quê de transcendental para livrá-la do limbo da sétima arte.

— Porque é que você matou Teresa dos Santos?
— Taí uma coisa que eu gostaria de saber, viu amigo?
— As suas vítimas eram prostitutas. Por que essa preferência?
— Eu não... não sei explicar.
— Como é que você explica, você ter cometido duas vezes o mesmo crime?
— Não sei, não sei, é um fato que eu desconheço inteiramente...
— Como foi que você matou Teresa?
— Devo ter esganado ela.
— O que você fez depois disso?
— Depois disso pensei em morrer.
— Pensou em se matar?
— Em me suicidar, não. A pessoa pode pensar em morrer sem querer se matar. Mas até que não seria mal morrer aí atropelado por um trem ou debaixo de um carro.
— Você odeia as mulheres?.
— Não. Sempre me dei bem com as mulheres...[2]

---

[2] Trecho dos diálogos da cena final de *Ato de violência*.

O parâmetro referencial de um filme, a meu ver, cresce ou diminui qualitativamente a partir de seu estilo e não da sua "produção". Este estilo, uma vez "desprezado" pelo realizador, pode surgir num pequeno detalhe nascido ao acaso, por uma presença marcante em cena, por uma vocação não detectada, por uma tradição familiar, enfim, por um "inconsciente cinematográfico". Alguns desses filmes, entretanto, apresentam passagens ou climas que não me permitem (inclusive não teria autoridade para isso) reprová-los ou condená-los irremediavelmente. Antes que nosso projecionista considere seu expediente encerrado, algumas outras menções se fazem necessárias.

Um dado ausente em todos os filmes da série é o humor, tomado como dado específico (não me refiro àquele que resvala de situações deliberadamente outras). N'*O caso Cláudia*, entretanto, por tradição cinematográfica de seu realizador, esse simpático "deslize" surge mais amiúde e às vezes o riso aflora verdadeiro, acadêmico, como nas nossas antigas comédias musicais. Resultante da caricatura (cf. o personagem do delegado, personificado por Newton Couto, que é um legítimo descendente das fitas dos anos 1940 e 50), esse bom humor é diferente, por exemplo daquele que decorre de um exagero no manuseio dramático ou de uma soltura excessiva dos atores como a seqüência do "suadouro" aplicado por Anselmo Vasconcelos e Tonico Pereira em Pascoal Villaboim, num entreato de *República dos assassinos*.

Este artigo poderia também ser chamado "Em letra de imprensa" ou, por exemplo, "Última hora", pois está sempre lidando com filmes tirados das notícias de nossas folhas, sejam elas diárias ou hebdomadárias. O título final está vinculado a uma fórmula pessoal de precaução, porque há algum tempo estou às voltas com um trabalho sobre Luz del Fuego, que deverá ser transformado em filme. Como falei em alma, esclareço que não tenho capacidade nem vocação espiritual para beatificar ou canonizar essa riquíssima personagem feminina. Mas, devagar, sem pressa, espero, ao menos, como a turma à qual vou passar a pertencer, tornar-me um humilde pistolão em favor dessa causa.

Lidar com cacoetes (em cinema) é um desafio inegável para qualquer diretor, sobretudo para aqueles que se dedicam à pesquisa (irrepreensível) da linguagem, como Eduardo Escorel. Esse dilema tem dois pólos: o industrial e o talentoso ou artístico. O cinema, felizmente, é raro demais para que a comparação que vou fazer seja, ao menos numa primeira instância, viável: a todo momento estamos ouvindo no rádio ou mesmo em *shows* ou logradouros públicos, músicas com intérpretes como Joanna, Simone, Maria Bethania, Marina, de autores ricos (e aqui o dado importante: a seu modo também "referenciados" entre si) como Gonzaguinha, Suely Costa, Caetano Veloso, Sara Benchimol, Chico Buarque (faltam muitos, mas, desculpem, não é minha seara). Essas "explosões cordiais" (*sic*) não estarão simplesmente mostrando que não podemos fugir à moda?

Há uma gota de sangue em cada poema

Desde o colégio a gente ouve falar de poesia em prosa. Não é necessário que nos dediquemos especialmente à literatura para que essa conotação nos seja familiar. Filme feito em prosa, a poesia de *Até a última gota**, de Sérgio Rezende, é conseqüência de uma articulação poliestilística e de alguma inspiração. As denúncias que comporta vêm sob uma forma bastante organizada e clara, o que provoca um resultado de aparência "fácil" mas de grande eficiência.

Da *dramatização* inicial, em fotogramas fixos, com o ator José Dumont no papel de uma vítima real do tráfico de sangue, aos depoimentos com grave conteúdo, as mensagens que Sérgio Rezende apresenta ao espectador surgem realmente sem muita complicação, como era o caso, por exemplo, daquele cinejornal — *Atualidades Francesas* — e suas matérias jornalísticas de fundo.

Prosa dramática com escrita corrida, poema em prosa com algumas rimas (ricas), o estro andradeano aflora neste filme através da objetividade e da pureza ingênua (leia-se outra vez: não complexa) e esperta (que a tudo observa e preside). O refrão visual (morcego e plasma), se é rebarbativo, traz a reminiscência dos clássicos vampirescos, recolocando a história, tanto a real quanto a sobrenatural, nos seus devidos postos hierárquicos.

A dedicação de Sérgio Rezende ao documentário data mais ou menos de 1975 e faz parte de um sentimento coletivo de jovens cineastas que decidiram enveredar pelo cinema assumindo uma vocação (ou um impulso) mais

---

* Ficha técnica: *Até a última gota*. Direção e roteiro: Sérgio Rezende; Fotografia: José Joffily; Montagem: Vera Freire; Música: Paul de Castro; Narração: Hugo Carvana; Elenco: José Dumont; 16 mm ampliado, cor, 1980.

ou menos irresistível. Entre esses jovens estava Mariza Leão, hoje sra. Sérgio Rezende. Esse *intermezzo* social tem sua razão de ser. Outro casal praticou experiência semelhante, e a repetição da História é não apenas a confirmação de um meio-axioma, como um bom sinal da fertilidade do nosso cinema. Ana Carolina e Paulo Rufino, há mais de uma década, realizaram igualmente filmes curtos de pesquisa e/ou denúncia que marcaram um estilo, criaram uma escola, abriram novas saídas. Tanto no caso de Sérgio Rezende com Mariza como no de Ana Carolina com Paulo, há filmes cuja autoria final fica indefinida na fronteira do amor ou do companheirismo. *Até a última gota*, porém, parece não ter contado com uma intervenção direta de Mariza Leão.

Devo simpatizar com o revisionismo porque este termo me provoca uma curiosa atração. Sei que sua conotação é pejorativa, e o que se passa em mim diante dele deriva, seguramente, da mineiridade que me atribuem. Talvez procure redimir o *verbete*, com forças que acredito oriundas de sentimentos verdadeiramente nacionais e apolíticos. *Rever*, em cinema, é coisa quase sempre salutar: ninguém é dono definitivo da verdade. Tudo aqui está escrito em caixa-baixa, para amenizar ainda mais estas afirmações intermediárias.

Em dado momento de *Até a última gota*, a imagem reduz-se a um eloqüente preto-e-branco e o espectador passa a presenciar uma operação cardíaca. É, naturalmente, um filme ou uma filmagem "científica", mas o timbre de voz do locutor, ao menos para certos ouvidos, é característico e emocionante, pois estamos, justamente, diante de uma raridade: um pequeno trecho das acima mencionadas *Atualidades Francesas*. Não tenho elementos para nomear este locutor ou o que o antecedeu (por longos anos) neste mister e, tirando a emoção momentânea, ele não nos interessa tanto aqui, mas, como o leitor pode notar, estou "revendo" certos dados e saindo do meu assunto principal. Que fazer? Pertenço ainda à geração que assistiu penalizada ao fim (provocado pela TV) dos programas "passatempo", que enriqueciam nossos conhecimentos, seja com fantasia, seja com história contemporânea.

O contraponto que essa operação cirúrgica traz a *Até a última gota* deveria ser analisado mais em detalhe, extrapolando, agora, a magia que um filme de arquivo pode trazer a uma situação dessas, para a qual o tratamento adequado seria menos "dispersivo" e mais "grave", como quer ou gosta uma outra facção do cinema documental brasileiro. Sérgio Rezende faz também uma "revisão" do gênero cinejornalístico, que, por ser uma vertente válida do documentário, não atenua a denúncia (talvez mesmo a incremente) que seu filme, finalmente, vem a ser. O próprio locutor a que fiz menção entra com parcela considerável na criação do clima final desse entreato dramaticamente irrepreensível.

Suor e sangue. Ninguém acredita na vida real. Acredita, mas não leva a sério. (A vida real só não acontece para os outros, os que vão ao cinema e acham que só vampiro compra ou rouba sangue e, ainda assim, de futuros vampiros.) O realizador de *Até a última gota*, ao sair do cinema, verificou que seu filme estava passando ali mesmo, nas redondezas, como um complemento nacional. Ele foi olhando e ouvindo (só isso). Por exemplo: a maneira de utilização das entrevistas é gradativamente funcional e "familiar" (no sentido de intimidade, de não atemorização). O filme dá a impressão de um trabalho tão solto e intuitivo que revitaliza a influência de certa preguiça do raciocínio, inerente ao *Homo sapiens* que se dedica à sétima arte (certos espécimens).

Até a última gota parece também um filme doméstico, agora sob outro ponto de vista. É direto, expõe um flagelo social, mas não é apocalíptico. Como "cinejornal", sua tendência seria a de se filiar ao permanente e trágico rufar dos tambores que nossas emissoras de TV fazem das catástrofes, trabalhando-as dramaturgicamente no sentido algo paradoxal de realçar a desgraça. É óbvio o interesse sensacionalista desses veículos e é óbvio também o cunho "profissional" que conferem a seus produtos. Mas, enquanto ganham audiência, privam-se da *Graça*, coisa de que o "lar" de Sérgio Rezende está muito bem provido.

Há pouco sangue em *Até a última gota* e este é um outro dado a reforçar a idéia da respeitabilidade deste libelo. Não é um filme de imprensa marrom, nem amarela, nem azul. Editores de jornais respeitáveis (se lhes fossem tocadas as feridas) seriam, eles próprios, mais contundentes. *Até a última gota* é um filme em cores (todas). Sua imagem e seu conteúdo, seu modo de falar e seu sotaque são os dados que contam; e eles chegam até nós sob a insinuante aparência da elegância.

O sangue é elemento polêmico, em cinema. Já falei de morcegos vampiros, já fiz uma filiação cinematográfica dos filmes sangüíneos ou sanguinolentos. Mas há, também, o departamento de efeitos especiais, dos acidentes e assassinatos ficcionais, desde a mais remota antigüidade cinematográfica, passando pela floresta de Sherwood ao literal Capitão Blood etc. etc.

No cinema brasileiro, sangue é igualmente questão de verossimilhança. E este talvez seja o único caso a contrariar a tese de Sérgio Rezende (da exportação de sangue brasileiro para as grandes multinacionais estrangeiras): na *Batalha de Guararapes*, de Paulo Thiago, importou-se muito "sangue" para ser usado nas cenas de luta. E sangue italiano do bom.

As "teses" que desenvolvi aqui, sob as camadas protetoras da gaze de certa complacência pequeno-burguesa (revisionismo?), devem ter o seu justo momento interpretativo. As "transfusões" que empreendi, colocando a palavra sangue em evidência, fazem parte de uma demoníaca tentação (capitalista?) da *boutade**, do jogo de palavras. Cabe ao leitor perspicaz relevar-me este pecado, aceitando-o como metáfora irreversível. Tentei mostrar, através desses artifícios, de que maneira o realizador vai transmitindo ao espectador as suas idéias (às vezes sob o estigma desse mesmo "vício" que me assolou) e como essas últimas transformam-se em coisas definitivas e sérias. A corda bamba de leveza e do não-didático não é coisa nova nem um achado: é uma das pedras fundamentais do cinema; de Murnau a Hitchcock, passando por Eisenstein e Resnais. (Nesta linha de pensamento *Marienbad* seria o difícil mais fácil e, *Vertigo*, o fácil mais difícil.)

Para permitir tantas divagações, um filme não pode nem deve pairar no marasmo da documentação fria. Sérgio Rezende traz ao nosso cenário cinematográfico um bom exemplo de criatividade e sabedoria, transportando em seus respectivos bojos uma denúncia bastante grave que não pode passar sem ser vista, analisada e respondida, por quem de direito.

---

* Em *francês*: brincadeira.

Madame Butterfly

1
Não é vantagem nenhuma falar bem de filme bom. O exercício da crítica, a meu ver, confunde-se, às vezes, com o da criação pura e simples. É como se fosse uma re-criação sobre bases concretas.

Arte extraordinária é o cinema, que permite observações curiosas, leituras múltiplas, além, é claro, dos cômputos gerais, das interpretações abrangentes etc. Dizer que um filme é curioso pode significar um elogio, mas também pode classificá-lo como incompleto, tanto no campo das expectativas como no terreno do absoluto. Trata-se, entretanto, de um inegável elogio denunciar a curiosidade de Walter Lima Jr. pelo cinema. E sua obra cinematográfica está aí para provar isso.

Uma argumentação oposta talvez seja mais nítida: afirmar que um diretor "não tem nenhuma curiosidade pelo veículo que utiliza" (desempenho burocrático ou auto-suficiente) é a mais contundente das críticas.

2
"Revista de Domingo" (*Jornal do Brasil*): "As crianças cresceram entendendo que tínhamos uma vida movimentada. Nunca fui de levar filhos nos bastidores. Também nunca me perguntei se não estar disponível o tempo todo trouxe neuroses para eles, mas acredito que não". São declarações de Fernanda Montenegro, a mãe de Inocência, na vida real. No filme, seu pai, Martinho Pereira (Sebastião Vasconcelos), mal a deixa sair de casa, mesmo que seja para espairecer nas redondezas e acompanhada de perto por Tico (Jorge Fino). Essa elaborada insistência na relação vida real-fantasia explica, de certa forma, este artigo que não chega a ser propriamente uma crítica, mas uma aferição.

Há já algum tempo venho perseguindo essa forma de abordagem de um filme e acho que isso deve vir de algum processo pessoal de apreciação introvertida, cuja origem deve remontar à minha infância. Por outro lado, cada vez mais me convenço que o cinema e a vida, atores e personagens, mantêm um longo e inextinguível intercâmbio.

3
Há um cinema *adulto* e outro, mais leve, que ousaria chamar de *deliberadamente* infantil. Há, também nas artes plásticas, uma gama enorme de processos, que vão do bronze à aquarela (mesma relação). Se decidisse chamar, aqui, Ruy Guerra de infantil, estaria talvez blasfemando, mas é estranha a crescente necessidade de filmes para crianças... Um filme custa muito caro (seria também fácil concluir que as crianças não custam nada — para os casais férteis, ao menos). *Inocência*, de Walter Lima Jr.*, ou *Innocencia*, do Visconde de Taunay, são filme e livro de cabeceira para velhos e moços. Da maneira pela qual o concebeu, garanto que Walter, o cineasta, depois de consultar Lima Barreto e Humberto Mauro, partiu para uma visão romanesca que, curiosamente, alcança o documento. É como se uma criança vasculhasse os domínios do Arquivo Nacional e de lá saísse com uma espécie de revelação sobre a graça transfigurada pela dramaturgia.

4
Nos momentos em que Inocência faz sua higiene íntima, a luz matinal, filtrada por Pedro Farkas, revela uma imagem acadêmica, uma pintura brasileira (viscontiana, entre outras), e nos remete mais intimamente ao terreno do grafismo das ilustrações dos livros que nos fascinavam durante toda a nossa saudosa e particular *belle époque*. Rugendas devia estar pelas redondezas... mas, além dele, Rugendas, há outros, muitos outros cujas assinaturas ao pé da página (tela, no caso) ameaçam surgir supervalorizadas pelo efeito da *animação*.

5
Acho que o azul é a cor predominante de *Inocência*. Há planos transcendentais quando essa cor esparge, por certas frestas, um amarelo ouro que nos

---

* Ficha técnica: *Inocência*. Direção: Walter Lima Jr.; Argumento: Visconde de Taunay; Roteiro: Lima Barreto e Walter Lima Jr.; Fotografia e Câmera: Pedro Farkas; Diretor de Produção Fernando Silva; Cenografia: Carlos Arthur Liuzzi; Figurinos: Diana Eichbauer; Montagem: Raimundo Higino; Música: Wagner Tiso; Som: Jorge Saldanha; Elenco: Edson Celulari, Fernanda Torres, Sebastião Vasconcelos, Ricardo Zambelli, Fernando Torres, Rainer Rudolph, Francisca Xavier. Produção: L. C. Barreto; Distribuição: Embrafilme; Duração: 1h58; 1982.

aproxima dos nichos e dos altares iluminados de nossas igrejas coloniais. É que Inocência é ave noturna. Melhor seria dizer crepuscular: tem-se, com ela, a impressão aconchegante e boa da chegada da hora do jantar. Uma leve neblina (também azulada) confunde-se com o fumegar de alguma sopa, de algum prato quente. O calor da casa de Inocência vem do soalho de madeira e do respirar dos seus membros mormente aquele da boca ofegante (afeto epidérmico) de nossa bela sinhazinha.[1]

6

É cortês a forma de aproximação de Cirino e Inocência. Cortês e romântica. Na noite enluarada (ao som de *Luar do sertão*) ele está literalmente enrabichado por ela, fazendo todos os gestos que o ritual da conquista requisita. Seu chapéu faz a parte cerimoniosa que o moço tímido não abandona, não abre mão. Parece um pouco, pelo local, pela claridade expressiva, pelas tomadas da lua entre as nuvens, uma festa particular de São João (sem fogueira ou foguetes). O intimismo (do) brasileiro alcança tonalidades intensas e sentimos emanações do galante Humberto Mauro.

7

Terá algum incógnito cinéfilo tentado, algum dia, analisar os filmes de Walter Hugo Khouri, do ponto de vista de seus personagens masculinos? O ensaio teria algo a ver com o filme de Tereza Trautman — *Os homens que eu tive*. Aqui, no caso de *Inocência*, as coisas são um pouco diferentes, tanto na intenção quanto na *intensidade* do papel masculino. Inocência (Fernanda Torres) é *a personagem*, mas ele, Cirino (Edson Celulari), é o seu co-protagonista *suporte*, base. (Isso não acontece com o cineasta paulista: são as mulheres a razão de ser de tudo, e são elas que tem que "suportar" — em todos os sentidos — os seus homens.)

8

Hino à Ciência. O trocadilho que o autor reivindica, para seu filme, no *press-book*,* tem sua procedência assegurada, ou melhor, comprovada pelo desenrolar da trama e chega até a aprimorar-se pelo lado saxônico (garantia de qualidade e seriedade!) que o entomólogo alemão seguramente lhe confere.

---

[1] A utilização da música de Jayme Ovalle e Manuel Bandeira, *Azulão*, na trilha sonora, terá certamente algo a ver com a textura cromática de *Inocência*.

* Em inglês: material de divulgação para a imprensa.

Mas, se fala de trocadilho, *Inocência* vai mais longe. Pode, por exemplo, cair para o lado do profundo, casto e insondável intimismo que ele segrega e exala. Mais sofisticadamente (vã pretensão!) pode-se chegar, no terreno do jogo de palavras, a *Inner sense*, ou seja, aquele sentimento realmente indelével que se deposita, encardido, na raiz das nossas coisas. *Inner sense*,* puro e verdadeiro modo de sentir. Eis outro jeito, não dogmático, não exclusivo, para ajudar a apreciação deste filme.

9

Só tenho lembrança de duas atrizes com essa característica especial: primeiro Catherine Deneuve e, agora, Fernanda Torres. Respirar pela boca não é considerado hábito salutar, apesar de útil e necessário, por exemplo, em natação (aliás, não posso jurar que essas duas agem assim. A verdade é que, via de regra, surgem nas telas em planos mais do que expressivos, num personalíssimo transe boquiaberto...).

A impressão que decorre daí é que, da boca de Inocência, pode, a qualquer momento, sair voando uma borboleta. Esses insetos decorativos fazem parte, assim como atrizes coadjuvantes, do filme de Walter Lima Jr.

10

Dados adicionais. Aurélio Buarque de Holanda, na página 219 do seu *Novo dicionário*, define a borboleta como "lepidóptero diurno". Nesse campo, devo a Dom Marcos Barbosa uma contribuição inestimável. Lá vai:

> "Pela aléia das crianças
> vou andando descuidado,
> onde Pedrinho ou João
> dormem sono mais pesado.
>
> Por flores à toa oculto
> — quase que ninguém o nota —
> sujinho, de asa quebrada,
> um anjo de terracota.
>
> Contemplo o anjinho sem asa...
> Mas de súbito — que louca! —

---

* Em inglês: sentido íntimo, não revelado.

uma leve borboleta
sai-lhe voando da boca."²

Logo adiante, no mesmo verbete, Aurélio também explica a borboleta no seu sentido figurado: "Pessoa inconstante, volúvel". Não é bem o caso de Inocência.

11

A noite em geral é considerada suave. Inocência parece encarnar a própria suavidade. É inconcebível uma visão de Inocência *vamp* (apesar de ser essa uma idéia que pode até passar pela cabeça de alguns espectadores). Mas quem viu o capítulo do dia 10 de outubro de 1983 da novela *Eu prometo*, de Janete Clair, certamente se surpreendeu com o surto de versatilidade que essa jovem atriz apresenta diante da quase sempre angelical Renée de Vielmond e de um Francisco Cuoco perplexo.

Essa anotação não caberia normalmente num *compte rendu** sobre o filme de Walter Lima Jr. Mas foi muito forte essa prova histriônica.

Fernanda Torres não é fácil.³

12

Comecei este artigo falando sobre o exercício da crítica. Gostaria de arrematá-lo tentando explicar (talvez até para mim mesmo) a origem desta forma fragmentada de comentar um filme. Já não é a primeira vez que a executo e confesso que me agrada. Deverá agradar também ao leitor, para conservar sua finalidade. Por *agradar*, leia-se aqui *atrair*. Na verdade, a intenção final é a de chamar a atenção de todos para o filme de Walter Lima Jr.

Paira no ar, entretanto, certo perfume anacrônico que descubro ser proveniente do estilo promocional do publicista mais famoso dos filmes da antiga Cinédia: "Pequenina e leve, um pouco de véu esvoaçante e muito de ter-

---

² *O anjinho*, de Rainer Maria Rilke, traduzido do francês por Dom Marcos Barbosa. No filme, em verdade, a borboleta acaba saindo do chapéu de Juca (Chico Diaz), o assistente do alemão Meyer (Rainer Rudolph).

* Em francês: relatório.

³ A cena em questão chega a ser patética: Daisy (Fernanda Torres), enfurecida por ter sido fotografada bêbada em uma *boite* por Kelly (Renée de Vielmond), começa por esbofeteá-la. Não satisfeita, atira sua câmera pela janela do apartamento. Tudo termina com a interferência de Lucas (Francisco Cuoco) no momento em que as duas estão engalfinhadas.

nura, no verde encantador de seus grandes olhos e no oiro dos seus cabellos — Nita Ney, pernas trançadas, conversava. [...]" (*Cinearte*, 17/4/1929).

Com manias curiosas e idéias levemente infantis, Barros Vidal era tido em muito boa conta por Pedro Lima e Adhemar Gonzaga. Seu estilo literário representava, evidentemente, como uma legítima transparência, os modismos cinematográficos da época.[4]

13

Inocência está mais para música de câmara do que para ópera, mas o título que dei ao presente artigo, convenhamos, era irresistível...

Há ainda algo a acrescentar, a partir de informações fornecidas pelo realizador: é indispensável a citação do entomólogo Luiz Otero, que contribuiu com o dado científico que ajuda a "ilustrar" este filme repleto de imagens marcantes. E é preciso não esquecer as cenas do letreiro de apresentação, portadoras de uma especialíssima forma de *suspense* naturalista que, ao se consumarem, trazem a sensação correspondente à palavra francesa *délivrance** (por muito tempo usada entre nós com o sentido de parto).

Escrever sobre um filme implica naturalmente em palavras e acho que não fui parcimonioso neste sentido. Muitas outras associações verbais ou visuais poderiam ser feitas sobre essa obra fértil do nosso cinema. Mas é indispensável ver *Inocência*. (Impregnar-se dela.) E é com esta proposta que me despeço.

---

[4] Melhor do que isso, dentro desse mesmo movimento de indagação ou de explicação vim a me deparar com outro exemplo, desta vez assinado por Mistère, colaborador de *Cinearte*:
"E, sem querer, eu pensei em Thamar Moema. Depois a noite chegou [...] e trouxe com ella muita musica, um cheiro forte de vicio e muito desejo. E, de repente, eu me lembrei de Gracia Morena. Thamar e Gracia, que delicioso contraste!
"A primeira é a donzella incrivelmente ingenua de um romance de Alencar; *encarnação viva da Innocencia de Taunay*; a heroína de Walter Scott [...]" 6/11/1929.

* Em francês: liberação.

Assim na tela como no céu

Depois de longo périplo brasileiro, foi-se de volta ao Vaticano João Paulo II, esse novo Boni do Reino dos Céus. A comparação é exagerada: tirando a Autoridade que ambos representam para suas respectivas multinacionais, há neste maior teor de fé, de misticismo, de religiosidade, e o Papa, radicado na Itália, deve apenas gostar de *spaghetti*, não chegando a produzi-lo para terceiros. Mas esta nota não tem nada a ver com gastronomia, nem com chalaça. É até mais dotada de comoção do que pode parecer à primeira vista. Comoção de um lado e decepção de outro. Explico melhor: antes de viajar para o Brasil, Sua Santidade beatificou o padre espanhol José de Anchieta, fundador da cidade de São Paulo e personagem central do filme de Paulo Cezar Saraceni, *Anchieta, José do Brasil*. Segundo o noticiário internacional, centenas de peregrinos brasileiros foram a Roma para o ato solene enquanto, no Brasil, as agências de notícias e de publicidade anunciavam a disposição da Embrafilme de relançar o filme em 17 cinemas do território nacional a partir da segunda-feira, 30 de junho [de 1980], data da chegada de João Paulo II a Brasília.

Uma ação judicial impetrada pelos exibidores, entretanto, frustrou a intenção. Não sou daqueles pessimistas que prevêem catástrofes até em piqueniques, mas também tenho minhas desconfianças das "boas ações" da Embrafilme. A presença carismática do Papa entre nós serviu para adiar, ainda mais, a solução de um problema do qual ele, sem ser a incógnita, era elemento indispensável. Coisas do Brasil.

O filme de Paulo Cezar Saraceni, reeditado pelo autor para o evento, é o primeiro do Cinema Novo que se dedica à religião com linguagem direta, proporcional à que Otávio de Faria usou em toda a sua *Tragédia burguesa*. O filme todo tem um misticismo inegável, assumido pelos criadores do roteiro (Marcos Konder Reis e o próprio Saraceni) e elevado à categoria dramatúrgica que vai da literalidade mais acessível à metáfora inteligente. O final (polêmico no sentido jesuítico da expressão), longe de ser pagão, retoma um ecumenismo cinematográfico que o realizador já havia proposto em filmes.

O cinema brasileiro mantém com a religiosidade uma distância que faz pressentir certo "temor empresarial". *Anchieta, José do Brasil* é uma obra clássica, e dela tenho somente a queixa de uma visão tardia. A seqüência da levitação do padre Anchieta está entre as mais inspiradas do nosso cinema e, talvez, o maior mérito do filme seja o tratamento quase profano dado a um personagem religioso sem conspurcar sua característica essencial.

A ação dos exibidores contra *Anchieta, José do Brasil* mostrou que, no Brasil, o relacionamento Igreja-Estado é mais forte que o da Igreja com o cinema brasileiro e ainda mais: João Paulo II foi infalível em assuntos religiosos beatificando o padre Anchieta, mas não a ponto de comover os exibidores (na sua maioria de "Piratininga"), que vetaram sem dó, piedade, fé ou caridade uma das mais raras e comoventes obras-primas do nosso cinema, a troco de reles moeda, cujo valor e significado a História (Sagrada ou não) está farta de nos explicar.

A morte enfeitada

Carta ao amigo morto

Nelson [Pompéia]:

É sobretudo o egoísmo que me faz endereçar-lhe estas palavras. Um sentimento confuso porque indiferenciado entre outros, mas bastante constrangedor nesta atmosfera de profundo, de total abandono e desesperança. Seria, Nelson, sobretudo, o desejo de purificação no dizer-lhe publicamente que há poucas horas preocupava-me o ritmo de minha vida, os excessos e a sobrecarga como se o corpo que via inerte me advertisse apenas da gravidade desses exageros. Como se você morto fosse um signo de perigo. Apenas.

E, também, move-me a escrever-lhe o inocultável toque exibicionista que trago em mim. Quem sabe se não tomo com rapina a sua vida para dela fazer uso indevido? Prossigo assim mesmo e você, dentro do prisma de absoluta compreensão em que sempre colocou meus escritos (desde o tempo d'*O Metropolitano*, lembra-se?), há de perdoar as causas destas linhas e, ainda mais, aceitá-las conformado.

Ontem e hoje falei a amigos acerca da sua bondade. Na tentativa de estabelecer uma justificativa desse acontecimento inesperado, dizia a eles que foi uma saturação do sentimento de caridade fraterna que o levou do nosso convívio. Fora disso, não encontro explicação dentro dos esboços de filosofias que, como cada um, tento criar para prever ou aceitar o passamento dos que me são caros. Meu esquema para você lhe garantia ainda uma longa convivência conosco porque eram grandes os seus planos de fazer o bem, das maneiras que só você sabia, calcando sempre sobre o que temos de mais humano. E gostaria de poder repartir o bem que, sem ter o hábito da assiduidade, você fazia a mim, em seus encontros que não eram poucos, e vinham, fortuitos, nas ocasiões em que eu mais precisava do seu caráter expansivo. Quanta ressonância na sua maneira de falar, que a todos envolvia: na rua, na redação do jornal. A diferença de nossas constituições físicas me fazia ainda menor, mas nem por isso menos cativado.

Certa vez, temi por você. Era um dia quentíssimo e fomos levados a acompanhá-lo, eu e o Cacá, a uma etapa do trabalho externo a que se dedicava, então. Fui raciocinando sobre a máquina burocrática que pretendia devorá-lo. Mas você tinha a mesma expressão de alegria de quem vive vegetativamente de rendas alheias... O temor se foi, na certeza de sua integração ao trabalho, na sincronia que faz tudo passar como se na realidade nada houvesse.

Hoje, estamos em situação diversa, você entrando sorrateiramente para a (nossa) posteridade. O exemplo de sua vida e de sua morte é agora permanente, fixo, único. Nosso Raul Landim dizia que assim pagou-se preço alto à conscientização da vulgaridade de nosso quotidiano, à mediocridade da maioria dos atos que praticamos. E aprendemos a ser tão completos como você; tão universais. Enquanto a vida fugia de mansinho do seu corpo imponente, Nélson, uma seiva estranha penetrava em nós, reestruturando os arcaicos e burgueses conceitos de valor que possuíamos. Procuro não dar aqui a idéia de sacrifício do inocente em que se constituiu sua morte. No fundo, porém, a história se repete, e com você a representá-la pessoalmente.

Penso no cinema, assunto que nos unia mais e mais, onde você, com seus princípios, algo controvertidos, era para mim uma fonte permanente de pesquisa e um apoio certo nas dúvidas que eu tinha a respeito de um ponto de vista qualquer. Vimos juntos o *Eclipse* numa sessão especial que você me facilitou o ingresso. Um pouco mais adiante, encontrei-o a discutir pontos de vista religiosos a propósito de *Madre Joana dos Anjos*. Aqui, sua profissão de fé católica representou talvez a fonte de um humanismo cristão bastante depurado. Que seja feita justiça às suas convicções e às suas teses. Sobre a fita polonesa não achei em você a faísca de dúvida que me assolou, dias depois, quando eu a vi sozinho. A minha "insuficiência de anjos", para citar um daqueles personagens, estava em contraposição à sua plenitude.

Considero mesquinho tomá-lo como exemplo, como semente, porque me vem a idéia de utilizá-lo, à sua revelia. Perdoe-me essa disposição que, sem cerimônia, vou fazendo em busca de uma paz interior semelhante à que você desfruta, agora. Quem sabe se sua posição não se aproxima da dos velhos *cowboys* de *Pistoleiros do entardecer* que enfeitam a morte com um singelo "até logo"? Para nós, tristes espectadores, sua partida parece ter a gravidade de uma densa tragédia grega. Para você, meu caro, espero que ela reproduza a essência de uma compreensão profunda da aventura humana (como a dos ditos pistoleiros aposentados) que termina sob uma tranqüila atmosfera da missão cumprida, mesmo no caso presente do seu esquema prematuro, cheio de projetos e promessas. Com algo de oriental, significando ou não a brevidade da separação, aquele "até logo" também traduz tranqüilidade e compreensão. Não duvido que tudo isso você sentiu ao experimentar diretamente o processo e é aos que ficam que tento me dirigir, dentro do meu rebelde inconformismo.

Quero chorar agora. Não o terei mais nos momentos oportunos em que sua presença era de sumo conforto. Quero chorar porque o mundo não o terá mais. Agradeço-lhe todo o apoio e toda a dedicação (até seu hóspede em São Paulo cheguei a ser). No trauma que procuro evitar, pela racionalização, só posso recomendar-lhe que repouse tranqüilo, livre daquela agitação que lhe esgotava as forças, sem que você o soubesse. Descanse, meu velho.

David

Guimarães Rosa e o cinema

Tive a oportunidade de conhecer Guimarães Rosa antes de servir no setor de Cinema da Divisão de Difusão Cultural do Ministério das Relações Exteriores. Foi quase ao partir para a Itália, onde participaria, em Gênova, do Congresso sobre o Cinema Novo Brasileiro, organizado no quadro da V Resenha do Cinema Latino-Americano pelo Columbianum. Nossos contatos eram fortuitos, nos corredores do Itamaraty, e nossas conversas versavam sobre um ponto comum de nossas vivências, ou seja, a cidade de Diamantina, em Minas Gerais. Naquela época era habitual minha presença na DDC. Ajudava no que podia o secretário Arnaldo Carrilho, na preparação da retrospectiva que seria apresentada no auditório da Fiera del Mare. Não chegou a se formar entre o escritor e o visitante tímido uma amizade profunda, mas nossos contatos me bastavam para armar um quadro humano da personalidade que sempre me fascinara pelos seus escritos.

Pouco tempo depois viajávamos os dois, rumo à Itália. Nosso destino era comum. As atividades do Columbianum estendiam-se a outros campos. Além das resenhas sobre os cinemas latino-americano e africano havia um Congresso sobre a literatura em nosso continente, com a preparação de uma revista a ser chamada "América Latina" e, para essas duas últimas atividades, tinha Guimarães Rosa recebido um convite especial do Columbianum. Foi em Gênova que as relações do cinema com o escritor ficaram mais estreitas. Cerca de 15 brasileiros ligados ao movimento de renovação cinematográfica estavam presentes à Resenha, entre os quais Glauber Rocha, Carlos Diegues, Paulo Cezar Saraceni e Gustavo Dahl. Guimarães Rosa não era uma personalidade fácil. Sua mineirice elevava o que me pareceu ser desconfiança até um grau extremo. De modo geral, repetia-se em Gênova o contato rápido (mas sempre fértil) dos corredores itamaratianos. Houve, porém, dois ou três encontros fundamentais e me lembro bem da satisfação que nos foi trazida por eles. Alguém (Glauber, talvez) havia recomendado ao escritor a visão de *O evangelho segundo São Mateus* lançado há poucos dias num cinema da via XX di Settembre.

Um desses encontros foi posterior, imediatamente posterior, a esse conselho. E foi deliberadamente provocado pelo escritor que nos procurou num tranqüilo fim de jantar. Lembro-me que vinha decidido a prestar contas do que tinha sentido, ao ver o filme de Pasolini. Suas opiniões e o modo de tecê-las nunca mais me saíram da memória. Posso recordar aqui que o que foi dito era de modo geral favorável ao filme, salvo no que respeita o episódio de Pilatos, que fora tratado "muito superficialmente", sem levar em conta o fato "de Pilatos por sete vezes ter tentado salvar a vida de Jesus". A conversa passou a enveredar por esse assunto específico até o ponto em que Guimarães Rosa nos revelou estar ele próprio preparando uma novela com transposição do tema em questão, coisa que me recordo ter provocado uma enorme curiosidade.

As relações do escritor com Glauber Rocha pareciam nutrir-se de uma afinidade maior, a partir, naturalmente, da exibição de *Deus e o Diabo na terra do sol*, que provocou no seio da crítica especializada e nos meios culturais em geral um imediato esforço de aproximação com a obra do autor de *Sagarana*. A impressão que me vinha parecia ser a de gratidão do escritor para aquele que, sem basear-se diretamente nos seus escritos, buscara profundamente no seu estilo sincopado um modo de ver brasileiro para problemas exclusivamente brasileiros. Essa especial simpatia me foi provada algum tempo depois quando, já funcionário contratado da DDC [Divisão de Difusão Cultural do Itamaraty], era sempre argüido a respeito das atividades do cineasta baiano. Na época da preparação de *Terra em transe* lembro-me ter-lhe informado do título definitivo da fita e da sua desaprovação ao mesmo, seguida de um conselho ao cineasta que transmiti logo que me foi possível: "Diga ao Glauber que Deus está no detalhe".

Esse conselho nunca mais me abandonou. Chegou mesmo a se tornar um *leitmotiv* de todas as minhas considerações acerca do cinema brasileiro, cuja grande constante tem sido a visão de conjunto, o mural. Partindo dele reconsiderei grande parte da própria obra de Guimarães Rosa, passando a relê-la sob um prisma novo e totalmente revelador. Recentemente tive nova luz a respeito, com a recomendação de P. E. Salles Gomes de se fazerem filmes sobre "coisas e não sobre idéias".

Glauber, apesar de pretender em *Terra em transe* um levantamento da situação política do continente, ambição essa de difícil realização nas exíguas duas horas de um longa-metragem, parece ter sido fiel, em tese, ao conselho. Seu sistema criativo parece ser muito mais indutivo do que dedutivo e é justamente nesse processamento que se realiza o princípio do escritor.

Afora essas considerações de ordem pessoal que me vêm à memória num momento de saudade, poderia dizer ainda que as relações de Guimarães Rosa com o cinema não param aí. Há ainda um momento de tristeza no que se refere à transposição para a tela de *Grande sertão: veredas* levada a cabo pelos irmãos Geraldo e José Renato Santos Pereira, que transformaram a transcendência do sertão dos Gerais no mais reles estereótipo do *western*. E um outro momento de desafogo, com *A hora e a vez de Augusto Matraga*, de Roberto Santos, que, se não chegou a definir exatamente a visão sincrética do mundo de Guimarães Rosa, pelo menos não deturpa a intenção final do autor. Na periferia dessas obras acabadas (embora no caso de *Grande sertão* seja imperiosa uma refilmagem) há um rebuliço em torno de algumas novelas, sendo que *Buriti* (da coleção de *Corpo de baile*) é uma das mais perseguidas, já tendo passado pela cogitação de Joaquim Pedro de Andrade e, mais recentemente, de Leon Hirszman. (O realizador de *O padre e a moça* durante certo tempo ficou indeciso entre *Buriti* e a *A estória de Lélio e Lina*.) Dos exemplos mais recentes está o de Nelson Pereira dos Santos, que pensa seriamente em levar para a tela a *Menininha* da coleção Novas Estórias*.

Nada mais justo. Porque ninguém mais cinematográfico do que Guimarães Rosa (o leitor há de nos perdoar o lugar-comum). O cinema sendo o ponto de contato entre a realidade e a magia, arte não codificada onde tudo é permitido, inclusive a presença mágica do mundo.[1] Sigamos Antonio Candido[2] e teremos a chave do caráter cinematográfico de Guimarães Rosa: "Parecia que, de fato, o autor quis e conseguiu elaborar um universo autônomo, composto de realidades expressionais e humanas que se articulam em relações originais e harmoniosas, superando por milagre o poderoso lastro de realidade tenazmente observada, que é a sua plataforma". E, mais adiante: "... a paixão pela coisa e pelo nome da coisa [...] tudo se transformou em significado

---

* Provável engano do autor. Talvez quisesse referir-se a "A menina de lá", de *Primeiras estórias*. (N.O.)

[1] "O mundo é mágico", frase do seu discurso de posse na Academia Brasileira de Letras.

[2] Antonio Candido em *Tese e Antítese*, São Paulo, Companhia Editora Nacional, 1964, p. 122.

universal, graças à invenção...". Estamos, afinal, diante da cristalização das teses expostas nas duas recomendações citadas acima: a do próprio Guimarães Rosa a Glauber Rocha e a de P. E. Salles Gomes aos novos cineastas.

O recente passamento do escritor e diplomata João Guimarães Rosa veio trazer, a meu ver, uma lacuna no meio cinematográfico brasileiro. É paradoxal o fato, dado que ele não militasse entre os cineastas, mas, como pode ser visto, sua presença e seu *élan**, de alguma forma agiam sobre os processos criativos do Cinema Novo. Meu breve relacionamento com esta figura extraordinária não me permitiu deixar passar incólume esta oportunidade de registrar fatos que poderiam ser considerados apenas comezinhos pelos que tiveram a grande chance de conviver com o grande escritor. Sua lição nos foi inestimável: ele transformou o Sertão no próprio Mundo. Cabe a nós promover a ampliação desta aventura original.

---

* Em francês: efusão.

Novaes Teixeira

Joaquim Novaes Teixeira exerceu a crítica cinematográfica da maneira mais curiosa que pode haver. Lê-lo daqui do Brasil significava refazer todo o trajeto que levou o Cinema Novo do Brasil para o Velho Mundo (e vice-versa). Novaes era informal no sentido literal da palavra e não tinha papas na língua. Poucas vezes se viu uma crítica cinematográfica tão provocativa e ao mesmo tempo tão isenta.

É bem verdade que a distância, a falta dos contatos iniciais deram a Novaes uma autonomia curiosa (no fundo isso veio trazer mais força a muitos de seus comentários). Praticamente ele colocava lado a lado e sem *handicaps** o renascente cinema brasileiro e o algumas vezes requentado ("requintado") cinema dos outros mundos. Sua preferência era ambígua ("longe dos olhos, longe do coração") e tendia, sobretudo nos momentos de apogeu da *Nouvelle Vague* e dos cinemas da Tchecoslováquia e da Hungria, para apenas citar dois, à comparação desfavorável para nós outros. Mas preferência também significava rigor jornalístico, ou seja, honestidade de informação elevada à potência n (talvez de Novaes...) e isso nada tinha a ver com torcida, com seu bairrismo inegável e até amplo demais.

---

* Em inglês: desvantagem.

Ao mestre com carinho

A morte recente de Paulo Emilio Salles Gomes enlutou não só o cinema brasileiro como o mundial. Perdeu-se um estudioso, um fã, um incentivador. Perdeu-se, mais que isso, um estupendo ser Humano. Marco a palavra Humano com a letra H maiúscula, apesar de saber que isto iria contra a gosto do amigo desaparecido. Ele estendia seu sentimento democrático de uma forma tão homogênea que desprezava as caixas-altas. Não era um sentimento formal: vinha de um princípio que norteou suas concepções a respeito de cinema, isto é, de assumi-lo como, digamos, arte da vida, sem aquela aura de Arte dos privilegiados. Quando o cinema se fez sonoro PE foi talvez entre nós o primeiro teórico a admitir que um filme era esse resultado (espúrio) da mistura de várias outras contribuições artísticas.

Tive a honra de conviver com essa figura magnífica e não tenho receio de nomeá-lo aqui, seguindo o ar dos tempos, o meu guru cinematográfico. Consegui, não sem pouco esforço, recolher boa parte dos seus escritos (não falando dos livros, sua obra regular mais marcante baseava-se numa colaboração semanal substanciosa para o Suplemento Literário do *Estado de S. Paulo*, mais ou menos entre 1957 e 1963). Além do mais, trabalhamos juntos no filme *Memória de Helena*, ele como roteirista, eu como diretor. Trocamos muitas cartas. A primeira foi provocada por um artigo que escreveu a respeito de Brasília, onde fora tentar, junto ao Legislativo, um apoio financeiro para a Cinemateca Brasileira, de São Paulo, da qual era conservador. O livro *Jean Vigo*, escrito na França e publicado pelas Éditions du Seuil (1957) criara, para a minha geração, a mitologia pauleminiana e a resposta que enviou às minhas ponderações sobre sua maneira de ver a nova capital estabeleceu um vínculo definitivo de amizade entre nós. Passei a assimilar o sumo de sua "ideologia" crítica nos artigos semanais, lidos e relidos, vez por outra com uma pequena emoção chorosa, proveniente das verdades humanas que quase sempre ele descobria nas intenções desse ou daquele autor de filme.

Cheguei a saber trechos de seus artigos de cor e, às vezes, surpreendia-o com a declaração de um ou de outro parágrafo em momentos nos quais buscava uma idéia qualquer no fundo do raciocínio. O Paulo Emilio humano, o político, o esteta, o sentimental e mesmo o Paulo Emilio religioso conviviam numa imutável harmonia dentro daquele corpanzil imponente e, quando não se comunicava com o mundo através da palavra escrita, utilizava uma extraordinária voz de barítono à qual era impossível ficar indiferente.

Uma palestra sua resultava sempre num espetáculo digno de nota. Explicava as coisas do cinema de forma extremamente pessoal, usando exemplos e deduções tão nítidas que se tornava impossível uma não-sintonia de conclusões. Ver e discutir cinema passa a ser coisa palpável, diria mesmo quase corriqueira, sem solenidade ou compromisso. O mistério que cerca um filme ou um autor altamente erudito, e que faz deles mais atraentes, nem por isso diminui, mas, pelo contrário, transfigura-se numa "sofisticada" e lúcida simplificação.

Seu mestre foi incontestavelmente André Bazin, *instituteur** francês que revolucionou a crítica cinematográfica na Europa, com sua visão personalíssima do cinema. Bazin morreu em 1958 e Paulo Emilio dedicou-lhe dois artigos do Suplemento ("O crítico André Bazin" e "Descoberta de André Bazin") no início do ano seguinte. É aí que se pode sentir com clareza como o francês e o seu modo de abordar um filme contribuíram para ordenar o sistema analítico paulemiliano. "Num velho número de *L'Observateur* que por acaso encontrei, o crítico francês acumula uma coluna de motivos suficientes para condenar sem remissão uma comédia musical inglesa e acrescenta: 'Pois bem, sinto muito, apesar de todas essas razões há muito tempo não me divertia tanto'". No último capítulo do seu livro publicado recentemente, Bazin pede ao leitor que imagine a transposição para a tela da última peça de Bernstein, sem qualquer modificação. Além disso, nove décimos dessa fita se desenrolariam no *décor* da sala principal familiar ao teatro e, para completar, a câmera ficaria quase todo o tempo imóvel diante dos atores. Seria difícil imaginar um filme pior, e no entanto, continua Bazin, foi assim que William Wyler realizou *The little foxes*, uma das obras mais puramente cinematográficas que se possa imaginar".[1]

---

* Em francês: professor de escola elementar.

[1] No Brasil *The little foxes* se chamou *Pérfida*. Era estrelado por Bette Davis.

Paulo Emilio Salles Gomes, primeiro à direita, em mesa animada, na qual David, de costas, ocupa a segunda posição à esquerda.

Bazin era católico. Pelas minhas leituras e releituras, desconfio que Paulo Emilio, se não o era, nutria com a religião um *flirt* morno mas contínuo. Sempre demonstrou distância, entretanto. Devo ter sublocado dele (ou através dele) essa "religiosidade de entrelinha", mas não posso negar certa e inquieta comoção ao ler coisas como: "Gostaria, sim, que toda a gente se automistificasse nas doses imprescindíveis à saúde mental, mas que praticasse também o mínimo de crítica sem o qual não é possível ao espectador preparar-se para o momento supremo, aquele em que um filme nos convida a sair à rua para proclamar que, existindo ou não Deus, o homem é feito à sua imagem".[2] Meu último encontro pessoal com Paulo Emilio data de pouco mais de um mês. A palavra-chave desse encontro foi *Conversão* e me foi pronunciada a partir de indagações que decidi fazer-lhe para continuar um trabalho sobre seu método crítico que havia iniciado. Precisava de uma aprovação sua para a tese básica do trabalho, a dicotomia *Lucidez e Religiosidade*. Lembrei-me que há tempos atrás recordava francamente o efeito que o filme *Himlaspelet*

---

[2] Transcrito de "Dos estetas aos sentimentais", artigo publicado no Suplemento Literário do *Estado de S. Paulo*, 6/01/1962.

(*O caminho do céu*) de Alf Sjöberg (Suécia, 1942) tinha exercido sobre ele. O tema da conversão voltou veemente e longínquo, se é que essas duas palavras podem ser associadas num mesmo processo de pensamento. Acredito que tenha canalizado naturalmente todos os *frissons* metafísicos por que passou para o humanismo que se manifesta em toda a plenitude nos artigos do Suplemento Literário.

Pode-se conceber bem como esse homem, que dizia ter descoberto o cinema "tardiamente", lidou com ele durante sua vida madura. Uma enumeração pura e simples de alguns títulos de seus artigos comprova a disponibilidade e a ausência de preconceito com que encarava cada filme que via: "Crimes que compensam" (sobre *Porto das Caixas*, de Paulo Cezar Saraceni), "Revolução, cinema e amor" (sobre *A terra*, de Dovjenko), "A descoberta da cama" (sobre *E Deus criou a mulher*, de Roger Vadim), "Uma aventura religiosa?" (sobre *As noites de Cabíria*, de Federico Fellini), "Não gostar de *Hiroshima*" etc. Ir ao cinema era, para ele, uma "aventura inédita", repetida a cada vez. Assistia "desarmado" aos novos filmes dos autores cuja obra lhe era familiar. Vez por outra, era traído nessa isenção e apelava para a generosidade para reconstruir sem falhas o arcabouço crítico original. Um exemplo disso se deu com o filme *Sceicco bianco* (*Abismo de um sonho*) de Fellini. Ele o havia visto em Veneza em 1952 e oito anos depois preparava-se para revê-lo, desta feita totalmente familiarizado com a obra do realizador. Era por ocasião do Festival do Cinema Italiano, organizado pelo MAM do Rio e pela Cinemateca Brasileira, de SP. Em seu artigo preliminar adverte o leitor da situação em que se encontra: na primeira visão o filme havia sido mal recebido pela platéia do Festival e ele se incluía entre os decepcionados. No tempo decorrido entre uma e outra projeção sua opinião sobre Fellini havia mudado de forma considerável. Imaginou que, provavelmente, teria agora uma visão diferente e, sem se "desarmar", justifica-se: "Desgostar um pouco, depois de ter amado muito, não me parece errado como método de apreciação crítica". A fenomenologia crítica que erigiu foi tomando um corpo tão orgânico que o levou ao cinema brasileiro.

Suas preocupações com o cinema que se fazia aqui levaram-no a dirigir sua perspicácia para o que se poderia chamar de derrogatório. A impressão que me vem hoje é a de que ele, como que decepcionado, passou a investigar as causas de uma situação quase insustentável, a partir de um método comparativo que evoluiu para um estudo profundo dos filmes e da situação de inferioridade em que estes se encontravam em nosso mercado. "A ideologia da crítica brasileira e o problema do diálogo cinematográfico" e "Uma situação colonial?" foram as duas primeiras peças importantes de um trabalho que passaria a ser a razão primeira de suas preocupações críticas. Havia tanta clareza e bom senso nas suas opiniões a respeito da invasão estrangeira do mercado cinematográfico, elaboradas sutilmente, ora com fábulas, ora como verdades que transcendiam o terreno puro e simples do soberania nacional, que conseguiu arrastar para essa luta pessoas bastante imunes e até então descrentes da possibilidade de um cinema brasileiro.

Lecionou na Universidade de São Paulo e na de Brasília, e através dos cursos que ministrava redescobriu Humberto Mauro. Como Conservador da Cinemateca Brasileira, lidava com Mauro através da virtualidade dos temas e das idéias impressas na película cinematográfica, mas foi a partir de 1955 que programou os filmes do cineasta mineiro para seus alunos. Como informa aos leitores na "Motivação" de seu livro *Humberto Mauro, Cataguases, Cinearte*, "conheci-o pessoalmente em 1940 mas não dei ao fato maior importância, pois, naquele tempo — para minha vergonha — o cinema brasileiro, presente ou passado, não me interessava". Quando nasceu o interesse, pouca coisa mais passou a chamar a sua atenção. Através do livro[3] pode-se deduzir como foram suas dissertações em classe sobre o cineasta mineiro e, por via de conseqüência, sobre o cinema que se fez e faria no Brasil. Entrou a fundo em todas as faixas da criação cinematográfica brasileira, com aquele olhar percuciente vertido ora em rápidas *boutades* que iam diretas ao cerne da questão, ora em análises profundas como a que publicou no primeiro número da revista *Argumento*.[4]

Este espírito, que descobrimos "para-místico", como ele viu em Fellini em certa ocasião, negava ao observador superficial sua característica básica e forçava a demonstração de um temperamento diametralmente oposto. Uns chegam a declarar que era um "ateu convicto". Um pequeno item de seu artigo "Descoberta de André Bazin" serve para, outra vez, mostrar como esse ateísmo era, às vezes, embargado: "Para se ter uma idéia do quanto eu desconhecia Bazin, basta indicar que o considerava um ateu ou agnóstico. [...] Encanta-me o fato de, durante doze anos, ter lido seus artigos sem suspeitar de seu catolicismo, pois isso mostra a ausência total de declamação *espiritualista* que aflora nos escritos de um Henri Agel, para citar outro crítico católico, classificação essa que Bazin aliás nunca aceitou". Faltava a André Bazin o

---

[3] Originalmente, esse livro, hoje publicado pela Editora Perspectiva, constituiu-se na sua tese de Doutoramento na Faculdade de Filosofia da Universidade de São Paulo.

[4] "Cinema: Trajetória no subdesenvolvimento". Revista *Argumento*, n° 1, outubro de 1973.

lado histórico na sua visão do mundo. Num número de *Film Quarterly*[5] o ensaísta Brian Henderson exalta o que chama de crítica "ontológica" de Bazin, mas cobra-lhe uma posição definida a respeito dos problemas político-sociais. A "religiosidade" paulemiliana, o seu estilo, em suma, difere da do crítico francês, porque partiu de um alicerce altamente engajado. A ponte que liga a "ontologia" à "história", para sermos objetivos, seria o artigo de Paulo Emilio "Dos estetas aos sentimentais", que promove um corte longitudinal das possibilidades ou tendências do espectador (crítico) diante de um filme.

Sua última produção foi, surpreendentemente, um livro de contos, *Três mulheres de três pppês*, cuja capa, fielmente grafada em caixa-baixa, de autoria de Fernando Lemos, parece retomar a ambígua lubricidade dos artigos "profanos". As três mulheres, Helena, Ermengarda e "Ela", representam a capitulação do Espírito na sua batalha contra a Carne. Há uma leve tentativa de volta aos primórdios, especialmente em *Duas vezes com Helena*, a primeira novela em que os julgamentos políticos são explícitos e funcionam organicamente na trama. O livro é magnífico tanto pela qualidade do texto em si, do aspecto ficcional ambíguo, quanto pela surpresa que o caráter "fora de série" propicia. Solicito aos leitores tomarem os temas apresentados neste artigo como uma tentativa pessoal de misturar o metafórico ao literal. Da mesma forma que são ficcionais as três figuras femininas dessa derradeira dádiva literária, sua contrapartida, o "perdedor" Polydoro, também o é, mesmo carregando pela vida uma quantidade incontável de cromossomos do autor. Não é fácil escrever sobre o mestre Paulo Emilio, sobretudo quando se é tomado de uma sede insuperável de destrinchar uma das personalidades mais ricas e férteis do nosso meio cinematográfico.

Um artigo leve, laudatório, não ia condizer com a homenagem que, no mesmo movimento de esclarecimento à opinião pública, gostaria de prestar ao focalizado. Por outro lado, a mágoa não é, definitivamente, amiga da leveza. Fique, portanto, o sentimento da homenagem como transparência do amargor, e permitam-me que arremate este meio pranto logo a seguir. Umas poucas peças importantes de sua lavra estão alinhadas junto ao presente artigo.• Recorram a elas, seja por busca de referência, seja por simples curiosi-

---

[5] "The Structure of Bazin's Thought". Revista *Film Quarterly*. Verão de 1972. (University of California Press, Berkeley).

• O artigo vinha acompanhado de trechos selecionados por David de "Revolução, cinema e amor", "O gosto da realidade", "Uma aventura religiosa?", artigos de Paulo Emilio colhidos no "jardim particular" do autor. (N.O.)

dade. Fazem parte de meu jardim particular. Perdemos uma figura de primeira grandeza no panorama de nossa cultura. Uma personalidade múltipla, altamente preocupada com os destinos do mundo (tão "ambíguo" para ele como o próprio cinema). Se me permitirem uma metáfora final diria tratar-se da reencarnação de Paulo de Tarso a caminho de Damasco, subitamente ofuscado pelo cinematógrafo a lhe projetar simultaneamente *Greed* (*Ouro e maldição*), de Stroheim, e *Outubro*, de Eisenstein, a grande epopéia da Revolução Soviética de 1917.

Orfeu desce ao inferno

"Sou moralmente fedorenta" foi a opinião de Ava Gardner sobre ela mesma, emitida enquanto dançava com Vinicius de Moraes numa festa em Hollywood. Esta é apenas uma pequena ilustração dos inúmeros contatos que o poeta manteve com o cinema em sua vida. O mestre Almir de Castro forneceu algumas informações esclarecedoras sobre as relações de Vinicius com o famoso Chaplin Club, de marcante influência nos meios culturais brasileiros a partir de 1928. Na verdade, o poeta foi apenas influenciado pelas idéias estéticas do clube que tratava o cinema sob o dístico *Une mélodie silencieuse*, de René Schwob. Mais velho que Vinicius, Almir dá conta de sua atividade cultural na Faculdade de Direito (Catete) e no Centro Acadêmico Jurídico Universitário (CAJU), para o qual ingressou com uma tese sobre Calabar. Vinicius acabou por criar na Faculdade o Centro de Estudos e Oratória REMOVI (iniciais de Renato Fonseca Guimarães, Moacir Cardoso de Oliveira e Vinicius de Moraes). Mas voltemos ao cinema que é o tema que nos ocupa aqui.

Ficaram famosas suas críticas publicadas n'*A manhã* no início dos anos 40. Já há, felizmente localizado na pessoa de Alex Viany, um movimento no eixo Embrafilme-Cinemateca do MAM para editar em livro essas pequeninas jóias do exercício poético do espírito crítico.* De minha parte, não canso de ler e reler, por exemplo, seu depoimento sobre *Limite*, o grande filme de Mário Peixoto que faz parte dos escritos da série a que me referi acima. Não resisto à tentação de tornar a transcrever alguns trechos dele: "Ninguém, dos

---

* Infelizmente tal movimento, que de fato houve, não logrou resultado prático. Alex Viany chegou a organizar as crônicas de cinema de Vinicius para publicação em livro, mas a editora Record não a avalizou. Somente em 1991, a editora Companhia das Letras lançou o volume *O cinema de meus olhos*, coletânea desses textos do poeta, que sonhou ser cineasta. (N.O.)

que foram à pequena reunião na salinha do Serviço de Divulgação da Prefeitura, desconfiava da real força cinematográfica do filme de Mário Peixoto, que no entanto já conta com um passado de doze anos. Doze anos na jovem arte do cinema é um passado. Ninguém. Vi chegarem pessoas bem-humoradas, mas sem concentração. Não havia zunzum. Orson Welles estava às gargalhadas com seu amigo e conselheiro La Guarda. Cinco ou seis das pessoas presentes já conheciam o filme, e estas moitavam. *Limite* é sempre uma surpresa. Já o havia visto duas vezes, e portanto, para mim, foi como uma novidade. O ambiente da sala estava liso como uma superfície de lago. Desde as primeiras imagens, uma vez começada a projeção, coloquei-me ao lado de Orson Welles e o assisti ver o filme durante uns quinze minutos. Depois, levantei-me e andei passeando pela sala, sentando junto de um e de outro, na curiosidade de apreciar as reações de pessoas que, sei, vêem cinema diversamente. E senti formar-se lentamente, como ao mergulhar de uma pedra, essa onda sucessiva de círculos concêntricos, alargando o interesse atmosférico do espetáculo. Depois eu próprio me perdi [...] Nunca se viu um filme tão carregado (e eu emprego o termo como ele é usado em eletricidade) de *meaning**, de expressão, de coisas para dizer sem chegar nunca a revelar, deixando sempre tudo no *Limite* da inteligência com a sensibilidade, da loucura com a lógica, da poesia com a coisa em si". Há mais coisa, mas já deu para sintonizar o leitor com o jeito do poeta ver uma fita.

O diplomata Vinicius de Moraes foi removido para o Consulado do Brasil em Los Angeles algum tempo depois dessa fase de jornalismo regular. Em Hollywood, ele estreitou seus vínculos com a sétima arte. E estes tornaram-se ainda mais indissolúveis alguns anos mais tarde quando os franceses Sacha Gordine (produtor) e Marcel Camus (diretor) decidiram adaptar para o cinema a peça *Orfeu da Conceição*, que Vinicius havia escrito e encenado no Brasil. O filme *Orfeu negro*, para o qual a crítica brasileira torceu o nariz na época, arrebatou a Palma de Ouro no Festival de Cannes. Revisto recentemente, ele ainda provoca uma estranha sensação de rejeição, de corpo estranho, mas o tempo cristalizou nele um charme inegável, muito realçado pelo recurso adotado pelos autores de utilizar a nossa língua na sua versão original. Pai polivalente de *Orfeu negro*, Vinicius de Moraes tornara-se definitivamente um homem de cinema.

Tanto que algum tempo depois (creio ter sido em 1966) foi convidado para fazer parte do júri desse mesmo festival que, de certa forma, o consa-

---

** Em inglês: significado.

grara na década anterior. Lembro-me de nossas longas conversas nos bares da Croisette (o Brasil estava representado por A *hora e a vez de Augusto Matraga*, de Roberto Santos) e da sua redescoberta do *Mint Julep*, um coquetel extravagante e forte que lhe fazia recordar a Califórnia.

Não houve um interregno muito longo até o seu encontro com Leon Hirszman para o trabalho de preparação de *Garota de Ipanema*, talvez o primeiro filme do Cinema Novo a tentar de forma preconcebida superar sua vocação para o filme autoral puro e simples e enveredar para o espetáculo cinematográfico em voga nos grandes centros industriais de produção cinematográfica.

Talvez seja este o filme que melhor visualize o estado de plenitude a que chegou o poeta. Nas cenas em que está presente há uma eloqüente dose de serenidade, de generosidade, dados que se tornam uma constante de sua alma até sua morte. O filme de Leon Hirszman é outro que o tempo tem acrescido de suas benesses. No momento de sua feitura, ou melhor, de seu lançamento, parecia ultrapassado, gasto mesmo. A sua recente representação na televisão trouxe a impressão oposta, de leveza e de nostálgica "modernidade".

Vinicius de Moraes foi, por outro lado, focalizado pelo cinema como personagem em pelo menos três filmes, dos quais dois contaram com a minha modesta colaboração: o filme homônimo co-dirigido por Renato Neumann, o filme *Poesia, música e amor*, realizado por Fernando Sabino para sua Bem-Te-Vi Filmes (ambos com aproximadamente 10 minutos de duração) e um terceiro, ainda inacabado (que é aguardado com ávida curiosidade), dirigido por sua filha Suzana[*]. Pelo que estou informado, trata-se de um filme com duração maior que os dois outros e, seguramente, carinho também.

---

[*] Recebeu o título de *Vinicius de Moraes, um rapaz de família*. Direção, roteiro e trilha sonora: Suzana de Moraes; Fotografia: Pedro de Moraes; Montagem: Marta Luz; Som: José Sette e Walter Goulart; Produção: Vina Filmes/Embrafilme. Duração: 30 min., 1984. (N.O.)

Mauro, Humberto

Humberto Mauro fazia rir a um simples franzir do rosto. Sua relação com o mundo era *naturalmente* crítica, e *naturalmente*, aqui, implica um sentimento que não lhe foi incutido por nenhuma cultura exterior àquela que hauriu pelo hábito de viver. Talvez tenha herdado essa característica de algum membro da família, ou amigo íntimo; de qualquer maneira, erigiu um arcabouço humorístico altamente pessoal que complementa, sem descontinuidade (para empregar um termo bem cinematográfico) todas as suas outras habilidades.

Universo, poética, visão de mundo se confundem em Humberto Mauro com *humor*, e um contato pessoal com ele tinha sempre um sentido imediato de brincadeira, de *boutade*, o lado sério vindo, pouco a pouco, somente depois de pousado no fundo o excesso lúdico.

Poucas eram as suas sentenças sisudas não entremeadas por essa ou aquela piada ou associação de idéias quase sempre humorísticas. O próprio Mauro lastimava, vez por outra, que não tivesse "capacidade para escrever" porque, se alguém se dispusesse a funcionar como *copydesk* (ou *ghost-writer?*),* poderia contar certo com ele, porque "pela memória ele se responsabilizaria".

Que tipo de luto usar para tal figura? Um homem que reinou no cinema preto-e-branco mereceria uma tarja só preta?

---

* Em inglês: revisor; escritor que, dominando o ofício, escreve em nome de outra pessoa.

Morte de um silencioso eletricista

O estrabismo une gregos e troianos numa mesma *trip*. Por que frestas de luz um guerreiro zarolho, dentro do famoso cavalo de madeira, poderia antever o que lhe aguardava no campo de batalha adversário? Quando alguém olha atravessado para outra pessoa, paira sempre no ar um germe de dúvida, de encabulação.

Às vezes as coisas se resolvem com um simples exame clínico. No campo cinematográfico, o estrabismo evolui, ou melhor, dissemina-se de forma tão curiosa que chega até a merecer estudos pormenorizados. O enviesamento do olhar em cinema tem dado resultados tão profícuos que chego a pensar mal dos fotógrafos modernos que somente se extasiam diante da tecnologia, tanto óptica quanto mecânica.

A tradição estrábica nos transporta de Peter Lorre até Lucélia Santos, passando por Sandra Bréa (não esquecer de Karen Black e David Niven) e chega até Luis Buñuel (via Rudá de Andrade e P. E. Salles Gomes, nosso eterno mestre).

Mas o representante dessa classe que nos chama atenção hoje é outro. Certas pessoas mantêm com a vida uma estranha relação de distância, de displicência, e esta postura acentua-se quando elas sentem que é esse fato que paradoxalmente as fazem mais humanas e calorosas. Trata-se de uma simples observação aguçada pelo convívio diário, na folga ou no trabalho. O humor afastado de Ulisses Alves Moura reforçava esta tentativa de informação vital. Este silencioso eletricista de cinema, morto prematuramente aos 52 anos de idade, trabalhou em várias produções sonoras. De dentro de sua sábia e estrábica mesmice deve ter-nos julgado a todos. Liberava intermitentemente seus conceitos sobre coisas e pessoas mantendo pudor e ética a ponto de poder, por momentos, transcender sua rude atividade manual.

Ulisses foi-se do nosso convívio em 13 de setembro de 1983, sem saber que chegou, a seu modo, a ser guru de muita gente boa.

Nesta data, pelo menos, alguma luz deve ter-se feito! Voltímetros, reostatos, amperímetros, colorímetros tiveram seguramente suas agulhas apontando o índice máximo.

Batalhador solitário

Apesar de ser contemporâneo do avião, o cinema tem viajado muito de trem. Não é preciso citar um dos primeiros "sucessos" dos irmãos Lumière (*A chegada do trem na estação de La Ciotat*), realizado no fim do século XIX, para se ter uma boa idéia disso. Basta acompanhar o próprio desenvolvimento da História do Cinema para se verificar que essa afirmação é verdadeira.

Meu último encontro com Marcos Farias começou num vagão-restaurante de um trem Santa Cruz, viajando do Rio para São Paulo. (Este último encontro desenvolveu-se ainda mais durante o I Encine, Congresso do Cinema Brasileiro que os cineastas paulistas organizaram no ano passado.)

Curiosamente, meus primeiros contatos com Marcos também tinham a ver com trens.

No final dos anos 50, os bate-papos dos futuros "criadores" do Cinema Novo se davam na rua Araújo Porto Alegre, no famoso (e hoje extinto) Bar Vermelhinho, que ficava em frente ao prédio da Associação Brasileira de Imprensa, onde eram realizadas as sessões da Cinemateca do Museu de Arte Moderna. Os horários dessas sessões eram de modo a facilitar e atrair o interesse das pessoas que após o expediente se reuniam para verificar e discutir o bom cinema.

Marcos Farias (Marcos Ney Silveira de Farias) fazia parte desse grupo de amigos, do qual eu era um observador principiante e curioso. Cada um de nós vinha de uma atividade diferente. O caso mais interessante era o de Joaquim Pedro de Andrade, que estudava Física na Faculdade Nacional de Filosofia e estava prestes a largar tudo pelo cinema. (Todos esses fatos apresentados aqui são fiéis à realidade, salvo quanto à cronologia, ponto no qual tenho o defeito de fraquejar.)

Joaquim Pedro reunia em sua casa de Ipanema esse grupo de pessoas[1] mas nunca participei dessas reuniões, infelizmente. Cursava o segundo ou terceiro ano da faculdade de Direito da PUC e trabalhava na Companhia Vale do Rio Doce.

Minha adesão às sessões da ABI se deu por um interesse antigo pelo cinema e pela necessidade de aprofundar os conhecimentos instintivos, devido à obrigação de escrever semanalmente sobre o assunto para O *Metropolitano*, jornal da União Metropolitana de Estudantes.

Meu pai, oficial do Exército, agregou-se por três ou quatro vezes, assumindo cargos civis. Esses cargos, invariavelmente, eram na área de viação e obras (leia-se hoje: "Transportes"). Foi diretor da Rede Viação Paraná-Santa Catarina, da Estrada de Ferro Santos-Jundiaí, da Estrada de Ferro Central do Brasil e trabalhou no gabinete do Ministério ao qual essas ferrovias eram subordinadas.

O trem elétrico que ganhei em Curitiba, num Natal do fim dos anos 40, nos acompanhou até a volta ao Rio. Meu pai morto, o trem elétrico aí está, brinquedo de adulto, testemunho da fidelidade do militar excêntrico ao meio de transporte mais cinematográfico. Com o trem, ficaram também uma filmadora Paillard-Bolex (16 mm) e um projetor Bell & Howell, que se uniram a esse expressivo espólio.

Este artigo versa sobre a saudade, mas não é monopólio familiar nem pessoal. Faço este testemunho porque, fundamentalmente, não posso deixar de anotar algumas maneiras pelas quais cheguei ao cinema e, sobretudo, a conhecer Marcos Farias.

O primeiro filme dele, justamente, foi O *maquinista*, e são inesquecíveis, na cabeça deste cronista, as imagens de um dia de filmagem no pátio de manobras da *gare* Barão de Mauá, da Estrada de Ferro Leopoldina. Nas discussões sobre cinema cabia sempre a ele a parte referente à economia, à organização financeira da produção ou da "nascente" indústria cinematográfica nacional, a ponto de se cogitar com dificuldade das posturas do Marcos Farias diretor de filmes. Sempre que ouço os nomes de Jacques Deheinzelin ou de Cavalheiro Lima, a imagem adulta de Marcos (destacada no meio lúdico que é o do cinema carioca...) me vem à cabeça.

A aventura turfística o repôs no clima aparentemente ficcional que nos circunda. Um grupo de cineastas (eu inclusive) participou de uma espécie

---

[1] Nesses encontros: Paulo Cezar Saraceni, Saulo Pereira de Mello, Henrique Martins, Sérgio Montagna, Marcos Farias, Miguel Borges, Mario Carneiro e outros.

curiosa (e frustrada) de *joint venture** comprando o potro Martel, que passou a representar e a defender parte considerável do cinema brasileiro no Hipódromo da Gávea. Estranha co-produção esta, que ao menos promoveu o congraçamento de um grupo razoável de pessoas que passaram a se reencontrar durante as tardes e as noites das corridas.

Um favelado, Sexto páreo, A vingança dos doze, Fogo morto, A cartomante, Bububu no bobobó, sem falar de sua participação na Saga Filmes (*S. Bernardo, Garota de Ipanema, Todas as mulheres do mundo*), mostram também a outra faceta desse catarinense que dedicou grande parte de sua vida lutando pela manutenção da Cooperativa Brasileira de Cineastas.

As pessoas queridas mas longínquas nos deixam, às vezes sem querer, um travo de repreensão (esta informação se beneficia também da recíproca). A distância que nos separou parece às vezes culpa nossa. O Marcos Farias, batalhador solitário da Cooperativa, com idéias concretas sobre o futuro do cinema brasileiro, não foi nem será esquecido.

---

* Em inglês: investimento compartilhado.

Nello Melli e o Cinema Novo

Nello Melli, que nos deixou recentemente, legou forte influência aos cineastas cinemanovistas.

O movimento estava apenas começando, e, espalhando-se pelo Rio de Janeiro, concentrava-se na rua Álvaro Ramos, em Botafogo, onde ficava a sede da Líder Cinematográfica, espécie de mãe parideira de nossos filmes em preto-e-branco.

Sei que Nello era argentino e minha curiosidade de crítico neófito cobrava dele mil informações sobre o que se passava naquela idade de ouro do cinema portenho.

O Bar Lutécio, ao lado da Líder, era como um escritório onde filmes, artigos, livros e revistas eram criados.

Início dos anos 60. Se recorro, como estou fazendo agora, somente à memória (histórico-afetiva), lembro-me dele, Nello, aconselhando Paulo Cezar Saraceni, ou melhor, acertando com PCS os detalhes do futuro trabalho de montagem de *Porto das Caixas*, primeiro longa-metragem do realizador de *Ao sul do meu corpo*.

Ajudava despretensiosamente a todos. Devia considerar (com velho bairrismo portenho) que éramos jovens, inexperientes, mas não escamoteava informações nem se gabava exageradamente do cinema da sua terra.

Vim a trabalhar com ele em *Garrincha, alegria do povo*, de Joaquim Pedro de Andrade. Pude ver como a sua especial neurastenia mecânica foi útil, nessa fase de nossa cinematografia.

Quantas e quão ricas informações recebi dele!

Ficamos amigos.

A vida de Nello no Brasil, antes desses fatos, não me é totalmente acessível.

Não sei se esse imigrante ilustre e amigo veio, por exemplo, com Carlos Hugo Christensen, outro portenho que, numa fase nada favorável a um cinema feito aqui (ou entre amigos...), também lutou como um dos nossos (onde andará ele agora?).

Sei, entretanto, que depois da nossa "autonomia", que em muitos casos é devida a ele próprio, passou a trabalhar exclusivamente em publicidade, com raríssimas exceções (longas-metragens de Luiz Fernando Goulart).

Perdemos a Copa do Mundo em Buenos Aires e perdemos Nello Melli, o argentino-carioca que, habitante do Leme, nunca gabou de dedo em riste a vitória da Seleção de Menotti, mas que, pelas idas e vindas às bancas de jornais da área, também nunca esqueceu sua pátria querida, buscando quotidianas informações em *La Prensa* ou no *Clarín*.

Descanse em paz, mestre Nello Melli.

Primos, primas

Apesar do meu (aparente) otimismo, devo confessar que 1987 não foi dos anos que possam fazer parte dos melhores de nossas vidas. A cultura brasileira foi vítima de uma saraivada de más notícias. Agora, que estamos alcançando a metade de 1988, as coisas não parecem ter melhorado muito. Talvez o caos político tenha contaminado e levado à morte algumas das melhores cabeças pensantes da Nação.

Alexandre Eulalio (1932-1988) foi a última vítima. Este meu depoimento vai eivado da tristeza que o senso comum provoca em qualquer pessoa razoavelmente esclarecida, e de outra tristeza, mais forte e restrita, a do primo que deve ao morto pelo menos 80% de sua formação cultural.

A erudição e generosidade de Alexandre eram estrondosas. O adjetivo procede. Mais para o item erudição, valendo como exemplo a concretíssima metáfora que segue. Quando partiu para Veneza, no final de 1965, para uma longa temporada, assumi o seu apartamento carioca, em Copacabana, espécie saturada e confortável de micro biblioteca, com estantes sobrecarregadas por todos os lados. Ao voltar de um fim de semana petropolitano, encontrei o apartamento como se tivesse sido sacudido por um terremoto. A estante maior cedeu ao peso dos livros dispostos em fila dupla, espalhando-os pela casa toda, incluindo cozinha e banheiro. Ao me ver entrando, a vizinhança solidária, preocupada com meu destino, suspirou aliviada e reconstituiu o acontecido usando expressões do jargão jornalístico que beiravam o cataclisma e a calamidade pública.

Devo a Alexandre Eulalio minha iniciação cinematográfica, meus primeiros contatos com Joaquim Pedro de Andrade, críticas amenas e/ou severas às minhas veleidades literárias, ficcionais ou ensaísticas. E devo a ele, sobretudo, um certo olhar de *feedback** (*sic*) sobre a nossa própria família.

---

* Em inglês: retorno de informação que realimenta o emitente.

Era raro um escrito seu que não fizesse alusão a esse ou aquele ascendente querido. A esses ou aqueles primos (e primas), todos enquadrados na moldura de Diamantina, perdida e ganha no tempo.

Aliás, como eu, mineiro de coração, Alexandre Eulalio nasceu aqui no Rio e não lá, no Tejuco, e se digo isso aqui, a bem verdade, devo completar: "por descuido", como costumo dizer. Insistindo na verdade talvez esteja fazendo uma desfeita ao primo ausente, que optaria sem pestanejar pela mentira.

Outro dia, aqui mesmo no *Jornal do Brasil*, Moacir Werneck de Castro comentava sobre o amigo eruditíssimo, cujo ensaio "Relendo Hesíodo", publicado no antigo Suplemento Literário do *Correio da Manhã*, causaria deslumbrada espécie no grupo no qual pontificavam ele próprio, Moacir e Helio Pellegrino, entre outros. Eles que jamais haviam lido Hesíodo, quanto mais reler! O autor desse texto, quem poderia ser? Tenho uma lembrança boa do seu conteúdo e não preciso procurar o recorte amarelado que guardei e que corro o risco de ter perdido. Para a forte inspiração "alexandrina" o universo do poeta grego se deslocava para a Fazenda da Palha, mantida por tio Zeca e tia Ruth, sempre freqüentada pelas primas Neném, Pitucha, Glorinha, Helena e pelo primo Francisco, netos de João Pinheiro. Eu também, sem ler Hesíodo, participei desses convescotes, mas um pouco mais tarde. Os seis anos de idade que nos separavam não permitiam encontros freqüentes em Diamantina.

O Rio sempre foi mais propício ao nosso intercâmbio familiar e cultural. Seus pais elegeram o centro da cidade como bairro residencial (o que não era errado naquela época). Alexandre e o irmão Fernando foram criados ali, no Passeio Público. O amigo inseparável, Ítalo Gandelmann, morava no Edifício Mesbla e completava a "turma", vigiada com diligência por "Babá", a imponente e luzidia Maria Luiza. Infalivelmente saíamos do consultório dental do tio, Dr. Elysiario Pimenta da Cunha, na rua Álvaro Alvim, para o almoço frugal, mas delicioso, de Celina, que tia Nathalia nos oferecia no 18° andar do Edifício São Borja. Posteriormente, quando comecei a pensar por conta própria, observava, tímido, os encontros da jovem literatura brasileira, poetas sobretudo para conhecimento de Heloisa Buarque de Holanda... que se reuniam ali também: Octavio Mora, Francisco Alvim, Francisco Marcelo Cabral, Jorge Laclette e tantos outros.

Em Veneza, proporcionei uma contrapartida a Alexandre. Isso, como vimos, muitos anos depois. Ele, acompanhado pelo gênio fotógrafo de João Carlos Horta, realizou um curta-metragem (excelente, aliás) sobre Murilo Mendes, com película e câmera que forneci. Não consigo atinar agora como esse material chegou às minhas mãos ali no Adriático. Não sou muito bom em filmografias, mas acredito ter sido seu único filme.*

Chega. É demais remexer este baú sem a presença do dono. Os jogos foram feitos entre Brasil e as inesgotáveis reservas intelectuais de Alexandre Eulalio. E o Brasil perdeu.

Os primos Eulalio, Alexandre e David, na Locanda Cipriani,
em Torcello, Veneza, junho de 1971.

---

* O autor se refere a *Murilo Mendes a poesia em pânico*, curta-metragem que Alexandre Eulalio concluiu em 1977. Na verdade, este dirigiu dois outros filmes curtos: *Memória da Independência exposição-piloto* (1973) e *Arte tradicional da Costa do Marfim* (1974), este último fotografado por ninguém menos que o distraído primo David. (N.O.)

Inesquecível *amico* Gianni

Justo no Dia de Finados, numa manhã de lusco-fusco carioca, morre, na Itália, um dos maiores amigos do Brasil, de seu cinema e de sua música popular: Gianni Amico.

Cometo uma falha semântica, abrindo o texto com a palavra "justo", porque, na verdade, nada foi mais injusto. O Gianni de nosso tempo me parece uma continuação imutável que me aceitou em 1963 em Sestri Levante, em uma das últimas Resenhas do Cinema Latino-Americano.

Aprendeu progressivamente o português que, finalmente, começou a dominar, filtrado pelo seu sotaque setentrional.

Ora, a *Resenha* era dedicada ao cinema de um continente subdesenvolvido, o que já parece coisa surrealista, uma vez que ele se desenrolou (três a quatro anos) nas cidades da Rivera Ligure (basicamente em Santa Margherita, na Itália). O indecifrável Amico dedicou-se a um trabalho que devemos considerar inestimável, subsidiado por uma instituição genovesa, chamada bem a propósito Columbianum, e dirigida por um padre jesuíta, Angelo Arpa, cuja sincronia com Gianni nesses anos me pareceu fundamental para sedimentar a penetração do nosso cinema no Velho Mundo.

Digo isso porque, primeiro, tornou-se evidente (pelo menos aos olhos de um observador em plena juventude como eu) a parcialidade dessa dobradinha a nosso favor e, segundo, porque, realmente, no último (e quase operístico ato) dessas manifestações — a quinta e última Resenha da Fiera del Mare, em Gênova, no ano de 1965, a nossa *force de frappe** foi insuperável, consolidando posições e simpatias. É bom lembrar que a Columbianum con-

---

* Em francês: modernos recursos militares, destinados a esmagar rapidamente o inimigo.

vidou para o evento críticos e intelectuais de toda a Europa, e alguns, talvez já velhos amigos, de fora.

A partir daí "o nós lá, e ele cá" virou quase uma rotina. Não se pode esquecer a presença de Rudá de Andrade no início e de Paulo Cezar Saraceni durante e até o insuportável desenlace.

Em Gênova, em 1965, Antonio Candido traçou um impecável perfil da nossa cultura através de teses e antíteses, digamos, pós-hegelianas. Sem o saber, ele estava inventando a história das Resenhas e a própria história de Gianni Amico, cineasta também. Um de seus últimos filmes era uma telebiografia de Gramsci. Apesar de harmonias e conflitos, a convivência de Amico com um jesuíta seduzido pelo Cinema Novo rendeu frutos "à brasileira": ambos nunca perderam, nem esqueceram nosso jogo de cintura.

O obituário do *Jornal do Brasil*, publicado no dia seguinte da morte de Gianni, supriu de longe certas impressões pessoais que eu gostaria de colocar nesta minha homenagem ao amigo inesquecível. Com, digamos, certa decadência empresarial e imaginativa do nosso cinema, Gianni passou-se com armas e bagagens para a nossa música popular (cujo vírus ele guardava no sangue há tempos, sem esconder o fato a ninguém). Outros amigos e "biógrafos" dedicar-se-ão ao mister de destrinchar os liames evidentes e recônditos dessas relações, bem como os da triangulação para-futebolística, que armou entre nós e a Itália de Bernardo Bertolucci.

Com Gianni Amico, na Via del Corso, em Roma.

Morreu o Cinema Novo
Arnaldo Carrilho

Apenas duas fraternidades artísticas lograram inscrever o nome do Brasil nos compêndios internacionais de cultura. Refiro-me ao Reduto Purista (1931-36), liderado por Lucio Costa, fonte de uma original concepção de espaço arquitetônico e urbanístico; e o Cinema Novo (sem datas precisas), que mostrou aos olhos do mundo uma síntese inédita de forma e sentido das imagens. Nossas outras expressões, literárias, musicais e plásticas, não chegaram aos quatro cantos do planeta como induções grupais. Foram obras de indivíduos de gênio que se universalizaram, como as de Guimarães Rosa ou Villa-Lobos, Graciliano Ramos ou Oswaldo Goeldi.

No caso do Cinema Novo, em seus primeiros anos, a autoria de seus filmes resultava, por assim dizer, de um consenso. Há dedos de Nelson, Glauber, Joaquim, Saraceni, Leon nos filmes de uns e outros, dedos, braços, almas e corações. Só um cineasta juntou e representou todo o cinema brasileiro: David E. Neves (1938-1994). Além disso, em cada um desses filmes que se gravaram na memória dos homens e das mulheres mais sensíveis, há uma gota de sangue de David, o mesmo sangue que derrotou e minou seu corpo. Ele nos deixou agora, já foi sepultado, pobre e dignamente.

Era um carioca-mineiro, conheceu melhor as circunstâncias dos seres humanos e amava suas fraquezas sem demonstrações de pejo ou distanciamentos preconceituosos. Um bêbado num bar ou um mendigo, descobriu, ofereciam-lhe considerações filosóficas e poéticas mais consistentes do que as de muitos letrados. A fraqueza, para ele, era um sintoma de força espiritual. Quem não conheceu David, horas e horas de pé, acotovelado sobre balcões, ouvindo e contando coisas, rindo e gargalhando, às vezes com lágrimas nos olhos e abraços afetuosos? Bacharel em Direito, filho de ilustre general, com intelectuais de peso na família (cf. Alexandre Eulalio), era com nossos esverdeados pretos, mulatos, brancos que se solidarizava.

Tudo isso está nos seus filmes, desde *Mauro, Humberto* até *Jardim de Alah*. Como cineasta, os olhos de David conduzem-nos a essa ironia extrema de tratar o simples com a transcendência superior da lógica. Seu mestre Bresson e seu amigo Truffaut estão presentes em seu "dia americano", a luz do seu pensamento jorra para dentro do seu próprio olho. Nos próximos dias, estaremos celebrando Gianni Amico em Brasília, o homem que descobriu a força do Cinema Novo na Europa. Gianni chamou David, certa feita, de *Il Critico*, que se tornou mais do que um doce apelido para os íntimos. Crítico, sim, da aventura humana, do ofício de viver com dignidade, de ceder tudo a muitos e rir dos impasses. Funcionário da Vale do Rio Doce, do antigo Patrimônio Histórico e Artístico Nacional, do Itamaraty, David E. Neves fez história, construiu um movimento e agora nos deixa inapelavelmente.

Pena que não pôde realizar *As meninas*, um dos seus maiores sonhos. Roteiro pronto, financiamento garantido, produção em preparo — o ordinário que, bem sabemos por que, virou privilégio —, mas tudo chegou tarde demais. Tal como Saraceni, e aí poucos o sabem, David era católico, um católico crítico, separava o sentido do Verbo das circunstâncias absurdas, como o joio do trigo. Um homem que pressentia cinema num teodolito armado, numa piada a esmo, num gesto espontâneo, numa lágrima rápida — era um cineasta total. Ninguém foi mais íntimo de Glauber do que ele, mais amigo dos amigos, mais aberto às mulheres, este era David. Conheceu todos os personagens do cinema brasileiro, salvo Trigueirinho Neto (lamentava), e seus contatos no exterior formam multidões. Tomarei um gim com pimenta em sua honra, observarei as estrelas no firmamento e sei que vou alcançar seus olhos pequenos, inquietos, profundos. Viva David!

À guisa de posfácio

A vida como rascunho

Não é fácil explicar como a gente chega a certos estágios da vida, sobretudo quando eles são diametralmente opostos àquilo que se planejou. Minha "vocação cinematográfica", por exemplo, surgiu da maneira mais acidental, mais improvisada que se possa imaginar. Leve-se em conta também certa "disponibilidade" vocacional de alguém que ingressa numa Faculdade de Direito totalmente desprovido de *esprit de corps** e se vê subitamente envolvido numa coluna semanal de um jornal universitário.

Cinema, felizmente, tem muito a ver com a vida e a busca de ficção faz parte dela: reorganizar a vida a nosso bel-prazer, acrescentando música, ordenando o caos, retocando esse ou aquele defeitinho incômodo, *para todo o sempre*. Nem o teatro pode ser tão perfeito nesse sentido porque ele depende do *mood*** desse ou daquele ator num determinado dia. P. E. Salles Gomes colocou bem essa definição (por via de comparação com o teatro) do que vem a ser o cinema: "A aflitiva tranqüilidade das coisas definitivamente organizadas".

Cá estou entre a realidade e a ficção, preferindo o *xerox* ao original, o rascunho ao passado a limpo, o esboço ao trabalho acabado, a aquarela ao bronze, a Polaroid à Kodak.

A fotografia sempre me fascinou: essas possibilidades de descartar para fora do quadro os objetos ou as pessoas incômodas, essa recriação do mundo. Edgar Morin comenta com sabedoria: "o *gênio* da fotografia é, para começar, químico". *Gênio*, palavra que para nós hoje tem significado especial, quase de interjeição, é usado ali num sentido metafísico bastante proce-

---

* Em francês: consciência da profissão.

** Em inglês: estado de espírito.

dente. O processo químico da fotografia, de *redução* da prata, majora em minha cabeça todo e qualquer valor artístico ou autoral. Tenho uma tese especial sobre a sensibilidade da película (variável para cada tipo) sendo modificada pela *vontade do fotógrafo*, condicionada por sua vez pela maior ou menor inspiração provocada pela pessoa ou objeto fotografado.

A vantagem da Polaroid é que o *gênio* químico é visível a olho nu. Pode-se recomeçar em seguida. Um rascunho infalível, automático (às vezes você trabalha contra o computador, o olho elétrico como é chamado, só de pirraça — e ganha dele!).

Você descobre que fotografar bem é olhar bem, saber escolher hora e local, ter paciência. Ninguém ilumina melhor do que a natureza (ia falar Deus, mas não ousei: é muito *gênio* junto). Depois, vêm as *cantoneiras*. Hoje, até os álbuns de fotografias são de plástico e cheiram mal. A Polaroid acata a cantoneira e ambas combinam às mil maravilhas. Elas juntas restituem à fotografia sua dignidade mítica de magia e simplicidade.

Humberto Mauro hospeda David em seu rancho/estúdio de Volta Grande (MG). Mauro referia-se a David como "são David", pois este havia lhe repassado na íntegra o valor do prêmio conquistado pelo curta-metragem *Mauro, Humberto*.

Curriculum vitæ

Quando nasci, em 1938, no antigo Hospital Alemão, hoje Hospital da Aeronáutica, na rua Barão de Itapagipe, ouvi, no quarto, murmúrios prevendo duas coisas: asma crônica até o fim dos séculos e certa vocação para a vida mundana (leia-se: artística).

Os primeiros vagidos já eram roucos. Os balbucios que se seguiram, idem, e, de tão retraídos, pareciam negar as previsões feitas durante e após o parto de mamãe.

Fui crescendo sob um tipo de proteção materno-hospitalar sem falar da sisudez militaresca do lado paterno. Isso não vem muito ao caso, aqui. Este tipo burocrático de informação dispensa risos ou lágrimas, apologias ou autocríticas.

Para chegar ao "Visu do Pasca" tive que atravessar mais de 25 anos de peripécias múltiplas, das quais não me arrependo, além da aventura de ter conhecido meu patrão (igualmente asmático), Jaguar, sobre o qual fiz um curta-metragem em 1967.

Estudei em colégio Marista todo o ginásio e o científico, tirando de letra ambos os períodos, sem entretanto atingir a categoria CDF. Minha ojeriza em relação aos ditos-cujos correspondia a um tipo pessoal de curiosidade. Hoje, lamentavelmente, faço parte da categoria dos "intelectuais" (vejo meu nome em manifestos da classe, mas, repito, continuo um *curioso*).

Desenvolvi a tendência de considerar a curiosidade uma virtude, uma vez que foi através dela que cheguei ao cinema.

A palavra *voyeurismo*, que aplicam ao meu filme *Fulaninha*, poderia muito bem ser substituída por "mania de observação", vício igual ou pior do que aquele implícito na palavra francesa.

Depois do colégio, sem nenhuma inspiração vocacional, dirigi-me para a Faculdade de Direito (PUC). Hoje, cineasta e bacharel em Direito, tenho da faculdade lembrança vaga. Do curso propriamente dito, só as "Presunções de Direito" chamaram realmente a minha atenção: "O Pai da Criança é o Marido da Mulher" (puro cinema!). E foi também na PUC que começou o "mundanismo"...

Todos os currículos são chatos e rotineiros a tal ponto que o focalizado freudianamente esquece dados e cronologia, dando importância ao que lhe vem à cabeça no momento de sua redação.

No cinema é a mesma coisa. Cada filme como que "esquece" o anterior. O estilo cinematográfico não é como aquelas rígidas aulas de Caligrafia dos Irmãos Maristas. No cinema o estilo é que é o nosso autor. [...]

Sobre David E. Neves

David Eulalio Neves nasceu no Rio de Janeiro em 14 de maio de 1938 e passou a escrever suas primeiras críticas de cinema no final dos anos 1950 em jornais estudantis, particularmente em O Metropolitano, órgão de União Metropolitana dos Estudantes do Rio de Janeiro, onde também colaboravam outros jovens como Carlos Diegues, Sérgio Augusto, Paulo Alberto Monteiro de Barros e Arnaldo Jabor.

Nas páginas de O Metropolitano, do Jornal do Brasil e do Diário Carioca, exercitou a militância pelo cinema brasileiro — informando, comentando e argumentando em torno dos filmes do Cinema Novo. "Líder ecumênico" do movimento, de uma "liderança sentimental e estilística", segundo Carlos Diegues, David Neves publicou em 1966 O Cinema Novo no Brasil e, em 1993, Cartas do meu bar, com anotações e reflexões sobre bares, cinema, amigos e projetos. Nos anos 1970 e 80, escreveu artigos para a revista Filme Cultura, editada pela Embrafilme.

A partir de 1958, quando fotografou o curta-metragem Perseguição, de Paulo Perdigão, e sobretudo a partir de 1960, quando foi assistente de câmera em Couro de gato, de Joaquim Pedro de Andrade, David Neves participou da produção de diversos filmes, como assistente, fotógrafo, montador, roteirista, produtor ou diretor. Faleceu em 24 de novembro de 1994 no Rio de Janeiro.

Filmografia do autor

A atuação de David Neves nos filmes abaixo é assinalada ao final de cada crédito. Os filmes que dirigiu estão grifados em itálico.

1958 PERSEGUIÇÃO, de Paulo Perdigão. Curta-metragem, 16 mm. Fotografia.

1960 FUGA, de Carlos Diegues. Curta-metragem, 16 mm. Fotografia.

1960 DOMINGO, de Carlos Diegues. Curta-metragem, 16 mm. Fotografia.

1960 COURO DE GATO, de Joaquim Pedro de Andrade. Curta-metragem, 35 mm (incluído em 1962 no longa-metragem de episódios CINCO VEZES FAVELA). Assistente de fotografia.

1963 GARRINCHA, ALEGRIA DO POVO, de Joaquim Pedro de Andrade. Longa-metragem, 35 mm. Assistente de direção.

1963 A NAVE DE SÃO BENTO, de Mario Carneiro. Curta-metragem, 35 mm. Assistente de direção, montagem.

1964 MAIORIA ABSOLUTA, de Leon Hirszman. Curta-metragem, 35 mm. Coordenação de produção.

1964 INTEGRAÇÃO RACIAL, de Paulo Cezar Saraceni. Média-metragem, 35 mm. Fotografia.

1965 ESPORTES NO BRASIL, de Maurice Capovilla. Curta-metragem, 35 mm. Fotografia.

1966 BETHANIA BEM DE PERTO, de Júlio Bressane & Eduardo Escorel. Média-metragem, 35 mm. Co-produção.

1967 LIMA BARRETO: TRAJETÓRIA, de Júlio Bressane. Curta-metragem, 35 mm. Co-produção.

1967 OITO UNIVERSITÁRIOS, de Carlos Diegues. Curta-metragem, 35 mm. Fotografia, montagem.

1967 LAPA 67, de Renato Neumann. Curta-metragem, 35 mm. Fotografia da 2ª unidade.

1968 *MAURO, HUMBERTO*. Curta-metragem, 35 mm. Direção, produção, fotografia.

1968 *COLAGEM*. Curta-metragem, 35 mm. Direção, produção.

1968 *JAGUAR*. Curta-metragem, 35 mm. Direção, roteiro, fotografia, co-produção.

1968 VINICIUS DE MORAES. Curta-metragem, 35 mm. Direção, roteiro.

1968 CRISTO FLAGELADO, de Fernando Coni Campos. Curta-metragem, 35 mm. Fotografia, co-produção.

1969 O GUESA, de Sérgio Santeiro. Curta-metragem, 35 mm. Produção.

1969 UM MUSEU. Curta-metragem, 35 mm. Direção, roteiro.

1969 TARZAN. Curta-metragem, 35 mm. Co-direção (com Michel do Espírito Santo), co-produção, co-roteiro, fotografia.

1969 MEMÓRIA DE HELENA. Longa-metragem, 35 mm. Direção, produção, roteiro.

1969 TARSILA DO AMARAL. Curta-metragem, 35 mm. Co-direção (com Fernando Coni Campos).

1970 A CRIAÇÃO LITERÁRIA EM JOÃO GUIMARÃES ROSA, de Paulo Thiago. Curta-metragem, 35 mm. Co-produção.

1970 TOSTÃO, A FERA DE OURO, de Paulo Laender & Ricardo Gomes Leite. Longa-metragem., 35 mm. Câmera.

1970 EU SOU VIDA, EU NÃO SOU MORTE, de Haroldo Marinho Barbosa. Curta-metragem, 35 mm. Co-produção.

1970 GAL, de Antônio Carlos Fontoura. Curta-metragem, 35 mm. Co-produção.

1970 MUTANTES, de Antônio Carlos Fontoura. Curta-metragem, 35 mm. Co-produção.

1971 LÚCIA MCCARTNEY, UMA GAROTA DE PROGRAMA. Longa-metragem, 35 mm. Direção, produção, roteiro.

1971 UM AMOR DE MULHER. Longa-metragem, 35 mm. Direção, produção, roteiro (inacabado).

1971 CARTAS DO BRASIL. Curta-metragem, 35 mm. Direção, roteiro, fotografia.

1971 BIENAL — A MÃO DO POVO. Curta-metragem, 35 mm. Co-direção (com Gilberto Santeiro), co-produção, co-roteiro.

1971 O PALÁCIO DOS ARCOS. Curta-metragem, 35 mm. Co-direção (com Gilberto Santeiro), co-produção, co-roteiro.

1971 DESENHO INDUSTRIAL, de Harry Roitman. Curta-metragem, 35 mm. Fotografia.

1971 PARATI, IMPRESSÕES, de Harry Roitman. Curta-metragem, 35 mm. Fotografia.

1972 CARLOS LEÃO, de Suzana de Moraes. Curta-metragem, 35 mm. Co-produção.

1972 VIDA DE ARTISTA, de Haroldo Marinho Barbosa. Longa-metragem, 35 mm. Co-produção.

1974 MUSEU DO OURO, de Paulo Thiago. Curta-metragem, 35 mm. Fotografia.

1974 ARTE TRADICIONAL DA COSTA DO MARFIM, de Alexandre Eulalio. Curta-metragem, 35 mm. Fotografia e câmera.

Entre 1974 e 1976 co-dirigiu, com Fernando Sabino, dez curtas-metragens da série "Cultura Nacional: Literatura Contemporânea": O FAZENDEIRO DO AR (Carlos Drummond de

Andrade), Um contador de histórias (Érico Veríssimo), Em tempo de Nava (Pedro Nava), Na casa do rio Vermelho (Jorge Amado), O habitante de Pasárgada (Manuel Bandeira), O curso do poeta (João Cabral de Mello Neto), O escritor na vida pública (Afonso Arinos de Mello Franco), Romancista ao Norte (José Américo de Almeida), Veredas de Minas (João Guimarães Rosa) e Música, poesia e amor (Vinicius de Moraes).

1976 O Brasil em Cannes, de Moisés Kendler. Curta-metragem, 35 mm. Coordenação de produção.

1977 Jorge Ben, de Paulo Veríssimo. Curta-metragem, 35 mm. Co-produção.

1977 Os Doces Bárbaros, de Jom Tob Azulay. Longa-metragem, 35 mm. Câmera.

1977 Viva a Penha!, de José Mariani. Curta-metragem, 35 mm. Fotografia, montagem.

1978 A noiva da cidade, de Alex Viany. Longa-metragem, 35 mm. Fotografia, co-produção.

1979 Maxixe, a dança proibida, de Alex Viany. Média-metragem, 16 mm. Fotografia.

1979 Muito prazer. Longa-metragem, 35 mm. Direção, roteiro, produção.

1980 Flamengo paixão. Longa-metragem, 35 mm. Direção, roteiro, co-produção.

1981 Luz del Fuego. Longa-metragem, 35 mm. Direção, roteiro, co-produção.

1985 Fulaninha. Longa-metragem, 35 mm. Direção, roteiro, co-produção.

1988 Jardim de Alah. Longa-metragem, 35 mm. Direção, roteiro, co-produção.

1994 As meninas (projeto interrompido).

Índice bibliográfico

(Introdução)

O jardim particular de David, por Carlos Augusto Calil. Inédito.

(À guisa de prefácio)

"O filme e a crítica". *Correio da Manhã* (RJ), 25 set. 1961.

"Nossos sistemas". S.i., c. 1961. [Título atribuído pelo organizador]

Primeiros passos

"A música e o cinema: artes que se entendem". *Opinião Estudantil* (RJ), coluna "Falando de filmes", jun.-jul. 1957.

"Hegel, precursor de Marx". S. i., out. 1957.

"A sátira plástica e literária de Al Capp". Inédito, 1958.

"Duas peças de Bach". S.i., out. 1958.

"A versatilidade de Julien Duvivier". *O Metropolitano* (RJ), 1º e 8 mar. 1959.

"Colette, Lautrec e Vincente Minnelli". *O Metropolitano* (RJ), 15 mar. 1959.

"A técnica de Orson Welles". *O Metropolitano* (RJ), 22 mar. 1959.

"Tudo azul com o cinema nacional? (*Fronteiras do inferno*)". *O Metropolitano* (RJ), 05 abr. 1959.

"A propósito de uma pré-estréia". *O Metropolitano* (RJ), 26 abr. 1959.

"Para suspense...". *O Metropolitano* (RJ), 03 maio 1959.

"Esboço de uma evolução". *O Metropolitano* (RJ), 24 maio 1959.

"O primeiro passo". *O Metropolitano* (RJ), 21 jun. 1959.

Crítico de cinema

"*Hulot, Mon oncle*". *O Metropolitano* (RJ), 09 ago. 1959.

"Ingmar Bergman". *O Metropolitano* (RJ), 16 ago. 1959.

"Max Ophüls: cinco filmes". *O Metropolitano* (RJ), 25 out. 1959.

"A via sacra da cortesã Lola Montès". S.i., 1967.
>Segunda versão do artigo "Max Ophüls II: *Lola Montès* e o *cinemascope*", publicado originalmente em *O Metropolitano* (RJ), 1º nov. 1959.

"Relações internas". *O Metropolitano* (RJ), 20 dez. 1959.

"Retrospecto". *O Metropolitano* (RJ), 10 jan. 1960.

"Hiroshima-Nevers: um itinerário". *O Metropolitano* (RJ), 07 ago. 1960.

"*La Dolce Vita*, um filme redundante". *O Metropolitano* (RJ), 30 out. 1960.

"Dois filmes nacionais". *O Metropolitano* (RJ), 30 jul. 1961.

"Afinal, o realismo?". *O Metropolitano* (RJ), jun. 1962.

"O medo da beleza ou a beleza do medo". *O Metropolitano* (RJ), 1962.

"*Doce pássaro da juventude*". *Jornal do Brasil* (RJ), 22 nov. 1962.

"O arquiteto Antonioni". *O Estado de S. Paulo* (Suplemento Literário), 08 jun. 1963.

"Clichês do insólito". *O Estado de S. Paulo* (Suplemento Literário), s.d.

"Gosto de mel". *Diário Carioca* (RJ), 1965.

"Uma história moderna". *Diário Carioca* (RJ), 1965.

"A súmula da depressão". *Diário Carioca* (RJ), 1965.

"O Encontro". *Diário Carioca* (RJ), 25 mar. 1965.

"Patologia britânica", publicado em dois artigos sucessivos: "Patologia britânica e Ainda a patalogia". *Diário Carioca* (RJ), 1965.

"*Cartouche*". *Diário Carioca* (RJ), 1965.

"Fellini na praça". *Diário Carioca* (RJ), 1965.

"As atualidades". *Diário Carioca* (RJ), 1965.

CONSTRUÇÃO DO CINEMA NOVO

"O Mestre e o Poeta". *O Metropolitano* (RJ), 03 jan. 1960.

"*Arraial do Cabo*, um documentário premiado". *Correio da Manhã* (RJ), 26 jul. 1961.

"Os moleques e os bichanos de *Couro de gato*". *Correio da Manhã* (RJ), 28 dez. 1961.

"*Mandacaru vermelho*". S.i., 1962.

"Concessão é conformismo". *O Metropolitano* (RJ), 14 abr. 1962.

"União e censura cultural". *O Metropolitano* (RJ), 28 abr. 1962.

"O testemunho de Marcorelles". *O Metropolitano* (RJ), 09 jun. 1962.

"A Palma de Anselmo Duarte".
>Montagem dos artigos "No ano do Cinema Brasileiro", publicado em *O Metropolitano* (RJ), 1962, e "Vai trabalhar, Anselmo", de *O Pasquim* (RJ), 21-28 jan. 1987. [Título atribuído]

"O *degradé* impossível". *O Metropolitano* (RJ), 30 jun. 1962.

"A média aritmética". *Jornal do Brasil* (RJ), 07 dez. 1962.

"A *Revisão* de Glauber Rocha". *O Estado de S. Paulo* (Suplemento Literário), 07 dez. 1963.

"A verdade do Nordeste". *O Estado de S. Paulo* (Suplemento Literário), c. 1963.

"*Ganga Zumba, rei dos Palmares*". *Módulo* (RJ), 9(37): pp. 52-7, ago. 1964.

"Garrincha decalcado?". *O Estado de S. Paulo* (Suplemento Literário), 28 nov. 1964.

"*A velha a fiar*". *Diário Carioca* (RJ), 16 dez. 1964.

"Uma fecunda criminalidade". *Módulo* (RJ), 9(38): pp. 57-63, dez. 1964.

"*Noite vazia*". *Diário Carioca* (RJ), 27 e 31 mar. 1965.

"Prelúdio do êxtase". *Diário Carioca* (RJ), 1º abr. 1965.

"A campânula mineira". *O Estado de S. Paulo* (Suplemento Literário), 18 jun. 1966.

"Introdução ao Cinema Novo", "Da chanchada ao Cinema Novo", "Um obstáculo a transpor: o público"e "Poética do Cinema Novo". Capítulos de *Cinema Novo no Brasil*. Vozes, Petrópolis, 1966.

"Autoconstrução do Cinema Novo". [Título atribuído pelo organizador a manuscrito inédito de Paulo Emilio Salles Gomes com indicação "CN de DN".]

"Curta-metragem, ponto de partida". *Jornal do Brasil* (RJ), 18 ago. 1966.

"Um novo clube". S.i., c. 1968. [Título atribuído]

"Idiotas da subjetividade". Depoimento a *Opinião* (RJ), em: "Dez anos de cinema nacional", c. 1973. [Título atribuído]

"Glauber x Godard". *Fairplay* (RJ), nº 32, 1969.

"Por uma estética cinematográfica brasileira".
   Montagem do texto homônimo, publicado na revista *Cultura*, nº 24, Brasília, jan./mar. 1977, com "O Brasil segundo Glauber Rocha", s.i., s.d.

"Vale quanto pesa, ou: não compre gato por lebre".
   Montagem do texto homônimo, s.i., c. 1978, com depoimento em "Perspectivas do Cinema Brasileiro". *Filme Cultura* (RJ), nº 29, maio 1978, p. 11.

"A Lua vista da Terra". *O Dia* (RJ), 13 abr. 1980. Versão italiana: "*Gli italiani e il* 'Cinema Novo' *brasiliano*", *Avanti!* (Roma), 06 abr. 1980.

"No país de são Saruê". *Filme Cultura* (RJ), v. 13, n. 34, pp. 24-5, jan./mar. 1980.

"*Bye bye Brasil*". *Filme Cultura* (RJ), v. 13, n. 35/36, pp. 76-7, jul./set. 1980.

"*Feu follet*". S.i., 1984.

"Cinema-Novo rico, Cinema Novo-rico". *Luz, Ação* (RJ), 1º jun. 1981.

FRAGMENTOS DO DISCURSO CRÍTICO

"Minoria sentimental". "Old & new romantic", s.i., c. 1981. [Título atribuído]

"A oitava arte". *Cadernos brasileiros*, nº 41 (ano IX, n. 3), maio/jun. 1967, pp. 77-84.

"Entrevista: Um cineasta fala de quadrinhos". *Campus* (BSB), fev. 1971, p. 10.

"*Crônica de um industrial*". *Filme Cultura* (RJ), v. 13, nº 34, p. 44, jan./mar. 1980.

"*Diário da província*". *Filme Cultura* (RJ), v. 13, nº 35/36, pp. 60-1, jul./set. 1980.

"Caminhos para a liberdade". *Filme Cultura* (RJ), v. 13, nº 35/36, pp. 64-5, jul./set. 1980.

"Sem pressa". *Filme Cultura* (RJ), v. 14, nº 37, pp. 77-9, jan./mar. 1981.

"Há uma gota de sangue em cada poema". *Filme Cultura* (RJ), nº 38/39, pp. 93-4, ago./nov. 1981.

"Madame Butterfly". *Filme Cultura* (RJ), nº 43, pp. 76-8, jan./abr. 1984.

"Assim na tela como no céu". S.i., 1980.

A MORTE ENFEITADA

"Carta ao amigo morto" (Nelson Pompéia). *O Metropolitano* (RJ), 1962.

"Guimarães Rosa e o cinema". *O Estado de S. Paulo* (Suplemento Literário), 27 jan. 1968.

"Novaes Teixeira". Inédito, nov. 1972.

"Ao mestre com carinho" (Paulo Emilio Salles Gomes). *Ensaios de Opinião* (RJ), Paz e Terra, (6), pp. 23-6, 1978.

"Orfeu desce ao inferno". *O Pasquim* (RJ), nº 577, 18 a 25 de julho de 1980.

"Mauro, Humberto". S.i., 1983.

"Morte de um silencioso eletricista" (Ulisses Alves Moura). *Filme Cultura* (RJ), nº 43, p. 119, jan./abr. 1984.

"Batalhador solitário" (Marcos Farias). *Filme Cultura* (RJ), nº 45, pp. 101-2, mar. 1985.

"Nello Melli e o Cinema Novo". *Cadernos de crítica* 2. Embrafilme (RJ), p. 66, nov. 1986.

"Primos, primas" (Alexandre Eulalio). *Jornal do Brasil* (RJ), 12 jun. 1988.

"Inesquecível *amico* Gianni". *Jornal do Brasil* (RJ), 11 nov. 1990.

"Morreu o Cinema Novo", por Arnaldo Carrilho. *Jornal do Brasil* (RJ), 25 nov. 1994.

(À GUISA DE POSFÁCIO)

"A vida como rascunho". *Homem Vogue* (SP), nº 28-B, set. 1977. [Título atribuído]

"*Curriculum vitæ*". *O Pasquim* (RJ), 06 a 12 nov. 1986, p. 7. [fragmento]

(QUARTA CAPA)

"Cinema". Revista *Cinema*. Associação dos Críticos de Cinema do Rio de Janeiro; Jorge Zahar editor (RJ), v. 1, nº 1, 1994, contra capa.

Índice onomástico

À sombra da outra, 119

A um passo da liberdade (ver *Le trou*)

Abbas, Eduardo, 294

Abismos de pasión, 119

Abismo de um sonho (ver *Lo sceicco bianco*)

Abreu, Gilda de, 256

Absolutamente certo!, 164

Aconteceu em Veneza (ver *Sait-on jamais*)

adolescente, A (ver *The young one*)

Agel, Henri, 52, 61, 327

Agulha no palheiro, 245

Aimée, Anouk, 100

Ainda uma vez com emoção (ver *Once more with feeling*)

Albicocco, Jean-Gabriel, 161

Alexandre Eulalio (Pimenta da Cunha), 10, 23-4, 259, 281, 341-3, 346

Alma satânica (ver *Les louves*)

Alpha, O, 288-9

Alton, John, 3

Alvim, Francisco, 342

Amants, Les, 77, 93-4, 127

ambiciosos, Os (ver *La fièvre monte à El Pao*)

Amei um bicheiro, 102

american in Paris, An, 56

Amfitheatrof, Danielle, 82

Amico, Gianni, 23-4, 230, 344-5, 347

Amuleto de Ogum, 290

Ana Carolina (Teixeira Soares), 302

Anchieta, José de, *311-2*

Anchieta, José do Brasil, 311-2

Andrade, Carlos Drummond de, 202, 205

Andrade, Joaquim Pedro de, 9-11, 18, 21, 94, 138, 141, 143-4, 147, 150-1, 164, 170, 180, 185, 200-2, 205, 213, 215, 217, 220-1, 224, 247, 259, 262, 267, 287, 320, 336-7, 339, 341

Andrade, Mário de, 175, 224, 235

Andrade, Oswald de, 224

Andrade, Rudá de, 23, 334, 345

André Michel, 83

année Dernière à Marienbad, L' (*O ano passado em Marienbad*), 278, 304

ano passado em Marienbad, O (ver *L'année Dernière à Marienbad*)

Antonio das Mortes (nome europeu de *O dragão da maldade contra o santo guerreiro*), 228-30

Telégrafo Visual

Antonioni, Michelangelo, 12-4, 19, 114-7, 128, 166

Ao sul do meu corpo, 339

Ape Regina, L' (*O leito conjugal*), 124

Araújo, Francisco, 280-2

Arena, Rodolfo, 254

Aristarco, Guido, 175

Arpa, Angelo (Pe.), 344

Arraial do Cabo, 18, 21, 29, 31, 145-8, 205, 216, 220

Arte tradicional da Costa do Marfim, 343

Aruanda, 220, 248-9

Ascenseur pour l'échafaud, 77

assalto ao trem pagador, O, 211, 298

Assim caminha a humanidade (ver *Giant*)

Assis, Francisco de, 151, 168-9

A$$untina das Amerikas, 284-5

Astruc, Alexandre, 96-7

Até a última gota, 301-3

Athayde, Tristão de, 235

Ato de violência, 23, 294-8

Autant-Lara, Claude, 59, 87

Aventura (ver *L'Avventura*)

aventuras de Arsène Lupin, As (ver *Les Aventures d'Arsène Lupin*)

Aventures d'Arsène Lupin, Les (*As aventuras de Arsène Lupin*), 93-4

Avventura, L' (*Aventura*), 114-6, 128

Azeredo, Ely, 205

Babenco, Hector, 294

Bach, J. S., 9, 50, 51, 77

Bad day at black rock, 90

Bahia de Todos os Santos, 199

Baker, Lex, 101

Baldaconi, Giuseppe, 141, 295

band concert, The, 69

Bandeira, Manuel, 141-4, 200-1, 205, 307

Bandido Giuliano, 193

Barbarella, 278

Barbera, Joseph, 70

Barbosa, Dom Marcos, 308-9

Barbosa, Jarbas, 174

Barcellos, Joel, 254

Barra pesada, 294

Barravento, 161, 170, 173-4, 176, 192-4, 199, 217

Barreto, Lima, 105, 165, 176, 217, 222, 234, 306

Barreto, Luiz Carlos, 153, 173, 184, 306

Barros, José Sette de, 332

Barthes, Roland, 268

Basehart, Richard, 94

Bataille de l'eau lourde, La, 296

Batalha de Guararapes, 304

Batista, Zito, 141

Bazin, André, 60-1, 81, 175, 324-5, 327

Beaton, Cecil, 58

Becker, Jacques, 93, 169

belle et la bête, La, 52

Belmondo, Jean-Paul, 133, 161

Benayoun, R., 61

Benchimol, Sara, 300

Berbert, Marcel, 161

Bergman, Ingmar, 12-3, 19, 62-3, 78-9, 196

Bergson, Henri, 45, 273

Bernstein (dramaturgo), 324

Bertolucci, Bernardo, 192, 225, 345

best years of our lives, The, 81

Bethania bem de perto, 222

Bianco, 141

Biasi, André di, 295

bidone, Il (*A trapaça*), 93, 135

Bijoutiers du clair de lune, Les, 93

Bitsch, Charles, 60-1

Black, Karen, 23, 334

Blé en herbe, Le, 56, 59

Blood and roses (*Rosas de sangue*), 110-1

boas vidas, Os (ver *I vitelloni*)

Boca de ouro, 120, 154, 208, 219, 234, 291

Bodanzky, Jorge, 256

Böhm, Günther, 137

Boileau, Pierre, 66, 68

Boisrond, Michel, 91

Bolognini, Mauro, 100

Bonfim, Roberto, 295

Boni (José Bonifácio de Oliveira Sobrinho), 311

Bonjour tristesse, 58, 63, 91

Borges, Miguel, 230, 394-5, 337

Bosch, Hieronymus, 84

Bourgoin, Jean, 94

Brasil ano 2000, 224, 228-9

Brasilianas, 190

Braunberger, Pierre, 61

Bréa, Sandra, 23, 334

Brejo seco (ver *Dogpatch*)

Bressane, Júlio (Júlio Eduardo Bressane), 222, 224, 226

Bresson, Robert, 10, 15, 89, 93, 166, 347

Breughel, 84

Brière, Jerôme, 161

Brincando de amor (ver *Les Jeux de l'amour*)

Bringing up father (*Vida apertada*), 41, 69, 274, 271

Brook, Peter, 123

Brooks, Richard, 112-3

Brothers Karamazov, 63

Bruni, Lívio, 137

Bububu no bobobó, 38

Buck Rogers, 277

Bugs Bunny, 70

Buñuel, Luis, 14, 17, 19, 52, 118-1, 125, 166, 280, 334

Burel, L. H., 93

Burks, Robert, 93-4

Bye bye Brasil, 18, 254-5, 257-8

Byrd, Ralph, 276

Cabra marcado para morrer, 22, 259-60

Cabral, Francisco Marcelo, 342

Cabral, Sady, 290

Cacoyannis, Michael, 166

cafajestes, Os, 21-2, 156-7, 159, 161-4, 205

cajueiro nordestino, O, 249

Caldas, Manfredo, 248-9

Calkins, Dick, 277

Calmon, Antônio, 23, 294-5

caminho do céu, O (ver *Himlaspelet*)

Caminhos, 19, 71, 146, 216, 220

Camus, Marcel, 331

Candido, Antonio, 215, 237-8, 261-2, 320, 345

cangaceiro, O, 176, 234

Caniff, Milton, 272, 277

Cantando na chuva (ver *Singin'in the rain*)

canto do mar, O, 234

Capovilla, Maurice, 222

Capp, Al, 10, 41-9, 270, 272-5, 277, 282

Cardinale, Claudia, 20, 134

Cardoso, Louise, 290

Cardoso, Lúcio, 205

caretaker, The, 123

Carné, Marcel, 52

Carneiro, Mario, 9, 29, 145-7, 151, 201-2, 217, 220, 259, 337

carnet de bal, Un, 52

Carrilho, Arnaldo, 11, 318, 346

cartomante, A, 338

Cartouche, 20, 133-4

Carvalho, Vladimir, 248-51

Carvana, Hugo, 301

caso Cláudia, O, 294-6, 299

Casper (o fantasminha camarada), 70

Cassel, Jean-Pierre, 133

Castro, Afrodísio de, 141

Castro, Almir de, 330

Castro, Moacir Werneck de, 342

Castro, Paul de, 301

Cat on a hot tin roof (ver *Gata em teto de zinco quente*)

Cavalcanti, Alberto, 232-4

Cavalcanti, Emanoel, 254

Cavalheiro Lima, Antônio, 37

Celina (empregada doméstica), 342

Celulari, Edson, 307

Cenas de caça na Baixa Baviera, 229

Cette sacrée gamine, 91

Chá e simpatia (ver *Tea and simpathy*)

Chabrol, Claude, 67

Chada, Paulo, 294

Chaplin, Charles, 38, 42, 75-6, 268

chegada do trem na estação de La Ciotat, A, 336

Chrétien, Henri, 87

Christensen, Carlos Hugo, 340

Chronique d'un été, 10, 19, 106-9

Chuvas de verão, 254

Cinco vezes favela, 168, 171, 178, 181, 205, 217, 220

5 x F (ver *Cinco vezes favela*)

circo, O, 221-2

Citizen Kane, 60, 93, 96

Civelli, Carla, 141

Clair, Janete, 309

Claude-Antoine, 228-9

Clemente, Manuel, 249, 250-1

Clouzot, H. Georges, 66-8

Cocteau, Jean, 52

Colette (pseud. Sidonie-Gabrielle), 16, 56-7, 59

Como era gostoso o meu francês, 223

condamné à mort s'est échappé, Un (*Um condenado à morte escapou*), 77, 89, 91, 93

condenado à morte escapou, Um (ver *Un condamné à mort s'est échappé*)

Confidential report (*Grilhões do passado*), 60

Consorte, Renato, 294

Construire un feu, 87

Contos eróticos, 287, 297

Contraponto, 295

corpo que cai, Um (ver *Vertigo*)

Correa, José Celso Martinez, 224, 226

Correia e Castro, Cláudio, 201

corrida interdite, La, 94

Costa, Lucio, 346

Costa, Suely, 300

Couro de gato, 9, 11, 21, 150-2, 164, 170-1, 201, 216, 220-1, 259

Courvoisier, Amy, 161, 166

Coutinho, Afrânio, 175

Coutinho, Eduardo, 260

Coutinho, Renato, 283, 285

Couto, Newton, 299

Cravenne, Robert, 161

Crônica de um industrial, 23, 283-5

Cruz na praça, 216, 220

Cugat, Xavier, 255

Cunha, Elysiario Pimenta da, 342

Cunha, Nathalia Eulalio Pimenta da, 342

Cuny, Alain, 101

Cuoco, Francisco, 309

d'Almeida, Neville, 294

D'Eaubonne, Jean, 54, 83

d'El Rey, Geraldo, 194

D'Entre les morts (ver *Les louves*)

d'Exelmans, Liane, 58

Dahl, Gustavo, 222, 247, 318

Dahl, Maria Lúcia, 295

Dalí, Salvador, 52, 54

Daly, Patrice, 151

dama do lotação, A, 294

Dancinger, Robert, 161

Darrieux, Danielle, 83

Daunant, Denys Coulomb de, 94

David, o caçula (ver *Tol'able David*)

Davis, Bette, 324

Davis, Martha, 276

Davis, Miles, 77

Davis, Phil, 272, 276-7

De Broca, Philippe, 20, 133, 161

De crápula a herói (ver *Il generale della Rovere*)

Deacae, Henri, 93

défroqué, Le (*Desespero d'alma*), 64-5

Deheinzelin, Jacques, 337

Delahaye, Michel, 230

Deneuve, Catherine, 308

desert de Pigalle, Le (*Pigalle, o bairro do vício*), 64

Desespero d'alma (ver *Le défroqué*)

Det Sjunde Inseglet (*O sétimo selo*), 79

Deus e o Diabo na terra do sol, 21, 174, 192-5, 206, 214-6, 224, 319

diabólicas, As (ver *Les diaboliques*)

diaboliques, Les (*As diabólicas*), 66-7

Diário da província, 18, 286-8

Diaz, Chico, 309

Dick Tracy, 46, 272, 275-6

Dick Tracy Cartoon Show, 276

Diegues, Carlos (Cacá), 9, 11, 14, 168, 180-1, 183, 206, 215, 222, 254-5, 257, 318

Dirks, Rudolph, 76, 270

Disque M para matar, 38

Doce pássaro da juventude (ver *Sweet bird of youth*)

Doce vida (ver *La dolce vita*)

Dogpatch (*Brejo seco*), 41, 43-9, 273, 275

dolce vita, La (*Doce vida*), 19, 99-101, 114, 135

Domingo, 9, 216

Dominguinhos, 254

Don Camillo, 52, 55

Dona Flor e seus dois maridos, 241-2, 263

Donen, Stanley, 268

Dovjenko, Aleksandr, 326

Dréville, Jean, 296

Dreyer, Carl, 92

Drummond, Fernando, 151

Duarte, Anselmo, 164-6, 205, 217

Duarte, Fernando, 183, 260

Duelo ao sol, 38

Dumont, Denise, 23, 295, 297

Dumont, José, 290, 292, 301

Dumont, Santos, 57

Duo, 57

Durán, Jorge, 290

Duval, Liana, 294

Duvivier, Julien, 15-6, 52, 54-5, 93

D-Valcroze, J., 61

E Deus criou a mulher (ver *Et Dieu crea la femme*)

E o vento levou... (ver *Gone with the wind*)

East of Eden, 91

ébrio, O, 256

eclipse, O (ver *L'Eclisse*)

Eclisse, L' (*O eclipse*), 114-7

Egrei, Selma, 294

Eichbauer, Diana, 306

Eisenstein, Serguei Mikhailovitch, 251, 262, 304, 329

Ekberg, Anita, 101

El ángel exterminador, 119

El bruto, 119

El justicero, 291

Electra, 123, 166

Eles não usam black-tie, 247

Em busca do ouro, 222

En Lektion i Karlek (*Uma lição de amor*), 78

Engenhos e usinas, 190

Ensayo de un crimen, 119

Envers du Music-Hall, L', 56

Escola de samba, alegria de viver, 181

Escorel Filho, Lauro, 254-5, 294, 297

Escorel, Eduardo, 23, 222, 236, 294-7, 299

Esportes no Brasil, 222

estória de Lélio e Lina, A, 320

Estranho encontro, 62, 170, 196, 198

Et Dieu crea la femme (*E Deus criou a mulher*), 110-1, 326

Et mourir de plaisir, 111

Eu matei Lúcio Flávio, 294

Eulenspiegel, Till, 104

Europa 51, 244

evangelho segundo São Mateus, O, 319

Fábio Junior, 254, 257

face in the crowd, A (*Um rosto na multidão*), 93-4

Fagundes, Antônio, 290

Fala, Brasília, 222

Falk, Lee, 272, 276-8, 282

Fantasma (ver *The Phantom*)

Farceur, Le (*O gozador*), 133

Faria Jr., Miguel, 294

Faria, Betty, 254-5, 257

Faria, Otávio de, 205, 311

Farias, Marcos, 23-4, 150-1, 206, 220, 260, 336-8

Farias, Marcos Ney Silveira de (ver Marcos Farias)

Farias, Reginaldo, 294

Farias, Roberto, 211, 214-5, 298

Farkas, Pedro, 306

Farkas, Thomaz, 222

Farrapo humano, 37

Faulkner, William, 176

Faustino, Mário, 238

Fazio, Bárbara, 62

Fellini, Federico, 15, 20, 31, 64, 93, 99-101, 114-5, 135, 146, 326-7

Fernandes, Millor, 261-2

Fernando (Pimenta da Cunha), 342

Ferreri, Marco, 14, 124

Fête à Henriette, La, 52

Feu follet, Le (*Trinta anos esta noite*), 126, 212, 259

Feuillade, Louis, 91

fièvre monte à El Pao, La (*Os ambiciosos*), 119

Figueira, Acácio, 287-9

Figueiredo, Adriana de, 283, 285

Figueroa, Osíris Parsifal, 199

Finney, Albert, 130-1

Fino, Jorge, 305

Fio de esperança, 38

Fischer, Bud, 271

Flaherty, Robert, 61

Flash Gordon, 272

Flebus, 70

Fleischmann, Peter, 229

Fogo morto, 338

Fontaine, Joan, 82

Fontoura, Antônio Carlos, 222, 260

Forty guns, 91

Foster, Harold, 272

Fowle, Chick, 165

Fra Angelico, 31

Fracarolli, Fabíola, 285

Fragmentos da vida, 286

Francesca, Piero della, 31

Franchina, Sandro, 244

Freire, Álvaro, 290

Freire, Gracinda, 295

Freire, Napoleão Moniz, 151

Freire, Vera, 290, 301

Fresnay, Pierre, 65

Freyre, Gilberto, 141-2, 200, 205

Fried, Gerald, 94

Fronteiras do inferno, 14, 61-3, 196

Fulaninha, 355

Fuller, Samuel, 91

Furneaux, Yvonne, 101

Gable, Clark. 144

Gaijin, caminhos da liberdade, 23, 290-3

Gance, Abel, 52, 88

Gandelmann, Ítalo, 342

Ganga Zumba, rei dos Palmares, 18, 181, 183-4

Garbo, Greta, 144

Garcia, Lea, 184

Gardner, Ava, 330

Garota de Ipanema, 332, 338

Garrincha, 185-200

Garrincha, alegria do povo, 138, 176, 180, 185-201, 221, 259, 339

Gata em teto de zinco quente (*Cat on a hot tin roof*), 112

Geddes, Barbara Bel, 94

generale della Rovere, Il (*De crápula a herói*), 199

Genes, Rinaldo, 254

Genet, Jean, 283

Gente fina é outra coisa, 294

Gerald Mc Boing Boing, 70

Gershwin, George, 38, 56

Gertie, the dinosaur, 69

Giant (*Assim caminha a humanidade*), 112-3

Gide, André, 127

gigante de pedra, O, 196

Gigi, 16, 56-9, 94

Gil, Gilberto, 229

Gilbert, John, 144

Gilberto, João, 250

Gimba, 178

Gimenez, Manuel Horácio, 222

girl cant' help it, The, 91

Gismonti, Egberto, 294

God's little acre, 92, 94

Godard, Jean-Luc, 61, 128, 163, 223, 227, 229-30

Goeldi, Oswaldo, 146, 346

Goethe, Johann Wolfgang, 268

Gomes, Eliezer, 184

Gonçalves, Milton, 151

Gone with the wind (*E o vento levou...*), 38

Gonzaga, Adhemar, 310

Gonzaguinha, 300

Gordine, Sacha, 151, 331

Gorki, Maxim, 268

Gosto de mel (ver *A taste of honey*)

Goulart, Luiz Fernando, 340

Goulart, Walter, 332

Gould, Chester, 46, 272, 275-7

gozador, O (ver *Le Farceur*)

Goyonet, René, 161

Gracindo, Paulo, 255, 257

Gramsci, Antonio, 345

grande cidade, A, 180, 254-5

grande feira, A, 211

Grande sertão: veredas, 320

greatest show on Earth, The (*O maior espetáculo da Terra*), 84, 87

Greed (*Ouro e maldição*), 262, 329

Grey, Wilson, 283

Griffith, Andy, 94

Griffith, D. W., 87, 289

Grilhões do passado (ver *Confidential report*)

Grumberg, Kátia, 283

Guarnieri, Gianfrancesco, 288, 290, 292

Guerra conjugal, 267, 287

Guerra, Ruy, 21-2, 159, 162, 164, 205, 306

Guimarães Rosa, João, 23, 214-5, 318-21, 346

Guimarães, Renato Fonseca, 330

Gycklarnas Afton (*Noites de circo*), 79

Hacket, Buddy, 94

Hammerstein II, 38

Hanna, William, 70

Happy Hooligan, 271

Hardouin, Maria Le, 57

Hearst, William Randolph, 271

Heekle an'Jeckle, 70

Hegel, 9, 39-40

Heitor dos prazeres, 222

Henderson, Brian, 328

Henrique César, 151

Henry, O., 286

herdeiros, Os, 257

Hermann, Bernard, 94

Higino, Raimundo, 306

Himlaspelet (*O caminho do céu*), 325

Hiroshima, mon amour, 19, 95-8, 326

Hirszman, Leon, 18, 206, 220, 247, 257, 320, 332

Hitchcock, Alfred, 15, 37-8, 48, 54, 66-8, 89, 93, 128, 132, 304

Hogarth, William, 271, 277

Holanda, Aurélio Buarque de, 308

Holanda, Chico Buarque de, 242, 254-5, 300

Holanda, Heloisa Buarque de, 342

homem do Pau-Brasil, O, 247

Homem do Rio (ver *L'homme de Rio*)

homem do Sputnik, O, 208

homem errado, O (ver *The wrong man*)

homem tem três metros de altura, Um (ver *A man is ten feet tall*)

homens do caranguejo, Os, 249

homens que eu tive, Os, 307

homme à l'imperméable, L' (*Minha mulher vem aí*), 52

homme aux clefs d'or, L' (*Vingança diabólica*), 64

homme de Rio, L' (*Homem do Rio*), 133

hora e a vez de Augusto Matraga, A, 320, 332

Horn, Maurice, 270-1

Horta, João Carlos, 342

Horta, Luiz Paulo, 269

House of bamboo, 91

Humberto Mauro, 23, 190, 231-2, 267, 306-7, 327, 333, 353

hurdes, Las, 121

Huxley, Aldous, 23, 51, 295-6

idade da Terra, A, 247

Iglesias, Francisco, 225

Ileli, Jorge, 19, 102-4

ilha, A, 119, 196-7

incompreendidos, Os (ver *Les quatre-cents coups*)

Inconfidentes, Os, 250

ingénue libertine, L', 59

Inocência, 16, 306-8, 310

Integração racial, 221

Intolerance, 87

Iracema, 256-8

Ivanhoé, 37

Jabor, Arnaldo, 9, 221-2, 254-5

Jardel Filho, 236-7

Jardim das espumas, 284-5

Jardim de Alah, 347

Jeux de l'amour, Les (*Brincando de amor*), 133

Joanna, 300

Joannon, Léo, 16, 64-5

João Paulo II, 311-2

Jodelle, 278

Joffily, José, 301

Johnny Hazzard (*Toni Corisco*), 272

Jour de fête, 75

Jourdan, Louis, 82

jovem Törless, O, 229

Joyce, James, 278

juggler of Our Lady, The (*O malabarista de Nossa Senhora*), 70

Juliette ou la clef des songes, 52

Kant, 39

Kast, Pierre, 230

Katzenjammer Kids (*Os Sobrinhos do Capitão*), 270-1, 282

Kawarasaki, Jiro, 290, 292

Kazan, Elia, 15, 91, 93

Kelly, Gene, 57

Kelly, Walt, 278

Kemeny, Adalberto, 286

Kerrigan, E. C., 286

Khouri, Walter Hugo, 12-4, 62-3, 170, 196-8, 207, 210, 217

King, Henry, 231

Kousel, Al, 70

Krasner, Milton, 113

Kuleshov, Liev, 90

Kvinnors Vantan (*Quando as mulheres esperam*), 79

Laclette, Jorge, 342

Ladrão de casaca (ver *To catch a thief*)

Laforêt, Marie, 161

La Guarda, 331

Landim, Raul, 316

Lantz, Walter, 70

Lassally, Walter, 123
Laughton, Charles, 52, 132
Leacock, Richard, 185
Leão, Mariza, 302
Léaud, Jean-Pierre, 288, 296
Legman, G., 41-2
Leite, Maurício Gomes, 204, 239
leito conjugal, O (ver *L'Ape Regina*)
Lemos, Fernando, 328
Leone, Eduardo, 250
Letter from an unknown woman, 82-3
Lewgoy, José, 237, 287, 295
lição de amor, Uma (ver *En Lektion i Karlek*)
Lichtenstein, Roy, 279
life and times of the shmoo, The, 44-5, 274
Lima Barreto: Trajetória, 222
Lima Jr., Walter, 16, 206, 224, 228, 249, 305-6, 308-9
Lima, Jorge de, 235, 237
Lima, Pedro, 310
Limite, 176, 330-1
linha geral, A, 251
little foxes, The (*Pérfida*), 324
Little Nemo, 271
Liuzzi, Carlos Arthur, 306
Lizzani, Carlo, 175

Loewe, Frederick, 58
Lola Montès, 14-5, 18, 63, 82-4, 86-8, 91
Looney Tunes, 70
Lorre, Peter, 334
Louise, Tina, 92
louves, Les (*Alma satânica*), 66
Lúcia Mc Cartney, 260, 295
Lúcio Flávio, passageiro da agonia, 294
Lumet, Sidney, 141
Lustig, Rex, 286
Luz del fuego, 299
Luz, Marta, 332
Ma nuit chez Maud (*Minha noite com ela*), 269
Mac Kay, Winsor, 69, 271
Machado, Roberto, 294
Macunaíma, 9, 224, 235, 262
Madame de..., 83
Maggie and Jiggs (ver *Bringing up father*)
magnificent Ambersons, The (*Soberba*), 61
Magoo's Arabian nigths, 70
Maia, Nuno Leal, 294-7
maior espetáculo da Terra, O (ver *The greatest show on Earth*)
Maioria absoluta, 257
Maison Tellier, La, 83

malabarista de Nossa Senhora, O (ver *The juggler of Our Lady*)
Malazarte, Pedro, 104
Malle, Louis, 17, 19, 126-7, 260
man is ten feet tall, A (*Um homem tem três metros de altura*), 93-4
man of Aran, The, 61
Mancini, Henry, 94
Mandacaru vermelho, 18, 153, 155, 159, 178, 214
Mandrake, 272, 276-8
Manga, Carlos, 19, 102-4
Mann, Anthony, 92
Manzon, Jean, 221
maquinista, O, 337
Maranhão 66, 222
Maranhão, Luísa, 184
marca da maldade, A (ver *Touch of evil*)
Marcorelles, Louis, 161-2, 216
Maria Bethania, 300
Maria Luiza, 342
Maria Sílvia, 287
Marianne de ma jeunesse (*A mulher dos meus sonhos*), 16, 52-5, 93-4
Marina, 300
Markan, Geraldo, 147
Martin, Marcel, 161
Martinelli, O., 101
Martins, Henrique, 337
Marx, Karl, 39-40

Marzi, Franca, 94

Masina, Giulietta, 94

Masque, La, 83

Mastroiani, Marcello, 99

Matras, Christian, 82

Maupassant, Guy de, 83

Mauro, Humberto, 9, 260, 374, 353

Maysles, Albert, 185

Mc Coy, Wilson, 277

McManus, George, 41, 69, 271, 274

Medeiros, Anisio, 254

Medina, José, 286

Mehler, Miriam, 294

Melli, Nello, 23-4, 339-40

Mello, João Ramiro, 248-9

Mello, Saulo Pereira de, 220, 337

Melo, Paulo, 248

Memória da Independência exposição-piloto, 343

Memória de Helena, 9-10, 12, 16, 260, 280-1, 323

Memória do cangaço, 222

Mendes, Luiz Augusto, 174

Mendes, Murilo, 342-3

Menescal, Roberto, 254

meninas, As, 347

Menino de engenho, 118, 250

mensageiro do Diabo, O (ver *Night of the hunter*)

Merquior, José Guilherme, 175

mestre de Apipucos e o poeta do Castelo, O, 11, 94, 141, 143, 147, 200, 205, 216, 220-1

mestre de Apipucos, O (ver *O mestre de Apipucos e o poeta do Castelo*)

Metty, Russel, 93

Meu tio (ver *Mon oncle*)

Miccichè, Lino, 244

Mighty Mouse, 70

Mille, Cecil B. de, 70

Minha mulher vem aí (ver *L'homme à l'imperméable*)

Minha noite com ela (ver *Ma nuit chez Maud*)

Minne, 59

Minnelli, Vincente, 16, 56-9

Miranda, Ana Maria, 283

Miranda, Ricardo, 283

Mister Magoo, 70

Moana, 61

Moema, Thamar, 310

Mon oncle (*Meu tio*), 16, 75-7, 93

Mônica e o desejo (ver *Sommaren med Monika*)

Monsieur de Compagnie, Un, 133

Montagna, Sérgio, 147, 151, 337, 141

Montenegro, Fernanda, 305

Montgomery, Robert, 144

Montparnasse-19, 77

Moog, Vianna, 41, 48, 59

Moore, Ray, 272, 277

Mora, Octavio, 342

Moraes, Pedro de, 332

Moraes, Suzana de, 332

Moraes, Vinicius de, 23, 330

Morais, Ruthneia de, 294

Moreau, Jeanne, 94

Morena, Gracia, 310

Morin, Edgar, 10-1, 13, 29, 31, 108, 270, 351

mort en ce jardin, La, 119

morte comanda o cangaço, A, 104

Mota, Zezé, 258

Moura, Edgar, 290, 293, 295

Moura, Jurandy, 248

Moura, Ulisses Alves, 23, 334-5

Mozart, W. A., 50, 77

Muito prazer, 244

mulher dos meus sonhos, A (ver *Marianne de ma jeunesse*)

Mulheres e milhões, 19, 102-4, 119

Munch, Edvard, 288

Murilo Mendes a poesia em pânico, 343

Murnau, F. W., 304

Musel, Castro, 102

Musil, Robert, 229
Mutt & Jeff, 271
My fair lady, 285
Na garganta do Diabo, 196
Nain, Le, 91
Narboni, Jean, 230
Narcejac, Thomas, 66, 68
Nascimbene, Mario, 94
Nascimento de uma nação, 289
Nazareth, Ernesto, 251
Nazari, Amedeo, 100
Nazarín, 119, 166
Neal, Patricia, 94
Neschling, John, 290
Neumann, Renato, 332
Neves, Luiz, 260
Ney, Nita, 310
Nick Holmes (ver Rip Kirby)
Niel, H., 39
Niemeyer, Carlos, 137-8
Night must fall (A noite tudo encobre), 130-2
Night of the hunter (O mensageiro do Diabo), 52, 132
Nimitz, Riva, 151
Niven, David, 23, 277, 334
noite tudo encobre, A (ver Night must fall)
Noite vazia, 12, 196-7, 216
noites de Cabíria, As (ver Le notti di Cabiria)

Noites de circo (ver Gycklarnas Afton)
Noronha, Linduarte, 220, 248-9
Nossa escola de samba, 222
notte brava, La, 100
notte, La, 114-6
notti di Cabiria, Le (As noites de Cabíria), 31, 64, 93-4, 100, 135, 326
Novaes Teixeira, Joaquim, 23, 148, 186, 322
Nowlan, Philip, 277
Oh! For a man, 91
8½, 19-21, 135-6
Oliveira, Domingos de, 140, 151, 201
Oliveira, José Carlos, 295
Oliveira, Moacir Cardoso de, 330
Once more with feeling (Ainda uma vez com emoção), 268
Ophüls, Max, 14, 18, 80-2, 84, 86, 90, 97
Opinião pública, 255
Oppenheimer, Max (ver Max Ophüls)
Opper, Frederick, 271
Orfeu negro, 94, 331
Otávio Augusto, 295
Otero, Luiz, 310
Ouro e maldição (ver Greed)
Outcault, Richard, 271
Outubro, 262, 329

Ovalle, Jayme, 307
Pacheco, Álvaro, 295
padre e a moça, O (filme), 201-2, 320
pagador de promessas, O, 164, 166, 205
Page, Geraldine, 113
Pagnol, Marcel, 283
país de são Saruê, O, 18, 248-53, 297
Palais de la dance, 83
Palmari, Roberto, 286-8
Parente, Nildo, 295
partie de campagne, Une, 83
Pasolini, Pier Paolo, 319
Passion de Jeanne d'Arc, La, 92
pátio, O, 205, 220
Peanuts, 278
Pearson, Drew, 43
Pedreira de são Diogo, 168, 171
Peixoto, Mário, 330-1
Pellegrino, Helio, 342
Pena Filho, Carlos, 249
Penna, Cornelio, 176
Perdigão, Paulo, 9, 151
Pereio, Paulo César, 256
Pereira, Geraldo Santos, 62
Pereira, José Renato Santos, 62, 141, 320
Pereira, Tonico, 299
Pérfida (ver The little foxes)

Pessoa, Fernando, 225
Petit, Pascale, 161
Petrin, Antônio, 294
Phantom, The (Fantasma), 272, 277-8
Pia, Isabelle, 94
Picabia, Francis, 52
Pica-pau (ver *Woody Woodpecker*)
Pigalle, o bairro do vício (ver *Le desert de Pigalle*)
Pindorama, 255
Pinter, Harold, 123
Pintoff, Ernest, 70
Pires, Roberto, 211, 214
Pistoleiros do entardecer, 316
Pitanga, Antônio, 254
Plaisir, Le, 82-3
Plane crazy, 69
Platão, 269
Poesia, música e amor, 332
poeta do Castelo, O (ver *O mestre de Apipucos e o poeta do Castelo*)
Pogo, 278
Poitier, Sidney, 94
Pompéia, Nelson, 23, 314-6
Pontes, Ipojuca, 248-9, 252
Pontes, Paulo, 250, 252
Popeye, 70
Porter, Cole, 38

Porto das Caixas, 208, 217, 326, 339
Prado Junior, Caio, 175
predileto, O, 287-8
Preminger, Otto, 58, 91
Prieto, Adriana, 295
Prieto, Carlos, 295
Prima della rivoluzione, 192
primeira missa, A, 105, 165
Prince Valiant (Príncipe Valente), 272
Príncipe Nabor, 254
Príncipe Valente (ver *Prince Valiant*)
processo de Joana D'Arc, O, 166
Psicose (ver *Psycho*)
Psycho (Psicose), 132
Pulitzer, Joseph, 271
Quando as mulheres esperam (ver *Kvinnors Vantan*)
Quando fala o coração (ver *Spellbound*)
Quando o carnaval chegar, 257
Quanto mais samba melhor, 19, 102
quatre-cents coups, Les (Os incompreendidos), 288, 296
Quimby, Fred, 70
Quo Vadis, 37
Rabatoni, Toni, 208

Ramos, Graciliano, 153, 176-7, 215, 346
Ramos, Heloísa, 177
Raoul-Duval, 161
Ravina, 207
Ray, Aldo, 92
Ray, Man, 30
Raymond, Alex, 272, 277
Rebelião em Vila Rica, 62
Rego, José Lins do, 249
Reid, Wallace, 144
Reis, Echio, 251-2
Reis, Marcos Konder, 311
Reisz, Karel, 19, 130, 132
Renoir, Auguste, 30, 79
Repos du guerrier, Le, 161
República dos assassinos, 294, 297, 299
Resnais, Alain, 97, 270, 276, 278
Rezende, Sérgio, 301-4
Ribeiro, Paula, 287-8
Richardson, Tony, 19-20, 122-3
Richers, Herbert, 137-8
Rideau cramoisi, Le, 96-7
Rio 40 graus, 11, 120, 154, 156, 205, 214, 234, 237, 245, 290, 291
Rio Zona Norte, 120, 153-5, 205, 214, 234, 245, 291
Rio, capital do cinema, 222
Rip Kirby (Nick Holmes), 272

Ritt, Martin, 93

Rivette, Jacques, 61

Rizzoli (produtor italiano), 277

Robbins, Frank, 272

Robinson Crusoé, 17, 280

Rocha, Anecy, 180, 228, 254

Rocha, Glauber, 16-7, 21-3, 122, 126, 148, 161, 170, 173-6, 192-5, 199-200, 204-6, 214-7, 220, 222-4, 226, 228-30, 235-40, 247, 255, 259, 318-9, 321, 346-7, 312

Rochefort, Christiane de, 161

Rodgers, 38

Rodrigues, Lael, 290

Rodrigues, Nelson, 239-40

Rohmer, Eric, 10, 61, 67, 269

Romance na Itália (ver *Viaggio in Itália*)

Romeiros da guia, 249

Ronde, La, 82-3

Rosa, João Guimarães, 23, 214-5, 318-21, 346

Rosas de sangue (ver *Blood and roses*)

Rosi, Francesco, 193

Rossellini, Roberto, 128, 199, 215

rosto na multidão, Um (ver *A face in the crowd*)

Rosza, Miklos, 37

Rota, Nino, 94, 101

"Roteiro da Fazenda Clássica", 190

Rouch, Jean, 10, 106, 108, 128, 163

Roud, Richard, 82

Rozemberg Filho, Luiz, 283-4

Rozemberg, I., 221

Rua sem sol, 245

Rudolph, Rainer, 306, 309

Rufino, Paulo, 302

Ruttenberg, Joseph, 58, 94

Ryan, Robert, 92

S. Bernardo, 338

Sabino, Fernando, 332

Sadoul, Georges, 61, 175

Sagan, Françoise, 85

Sait-on jamais (*Aconteceu em Veneza*), 58, 63, 91

Salaire de la peur, Le (*O salário do medo*), 66

salário do medo, O (ver *Le Salaire de la peur*)

Saldanha, Jorge, 306

Salles Gomes, Paulo Emilio, 10-3, 23-4, 31, 55, 100, 108, 110, 116, 175, 207, 218, 232-3, 248, 255, 288, 319, 321, 323-5, 328, 334, 351

Sampaio, Antônio, 184

Santeiro, Gilberto, 294

Santos, João Felício dos, 181

Santos, Lucélia, 23, 334

Santos, Moacir, 183

Santos, Nelson Pereira dos, 11, 21, 23, 120, 153-4, 156, 159, 161, 177, 205-6, 214-5, 222-4, 234, 237, 245-6, 259, 290-1, 320, 346

Santos, Roberto, 320, 332

São Paulo, a sinfonia da metrópole, 286

Saraceni, Paulo Cezar, 19, 29, 71, 145, 205, 208, 215. 217, 220-1, 311, 318, 326, 337, 339, 345-7

Sarney, José, 222

Sarno, Geraldo, 222

Saslavsky, Luis, 66

Saturday night, sunday morning (*Tudo começou num sábado*), 130

sceicco bianco, Lo (*Abismo de um sonho*), 99, 326

Schlondorff, Volker, 229

Schnitzler, Arthur, 82

Schulz, Charles, 278

Schumann, Guido Glauber, 228

Schumann, Peter, 228-9

Schwarz, Roberto, 296-7

Schwob, René, 330

Scott, Walter, 310

Seara vermelha, 178

Séchan, Edmond, 94

Secret de sœur Angèle, Le (*O segredo de irmã Angélica*), 64-5

Sedução fatal (ver *Voici le temps des assassins*)

segredo de irmã Angélica, O (ver *Le secret de sœur Angèle*)

Senna, Orlando, 256

Sérgio Ricardo, 215

sétimo selo, O (ver *Det Sjunde Inseglet*)

Sexto páreo, 338

Shakespeare, 225

Shmoo (ximu), 44-5, 274

Shuster, Joe, 277

Siegel, Jerry, 277

Silva, Fernando, 306

Silveira, Ênio, 174

Simón del desierto, 119

Simone, 300

Singin'in the rain (*Cantando na chuva*), 285

Sinhá Moça, 119

Sjöberg, Alf, 326

Soares, Antônio Luiz, 283, 285

Soares, Jofre, 254, 256, 287

Soares, Jota, 218

Soares, Paulo Gil, 222

Soberba (ver *The magnificent Ambersons*)

Sobrinhos do Capitão, Os (ver *Katzenjammer Kids*)

Sommaren med Monika (*Mônica e o desejo*), 78-9

Sommarnattens Leende (*Sorrisos de uma noite de amor*), 78-9

Sorcière, La, 54

Sorrisos de uma noite de amor (ver *Sommarnattens Leende*)

Souto, Jomar Moraes, 250

Souza, Modesto de, 120, 237

Spellbound (*Quando fala o coração*), 37, 54, 66

Steamboat Willie, 69

Steinbeck, John, 42, 44, 46, 48

Steiner, Max, 38

Sterne, Laurence, 42

Stevens, George, 112

Stewart, Alexandra, 161

strada, La, 99, 135

Straub, Jean-Marie, 229

Strazzer, Carlos Augusto, 290

Stroheim, Erich von, 262, 329

Sturges, John, 90

Subterrâneos do futebol, 222

Sucksdorff, Arne, 13, 197-8, 221

Superman, 277-8

Sussekind (de Mendonça), Carlos, 141

Sweet bird of youth (*Doce pássaro da juventude*), 112-3

Tamiroff, Akim, 94

Taranto, Aldo, 191

Tarso, Paulo de, 329

Tashlin, Frank, 91

taste of honey, A (*Gosto de mel*), 122-3

Tati, Jacques, 15, 19, 75-7, 93, 104

Tavares, Mair, 254

Tea and simpathy (*Chá e simpatia*), 58

Teixeira, Humberto, 295

Tell-Tale heart, The, 70

Tenda dos milagres, 290

Tensão no Rio, 247

terceiro tiro, O (ver *The trouble with Harry*)

Terra em transe, 21, 235, 237-40, 255, 284, 319

Terra, A, 326

Terror e êxtase, 23, 295, 297

Terror in a Texas town, 94

Terry e os Piratas (ver *Terry and the Pirates*)

Terry and the Pirates (*Terry e os Piratas*), 272

Terry, Paul, 70

Thiago, Paulo, 304

Thirard, Armand, 93

Tiomkin, Dimitri, 38

Tiso, Wagner, 306

To catch a thief (*Ladrão de casaca*), 67

Tocaia no asfalto, 211

Todas as mulheres do mundo, 338

Tol 'able David (David, o caçula), 231
Tom & Jerry, 70
Tom Jones, 20, 122-3
Toni Corisco (ver Johnny Hazzard)
Tonti, Aldo, 93
Torres, Fernanda, 16, 306-9
Torres, Fernando, 306
Torres, Heloísa Alberto, 145
Touch of evil (A marca da maldade), 61, 93-4
Toulouse-Lautrec, 56-8
Tout pour le tout, Le, 151
Tragédia burguesa, 311
trapaça, A (ver Il bidone)
Trapeze, 84
Trautman, Tereza, 307
três virgens, As, 287-8
Trigueirinho Neto, 347
Trinta anos esta noite (ver Le Feu follet)
Tristam Shandy (A vida e as opiniões do cavalheiro), 42
Trois Femmes, 83
trou, Le (A um passo da liberdade), 169
trouble with Harry, The (O terceiro tiro), 67
Truffaut, François, 10, 161, 163, 166-7, 288, 296, 347
Tsukamoto, Kyoko, 291

Tudo bem, 254-7
Tudo começou num sábado (ver Saturday night, sunday morning)
Tushingham, Rita, 123
Twelve angry men, 141
Ulrichsen, Erik, 78
Um favelado, 171, 338
Umbelino, José, 248
Unicorn in the garden, A, 70
Usai, Remo, 295
Vacances de M. Hulot, Les, 75
Vadim, Roger, 19, 58, 110-1, 161, 326
Vale, Maurício do, 193
Valenti, Jack, 243
Valley o' the Shmoon, 45
Vargas, Getúlio, 245
Vasconcelos, Anselmo, 295, 297, 299
Vasconcelos, Sebastião, 305-6
velha a fiar, A, 18, 190
Veloso, Caetano, 230, 300
Vento Leste, 229-30
Veras, Jorge G., 141
Vertigo (Um corpo que cai), 66-8, 93-4, 128, 304
Viaggio in Itália (Romance na Itália), 128, 215
Viany, Alex (pseud. Almiro Viviani Fialho), 17, 62, 175, 245, 330

Vida apertada (ver Bringing up father)
vida e as opiniões do cavalheiro, A (ver Tristam Shandy)
Vidas secas, 21, 153, 155, 176-9, 184, 192-3, 206, 214, 216
Vieira, Lisa, 294, 297
Vieira, Rucker, 220, 248
Vielmond, Renée de, 309
VIII Bienal de São Paulo, 222
Vikings, 94
Villaboim, Pascoal, 299
Villa-Lobos, Heitor, 190, 239, 346
Vingança diabólica (ver L'homme aux clefs d'or)
vingança dos doze, A, 338
Vinicius de Moraes, um rapaz de família, 332
Vinicius, Marcus, 254
Viramundo, 222
Viridiana, 118
Visconde de Taunay, 306
visiteurs du soir, Les, 52
vitelloni, I (Os boas vidas), 135
Viver a vida (ver Vivre sa vie)
Vivre sa vie (Viver a vida), 128
Voici le temps des assassins (Sedução fatal), 54
Volonté, Gian Maria, 230
Wague, Georges, 56

We are the Lambeth Boys, 130

Week-end, 223

Welles, Orson, 14-5, 60-1, 80-1, 89, 92-4, 331

White shadows of the south seas, 61

widblown hare, The, 70

Wilker, José, 254, 259

Williams, Tennessee, 112

Woody Woodpecker (Picapau), 70

world of Li'l Abner, The, 42, 46, 275

wrong man, The (O homem errado), 67, 89, 93-4

Wyler, William, 81, 89, 324

Xavier, Francisca, 306

Xica da Silva, 241-2, 258

Yamazaki, Tizuka, 290-3

Yamazaki, Yurika, 290

Yellow Kid, 271

young one, The (A adolescente), 118

Zambelli, Ricardo, 306

Zambelli, Zaira, 254

Zweig, Stefan, 82

David, no set de filmagem de *Muito prazer*,
rodado em 16 mm e depois ampliado para 35 mm.

Créditos da pesquisa e das imagens

Pesquisadores
Ana Pessoa
Carlos Augusto Calil
Eduardo Escorel
Hernani Heffner
Jorge Edson Garcia
Luciana Araújo
Olga T. Futemma

Fontes da pesquisa
Arquivo David E. Neves (de posse de Alayde Eulalio Neves)
Arquivo Edgard Leuenroth (Unicamp)
Cinemateca Brasileira (São Paulo)
Cinemateca do MAM (Rio de Janeiro)
Funarte (coleção oriunda da Embrafilme, Rio de Janeiro)
Hemeroteca do Centro Cultural São Paulo (São Paulo)

Créditos das imagens
Arquivo da família, pp. 8, 26, 36, 212, 247, 325, 345, 353 e 381
Arquivo do organizador, pp. 143 (foto: Joaquim Pedro de Andrade) e 343
    (foto: Dávide Fiorelli)
Arquivo da Biblioteca da Funarte, foto da capa
Arquivo do Centro Universitário Moacyr Sreder Bastos, pp. 167 e 189
Arquivo Djean Magno Pellegrin, p. 206
Arquivo Tempo Glauber, pp. 227 (foto: Bruna Amico) e 236

Este livro foi composto em Sabon pela Bracher & Malta, com fotolitos do Bureau 34 e impresso pela Bartira Gráfifa e Editora em papel Pólen Soft 80 g/m² da Cia. Suzano de Papel e Celulose para a Editora 34, em junho de 2004.